HARRAP'S
VISUAL
French-English
DICTIONARY

HARRAP'S
VISUAL
French-English
DICTIONARY

PUBLISHED UNDER LICENSE IN *GREAT BRITAIN* BY **HARRAP LIMITED**, 19-23 LUDGATE HILL, LONDON EC4M 7PD

ISBN 0-245-54596-4

Printed and Bound in Canada

EDITORIAL STAFF

Jacques Fortin
publisher

Jean-Claude Corbeil
editor-in-chief

Ariane Archambault
assistant editor

Sylvie Lévesque
graphic design

ASSOCIATE RESEARCH EDITORS
Edith Girard
René Saint-Pierre
Christiane Vachon
Marielle Hébert
Ann Céro

GRAPHICS STAFF
Francine Giroux
Emmanuelle Rousseau

COMPILATION OF BRITISH VOCABULARY
Martin H. Manser

COPY EDITORS
Diane Martin
Donald Smith

DIRECTION ÉDITORIALE

Jacques Fortin
éditeur

Jean-Claude Corbeil
directeur

Ariane Archambault
directrice adjointe

Sylvie Lévesque
conception graphique

RECHERCHE ET RÉDACTION
Edith Girard
René Saint-Pierre
Christiane Vachon
Marielle Hébert
Ann Céro

RÉALISATION GRAPHIQUE
Francine Giroux
Emmanuelle Rousseau

COMPILATION DU VOCABULAIRE BRITANNIQUE
Martin H. Manser

CORRECTION-RÉVISION
Diane Martin
Donald Smith

CONTENTS

SOMMAIRE

*The editors are grateful for the assistance provided by
the following manufacturers and organizations:*

Air Canada — **Archambault Musique** — Aréo-feu Ltée — **ASEA Inc.** — Atelier Lise
Dubois — **Atomic Energy of Canada Ltd** — Automobiles Renault Canada Ltée
— **Banque de terminologie du Québec** — Bell Canada — **Bombardier Inc.** — Botanical
Garden of Montreal — **Camco Inc.** — Canada Mortgage and Housing Corporation
— **Canadian Broadcasting Corporation** — Canadian Coleman Supply Inc. — **Canadian
General Electric Company Ltd** — Canadian Government Terminology Bank —
Canadian National — Canadian Pacific — **François Caron Inc.** — CKAC Radio
— **CNCP Telecommunications** — Control Data Canada Ltd — **Department of National
Defence** — Dow Planetarium — **Eaton** — Fédération québécoise de badminton
— **Fédération québécoise de canot-camping** — Fédération québécoise de handball
olympique — **Fédération québécoise de la montagne** — Fédération québécoise de ski
nautique — **Fédération québécoise de soccer football** — Fédération québécoise des
sports aériens Inc. — **Fédération québécoise de tennis** — Fédération de tennis de table
du Québec — **Ford du Canada Ltée** — General Motors of Canada Ltd — **G.T.E.
Sylvania Canada Ltée** — Gulf Canada Ltd — **Hewitt Equipment Ltd** — Hippodrome
Blue Bonnets Inc. — **Honeywell Ltd** — Hudson's Bay Company — **Hydro-Québec**
— IBM Canada Ltd — **Imperial Oil Ltd** — Institut de recherche d'Hydro-Québec (IREQ)
— **Institut Teccart Inc.** — Institut de tourisme et d'hôtellerie du Québec — **International
Civil Aviation Organization** — Johnson & Johnson Inc. — **La Maison Casavant** —
Nissan — **Office de la langue française du Québec** — J. Pascal Inc. — **Petro-Canada
Inc.** — Quebec Cartier Mining Company — **RCA Inc.** — Shell Canada Products
Company Ltd — **Smith-Corona Division of SMC (Canada) Ltd** — Société d'énergie de
la Baie James — **Société de transport de la Communauté urbaine de Montréal** —
Teleglobe Canada — **Translation Bureau: Department of the Secretary of State of
Canada** — Via Rail Canada Inc. — **Volvo Canada Ltd** — Wild Leitz Canada Ltd — **Xerox
Canada Inc.** — Yamaha Canada Music Ltd.

A special thanks to **Alan Goodworth**, Managing Director of **Facts on File Publications**
(Oxford), for providing the British terminology.

REMERCIEMENTS

Pour la préparation du Dictionnaire thématique visuel, nous avons bénéficié de la collaboration de nombreux organismes, sociétés et entreprises. Nous avons également bénéficié des avis judicieux de nombreux collègues, traducteurs, terminologues ou spécialistes d'un domaine.

En guise de remerciement, nous citons ci-après les noms des personnes et sociétés que nous avons consultées plus particulièrement.

Air Canada — **Aéro-feu Ltée** — Marie Archambault — **Archambault Musique** — ASEA Inc. — **Pierre Auger** — Automobile Renault Canada Ltée — **Banque de terminologie du Gouvernement canadien** — Anne-Marie Baudouin — **Alain Beaulieu** — Nycole Bélanger — **Bell Canada** — Sylvie Bergeron — **Laurent Bérubé** — Irman Bolduc — **Bombardier Inc.** — Christian Boulter — **François-Xavier Bourgeois** — Rachel Boutin-Quesnel — **Claude Bruson** — Carmen Boyer-Carignan — **Bureau des traductions : Secrétariat d'État du Canada** — Hélène Cajolet-Laganière — **Camco Inc.** — Canadian Coleman Supply Inc. — **Canadien National** — Canadien Pacifique — **François Caron Inc.** — Centre de Tissage Leclerc Inc. — **CKAC Radio** — CNCP Télécommunications — **Compagnie Générale Électrique du Canada Ltée** — Compagnie Minière Québec Cartier — **Compagnie Pétrolière Impériale Ltée** — Control Data Canada Ltée — **Johanne Cousineau** — Robert de Grandpré — **Marie-Eva de Villers** — Pauline Daigneault — **Pierre Dallaire** — Jane Dalley — **Miguelle Dubé** — Atelier Lise Dubois — **Robert Dubuc** — Capitaine Régent Duchesneau — **Charles Dupont** — Céline Dupré — **Eaton** — Énergie Atomique du Canada Ltée — **Fédération québécoise de badminton** — Fédération québécoise de canot-camping — **Fédération québécoise de handball olympique** — Fédération québécoise de la montagne — **Fédération québécoise de ski nautique** — Fédération québécoise de soccer football — **Fédération québécoise des sports aériens Inc.** — Fédération québécoise de tennis — **Fédération de tennis de table du Québec** — Ford du Canada Ltée — **Lisa Gallante** — General Motors du Canada Ltée — **Louise Genest-Côté** — Michel Giguère — **Céline Grégoire** — G.T.E. Sylvania Canada Ltée — **René Guibord** — Gulf Canada Ltée — **Monique Héroux** — Hewitt Equipment Ltée — **Hippodrome Blue Bonnets Inc.** — Honeywell Ltée — **Hydro-Québec** — IBM Canada Ltée — **Impériale Ltée Compagnie Pétrolière** — Institut de recherche d'Hydro-Québec (IREQ) — **Institut de Tourisme et d'Hôtellerie du Québec** — Institut Teccart Inc. — **Jardin Botanique de Montréal** — Robert Jolicœur — **Johnson & Johnson Inc.** — Viviane Julien — **Michel Juteau** — Nada Kerpan — **Richard Kromp** — La Baie d'Hudson Compagnie de — **Pierre Laberge** — Pierre Lacombe — **Ginette Laliberté** — Claire Lamy — **Marc Leclerc** — J.-Roger Leclerc — **Marylène Le Deuff** — Maison Casavant — **Michel Mainville** — Marie Mathieu-Brisebois — **Pierrette Martin** — Charles Mayer — **Lisette Ménard-Lépine** — Ministère de la Défense nationale — **Alain Morissette** — Nissan — **Office de la langue française du Québec** — Organisation de l'Aviation civile internationale — **J. Pascal Inc.** — Petro Canada Inc. — **Jean-Marc Picard** — Pierre Pilon — **Planétarium Dow** — Yves Poirier — **Madeleine Portugais-Dumont** — Normand Prieur — **Produits Shell Canada Ltée** — Sylvie Provost — **R.C.A. Inc.** — Jocelyne Robillard — **Chantal Robinson** — Louis-Jean Rousseau — **Michel Roy** — Robert Schetagne — **Shell Canada** — Smith-Corona Division de SCM (Canada) Ltée — **Société canadienne d'hypothèques et de logement** — Société d'énergie de la Baie James — **Société Radio-Canada** — Société de transport de la Communauté Urbaine de Montréal — **Guy Tardif** — Téléglobe Canada — **Via Rail Canada Inc.** — Gigi Vidal — **Thérèse Villa** — Volvo Canada Ltée — **Wild Leitz Canada Ltée** — Xerox Canada Inc. — **Yamaha Canada Musique Ltée.**

PREFACE

There are a number of dictionaries on the market whose titles readily spring to mind and whose merits are beyond question. Why then a new dictionary?

First, there is in every language a notable absence of dictionaries that provide a reliable modern terminology for the many objects, devices, machines, instruments or tools of everyday life. Secondly, bilingual Canada, and particularly Quebec, have long carried out and achieved world renown in the field of terminological research. Linguistic boards and organizations are maintained by governments; highly-skilled terminologists, linguists and translators are trained by universities; and efficient, competent terminology and translation services thrive within large corporations.

Given this context, it was only logical for Éditions Québec/Amérique to engage in the great adventure of compiling a dictionary. In four years, terminologists, linguists, researchers, translators, illustrators and graphic artists, under the supervision of prominent terminologist and linguist Jean-Claude Corbeil, have devised and composed an impressive work of reference. No dictionary had yet been specifically designed to cope with this era of information where high technology pervades every facet of our daily life. This one fills a tremendous gap.

Its novel presentation, carefully selected content, didactic illustrations and simplicity of use make it a unique tool for anyone concerned with using the right term in all circumstances. It is a work intended for clear, efficient communication serving to develop and enrich everyone's vocabulary.

Jacques Fortin
Publisher
Éditions Québec/Amérique

PRÉFACE

Il existe sur le marché de nombreux dictionnaires dont les noms surgissent spontanément à l'esprit et dont les mérites sont incontestables. Pourquoi un nouveau dictionnaire?

D'abord, on observe dans toutes les langues une pauvreté d'ouvrages dans lesquels on peut trouver, en toute confiance, la terminologie contemporaine des multiples objets, appareils, machines, instruments ou outils qui meublent la vie quotidienne. En outre, au Canada — pays bilingue — et particulièrement au Québec, la recherche terminologique est par nécessité un secteur d'activité fébrile et nos chercheurs ont acquis depuis longtemps une renommée mondiale. Les gouvernements ont créé des organismes spécialisés; les universités ont formé des terminologues, des linguistes et des traducteurs compétents et efficaces; et les grandes sociétés industrielles et commerciales ont participé à l'œuvre collective en instituant leurs propres services de terminologie et de traduction.

Dans ce contexte, il était normal et logique que les Éditions Québec/Amérique se lancent dans cette grande aventure que constitue la réalisation d'un dictionnaire. Pendant quatre ans, terminologues, linguistes, chercheurs, documentalistes, traducteurs et illustrateurs, sous la direction de l'éminent terminologue et linguiste Jean-Claude Corbeil, ont mis au point cet outil simple et précis. Ils répondaient ainsi à un besoin de l'ère de l'informatique, caractérisée par une explosion de vocables techniques, pour laquelle aucun dictionnaire n'avait été particulièrement conçu.

La présentation originale du DICTIONNAIRE THÉMATIQUE VISUEL, son contenu sélectif, sa simplicité, ses illustrations didactiques et son caractère moderne en font un ouvrage de référence d'accès facile, sans équivalent sur le marché. Il convient à quiconque se soucie d'employer le mot juste pour désigner tout objet de la vie courante. Il permettra à l'utilisateur d'enrichir son vocabulaire et de communiquer plus efficacement avec son entourage.

Jacques Fortin
éditeur
Éditions Québec/Amérique

INTRODUCTION

PURPOSE OF THE DICTIONARY

Initially, we set ourselves two goals:

a) List all the terms and notions which designate or portray the many elements of everyday life in an industrial, post-industrial or developing society, and which one needs to know to buy an object, discuss a repair, read a book or a newspaper, etc.

b) Visualize them through graphic representation; i.e., assign to an illustration the role played by the written definition in a conventional dictionary.

The latter implies a constraint: The selected notions must lend themselves to graphic representation. Hence, the list must omit abstract words, adjectives, verbs and adverbs, even though they are part of the specialized vocabulary. Terminologists have not yet adequately solved this problem.

Following a series of tests and consultations, technical graphics were deemed the best form of visual presentation because they stress the essential features of a notion and leave out the accessories, like the fashion details of clothing. The resulting illustration gains in conceptual clarity what it loses in detail and provides a better definition.

To achieve our goals, we assembled two production teams, one of terminologists and another of graphic artists, who worked together under one scientific supervisor.

THE INTENDED USER

The VISUAL DICTIONARY is meant for the active member of the modern industrial society who needs to be acquainted with a wide range of technical terms from many assorted areas, but not to be specialist in any.

The profile of the typical user guided our selection of items in every category. We included what may be of use to everybody and deliberately left out what is in the exclusive realm of the specialist.

Varying levels of specialization will be noted from one category to another, however, depending on one's degree of familiarity with a subject or the very constraints of specialization. Thus, the vocabulary of clothing or electricity is more familiar to us than that of nuclear energy. Or

Introduction

again, to describe the human anatomy, one is confined to medical terminology but to describe the structure of a fruit, one may use both the scientific and popular terms. Familiarity with a subject also varies from one user to another or with the degree of penetration of a specialty. The best example no doubt is the propagation of the vocabulary of data processing brought on by the widespread use of the personal computer.

Be that as it may, the aim was to reflect as best as possible the specialized vocabulary currently used in every field.

CHARACTERISTICS OF THE DICTIONARY

What distinguishes THE VISUAL DICTIONARY from other lexicons?

Conventional works

Dictionaries come in four basic types:

a) Language dictionaries

Language dictionaries are divided into two parts.

The first is the nomenclature, i.e., the list of words that are the object of a lexicographical commentary. It forms the macrostructure of the dictionary. For practical purposes, words are listed in alphabetical order. The nomenclature generally includes words of the common modern language, archaic words — often incorporated in a text — whose knowledge is useful to understand the language's history, and some technical terms that are fairly widespread.

The second is a lexicographical commentary whose microstructure varies according to lexicographical tradition. It generally deals with the word's grammatical category, its gender (if the case may be), its pronunciation in the international phonetic alphabet, its etymology, its various meanings, often in chronological order, and, finally, its uses according to a rather impressionistic typology that includes the *colloquial*, the *popular* and the *vulgar*.

b) Encyclopedic dictionaries

These add on to the former type of dictionary commentaries on the nature, the function or the history of things, allowing the layman or the specialist to better understand the import of a word. They devote much more space to technical terms and closely follow the development of science and technology. Illustrations are assigned an important role. These works are more or less bulky, depending on the extent of the nomenclature, the importance of the commentaries and the space allotted to proper nouns.

c) Encyclopedias

Contrary to the preceding, encyclopedias do not include a full word list. They are essentially concerned with the scientific, technical, geographical, historical and economic aspects of their subjects. The structure of the nomenclature is arbitrary since every classification, be it alphabetical, notional, chronological or otherwise, is legitimate. The number of such works is potentially unlimited as are the activities of civilization, although a distinction must be drawn between universal and specialized encyclopedias.

d) Specialized lexicons or vocabularies

These works are generally meant to enhance communications or to answer particular needs arising from the evolution of science or technology. They vary from one another in every respect: the method of compilation, the relationship of the authors to the subject, the size of the nomenclature, the number of languages dealt with at once and the manner of establishing equivalents, either through translation or comparison between unilingual terminologies. There is intense activity in this field nowadays. Works abound in every area and in every language combination deemed useful.

THE VISUAL DICTIONARY is not an encyclopedia. For one, it does not describe but names items. Secondly, it avoids the enumeration of items within a category. Rather than list the different types of trees, for instance, it selects a typical representative of the tree family and lists each of its parts.

It is even less a language dictionary. It contains only substantives — without written definitions — few adjectives, and very often complex terms, which is common to all terminologies.

Neither is it a compendium of specialized vocabularies —, as it favors words useful to the average person over terms known only to specialists, who may find it too elementary.

The VISUAL DICTIONARY is the first basic dictionary of terminological orientation, comprising within a single volume, with high regard for accuracy and easy access, thousands of more or less technical terms whose knowledge becomes a necessity in this modern world where science, technology and their by-products permeate and influence daily life.

ORIGINALITY OF THE BILINGUAL VERSION

The bilingual VISUAL DICTIONARY compares two languages, French and English, and two usages of each language, British and American English, on the one hand, and French from France and North America, on the other hand. The reader is given precise information on variations in usage of the same language as well as similarities or differences between English and French. Very few bilingual dictionaries have this advantage, and none in such an easy to consult format.

Common Language

The words that are common to all speakers of French or English are printed in roman type, black for the English and blue for the French.

The European usage of French or English is printed in italics.

American English or British English

English variations are of different nature. Sometimes, only the spelling differs, as in *theater* and *theatre*, or *leveling* and *levelling*. But, often, the same idea is expressed by truly different words, such as *pants* and *trousers, elevator* and *lift, hood* and *bonnet*.

In this bilingual version of the VISUAL DICTIONARY, we systematically identify British and American usages, whenever there is a major difference, whether in the spelling or the vocabulary. British usage is shown in italics and American usage in roman.

The VISUAL DICTIONARY thus clearly distinguishes between the two usages of English.

Quebec French or French from France

Likewise, in some cases, fewer than in English to be sure, Quebec French differs from European French. The spelling never differs. However, the same idea may sometimes be expressed by different words. Thus, what is called in France *bonnet* and *tringle chemin de fer*, is known, in Quebec, as tuque and tringle à coulisse.

In the area of technical vocabulary, such cases are less frequent than they are in that of general vocabulary.

Whenever it is useful or essential to distinguish between the two usages, the term used in France is printed in italics and the Quebec term in roman.

Cultural Differences

On rare occasions, the cultural difference is so great that it becomes artificial to try and establish a correspondence between the two languages.

Introduction

For example, to reflect different styles of letter writing, we publish three models of letters, with appropriate terminology, one in American English, another in French, and the third one in British English. Similarly, we show three cuts of meat: a bilingual one for North America, another exclusively in French for the Parisian cut, and the third one in English only with the mention *British cut*. Another example of cultural differences can be seen with proofreading symbols which differ from one tradition to another, and it is neither possible nor advisable to favour one over the other.

Language Crossovers

The visual presentation of the terminology, clearly distinguished by the colours, enables the reader to see at once the borrowings, from French into English or from English into French. The bilingual VISUAL DICTIONARY may also be used as a dictionary of anglicisms by the French. To be sure, it will allow the user to find the corresponding word in one language when the word that springs to mind is in the other language.

METHODOLOGY

The preparation of this dictionary followed the methodology of systematic and comparative terminological research developed in Quebec in the early Seventies, now widespread in the whole of Canada, Europe, South America, North Africa and Sub-Saharan Africa.

We worked in the two languages, English and French, that are the most widely used throughout the world. The research available in both languages ensures a comprehensive stock of notions and terms, thanks to the interrelationship of approaches and specialties proper to each language and their different perception and expression of the same realities. Eventually, we propose to apply the same methods to other languages, particularly Arab and Spanish.

The methodology of systematic terminological research involves many stages that follow one another in logical order. This progression applies to each language under study, their comparison intervening only at the end of the process with the compilation of terminological files. Thus, the pitfalls of literal translation are avoided.

A brief description of each stage follows:

Field delimitation

First, the content and size of the project must be carefully determined according to its goals and its prospective users.

In the case of the VISUAL DICTIONARY, we selected the major themes we felt should be dealt with, then divided each one into categories and sub-categories, keeping sight of our initial goal to steer clear of encyclopedism and ultraspecialization. The result was a detailed interim table of contents, providing the structure of the dictionary, to be used as a guide and refined in subsequent stages. The actual table of contents emerged from this process.

A dummy was then submitted to the contributing editors, lexicographers and terminologists, for their opinion on the content and the graphic style of the illustrations. Enriched from their comments, the project moved onto the production stage.

The collection of documentary sources

The production plan first called for researching and collecting the material likely to yield the required information on each subject. The research covered both French and English texts.

Here, without prejudice, is the list of documentary sources in order of the confidence placed in them for reflecting correct usage:

— English-French language dictionaries.

— Specialized dictionaries or vocabularies, whether unilingual, bilingual (French-English) or multilingual, whose quality and reliability should be carefully appraised.

— Encyclopedias or encyclopedic dictionaries, language dictionaries.

— Catalogues, commercial texts, advertisements in specialized magazines and large dailies.

— Technical documents from the International Standard Organization (ISO), the American Standard Association (ASA) and the Association française de normalisation (AFNOR); directions for use of commercial products; comparative product analyses; technical information supplied by manufacturers; official government publications, etc.

— French or English articles or works by specialists with an adequate level of competence in their field. In translation, these prove highly instructive as to word usage, although caution should be exercized.

On the whole, some four to five thousand references. The selective bibliography contained in the dictionary lists only the general reference works, not the specialized sources.

Sifting through the documentation

For every subject, the terminologist must sift through the documentation, searching for specific notions and the words used by various authors to express them. From this process emerges the notional structure of the subject, its standard or differing designations. In the latter case, the terminologist pursues his research, recording each term with supporting references, until he has formed a well-documented opinion on each of the competing terms.

Since the dictionary is visual, terminologists at this stage searched for appropriate ways of graphically depicting each coherent group of notions in one or several illustrations depending on the subject. The graphic artists drew from these elements to design each page of the dictionary.

The make-up of documentary files

The elements of each terminological file were assembled from the mass of documentation.

Once identified and defined through illustration, each notion was assigned the term most frequently used by the best authors and the most reliable sources to express it. If the terminological file suggested competing terms, one was selected upon discussion and agreement between the terminologist and the scientific director.

Specialists were called upon to discuss highly technical files subject to a greater risk of error.

Graphic visualization

The terminological file, along with a proposal for graphic representation, was then turned over to the graphics team for the design and production of the final illustrated page.

Each terminologist revised the plates pertaining to his files to ensure the accuracy of illustrations, terms and spelling.

Introduction

General revision of plates

The terminological research was carried out subject by subject following a plan, but not necessarily in order.

The final version of the dictionary underwent two complete verifications. Three revisers in each language were first asked to proofread the entire work, with emphasis on the spelling, without disregarding the terminology. With the help of their commentaries, the written form was standardized throughout the dictionary. Each instance of every word or notion was checked to insure the greatest possible degree of coherence.

All the documentation and terminological files on which the dictionary is based remain in archives.

PARTICULAR PROBLEMS

Terminological variation

Our research revealed a number of cases of terminological variation, i.e., designation of a notion by different terms.

Here is a partial list of such cases:

— A particular term may have been used by only one author or occurred only once throughout the documentation; we then chose the most frequent competing term;
— Technical terms are often in compound form, hyphenated or not, incorporating a preposition or preceded by a noun. This characteristic gives rise to at least two types of terminological variants:
   a) The compound technical term may be shortened by the deletion of one or many of its elements, especially when the context is significant. Within limits, the shorter term becomes the usual designation of the notion. For instance, *objective lens* becomes *objective*, *fine adjustment knob* becomes *fine adjustment*, *revolving nose piece*, *nose piece*. We retained the compound form, leaving it to the user to shorten it according to the context.
   b) One of the elements of the compound may itself have equivalent forms, generally synonyms in the common language. For instance, *magnetic needle* is equivalent to *magnetized needle*, *eye lens* to *ocular lens*. We then retained the most frequent form.
— Finally, the variation may stem from a difference of opinion, with no bearing on terminology, making it unnecessary to give up the best known term. For instance, the *first condenser lens* and *second condenser lens* of the electronic microscope are called *upper condenser lens* and *lower condenser lens* by some authors. The difference is not sufficient to cause a problem. In these cases, the most frequent or best known form was preferred.

Terminological sense

This calls for a brief commentary on the terminological sense as compared to the lexicographical sense.

The long history of language dictionaries, the fact that they are familiar reference works, known and used by everyone from schooldays, means that a certain tradition has been set that is known and accepted by all. We know how variants designating the same notion are classified and treated; therefore, we know how to interpret the dictionary and how to use the information it gives or does not give us.

Terminological dictionaries are either recent or intended for a specialized few. There is no real tradition guiding the preparation of such dictionaries. If the specialist knows how to interpret a dictionary pertaining to his own area of expertise because he is familiar with its terminology, the same cannot be said of the layman who may be confused by variants. Finally, language dictionaries have to some extent disciplined their users to a standard vocabulary. But since they relate to recent specialties, the terms listed in specialized vocabularies are far from set.

This aspect of the vocabulary sciences must be taken into account in the evaluation of the VISUAL DICTIONARY.

Spelling variations

The spelling of English words varies considerably. Often, the problem lies in determining whether a word should be written as a single word or in two words, with or without a hyphen : for example, *wave length* and *wavelength, grand-mother* and *grandmother, cross bar* and *crossbar*. Finally, there is some question as to the doubling of consonants in words like *traveller*. In every case, we used the spelling favored by Merriam Webster's, the Random House Dictionary, or the Oxford Dictionary.

Jean-Claude CORBEIL

INTRODUCTION

OBJET DU DICTIONNAIRE

À l'origine de ce dictionnaire, nous nous étions fixé deux objectifs :

a) Répertorier les notions et les termes utiles, voire indispensables, dans une société industrialisée, post-industrialisée ou en voie d'industrialisation, pour désigner les multiples objets de la vie quotidienne et que toute personne doit connaître pour acheter un produit ou discuter d'une réparation, lire un journal ou une revue, comprendre un mode d'emploi, etc. ;

b) Visualiser ces notions par une représentation graphique, c'est-à-dire faire jouer à l'image le rôle de la définition écrite dans un dictionnaire ordinaire.

Une contrainte découle du second objectif : les notions sélectionnées doivent être susceptibles de représentation graphique. Il était donc virtuellement impossible de retenir les substantifs abstraits, les adjectifs et les verbes, même s'ils font partie du vocabulaire spécialisé. Les terminologies n'ont pas encore réglé le problème que posent les verbes et les adjectifs.

Après divers essais et consultations, nous avons opté pour le graphisme technique comme mode de représentation des objets. Il permet de faire ressortir les traits essentiels de la notion, de purger l'image de tout ce qui est accessoire ou accidentel, comme les faits de mode dans le vêtement. L'image apparaît plus simple, plus dépouillée, mais elle y gagne en clarté conceptuelle, constituant ainsi une meilleure définition.

Pour réaliser ce double objectif, nous avons réuni une équipe de terminologues et une équipe d'illustrateurs travaillant sous une même direction scientifique.

DESTINATAIRE DU DICTIONNAIRE

Le DICTIONNAIRE THÉMATIQUE VISUEL est donc destiné à une personne qui participe, d'une manière ou d'une autre, à la civilisation contemporaine industrialisée et qui doit, en conséquence, disposer d'un éventail de termes techniques dans des domaines nombreux et très différents les uns des autres, sans être cependant un spécialiste de l'un ou de l'autre.

Le profil de cet utilisateur type a guidé le choix des notions et des termes de chaque catégorie. Nous avons privilégié le vocabulaire de l'honnête homme plutôt que celui du spécialiste.

Introduction

Toutefois, on notera des niveaux de spécialisation variables d'un domaine à l'autre, ce qui provient de la familiarisation plus ou moins grande avec un sujet, ou encore des contraintes mêmes de la spécialité. Ainsi, le vocabulaire du vêtement ou de l'électricité nous est plus familier que celui de l'énergie nucléaire. Ou encore : pour décrire l'anatomie du corps humain, nous ne pouvons que respecter et reproduire la terminologie médicale, mais pour décrire la structure d'un fruit, nous pouvons mettre côte à côte les termes techniques et usuels. Le degré de familiarité avec un sujet varie avec chaque lecteur et avec la popularité du sujet. Le meilleur exemple est sans doute la diffusion du vocabulaire de l'informatique qu'a entraînée l'usage généralisé du micro-ordinateur.

Bref, nous avons voulu refléter le vocabulaire spécialisé d'usage courant dans chaque domaine, en respectant les contraintes inhérentes à chacun.

SPÉCIFICITÉ DU DICTIONNAIRE

Il est nécessaire de situer le DICTIONNAIRE THÉMATIQUE VISUEL par rapport aux autres ouvrages de lexicographie.

Les ouvrages traditionnels

Les ouvrages de lexicographie se rangent dans quatre grandes catégories :

a) les dictionnaires de langue

Ils sont constitués fondamentalement de deux grandes parties.

D'une part, la nomenclature, c'est-à-dire l'ensemble des mots qui sont l'objet d'un commentaire lexicographique et qui forment la macro-structure du dictionnaire. Pour plus de commodité, les entrées sont classées par ordre alphabétique. En général, on y trouve les mots de la langue commune contemporaine ; des mots appartenant à des états anciens de la langue dont la connaissance facilite la compréhension de l'histoire d'une civilisation, souvent transmise par des textes ; et quelques mots techniques dont l'usage est suffisamment répandu.

D'autre part, un commentaire lexicographique sous forme d'article, dont la micro-structure varie d'une tradition lexicographique à l'autre. Généralement, l'article comprend : la catégorie grammaticale du mot ; le genre (s'il y a lieu) ; la prononciation notée en alphabet phonétique international ; l'étymologie du mot ; la définition des différents sens du mot, classés le plus souvent par ordre chronologique ; et des indications sur les niveaux de langue (familier, populaire, vulgaire), selon une typologie encore aujourd'hui plutôt impressionniste.

b) les dictionnaires encyclopédiques

Au dictionnaire de langue, ces dictionnaires ajoutent des développements sur la nature, le fonctionnement ou l'histoire des choses pour en permettre la compréhension à un profane de bonne culture générale ou à un spécialiste voulant vérifier la portée d'un mot. Ils font une place beaucoup plus grande aux termes techniques, suivant de près l'état des sciences et des techniques. En général, l'image y joue un rôle important, en illustration du texte. Les dictionnaires encyclopédiques sont plus ou moins volumineux, selon l'étendue de la nomenclature, l'importance des commentaires et la place accordée aux noms propres.

c) les encyclopédies

Contrairement à ceux de la catégorie précédente, ces ouvrages ne traitent pas la langue. Ils sont consacrés à la description scientifique, technique, parfois économique, historique et géographique des choses. La structure de la nomenclature peut varier, tous les classements étant légitimes ; alphabétique, notionnel, chronologique, par spécialité, etc. Le nombre de ces ouvrages est pratiquement illimité, comme l'est la fragmentation de la civilisation en catégories multiples. Il faut cependant distinguer entre l'encyclopédie universelle et l'encyclopédie spécialisée.

d) les lexiques ou vocabulaires spécialisés

Le plus souvent, ces ouvrages répondent à des besoins particuliers, suscités par l'évolution des sciences et des techniques ou le souci d'efficacité de la communication. Ici, tout peut varier: la méthode de confection des lexiques, la relation des auteurs avec la spécialité, l'étendue de la nomenclature, le nombre de langues traitées et la manière d'établir les équivalences d'une langue à l'autre, par simple traduction ou par comparaison entre terminologies unilingues. La lexicographie spécialisée est aujourd'hui un champ d'activité intense. Les ouvrages se multiplient dans tous les secteurs et dans toutes les langues qu'on juge utile de croiser.

LE DICTIONNAIRE THÉMATIQUE VISUEL

Ce n'est pas une encyclopédie, pour au moins deux raisons: il ne décrit pas les choses, il les nomme; il évite aussi l'énumération des objets de même classe. Par exemple, il ne recense pas toutes les variétés d'arbres mais s'arrête sur un représentant typique de la catégorie pour en examiner la structure et chacune des parties.

Il est encore moins un dictionnaire de langue puisqu'il ne comporte aucune définition écrite et n'inclut que des substantifs, rarement des adjectifs mais beaucoup de termes complexes, comme il arrive habituellement en terminologie.

Il n'est pas non plus une somme de vocabulaires spécialisés puisqu'il évite les termes connus des seuls spécialistes au profit des termes d'usage général, au risque de passer pour simpliste aux yeux des connaisseurs de domaines particuliers.

Le DICTIONNAIRE THÉMATIQUE VISUEL est le premier dictionnaire fondamental d'orientation terminologique, réunissant en un seul corps d'ouvrage les milliers de mots plus ou moins techniques d'usage courant dans notre société où les sciences, les techniques et leurs produits font partie de l'univers quotidien.

ORIGINALITÉ DE LA VERSION BILINGUE

Le DICTIONNAIRE THÉMATIQUE VISUEL bilingue compare deux langues, l'anglais et le français, et deux usages de chaque langue, l'anglais américain et l'anglais britannique d'une part, le français du Québec et le français de France d'autre part. Ainsi le lecteur bénéficie de renseignements précis sur les variations d'usage de la même langue et sur les ressemblances ou les différences de l'anglais par rapport au français. Très peu de dictionnaires bilingues offrent cet avantage, aucun d'une manière aussi évidente ni aussi facile de consultation.

Il est nécessaire d'indiquer comment nous avons traité cet aspect particulier du dictionnaire.

Langue commune

Ce qui est neutre, commun à tous les locuteurs du français ou de l'anglais est imprimé en caractères romains, en noir pour l'anglais et en bleu pour le français.

L'usage européen du français ou de l'anglais est inscrit en italique.

Anglais américain ou anglais britannique

L'usage de l'anglais varie d'un cas à l'autre. Parfois, l'orthographe seule change, par exemple *theater* par rapport à *theatre*, ou *leveling* par rapport à *levelling*. Mais souvent, la même notion est désignée par des mots vraiment différents, par exemple *pants* et *trousers, elevator* et *lift, hood* et *bonnet*.

Dans cette version bilingue, nous avons systématiquement identifié les usages britanniques par rapport aux usages américains, chaque fois que la différence était importante, qu'il s'agisse d'orthographe ou de vocabulaire. Les usages britanniques sont notés en caractères italiques en regard du mot américain, alors en caractères romains.

Le DICTIONNAIRE THÉMATIQUE VISUEL permet donc de bien distinguer les deux usages de l'anglais.

Français du Québec ou français de France

De même, dans quelques cas, plus rares qu'en anglais il est vrai, le français du Québec se distingue du français de France. Il n'y a jamais de différence d'orthographe. Mais, parfois, il arrive que des notions soient désignées par des mots distincts. Ainsi, en France, on appelle *bonnet* et *tringle chemin de fer* ce qu'on appelle *tuque* et *tringle à coulisse* au Québec.

Dans le vocabulaire technique, ces cas sont moins fréquents que dans le vocabulaire général.

Lorsque la chose s'est produite et que nous avons jugé utile ou indispensable de noter les deux usages, le terme utilisé en France est imprimé en italique en regard du mot québécois, en caractères romains.

Différences culturelles

À de rares occasions, la différence culturelle s'est avérée si importante qu'il aurait été artificiel d'établir la correspondance d'une langue à l'autre.

Par exemple, nous publions trois modèles de lettres, avec terminologie, l'un pour l'anglais américain, le deuxième pour le français, le dernier pour l'anglais britannique, parce que la manière de présenter une lettre est différente et qu'il peut être utile de le savoir. De la même manière, nous donnons trois coupes de viande, l'une bilingue pour l'Amérique du Nord, l'autre uniquement en français pour la coupe parisienne, la troisième en anglais seulement avec la mention *coupe britannique*. Ainsi, apparaît visuellement la différence de la coupe bien que le mot soit le même. Enfin, le dernier cas est celui des signes de corrections typographiques, qui diffèrent d'une tradition à l'autre sans qu'il soit possible ou opportun d'en privilégier l'une ou l'autre.

Contact des langues

La superposition des langues, bien différenciées par l'alternance des couleurs, permet de saisir d'un coup d'œil les mouvements d'emprunts, du français à l'anglais ou de l'anglais au français. Le DICTIONNAIRE THÉMATIQUE VISUEL bilingue peut servir ainsi de dictionnaire des anglicismes pour les francophones. Chose certaine, il permet de retracer l'équivalent dans une langue lorsque c'est le mot dans l'autre langue qui nous vient à l'esprit.

MÉTHODE DE TRAVAIL

Nous avons élaboré ce dictionnaire d'après la méthodologie de recherche terminologique systématique et comparée, mise au point au Québec au début des années 1970 et aujourd'hui largement répandue dans tout le Canada, en Amérique du Sud, en Afrique du Nord et en Afrique subsaharienne.

Nous avons travaillé simultanément en français et en anglais, langues de pays industrialisés, largement diffusées de par le monde. L'abondance de la documentation dans chacune des deux langues, la complémentarité des approches et des spécialités et le contraste des deux formes d'intuition et d'expression des mêmes réalités garantissent la qualité de l'inventaire des notions et des termes. Nous nous proposons d'employer la même procédure pour d'autres langues, notamment l'arabe et l'espagnol.

La méthodologie de la recherche terminologique systématique comporte plusieurs étapes qui s'enchaînent dans un ordre logique. Le cheminement s'applique à chaque langue, la comparaison n'intervenant qu'à la fin du processus, au moment de la constitution des dossiers terminologiques. Ainsi évite-t-on les pièges de la traduction mot à mot.

Voici une description succincte de chacune des étapes.

Délimitation de l'ouvrage

Il faut d'abord délimiter soigneusement la taille et le contenu de l'ouvrage projeté en fonction de ses objectifs et du public-cible.

Nous avons d'abord fixé les thèmes qu'il nous apparaissait nécessaire de traiter dans le DICTIONNAIRE THÉMATIQUE VISUEL, puis nous avons divisé chacun d'eux en domaines et sous-domaines en prenant soin de rester fidèles à l'idée de départ et de ne pas verser dans l'encyclopédisme ou l'hyperspécialité. Nous avons ainsi établi une table des matières provisoire, structure de base du dictionnaire, qui nous a servi de guide au cours des étapes subséquentes et que nous avons perfectionnée en cours de route. La table des matières du Dictionnaire est l'aboutissement de ce processus.

D'autre part, par la publication d'une maquette du futur dictionnaire, nous avons pu soumettre le plan du contenu et le style graphique des illustrations à l'attention et aux commentaires de collègues, tant éditeurs que lexicographes ou terminologues. Grâce à ces avis, le projet s'est précisé et nous sommes passés à la phase de la réalisation.

Recherche documentaire

Conformément au plan de l'ouvrage, nous avons d'abord recueilli la documentation pertinente à chaque sujet et susceptible de nous fournir l'information requise sur les mots et les notions. La recherche documentaire a porté aussi bien sur des textes anglais et français.

Voici, dans l'ordre inverse du crédit que nous leur accordions, la liste des sources de documentation que nous avons utilisées :

— Les articles ou ouvrages rédigés en français ou en anglais par des spécialistes du sujet, au niveau de spécialisation convenable. Leurs traductions vers l'autre langue peuvent être très révélatrices de l'usage du vocabulaire, quoiqu'il faille les utiliser avec circonspection.

— Les documents techniques, tels les normes de l'International Standard Organization (ISO), de l'American Standard Organization (ASO) et de l'Association française de normalisation (AFNOR), les modes d'emploi des produits, les analyses comparées de produits, la documentation technique fournie par les fabricants, les publications officielles des gouvernements, etc.

— Les catalogues, les textes commerciaux, la publicité dans les revues spécialisées et les grands quotidiens.

— Les encyclopédies ou dictionnaires encyclopédiques, et les dictionnaires de langue.

— Les vocabulaires ou dictionnaires spécialisés unilingues, bilingues français-anglais ou multilingues, dont il faut apprécier soigneusement la qualité et la fiabilité.

— Les dictionnaires de langue bilingues français-anglais.

Au total, quatre à cinq mille références. La bibliographie sélective qui figure dans le dictionnaire n'inclut que les sources documentaires d'orientation générale et non pas les sources spécialisées.

Dépouillement des documents

Pour chaque sujet, le terminologue doit parcourir la documentation, à la recherche des notions spécifiques et des mots qui les expriment, d'un auteur à l'autre et d'un document à l'autre. Ainsi se dessine progressivement la structure notionnelle du sujet : l'uniformité de la désignation de la même notion d'une source à l'autre ou, au contraire, la concurrence de plusieurs termes pour désigner la même réalité. Dans ce cas, le terminologue poursuit sa recherche jusqu'à ce qu'il se soit formé une opinion bien documentée sur chacun des termes concurrents. Il note tout, avec références à l'appui.

Puisque le dictionnaire est visuel, chaque terminologue s'est préoccupé à ce stade de trouver et de sélectionner des modes de représentation graphique de chaque ensemble cohérent de notions, proposant une ou plusieurs illustrations selon les sujets. Les illustrateurs se sont inspirés de ces suggestions pour concevoir et réaliser les pages du dictionnaire.

Constitution des dossiers terminologiques

Le dépouillement de la documentation permet de réunir tous les éléments d'un dossier terminologique.

À chaque notion, identifiée et définie par l'illustration, est relié le terme le plus fréquemment utilisé pour la désigner par les meilleurs auteurs ou dans les sources le plus dignes de confiance. Lorsque plusieurs termes sont en concurrence, l'un d'eux est sélectionné après discussion et accord entre le terminologue et le directeur scientifique.

Certains dossiers terminologiques, généralement dans des domaines spécialisés où le terminologue est plus sujet à erreur, ont été soumis à des spécialistes.

Visualisation graphique

Le dossier terminologique, accompagné d'une proposition de représentation graphique, a ensuite été confié à l'équipe d'illustrateurs en vue de la conception et de la réalisation de la page définitive.

Chaque terminologue a revu les planches correspondant à ses dossiers afin de vérifier l'exactitude de la représentation visuelle et du lien entre la notion et le terme, et procéder à une première correction orthographique.

Révision générale des planches

Les terminologues ont travaillé sujet par sujet en suivant le plan, mais pas nécessairement dans l'ordre.

À la fin du processus, nous avons procédé à deux vérifications de l'ensemble du dictionnaire. D'abord, nous avons confié à trois réviseurs de chaque langue le soin de relire tout l'ouvrage en s'attachant surtout à l'orthographe, mais aussi à la terminologie. À l'aide de leurs commentaires, nous avons ensuite uniformisé certaines graphies et revu toutes les apparitions de chaque mot et de chaque notion pour donner au dictionnaire le plus de cohérence possible.

Nous conservons en archives toute la documentation et tous les dossiers terminologiques qui ont servi à la réalisation du dictionnaire.

PROBLÈMES PARTICULIERS

Variante terminologique

Au cours de la recherche, nous avons relevé de nombreux exemples de variantes terminologiques, c'est-à-dire de désignation d'une notion par des termes différents.

D'une manière pragmatique, les choses se présentent de la manière suivante :

— Il peut arriver qu'un terme ne soit utilisé que par un auteur ou ne trouve qu'une attestation dans la documentation. Nous avons alors retenu le terme concurrent le plus fréquent.

— Les termes techniques se présentent souvent sous forme composée, avec ou sans trait d'union ou préposition. Cette caractéristique entraîne au moins deux types de variantes terminologiques :

a) Le terme technique composé peut se réduire par l'abandon d'un ou de plusieurs de ses éléments, surtout si le contexte est très significatif. À la limite, le terme réduit devient la désignation habituelle de la notion. L'exemple le plus connu et le plus remarquable est la réduction de *chemin de fer métropolitain* à *métro*. Dans ces cas, nous avons retenu la forme composée lorsqu'elle est couramment utilisée, laissant à l'utilisateur le soin de la réduire selon le contexte.

b) L'un des éléments du mot composé peut lui-même avoir des formes équivalentes. Il s'agit le plus souvent de synonymie en langue commune. Par exemple, le mot *vitre* dans l'expression *vitre d'observation* peut être remplacé par *fenêtre* ou *hublot*, donnant *fenêtre d'observation* et *hublot d'observation*. Ou encore, un substantif devient adjectif comme dans *jumelles à prismes* et *jumelles prismatiques*. Nous avons alors retenu la forme la plus fréquente.

— Enfin, la variante peut provenir de l'évolution du langage, sans incidence terminologique, autorisant le maintien du terme le plus répandu. Il en est ainsi de *trompe de Fallope* et *trompe utérine* et de *lunette de tir* et *lunette de visée*. Nous avons alors privilégié la forme la plus fréquente ou la plus connue du public-cible.

Sentiment terminologique

Cela nous amène à un commentaire sur l'état du sentiment terminologique par rapport au sentiment lexicographique.

Les dictionnaires de langue ont une longue histoire. Ce sont des ouvrages de référence familiers, connus et utilisés depuis l'école, avec une tradition établie, connue et acceptée de tous. Nous savons comment sont classés et traités les mots désignant la même chose. En cas de variante, nous savons comment interpréter le dictionnaire et comment utiliser les renseignements qu'il nous donne... ou ne nous donne pas !

Les dictionnaires terminologiques sont ou bien très récents ou bien destinés à un public spécialisé. Il n'existe pas de vraie tradition guidant leur conception et leur réalisation. Si le spécialiste sait interpréter un dictionnaire de sa spécialité parce que la terminologie lui est familière, il n'en est pas de même pour le profane. Les variantes le laissent perplexe. Enfin, les dictionnaires de langue ont jusqu'à un certain point discipliné l'usage du vocabulaire usuel chez leurs usagers alors que les vocabulaires de spécialités sont d'autant plus marqués par la concurrence des termes qu'ils appartiennent à des spécialités nouvelles.

L'évaluation d'un ouvrage comme le DICTIONNAIRE THÉMATIQUE VISUEL doit tenir compte de cet aspect des sciences du vocabulaire.

Variantes orthographiques

En français, les variantes orthographiques ne suscitent guère d'ennuis. Tout au plus pourrait-on signaler l'embarras dans lequel plonge l'emploi du trait d'union dans des cas comme *écran-témoin* (avec), *crochet commutateur* (sans), *bouton-pression* (avec), *pied presseur* (sans). Nous nous sommes alors conformés à l'usage le mieux attesté en nous efforçant d'être aussi systématiques et constants que possible. En cas de doute, nous avons conservé l'orthographe la plus fréquente.

Jean-Claude CORBEIL

THE VISUAL DICTIONARY
FOR A *NEW* DICTIONARY A *NEW* USAGE GUIDE

THE VISUAL DICTIONARY is divided into three parts:
- — TABLE OF CONTENTS
- — ILLUSTRATIONS depicting the ENTRIES
- — ALPHABETICAL INDEXES
  - — GENERAL
  - — THEMATIC
  - — SPECIALIZED

There are two ways of finding what you are looking for. You may refer either to the illustration or the word.

Starting from the ILLUSTRATION

You want to know what an object is called:

- Look in the **table of contents** for the **theme** which best corresponds to your query

- You will find **references** to **illustrations**

- Alongside the illustration, you will find the corresponding **word**

Starting from the WORD

You want to know what a word stands for:

- Look for the word in the **general** index or in the **thematic** or **specialized** indexes, depending on the area of research

- You will find **references** to the **illustrations** in which the word appears

- You will see from the **illustration** what the word stands for

POUR UN DICTIONNAIRE *NOUVEAU* UN *NOUVEAU* MODE DE CONSULTATION

Le DICTIONNAIRE THÉMATIQUE VISUEL comprend trois grandes sections :

> — la TABLE DES MATIÈRES
> — les ILLUSTRATIONS, supports des MOTS
> — les INDEX
> > — général
> > — thématiques
> > — spécialisés

Vous pouvez procéder à la recherche :

À partir du SENS

Si vous voulez savoir comment désigner un objet :

- Cherchez dans la **table des matières** le **thème** qui correspond à votre question

- Vous trouverez le ou les **renvois** aux **illustrations** pertinentes

- Repérez dans les illustrations **l'objet** et le **mot** qui le désigne

À partir du MOT

Si vous voulez savoir à quel objet correspond un mot :

- Cherchez le mot dans l'index **général** ou dans les index **thématiques** ou **spécialisés**, selon la catégorie à laquelle le mot appartient

- Vous trouverez le ou les **renvois** aux **illustrations** pertinentes

- Repérez dans les **illustrations** l'objet que désigne le mot

ASTRONOMY

ASTRONOMIE

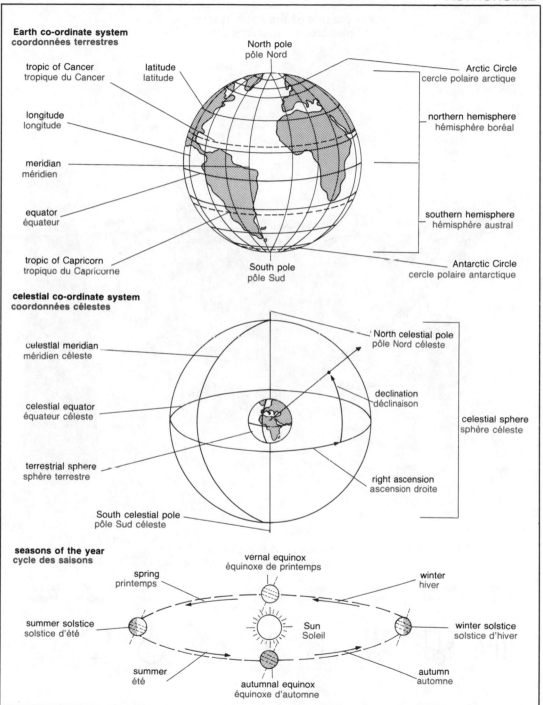

Earth co-ordinate system
coordonnées terrestres

tropic of Cancer
tropique du Cancer

latitude
latitude

North pole
pôle Nord

Arctic Circle
cercle polaire arctique

longitude
longitude

northern hemisphere
hémisphère boréal

meridian
méridien

equator
équateur

southern hemisphere
hémisphère austral

tropic of Capricorn
tropique du Capricorne

South pole
pôle Sud

Antarctic Circle
cercle polaire antarctique

celestial co-ordinate system
coordonnées célestes

celestial meridian
méridien céleste

North celestial pole
pôle Nord céleste

declination
déclinaison

celestial equator
équateur céleste

celestial sphere
sphère céleste

terrestrial sphere
sphère terrestre

right ascension
ascension droite

South celestial pole
pôle Sud céleste

seasons of the year
cycle des saisons

vernal equinox
équinoxe de printemps

spring
printemps

winter
hiver

summer solstice
solstice d'été

Sun
Soleil

winter solstice
solstice d'hiver

summer
été

autumnal equinox
équinoxe d'automne

autumn
automne

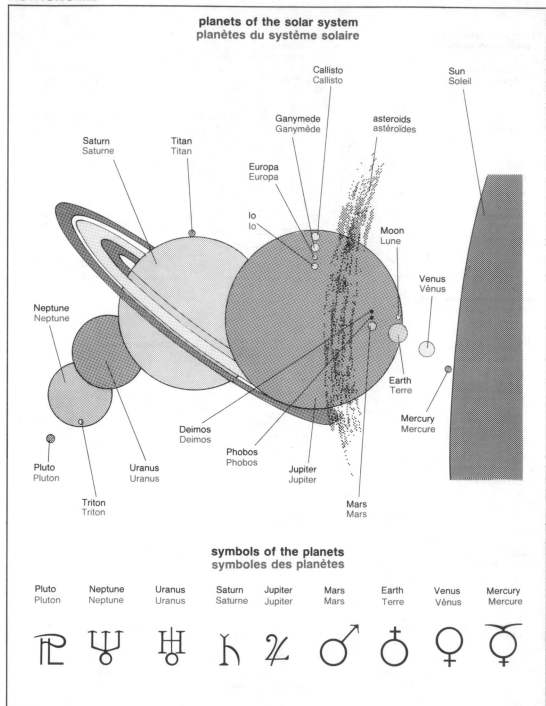

planets of the solar system
planètes du système solaire

Callisto
Callisto

Sun
Soleil

Ganymede
Ganymède

asteroids
astéroïdes

Saturn
Saturne

Titan
Titan

Europa
Europa

Io
Io

Moon
Lune

Venus
Vénus

Neptune
Neptune

Earth
Terre

Mercury
Mercure

Pluto
Pluton

Deimos
Deimos

Phobos
Phobos

Uranus
Uranus

Jupiter
Jupiter

Triton
Triton

Mars
Mars

symbols of the planets
symboles des planètes

Pluto	Neptune	Uranus	Saturn	Jupiter	Mars	Earth	Venus	Mercury
Pluton	Neptune	Uranus	Saturne	Jupiter	Mars	Terre	Vénus	Mercure

Sun
Soleil

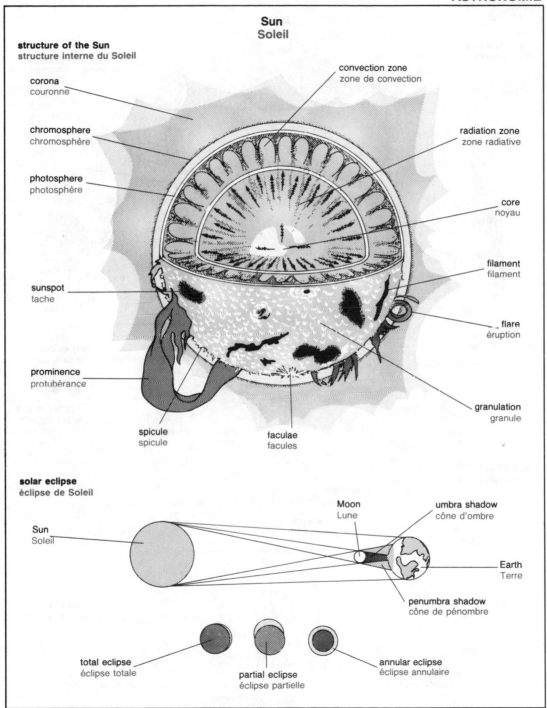

structure of the Sun
structure interne du Soleil

corona
couronne

chromosphere
chromosphère

photosphere
photosphère

convection zone
zone de convection

radiation zone
zone radiative

core
noyau

filament
filament

flare
éruption

sunspot
tache

prominence
protubérance

spicule
spicule

faculae
facules

granulation
granule

solar eclipse
éclipse de Soleil

Moon
Lune

umbra shadow
cône d'ombre

Sun
Soleil

Earth
Terre

penumbra shadow
cône de pénombre

total eclipse
éclipse totale

partial eclipse
éclipse partielle

annular eclipse
éclipse annulaire

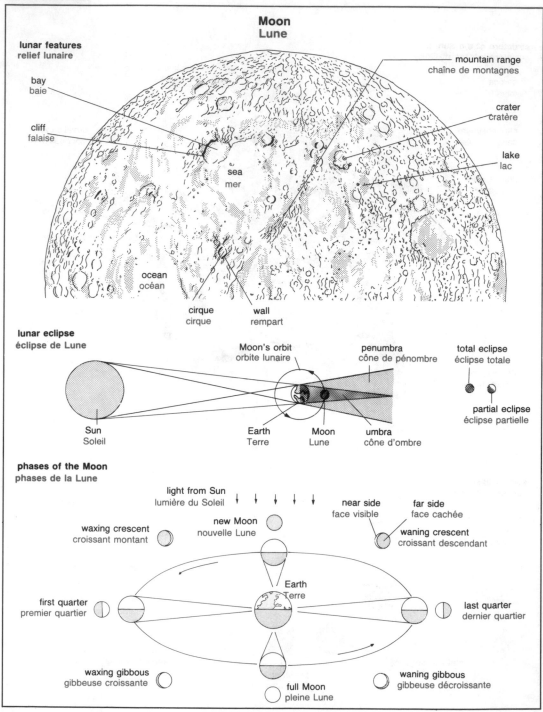

Moon
Lune

lunar features
relief lunaire

mountain range
chaîne de montagnes

bay
baie

crater
cratère

cliff
falaise

lake
lac

sea
mer

ocean
océan

cirque
cirque

wall
rempart

lunar eclipse
éclipse de Lune

Moon's orbit
orbite lunaire

penumbra
cône de pénombre

total eclipse
éclipse totale

partial eclipse
éclipse partielle

Sun
Soleil

Earth
Terre

Moon
Lune

umbra
cône d'ombre

phases of the Moon
phases de la Lune

light from Sun
lumière du Soleil

near side
face visible

far side
face cachée

waxing crescent
croissant montant

new Moon
nouvelle Lune

waning crescent
croissant descendant

first quarter
premier quartier

Earth
Terre

last quarter
dernier quartier

waxing gibbous
gibbeuse croissante

full Moon
pleine Lune

waning gibbous
gibbeuse décroissante

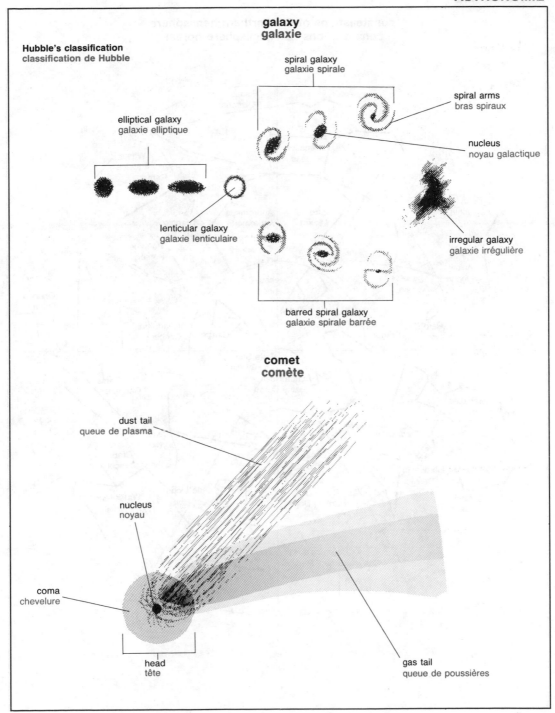

galaxy
galaxie

Hubble's classification
classification de Hubble

elliptical galaxy
galaxie elliptique

lenticular galaxy
galaxie lenticulaire

spiral galaxy
galaxie spirale

spiral arms
bras spiraux

nucleus
noyau galactique

irregular galaxy
galaxie irrégulière

barred spiral galaxy
galaxie spirale barrée

comet
comète

dust tail
queue de plasma

nucleus
noyau

coma
chevelure

head
tête

gas tail
queue de poussières

constellations of the northern hemisphere
constellations de l'hémisphère boréal

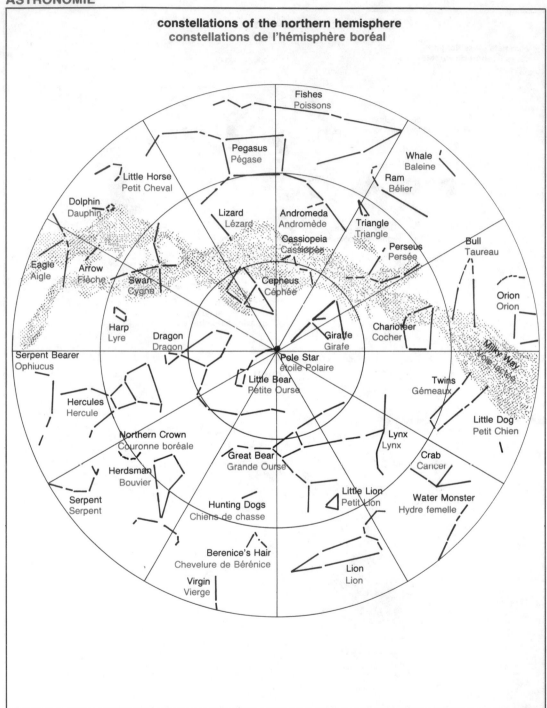

constellations of the southern hemisphere
constellations de l'hémisphère austral

Water Bearer
Verseau

Whale
Baleine

Southern Fish
Poisson austral

Sculptor
Atelier du Sculpteur

Furnace
Fourneau

Crane
Grue

Sea Goat
Capricorne

Fagle
Aigle

Phoenix
Phénix

River Eridanus
Éridan

Indian
Indien

Toucan
Toucan

Hare
Lièvre

Swordfish
Dorade

Sea Serpent
Hydre mâle

Southern
Crown
Couronne australe

Archer
Sagittaire

Shield
Écu de Sobieski

Dove
Colombe

Net
Réticule

Octant
Octant

Telescope
Télescope

Serpent
Serpent

Orion
Orion

Peacock
Paon

Flying Fish
Poisson volant

Chameleon
Caméléon

Bird of Paradise
Oiseau du Paradis

Serpent Bearer
Ophiucus

Big Dog
Grand Chien

Altar
Autel

Ship's Keel
Carène

Fly
Mouche

Southern Triangle
Triangle austral

Scorpion
Scorpion

Unicorn
Licorne

Southern Cross
Croix du Sud

Ship's Stern
Poupe

Wolf
Loup

Compass
Boussole

Ship's Sails
Voiles

Centaur
Centaure

Water Monster
Hydre femelle

Balance
Balance

Cup
Coupe

Crow
Corbeau

Virgin
Vierge

astronomical observatory
observatoire astronomique

prime focus observing capsule
nacelle d'observation

arch
arche

air intake
prise d'air de ventilation

dome shutter
cimier mobile

prime focus
foyer primaire

rotating dome
coupole rotative

interchangeable end assembly
anneau de tête amovible

exterior dome shell
enveloppe extérieure

crane
treuil

polar axis
axe horaire

flat mirror
miroir plan rétractable

airlock
sas

windscreen
rideau pare-vent

air space
vide

declination axis
axe de déclinaison

rotating dome truck
boggie

primary mirror
miroir primaire concave

interior dome shell
enveloppe

hour angle gear
engrenage horaire

girder
couronne de base

telescope control room
salle de commande
du télescope

horseshoe mount
monture en fer à cheval

hydrostatic pad
patin hydrostatique

telescope base
base

planetarium
planétarium

zenith
zénith

hemispherical dome
voûte hémisphérique de projection

working area
zone de manœuvre

speaker
haut-parleur

optical axis
axe optique

planetarium projector
planétaire

control room
salle de contrôle

projection gallery
projecteur auxiliaire

control console
pupitre de commande

fish-eye lens
hypergone

stage
estrade

projection room
cabine de projection

riser
élévateur

auditorium
salle de projection

planetarium projector
planétaire

star projection lens
lentille de projecteur d'étoiles

star sphere
sphère de projection d'étoiles

star projection condenser
condensateur de projecteur d'étoiles

high-power light bulb
lampe à haute intensité lumineuse

bright star projector
projecteur d'étoile brillante

east-west axis
axe est-ouest

planet projection system
système de projection de planètes

collar
embase

Milky Way projector
projecteur de la Voie lactée

rigid frame
support rigide

auxiliary projector
projecteur auxiliaire

GEOGRAPHY

GÉOGRAPHIE

structure of the Earth
structure de la Terre

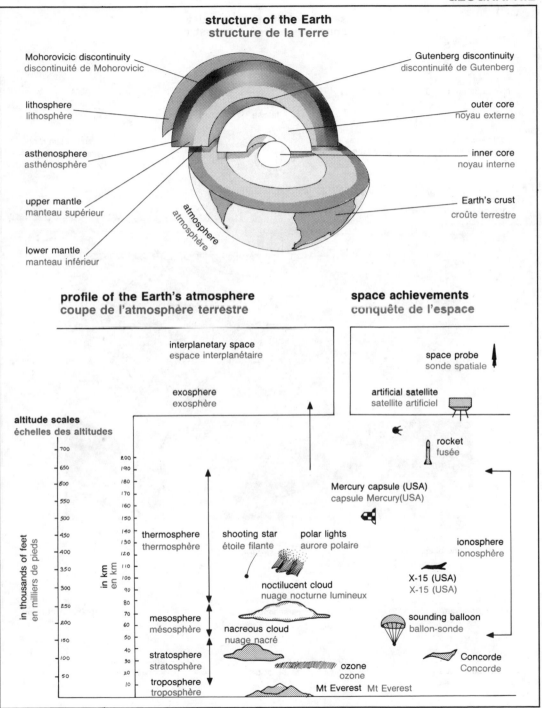

Mohorovicic discontinuity
discontinuité de Mohorovicic

Gutenberg discontinuity
discontinuité de Gutenberg

lithosphere
lithosphère

outer core
noyau externe

asthenosphere
asthénosphère

inner core
noyau interne

upper mantle
manteau supérieur

Earth's crust
croûte terrestre

lower mantle
manteau inférieur

atmosphere
atmosphère

profile of the Earth's atmosphere
coupe de l'atmosphère terrestre

space achievements
conquête de l'espace

interplanetary space
espace interplanétaire

space probe
sonde spatiale

exosphere
exosphère

artificial satellite
satellite artificiel

altitude scales
échelles des altitudes

rocket
fusée

in thousands of feet
en milliers de pieds

700
650
600
550
500
450
400
350
300
250
200
150
100
50

in km
en km

200
190
180
170
160
150
140
130
120
110
100
90
80
70
60
50
40
30
20
10

Mercury capsule (USA)
capsule Mercury(USA)

thermosphere
thermosphère

shooting star
étoile filante

polar lights
aurore polaire

ionosphere
ionosphère

X-15 (USA)
X-15 (USA)

noctilucent cloud
nuage nocturne lumineux

mesosphere
mésosphère

sounding balloon
ballon-sonde

nacreous cloud
nuage nacré

stratosphere
stratosphère

ozone
ozone

Concorde
Concorde

troposphere
troposphère

Mt Everest Mt Everest

section of the Earth's crust
coupe de la croûte terrestre

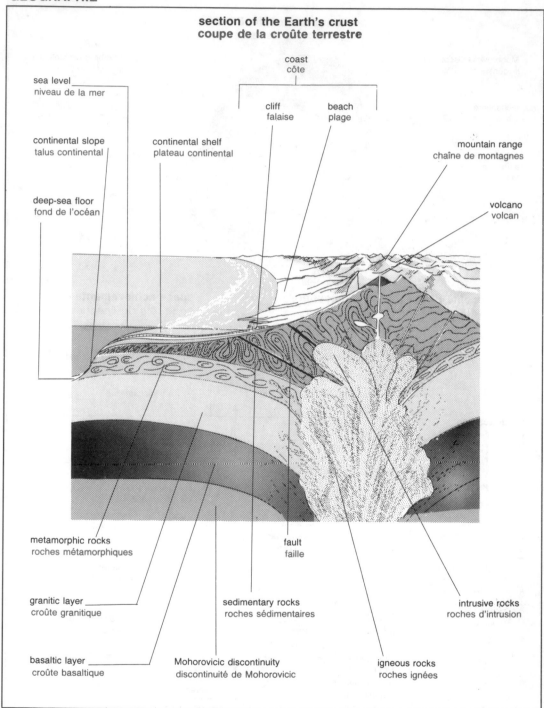

sea level
niveau de la mer

coast
côte

cliff
falaise

beach
plage

continental slope
talus continental

continental shelf
plateau continental

mountain range
chaîne de montagnes

deep-sea floor
fond de l'océan

volcano
volcan

metamorphic rocks
roches métamorphiques

fault
faille

granitic layer
croûte granitique

sedimentary rocks
roches sédimentaires

intrusive rocks
roches d'intrusion

basaltic layer
croûte basaltique

Mohorovicic discontinuity
discontinuité de Mohorovicic

igneous rocks
roches ignées

configuration of the continents
configuration des continents

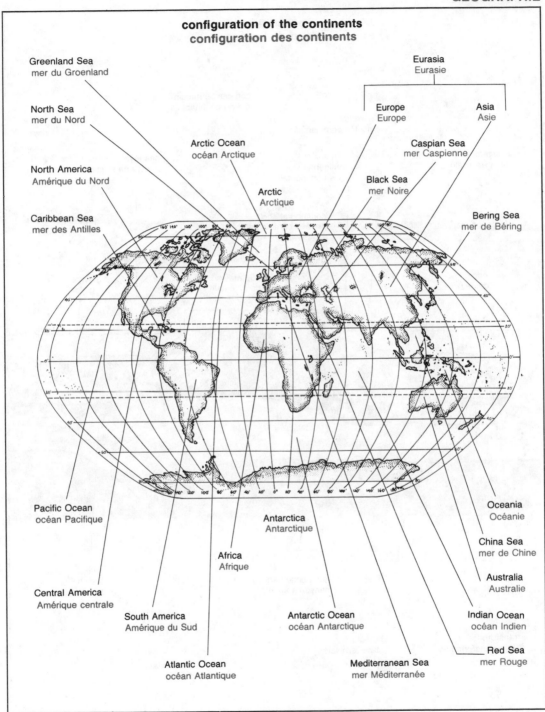

Greenland Sea
mer du Groenland

North Sea
mer du Nord

North America
Amérique du Nord

Caribbean Sea
mer des Antilles

Arctic Ocean
océan Arctique

Arctic
Arctique

Eurasia
Eurasie

Europe
Europe

Asia
Asie

Caspian Sea
mer Caspienne

Black Sea
mer Noire

Bering Sea
mer de Béring

Pacific Ocean
océan Pacifique

Antarctica
Antarctique

Oceania
Océanie

China Sea
mer de Chine

Africa
Afrique

Australia
Australie

Central America
Amérique centrale

South America
Amérique du Sud

Antarctic Ocean
océan Antarctique

Indian Ocean
océan Indien

Red Sea
mer Rouge

Atlantic Ocean
océan Atlantique

Mediterranean Sea
mer Méditerranée

GEOGRAPHY
GÉOGRAPHIE

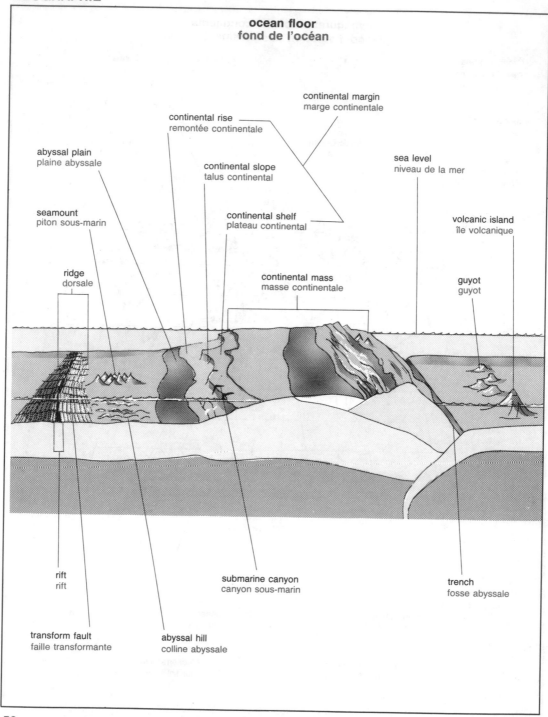

ocean floor
fond de l'océan

continental margin
marge continentale

continental rise
remontée continentale

abyssal plain
plaine abyssale

continental slope
talus continental

sea level
niveau de la mer

seamount
piton sous-marin

continental shelf
plateau continental

volcanic island
île volcanique

ridge
dorsale

continental mass
masse continentale

guyot
guyot

rift
rift

submarine canyon
canyon sous-marin

trench
fosse abyssale

transform fault
faille transformante

abyssal hill
colline abyssale

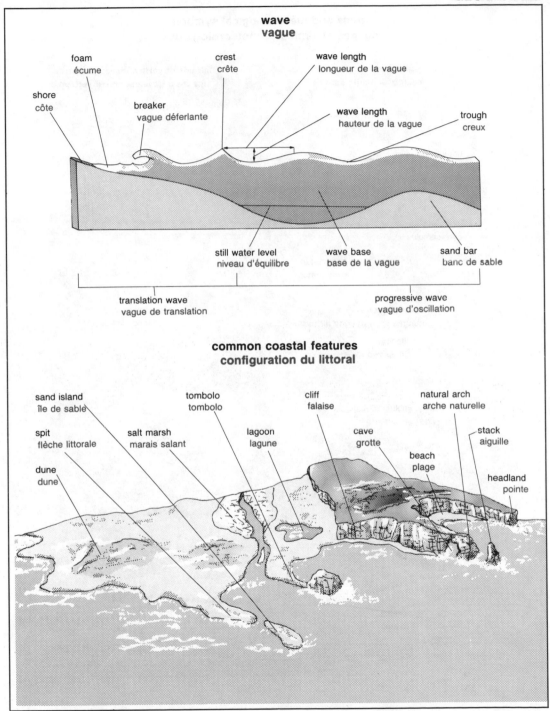

wave
vague

foam
écume

crest
crête

wave length
longueur de la vague

shore
côte

breaker
vague déferlante

wave length
hauteur de la vague

trough
creux

still water level
niveau d'équilibre

wave base
base de la vague

sand bar
banc de sable

translation wave
vague de translation

progressive wave
vague d'oscillation

common coastal features
configuration du littoral

sand island
île de sable

tombolo
tombolo

cliff
falaise

natural arch
arche naturelle

spit
flèche littorale

salt marsh
marais salant

lagoon
lagune

cave
grotte

stack
aiguille

dune
dune

beach
plage

headland
pointe

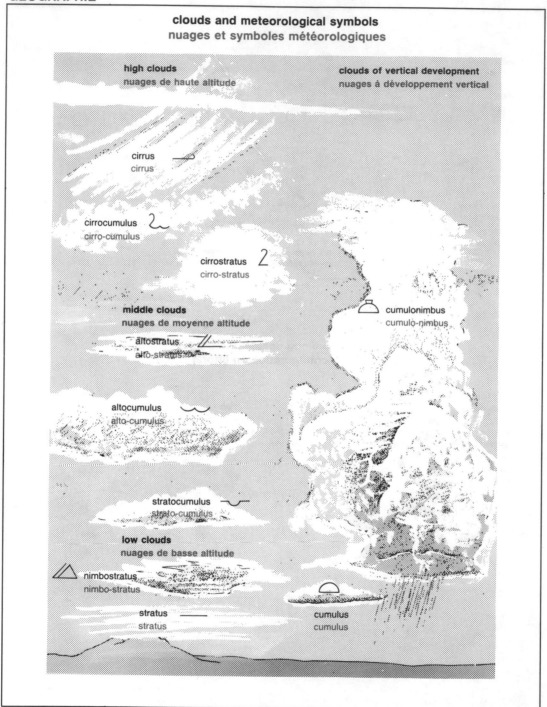

clouds and meteorological symbols
nuages et symboles météorologiques

high clouds
nuages de haute altitude

clouds of vertical development
nuages à développement vertical

cirrus
cirrus

cirrocumulus
cirro-cumulus

cirrostratus
cirro-stratus

cumulonimbus
cumulo-nimbus

middle clouds
nuages de moyenne altitude

altostratus
alto-stratus

altocumulus
alto-cumulus

stratocumulus
strato-cumulus

low clouds
nuages de basse altitude

nimbostratus
nimbo-stratus

stratus
stratus

cumulus
cumulus

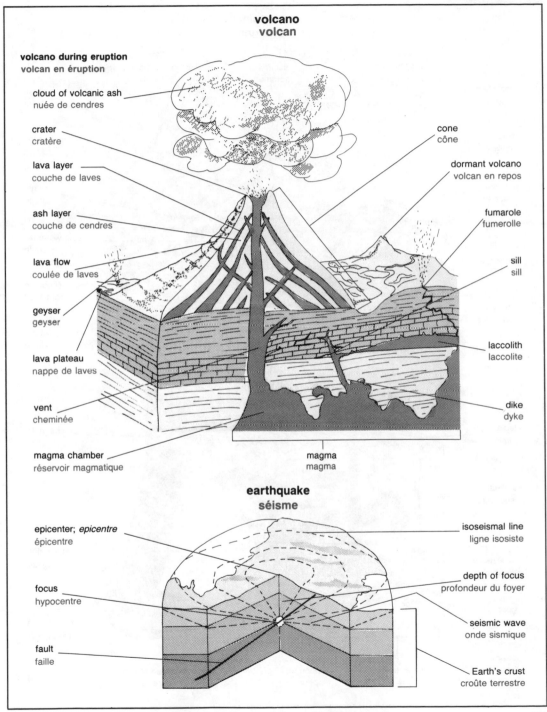

volcano
volcan

volcano during eruption
volcan en éruption

cloud of volcanic ash
nuée de cendres

crater
cratère

lava layer
couche de laves

ash layer
couche de cendres

lava flow
coulée de laves

geyser
geyser

lava plateau
nappe de laves

vent
cheminée

magma chamber
réservoir magmatique

cone
cône

dormant volcano
volcan en repos

fumarole
fumerolle

sill
sill

laccolith
laccolite

dike
dyke

magma
magma

earthquake
séisme

epicenter; *epicentre*
épicentre

focus
hypocentre

fault
faille

isoseismal line
ligne isosiste

depth of focus
profondeur du foyer

seismic wave
onde sismique

Earth's crust
croûte terrestre

mountain
montagne

peak
cime

summit
sommet

spur
pic

mountain slope
versant

crest
crête

hill
colline

mountain torrent
torrent

plateau
plateau

gorge
gorge

waterfall
chute

pass
col

shoulder
contrefort

precipice
précipice

valley
vallée

cave
grotte

dry gallery
galerie sèche

lapiaz
lapié

sink hole
doline

stalactite
stalactite

swallow-hole
gouffre

stalagmite
stalagmite

gour
gour

resurgence
résurgence

column
colonne

water table
nappe phréatique

siphon
siphon

subterranean stream
rivière souterraine

desert
désert

sandy desert
désert de sable

crescentic dune
dune en croissant

wind vent

parabolic dune
dune parabolique

wind vent

complex dune
dune complexe

transverse dunes
dunes transversales

wind

vent

longitudinal dunes
dunes longitudinales

wind vent

chain of dunes
cordon de dunes

wind vent

N N N

rocky desert
désert de pierres

mesa
mésa

butte
butte

saline lake
lac salé

cactus
cactus

palm grove
palmeraie

oasis
oasis

glacier
glacier

rock step
verrou glaciaire

glacial cirque
cirque glaciaire

hanging glacier
glacier suspendu

rock basin
ombilic

lateral moraine
moraine latérale

bergschrund
rimaye

crevasse
crevasse

piedmont glacier
glacier de piémont

firn
névé

outwash plain
plaine fluvio-glaciaire

glacier tongue
langue glaciaire

serac
sérac

meltwater
eau de fonte

medial moraine
moraine médiane

ground moraine
moraine de fond

terminal moraine
moraine frontale

water forms
états de l'eau

classification of snow crystals
classification des cristaux de neige

denominations
dénominations

plate crystal
plaquette

stellar crystal
étoile

column
colonne

needle
aiguille

spatial dendrite
dendrite spatiale

capped column
colonne avec
capuchon

irregular crystal
cristaux irréguliers

snow pellet
neige roulée

sleet
grésil

hail
grêlon

graphic symbols
symboles graphiques

forms
formes

kinds of precipitation
types de précipitations

rain
pluie

melting snow
neige fondante

glaze; *glazed frost*
verglas

dry snow
neige sèche

wet snow
neige mouillée

hail
grêle

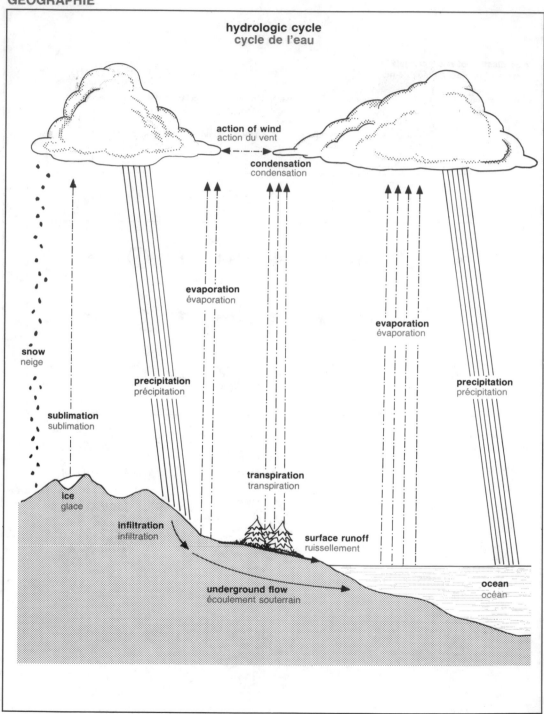

hydrologic cycle
cycle de l'eau

action of wind
action du vent

condensation
condensation

evaporation
évaporation

evaporation
évaporation

snow
neige

sublimation
sublimation

precipitation
précipitation

precipitation
précipitation

transpiration
transpiration

ice
glace

infiltration
infiltration

surface runoff
ruissellement

underground flow
écoulement souterrain

ocean
océan

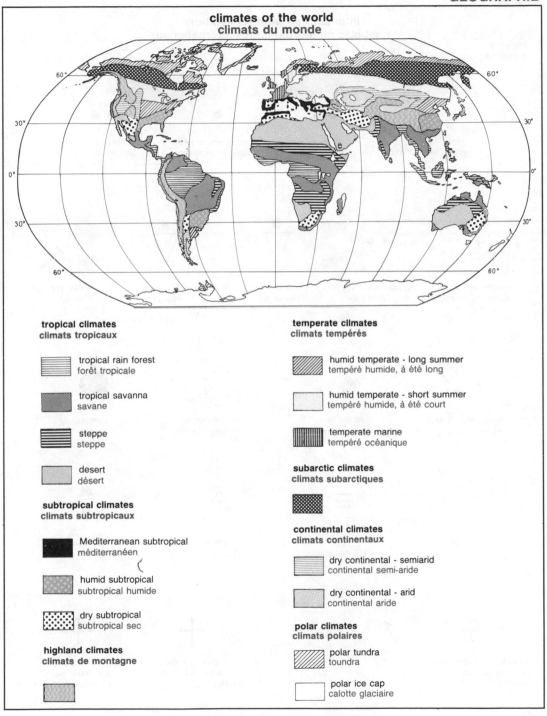

climates of the world
climats du monde

tropical climates
climats tropicaux

tropical rain forest
forêt tropicale

tropical savanna
savane

steppe
steppe

desert
désert

subtropical climates
climats subtropicaux

Mediterranean subtropical
méditerranéen

humid subtropical
subtropical humide

dry subtropical
subtropical sec

highland climates
climats de montagne

temperate climates
climats tempérés

humid temperate - long summer
tempéré humide, à été long

humid temperate - short summer
tempéré humide, à été court

temperate marine
tempéré océanique

subarctic climates
climats subarctiques

continental climates
climats continentaux

dry continental - semiarid
continental semi-aride

dry continental - arid
continental aride

polar climates
climats polaires

polar tundra
toundra

polar ice cap
calotte glaciaire

international weather symbols
symboles météorologiques internationaux

meteors
météores

intermittent rain
pluie intermittente

continuous rain
pluie continue

intermittent drizzle
bruine intermittente

continuous drizzle
bruine continue

intermittent snow
neige intermittente

continuous snow
neige continue

rain shower
averse de pluie

snow shower
averse de neige

thunderstorm
orage

heavy thunderstorm
orage violent

freezing rain
pluie verglaçante

tropical storm
tempête tropicale

hurricane
ouragan

mist
brume

fog
brouillard

sleet
grésil

hail shower
averse de grêle

sandstorm or dust storm
tempête de sable
ou de poussière

squall
grain

smoke
fumée

drifting snow
poudrerie basse
chasse-neige faible basse

blowing snow
poudrerie élevée
chasse-neige faible élevée

international weather symbols
symboles météorologiques internationaux

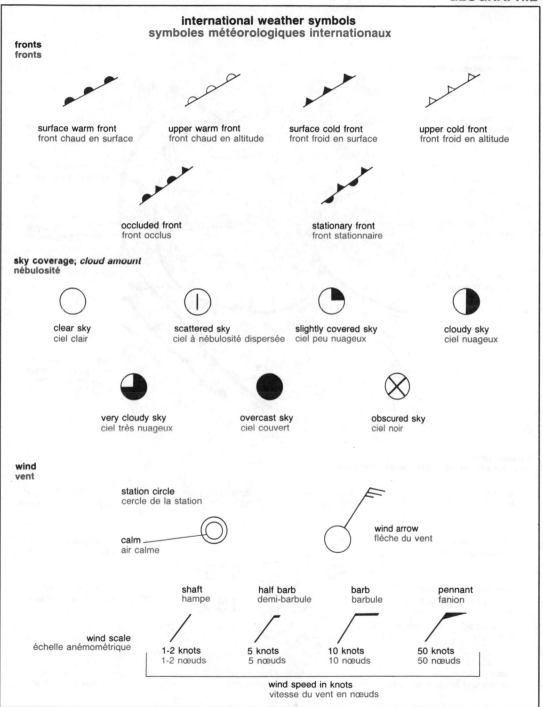

fronts
fronts

surface warm front
front chaud en surface

upper warm front
front chaud en altitude

surface cold front
front froid en surface

upper cold front
front froid en altitude

occluded front
front occlus

stationary front
front stationnaire

sky coverage; *cloud amount*
nébulosité

clear sky
ciel clair

scattered sky
ciel à nébulosité dispersée

slightly covered sky
ciel peu nuageux

cloudy sky
ciel nuageux

very cloudy sky
ciel très nuageux

overcast sky
ciel couvert

obscured sky
ciel noir

wind
vent

station circle
cercle de la station

calm
air calme

wind arrow
flèche du vent

shaft
hampe

half barb
demi-barbule

barb
barbule

pennant
fanion

wind scale
échelle anémométrique

1-2 knots
1-2 nœuds

5 knots
5 nœuds

10 knots
10 nœuds

50 knots
50 nœuds

wind speed in knots
vitesse du vent en nœuds

meteorology
météorologie

weather map
carte météorologique

precipitation area
zone de précipitation

low pressure center
low pressure centre
dépression

type of the air mass
type de la masse d'air

trough
creux barométrique

ARCTIC
CONTINENTAL

ARCTIC
MARITIME

TROPICAL
MARITIME

isobar
isobare

barometric pressure
pression barométrique

wind direction
and speed
direction et
force du vent

high pressure center
high pressure centre
anticyclone

station model
disposition des informations d'une station

wind speed
force du vent

wind direction
direction du vent

type of high cloud
type de nuage élevé

type of middle cloud
type de nuage moyen

air temperature
température de l'air

sea-level pressure
pression au niveau de la mer

present state of weather
état présent du temps

barometric tendency
tendance barométrique

sky coverage; *cloud amount*
nébulosité

pressure change
évolution de la pression

temperature of dew point
température du point de rosée

type of low cloud
type de nuage bas

station circle
cercle de la station

−2   965

16

−6

meteorology
météorologie

meteorological ground
parc météorologique

instrument shelter
abri météorologique

maximum and minimum thermometers
thermomètres à minima et à maxima

psychrometer
psychromètre

barograph
baromètre enregistreur

hygrograph
hygromètre enregistreur

wind vane
girouette

cleared ground
carré de terre

rain gauge
pluviomètre

anemometer
anémomètre

sunshine recorder
héliographe

sounding balloon
ballon-sonde

theodolite
théodolite

sunshine
ensoleillement

humidity
humidité

pressure
pression

air temperature
température de l'air

rainfall
pluviosité

state of ground
état du sol

temperature of the soil surface
température à la surface du sol

wind speed
vitesse du vent

meteorological measuring instruments
instruments de mesure météorologique

direct-reading rain gauge
pluviomètre à lecture directe

collecting funnel
entonnoir collecteur

tightening band
collier de serrage

measuring tube
éprouvette graduée

leveling screw; *levelling screw*
vis de réglage du niveau

container
récipient

support
support

sunshine recorder
héliographe

upper support screw
vis de support supérieure

upper sphere clamp
bague supérieure de blocage de la sphère

sphere support
support de sphère

glass sphere
sphère de verre

card support
porte-cartes

lower sphere clamp
bague inférieure de blocage de la sphère

latitude scale
échelle de latitude

check nut
écrou de contrôle

lock nut
écrou à cabestan

lower support screw
vis de support inférieure

base plate
base

sub-base
socle

leveling screw; *levelling screw*
vis de nivellement

NIMBUS III meteorological satellite
satellite météorologique NIMBUS III

roll nozzle
tuyère de contrôle de roulis

yaw nozzle
tuyère de contrôle du mouvement en lacet

altitude control system
dispositif de contrôle d'altitude

solar panel
panneau solaire

interconnecting truss
armature d'interconnexion

thermal control shutter
volet de contrôle thermique

s-band antenna
antenne d'émission

infrared spectrometer
spectromètre à infrarouge

interrogation recording and location system antenna
antenne d'interrogation, d'enregistrement et de localisation

pitch nozzle
tuyère de contrôle de tangage

command antenna
antenne de commande

sun
direction du soleil

direction in orbit
sens du vol

horizon scanner
détecteur d'horizon

sun sensor
palpeur solaire

Beacon antenna
antenne de codage

battery
batterie

image dissector camera
caméra à découpage d'images

VEGETABLE KINGDOM
RÈGNE VÉGÉTAL

structure of a plant
structure d'une plante

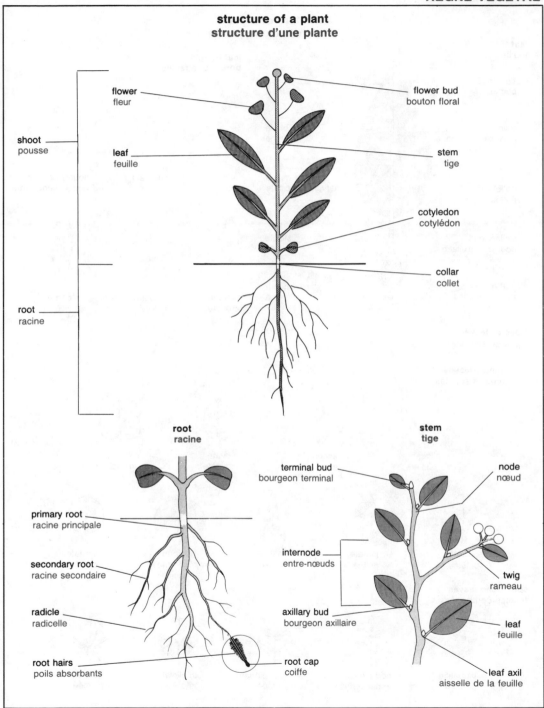

flower
fleur

flower bud
bouton floral

shoot
pousse

leaf
feuille

stem
tige

cotyledon
cotylédon

collar
collet

root
racine

root
racine

primary root
racine principale

secondary root
racine secondaire

radicle
radicelle

root hairs
poils absorbants

root cap
coiffe

stem
tige

terminal bud
bourgeon terminal

node
nœud

internode
entre-nœuds

twig
rameau

axillary bud
bourgeon axillaire

leaf
feuille

leaf axil
aisselle de la feuille

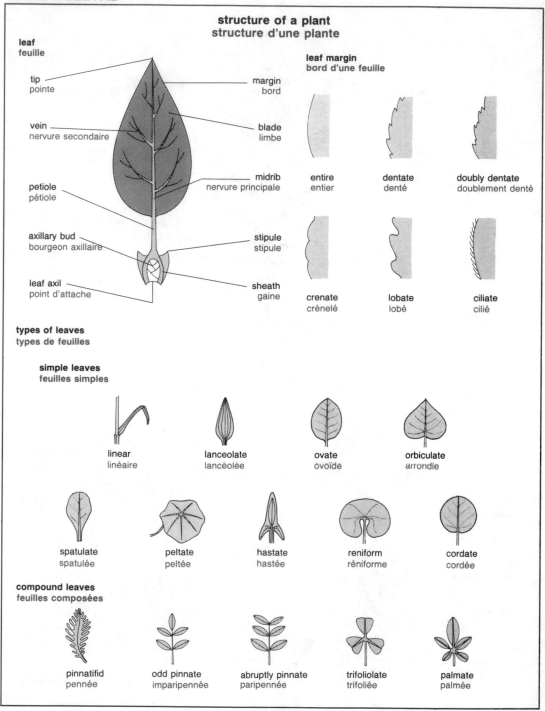

structure of a plant
structure d'une plante

leaf
feuille

tip
pointe

vein
nervure secondaire

petiole
pétiole

axillary bud
bourgeon axillaire

leaf axil
point d'attache

margin
bord

blade
limbe

midrib
nervure principale

stipule
stipule

sheath
gaine

leaf margin
bord d'une feuille

entire
entier

dentate
denté

doubly dentate
doublement denté

crenate
crénelé

lobate
lobé

ciliate
cilié

types of leaves
types de feuilles

simple leaves
feuilles simples

linear
linéaire

lanceolate
lancéolée

ovate
ovoïde

orbiculate
arrondie

spatulate
spatulée

peltate
peltée

hastate
hastée

reniform
réniforme

cordate
cordée

compound leaves
feuilles composées

pinnatifid
pennée

odd pinnate
imparipennée

abruptly pinnate
paripennée

trifoliolate
trifoliée

palmate
palmée

structure of a tree
structure d'un arbre

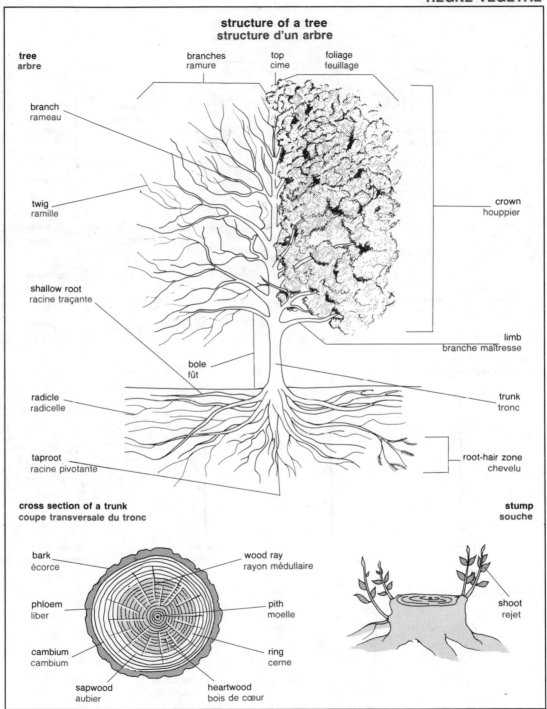

tree
arbre

branches
ramure

top
cime

foliage
feuillage

branch
rameau

twig
ramille

crown
houppier

shallow root
racine traçante

limb
branche maîtresse

bole
fût

radicle
radicelle

trunk
tronc

root-hair zone
chevelu

taproot
racine pivotante

cross section of a trunk
coupe transversale du tronc

stump
souche

bark
écorce

wood ray
rayon médullaire

phloem
liber

pith
moelle

shoot
rejet

cambium
cambium

ring
cerne

sapwood
aubier

heartwood
bois de cœur

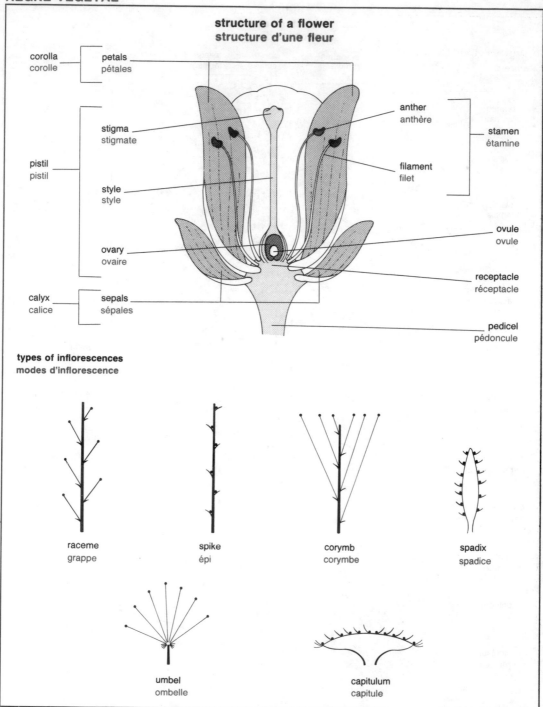

structure of a flower
structure d'une fleur

corolla
corolle

petals
pétales

stigma
stigmate

anther
anthère

pistil
pistil

stamen
étamine

filament
filet

style
style

ovule
ovule

ovary
ovaire

receptacle
réceptacle

calyx
calice

sepals
sépales

pedicel
pédoncule

types of inflorescences
modes d'inflorescence

raceme
grappe

spike
épi

corymb
corymbe

spadix
spadice

umbel
ombelle

capitulum
capitule

72

mushrooms
champignons

structure of a mushroom
structure d'un champignon

cap
chapeau

gill
lamelle

ring
anneau

volva
volve

mycelium
mycélium

hypha
hyphe

scale
écaille

spores
spores

stem
pied

poisonous mushroom
champignon vénéneux

fly agaric
amanite tue-mouches

edible mushrooms
champignons comestibles

truffle
truffe

green russula
russule verdoyante

delicious lactarius
lactaire délicieux

edible gyromitra
gyromitre comestible

oyster mushroom
pleurote en huître

cep
cèpe

morel
morille

chanterelle
chanterelle commune

cultivated mushroom
champignon de couche

deadly mushroom
champignon mortel

amanita virosa
amanite vireuse

fleshy fruits: berry fruits
fruits charnus: baies

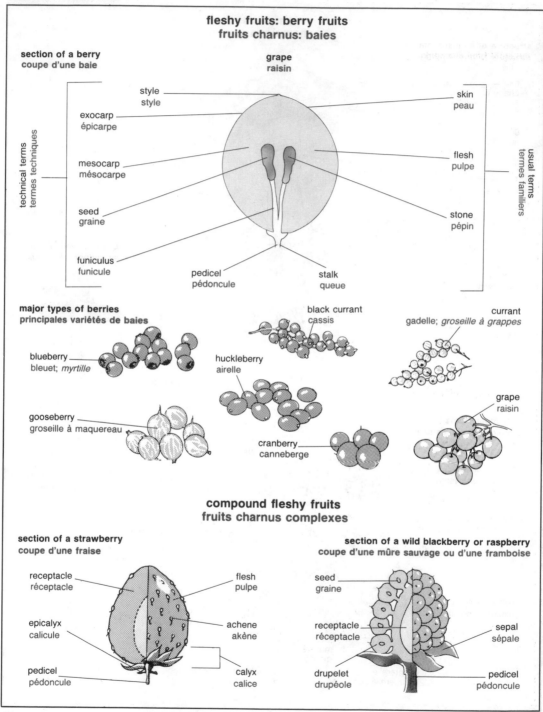

section of a berry
coupe d'une baie

grape
raisin

technical terms
termes techniques

style
style

exocarp
épicarpe

mesocarp
mésocarpe

seed
graine

funiculus
funicule

pedicel
pédoncule

skin
peau

flesh
pulpe

stone
pépin

usual terms
termes familiers

stalk
queue

major types of berries
principales variétés de baies

black currant
cassis

currant
gadelle; *groseille à grappes*

blueberry
bleuet; *myrtille*

huckleberry
airelle

gooseberry
groseille à maquereau

cranberry
canneberge

grape
raisin

compound fleshy fruits
fruits charnus complexes

section of a strawberry
coupe d'une fraise

receptacle
réceptacle

epicalyx
calicule

pedicel
pédoncule

flesh
pulpe

achene
akène

calyx
calice

section of a wild blackberry or raspberry
coupe d'une mûre sauvage ou d'une framboise

seed
graine

receptacle
réceptacle

drupelet
drupéole

sepal
sépale

pedicel
pédoncule

stone fleshy fruits
fruits charnus à noyau

section of a stone fruit
coupe d'un fruit à noyau

peach
pêche

technical terms
termes techniques

usual terms
termes familiers

style
style

plantlet
plantule

cotyledon
cotylédon

exocarp
épicarpe

mesocarp
mésocarpe

endocarp
endocarpe

seed coat
tégument de la graine

seed
graine

almond
amande

skin
peau

flesh
pulpe

stone
noyau

major types of stone fruits
principales variétés de fruits à noyau

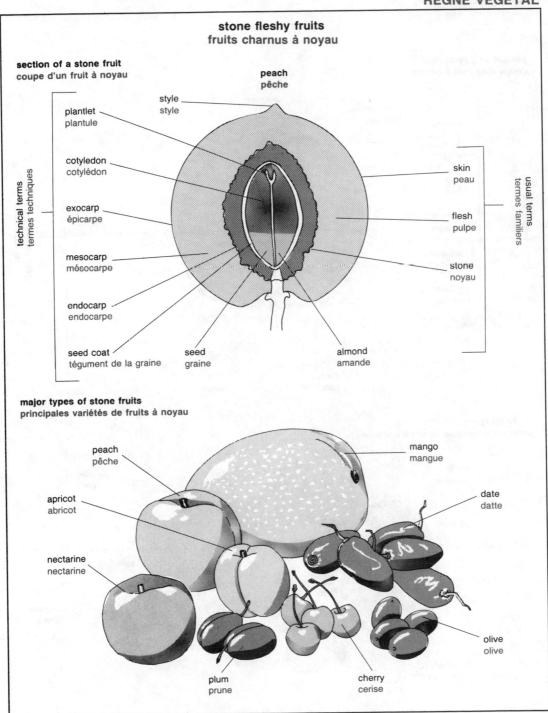

peach
pêche

mango
mangue

apricot
abricot

date
datte

nectarine
nectarine

plum
prune

cherry
cerise

olive
olive

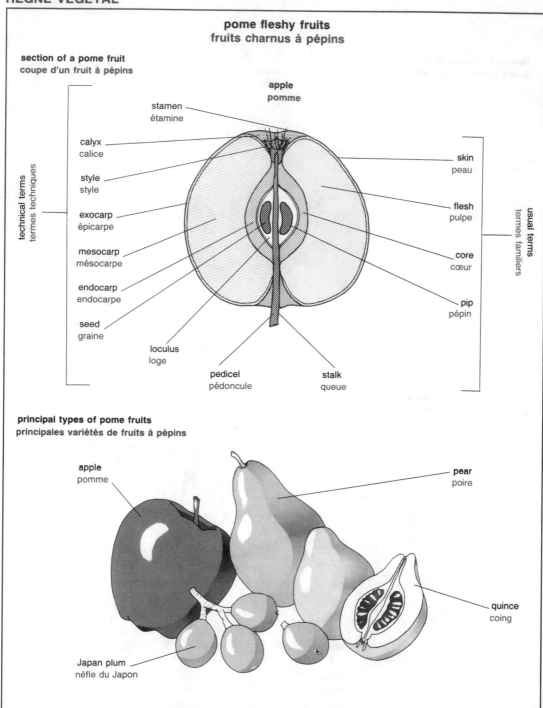

pome fleshy fruits
fruits charnus à pépins

section of a pome fruit
coupe d'un fruit à pépins

apple
pomme

stamen
étamine

calyx
calice

style
style

exocarp
épicarpe

mesocarp
mésocarpe

endocarp
endocarpe

seed
graine

loculus
loge

technical terms
termes techniques

skin
peau

flesh
pulpe

core
cœur

pip
pépin

usual terms
termes familiers

pedicel
pédoncule

stalk
queue

principal types of pome fruits
principales variétés de fruits à pépins

apple
pomme

pear
poire

quince
coing

Japan plum
nèfle du Japon

fleshy fruits: citrus fruits
fruits charnus: agrumes

section of a citrus fruit
coupe d'un agrume

orange
orange

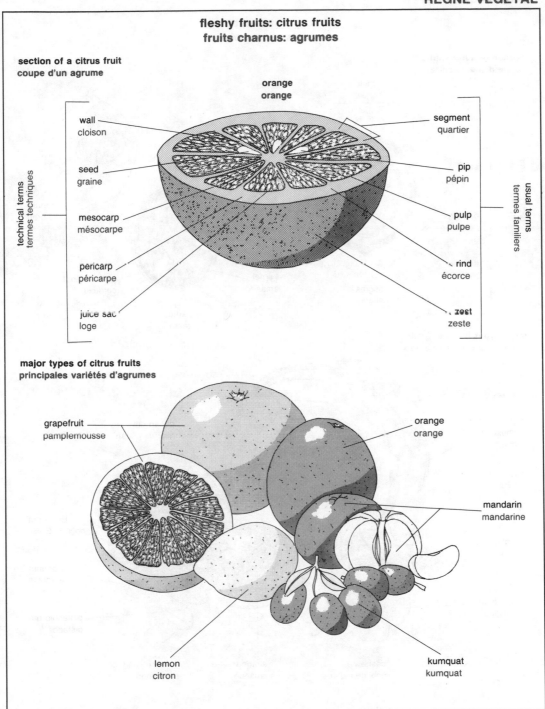

wall
cloison

seed
graine

mesocarp
mésocarpe

pericarp
péricarpe

juice sac
loge

segment
quartier

pip
pépin

pulp
pulpe

rind
écorce

zest
zeste

technical terms
termes techniques

usual terms
termes familiers

major types of citrus fruits
principales variétés d'agrumes

grapefruit
pamplemousse

orange
orange

mandarin
mandarine

lemon
citron

kumquat
kumquat

dry fruits: nuts
fruits secs: noix

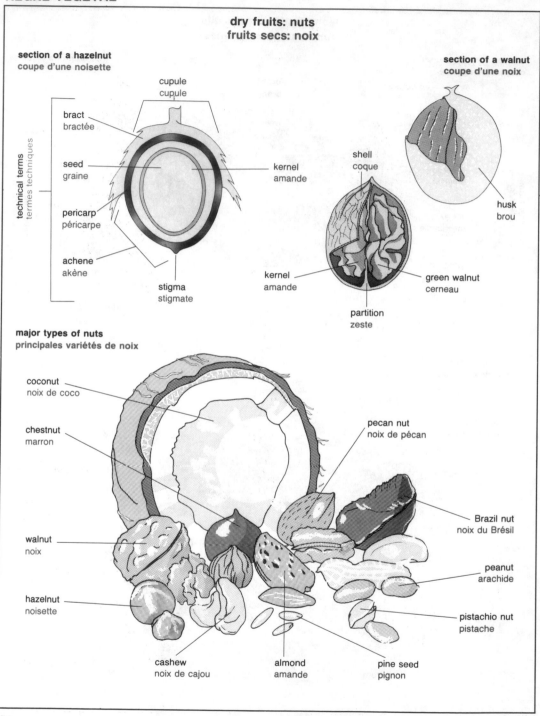

section of a hazelnut
coupe d'une noisette

cupule
cupule

bract
bractée

seed
graine

kernel
amande

pericarp
péricarpe

achene
akène

stigma
stigmate

technical terms
termes techniques

section of a walnut
coupe d'une noix

shell
coque

husk
brou

kernel
amande

green walnut
cerneau

partition
zeste

major types of nuts
principales variétés de noix

coconut
noix de coco

chestnut
marron

pecan nut
noix de pécan

Brazil nut
noix du Brésil

walnut
noix

peanut
arachide

hazelnut
noisette

pistachio nut
pistache

cashew
noix de cajou

almond
amande

pine seed
pignon

various dry fruits
fruits secs divers

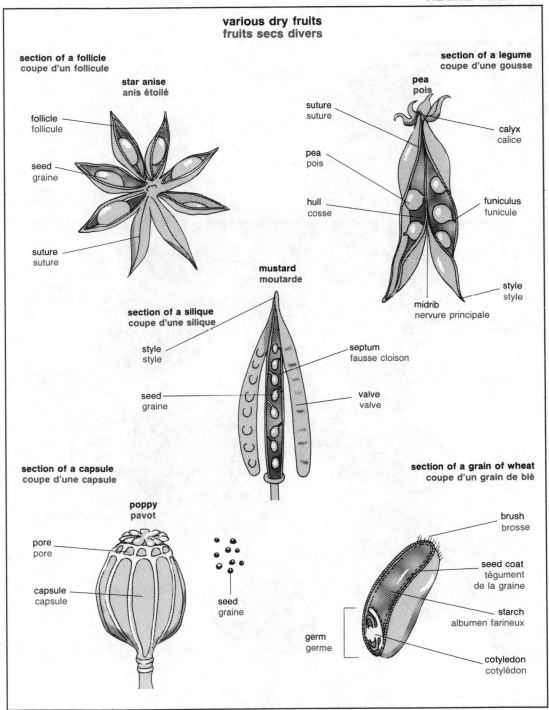

section of a follicle
coupe d'un follicule

star anise
anis étoilé

follicle
follicule

seed
graine

suture
suture

section of a legume
coupe d'une gousse

pea
pois

suture
suture

calyx
calice

pea
pois

hull
cosse

funiculus
funicule

style
style

midrib
nervure principale

mustard
moutarde

section of a silique
coupe d'une silique

style
style

septum
fausse cloison

seed
graine

valve
valve

section of a capsule
coupe d'une capsule

poppy
pavot

pore
pore

capsule
capsule

seed
graine

section of a grain of wheat
coupe d'un grain de blé

brush
brosse

seed coat
tégument
de la graine

starch
albumen farineux

germ
germe

cotyledon
cotylédon

79

VEGETABLE KINGDOM
RÈGNE VÉGÉTAL

tropical fruits
fruits tropicaux

major types of tropical fruits
principaux fruits tropicaux

pineapple
ananas

banana
banane

pomegranate
grenade

papaya
papaye

cherimoya
chérimole

Indian fig
figue de Barbarie

guava
goyave

Japanese persimmon
kaki

avocado
avocat

kiwi
kiwi

litchi
litchi

vegetables
légumes

fruit vegetables
légumes-fruits

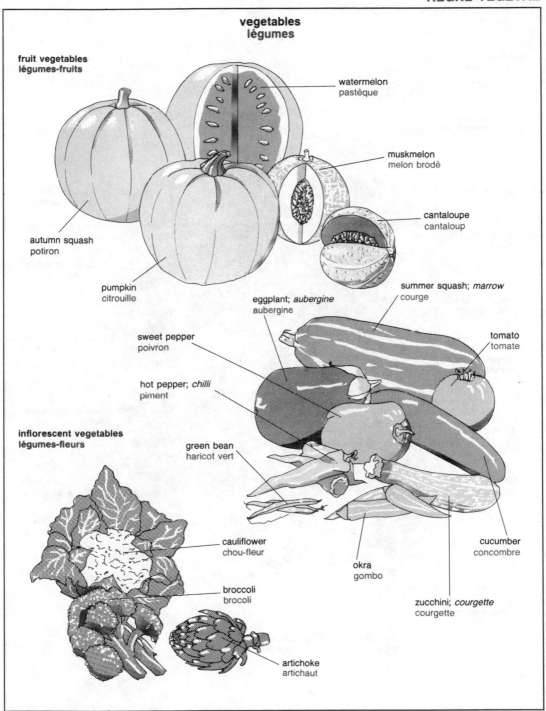

watermelon
pastèque

muskmelon
melon brodé

cantaloupe
cantaloup

autumn squash
potiron

pumpkin
citrouille

summer squash; *marrow*
courge

eggplant; *aubergine*
aubergine

tomato
tomate

sweet pepper
poivron

hot pepper; *chilli*
piment

inflorescent vegetables
légumes-fleurs

green bean
haricot vert

cauliflower
chou-fleur

broccoli
brocoli

okra
gombo

cucumber
concombre

zucchini; *courgette*
courgette

artichoke
artichaut

vegetables
légumes

leaf vegetables
légumes-feuilles

green cabbage
chou pommé vert

white cabbage
chou pommé blanc

garden sorrel
oseille

cabbage lettuce
laitue pommée

curled endive
chicorée

Chinese cabbage
chou de Chine

cos lettuce
romaine

spinach
épinard

chard
bette

broad-leaved endive
scarole

chicory
endive

vine leaf
feuille de vigne

water cress
cresson de fontaine

curled kale
chou frisé

corn salad
mâche

dandelion
pissenlit

Brussels sprouts
choux de Bruxelles

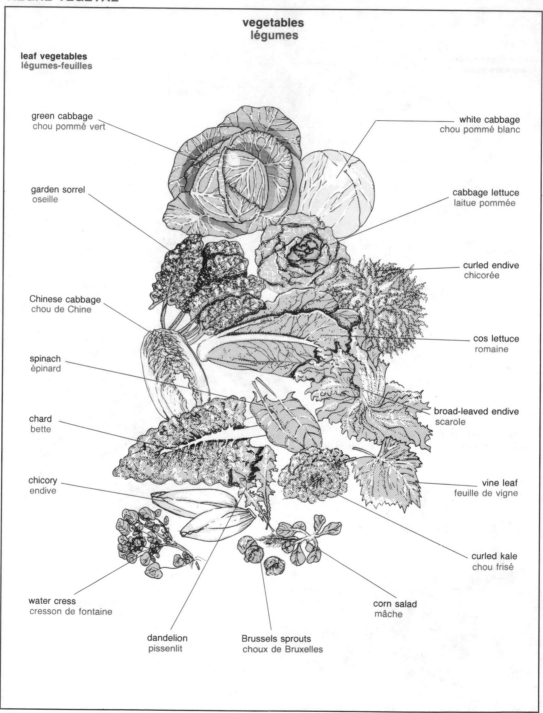

vegetables
légumes

section of a bulb
coupe d'un bulbe

scale leaf
écaille

bud
bourgeon

bulbil
caïeu

stem
tige

root
racine

bulb vegetables
légumes-bulbes

Spanish onion
oignon d'Espagne

pickling onion
petit oignon

leek
poireau

garlic
ail

shallot
échalote à maturité

chive
ciboulette

scallion; *spring onion*
échalote nouvelle

vegetables
légumes

tuber vegetables
légumes-tubercules

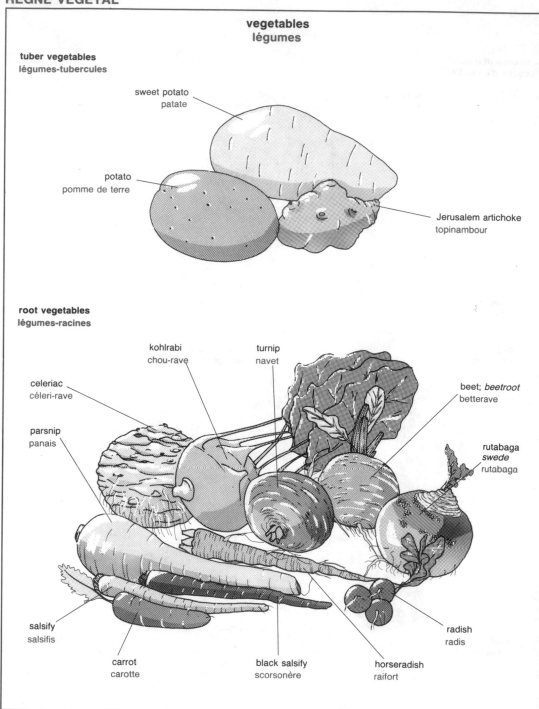

sweet potato
patate

potato
pomme de terre

Jerusalem artichoke
topinambour

root vegetables
légumes-racines

kohlrabi
chou-rave

turnip
navet

celeriac
céleri-rave

beet; *beetroot*
betterave

parsnip
panais

rutabaga
swede
rutabaga

salsify
salsifis

radish
radis

carrot
carotte

black salsify
scorsonère

horseradish
raifort

vegetables
légumes

stalk vegetables
légumes-tiges

rhubarb
rhubarbe

cardoon
cardon

celery
céleri

string
côte

head
pied

branch
branche

seed vegetables
légumes-graines

broad beans
fèves

green peas
petits pois

bean sprouts
germes

mange-tout peas
pois mange-tout

lentils
lentilles

chick peas
pois chiches

soybeans
graines de soja

asparagus
asperge

tip
pointe

bundle
botte

spear
turion

fennel
fenouil

stalk
tige

bulb
bulbe

Swiss chard
bette à carde

leaf
feuille

rib
carde

corn; *sweet corn*
maïs

cob
épi

silk
barbe

kernel
grain

husk
feuille

ANIMAL KINGDOM
RÈGNE ANIMAL

deer family
cervidés

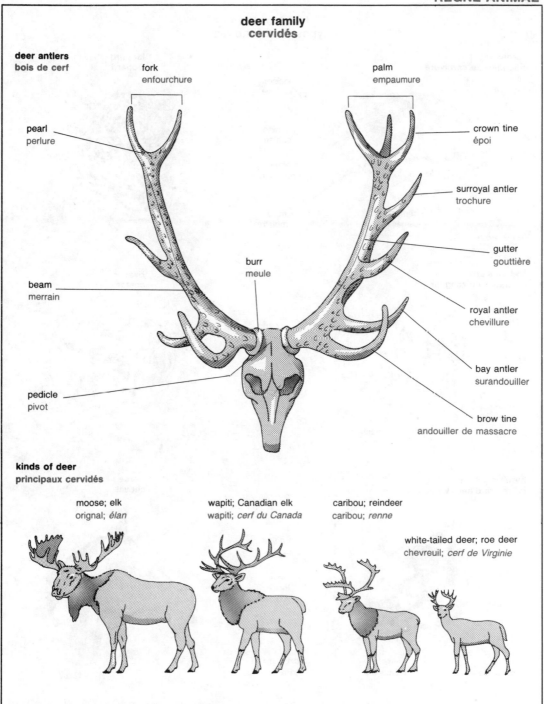

deer antlers
bois de cerf

fork
enfourchure

palm
empaumure

pearl
perlure

crown tine
époi

surroyal antler
trochure

gutter
gouttière

beam
merrain

burr
meule

royal antler
chevillure

bay antler
surandouiller

pedicle
pivot

brow tine
andouiller de massacre

kinds of deer
principaux cervidés

moose; elk
orignal; *élan*

wapiti; Canadian elk
wapiti; *cerf du Canada*

caribou; reindeer
caribou; *renne*

white-tailed deer; roe deer
chevreuil; *cerf de Virginie*

types of jaws
types de mâchoires

carnivore's jaw
mâchoire de carnivore

incisor
incisive

canine
canine

premolar
prémolaire

carnassial
carnassière

molar
molaire

leopard
léopard

rodent's jaw
mâchoire de rongeur

molar
molaire

premolar
prémolaire

incisor
incisive

diastema
barre

beaver
castor

herbivore's jaw
mâchoire d'herbivore

canine
canine

incisor
incisive

molar
molaire

premolar
prémolaire

diastema
barre

horse
cheval

horse
cheval

morphology
morphologie

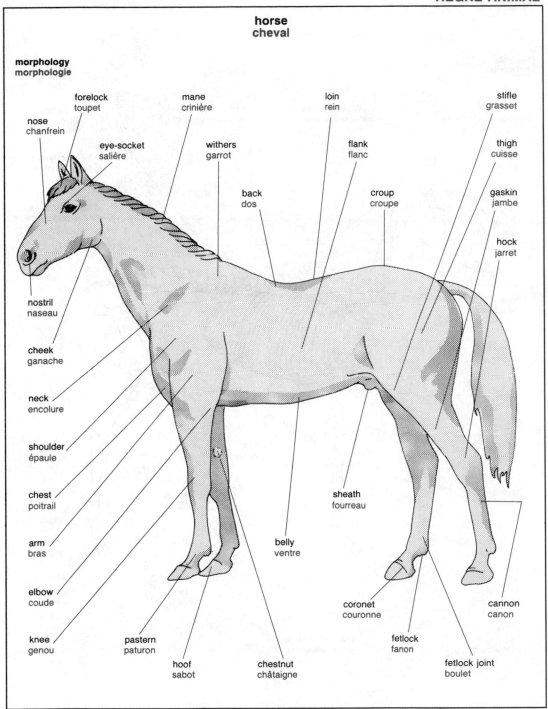

nose
chanfrein

forelock
toupet

eye-socket
salière

mane
crinière

withers
garrot

loin
rein

flank
flanc

stifle
grasset

thigh
cuisse

back
dos

croup
croupe

gaskin
jambe

hock
jarret

nostril
naseau

cheek
ganache

neck
encolure

shoulder
épaule

chest
poitrail

arm
bras

elbow
coude

knee
genou

pastern
paturon

hoof
sabot

chestnut
châtaigne

belly
ventre

sheath
fourreau

coronet
couronne

fetlock
fanon

fetlock joint
boulet

cannon
canon

horse
cheval

skeleton
squelette

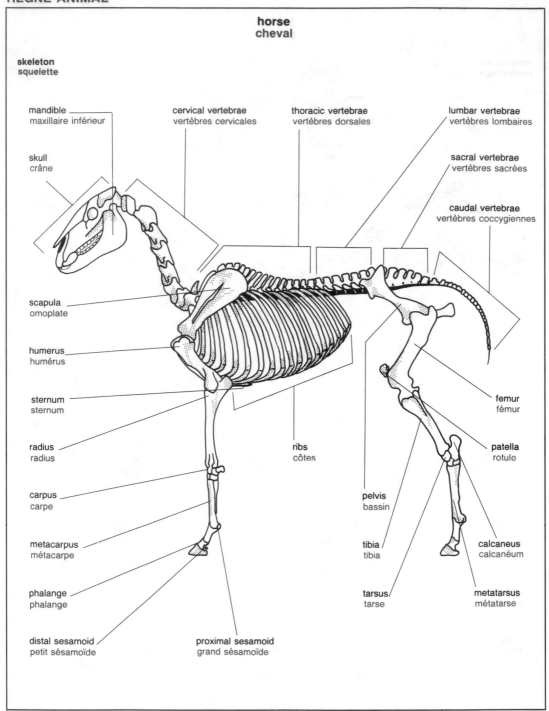

mandible
maxillaire inférieur

cervical vertebrae
vertèbres cervicales

thoracic vertebrae
vertèbres dorsales

lumbar vertebrae
vertèbres lombaires

skull
crâne

sacral vertebrae
vertèbres sacrées

caudal vertebrae
vertèbres coccygiennes

scapula
omoplate

humerus
humérus

sternum
sternum

radius
radius

ribs
côtes

femur
fémur

patella
rotule

carpus
carpe

pelvis
bassin

metacarpus
métacarpe

tibia
tibia

calcaneus
calcanéum

phalange
phalange

tarsus
tarse

metatarsus
métatarse

distal sesamoid
petit sésamoïde

proximal sesamoid
grand sésamoïde

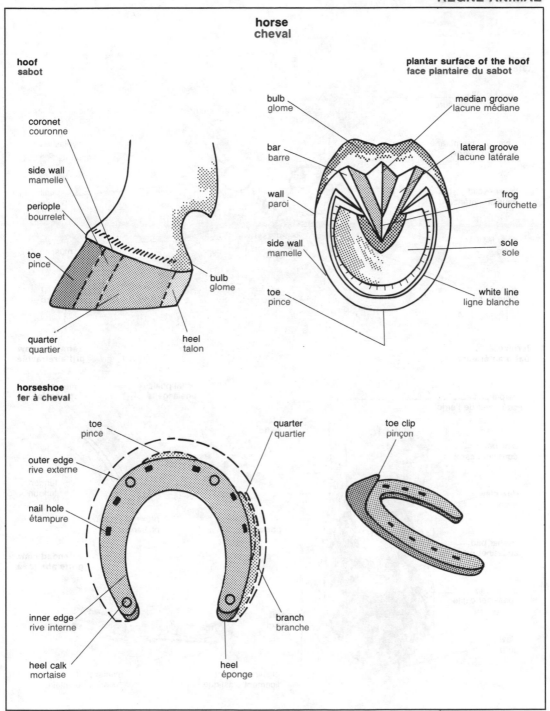

horse
cheval

hoof
sabot

coronet
couronne

side wall
mamelle

periople
bourrelet

toe
pince

quarter
quartier

bulb
glome

heel
talon

plantar surface of the hoof
face plantaire du sabot

bulb
glome

bar
barre

wall
paroi

side wall
mamelle

toe
pince

median groove
lacune médiane

lateral groove
lacune latérale

frog
fourchette

sole
sole

white line
ligne blanche

horseshoe
fer à cheval

toe
pince

outer edge
rive externe

nail hole
étampure

inner edge
rive interne

heel calk
mortaise

heel
éponge

quarter
quartier

branch
branche

toe clip
pinçon

cat
chat

head
tête

upper eyelid
paupière supérieure

nictitating membrane
paupière interne

lower eyelid
paupière inférieure

nose leather
truffe

whiskers
moustaches

eyelashes
cils

pupil
pupille

muzzle
museau

lip
lèvre

foreleg
patte antérieure

retracted claw
griffe rétractée

carpal pad
coussinet de l'ergot

dew pad
coussinet carpien

dew claw
ergot

palmar pad
coussinet palmaire

digital pad
coussinet digité

claw
griffe

distal phalanx
phalangette

metacarpus
métacarpe

claw
griffe

tendon
tendon

middle phalanx
phalangine

proximal phalanx
phalange

extended claw
griffe abaissée

digit
doigt

elastic ligament
ligament élastique

plantar pad
coussinet plantaire

bird
oiseau

morphology
morphologie

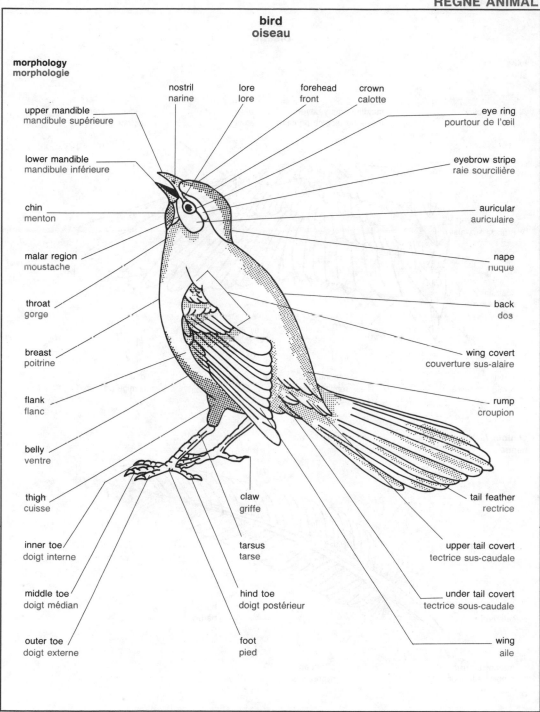

nostril
narine

lore
lore

forehead
front

crown
calotte

upper mandible
mandibule supérieure

eye ring
pourtour de l'œil

lower mandible
mandibule inférieure

eyebrow stripe
raie sourcilière

chin
menton

auricular
auriculaire

malar region
moustache

nape
nuque

throat
gorge

back
dos

breast
poitrine

wing covert
couverture sus-alaire

flank
flanc

rump
croupion

belly
ventre

thigh
cuisse

claw
griffe

tail feather
rectrice

inner toe
doigt interne

tarsus
tarse

upper tail covert
tectrice sus-caudale

middle toe
doigt médian

hind toe
doigt postérieur

under tail covert
tectrice sous-caudale

outer toe
doigt externe

foot
pied

wing
aile

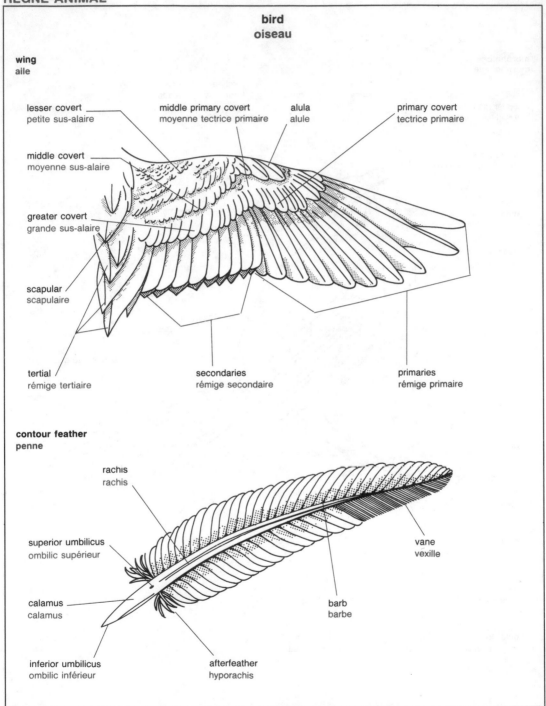

bird
oiseau

wing
aile

lesser covert
petite sus-alaire

middle primary covert
moyenne tectrice primaire

alula
alule

primary covert
tectrice primaire

middle covert
moyenne sus-alaire

greater covert
grande sus-alaire

scapular
scapulaire

tertial
rémige tertiaire

secondaries
rémige secondaire

primaries
rémige primaire

contour feather
penne

rachis
rachis

superior umbilicus
ombilic supérieur

vane
vexille

calamus
calamus

barb
barbe

inferior umbilicus
ombilic inférieur

afterfeather
hyporachis

bird
oiseau

principal types of bills
principaux types de becs

aquatic bird
oiseau aquatique

bird of prey
oiseau rapace

insectivorous bird
oiseau insectivore

granivorous bird
oiseau granivore

wading bird
oiseau échassier

principal types of feet
principaux types de pattes

perching bird
oiseau percheur

bird of prey
oiseau rapace

aquatic bird
oiseau aquatique

toe
doigt

hind toe
pouce

claw
serre

scale
écaille

web
palmure

lobe
lobe

lobate web
palmure lobée

egg
œuf

blastodisc
disque germinatif

albumen
albumen

vitelline membrane
membrane vitelline

yolk
jaune

air space
chambre à air

shell membrane
membrane coquillière

chalaza
chalaze

shell
coquille

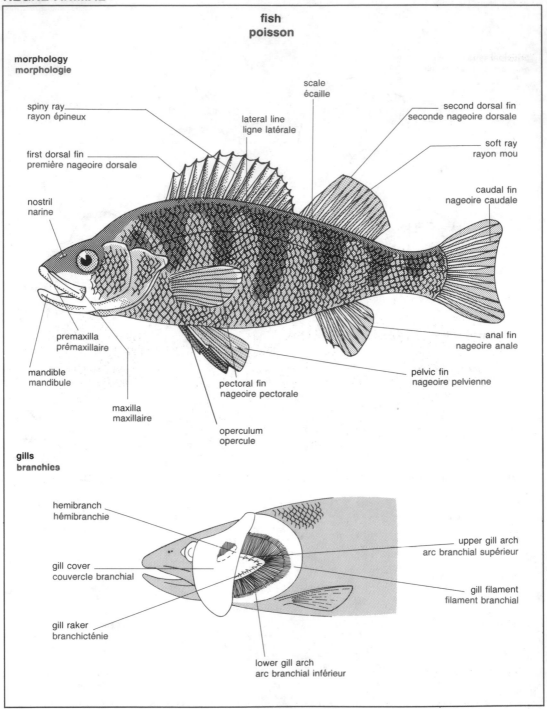

fish
poisson

morphology
morphologie

scale
écaille

spiny ray
rayon épineux

lateral line
ligne latérale

second dorsal fin
seconde nageoire dorsale

soft ray
rayon mou

first dorsal fin
première nageoire dorsale

caudal fin
nageoire caudale

nostril
narine

premaxilla
prémaxillaire

anal fin
nageoire anale

mandible
mandibule

pelvic fin
nageoire pelvienne

maxilla
maxillaire

pectoral fin
nageoire pectorale

operculum
opercule

gills
branchies

hemibranch
hémibranchie

upper gill arch
arc branchial supérieur

gill cover
couvercle branchial

gill filament
filament branchial

gill raker
branchicténie

lower gill arch
arc branchial inférieur

fish
poisson

anatomy
anatomie

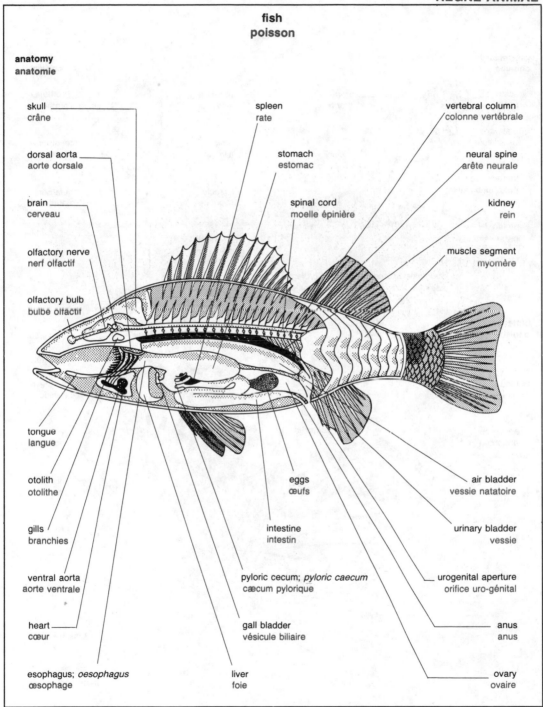

skull
crâne

dorsal aorta
aorte dorsale

brain
cerveau

olfactory nerve
nerf olfactif

olfactory bulb
bulbe olfactif

tongue
langue

otolith
otolithe

gills
branchies

ventral aorta
aorte ventrale

heart
cœur

esophagus; *oesophagus*
œsophage

spleen
rate

stomach
estomac

spinal cord
moelle épinière

eggs
œufs

intestine
intestin

pyloric cecum; *pyloric caecum*
cæcum pylorique

gall bladder
vésicule biliaire

liver
foie

vertebral column
colonne vertébrale

neural spine
arête neurale

kidney
rein

muscle segment
myomère

air bladder
vessie natatoire

urinary bladder
vessie

urogenital aperture
orifice uro-génital

anus
anus

ovary
ovaire

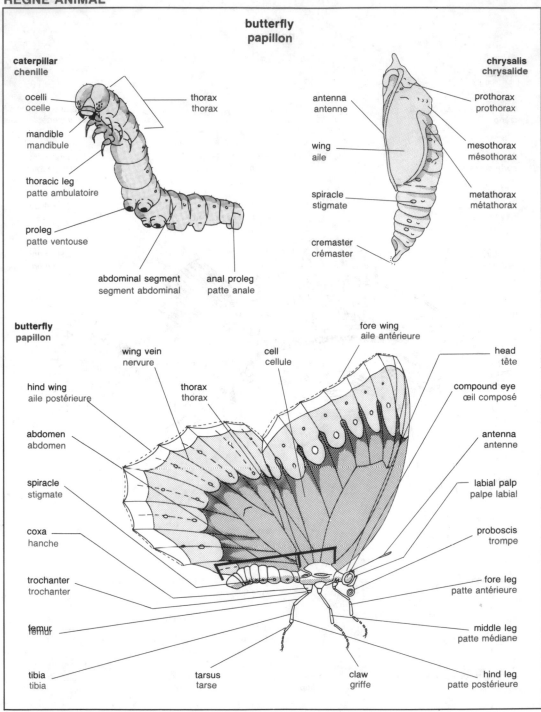

butterfly
papillon

caterpillar
chenille

ocelli
ocelle

thorax
thorax

mandible
mandibule

thoracic leg
patte ambulatoire

proleg
patte ventouse

abdominal segment
segment abdominal

anal proleg
patte anale

chrysalis
chrysalide

antenna
antenne

prothorax
prothorax

wing
aile

mesothorax
mésothorax

spiracle
stigmate

metathorax
métathorax

cremaster
crémaster

butterfly
papillon

wing vein
nervure

cell
cellule

fore wing
aile antérieure

head
tête

hind wing
aile postérieure

thorax
thorax

compound eye
œil composé

abdomen
abdomen

antenna
antenne

spiracle
stigmate

labial palp
palpe labial

coxa
hanche

proboscis
trompe

trochanter
trochanter

fore leg
patte antérieure

femur
femur

middle leg
patte médiane

tibia
tibia

tarsus
tarse

claw
griffe

hind leg
patte postérieure

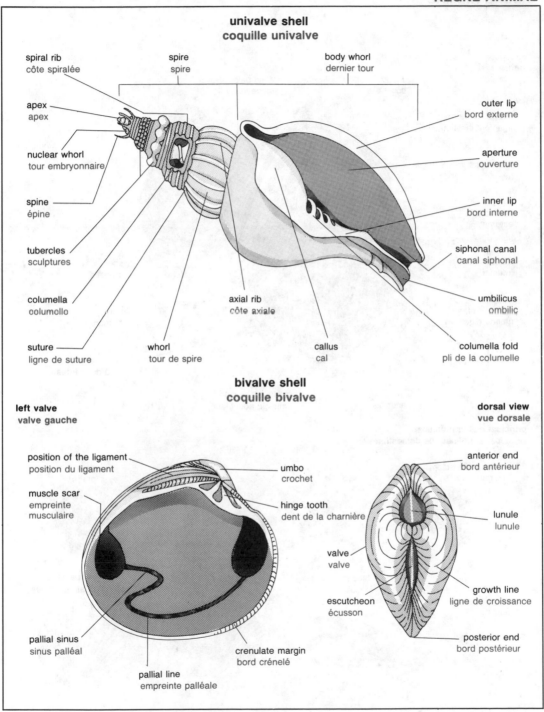

univalve shell
coquille univalve

spiral rib
côte spiralée

spire
spire

body whorl
dernier tour

apex
apex

outer lip
bord externe

nuclear whorl
tour embryonnaire

aperture
ouverture

spine
épine

inner lip
bord interne

tubercles
sculptures

siphonal canal
canal siphonal

columella
columelle

axial rib
côte axiale

umbilicus
ombilic

suture
ligne de suture

whorl
tour de spire

callus
cal

columella fold
pli de la columelle

bivalve shell
coquille bivalve

left valve
valve gauche

dorsal view
vue dorsale

position of the ligament
position du ligament

umbo
crochet

anterior end
bord antérieur

muscle scar
empreinte
musculaire

hinge tooth
dent de la charnière

lunule
lunule

valve
valve

pallial sinus
sinus palléal

growth line
ligne de croissance

escutcheon
écusson

crenulate margin
bord crénelé

posterior end
bord postérieur

pallial line
empreinte palléale

mollusk
mollusque

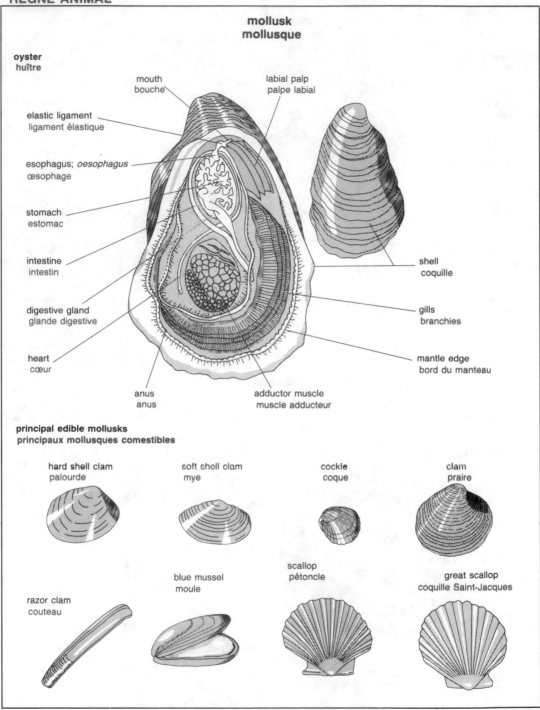

oyster
huître

mouth
bouche

labial palp
palpe labial

elastic ligament
ligament élastique

esophagus; *oesophagus*
œsophage

stomach
estomac

intestine
intestin

digestive gland
glande digestive

heart
cœur

anus
anus

adductor muscle
muscle adducteur

shell
coquille

gills
branchies

mantle edge
bord du manteau

principal edible mollusks
principaux mollusques comestibles

hard shell clam
palourde

soft shell clam
mye

cockle
coque

clam
praire

blue mussel
moule

scallop
pétoncle

great scallop
coquille Saint-Jacques

razor clam
couteau

crustacean
crustacé

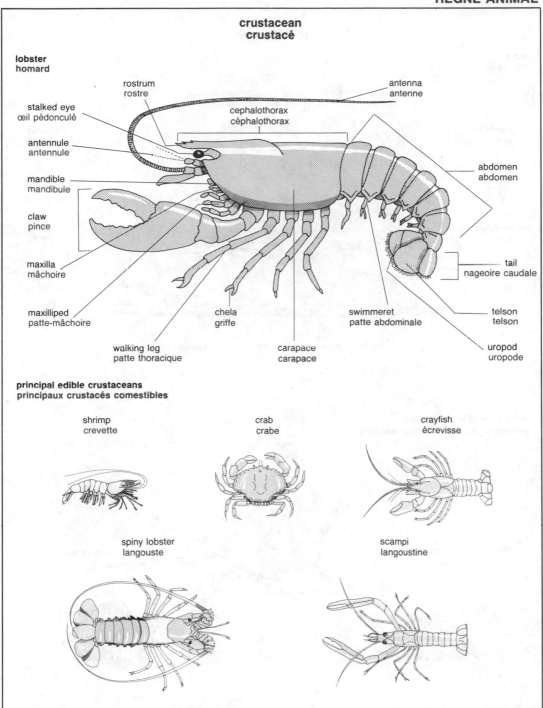

lobster
homard

rostrum
rostre

antenna
antenne

stalked eye
œil pédonculé

cephalothorax
céphalothorax

antennule
antennule

mandible
mandibule

abdomen
abdomen

claw
pince

maxilla
mâchoire

tail
nageoire caudale

maxilliped
patte-mâchoire

chela
griffe

swimmeret
patte abdominale

telson
telson

walking leg
patte thoracique

carapace
carapace

uropod
uropode

principal edible crustaceans
principaux crustacés comestibles

shrimp
crevette

crab
crabe

crayfish
écrevisse

spiny lobster
langouste

scampi
langoustine

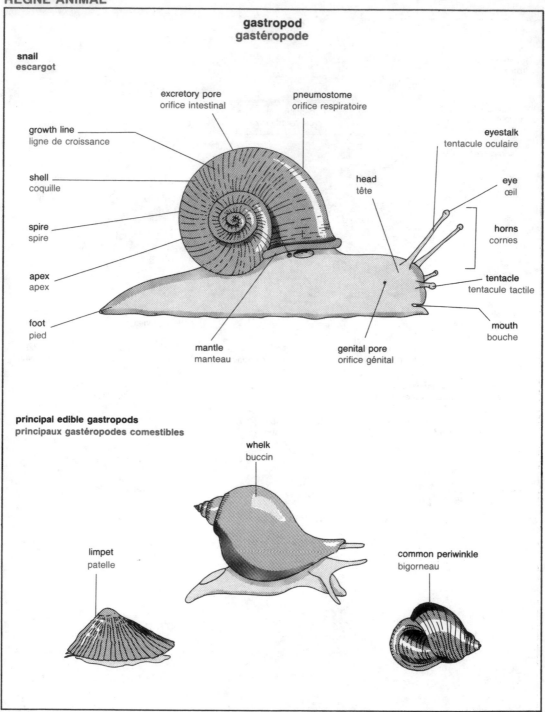

gastropod
gastéropode

snail
escargot

excretory pore
orifice intestinal

pneumostome
orifice respiratoire

growth line
ligne de croissance

eyestalk
tentacule oculaire

shell
coquille

head
tête

eye
œil

spire
spire

horns
cornes

apex
apex

tentacle
tentacule tactile

foot
pied

mouth
bouche

mantle
manteau

genital pore
orifice génital

principal edible gastropods
principaux gastéropodes comestibles

whelk
buccin

limpet
patelle

common periwinkle
bigorneau

batrachian
batraciens

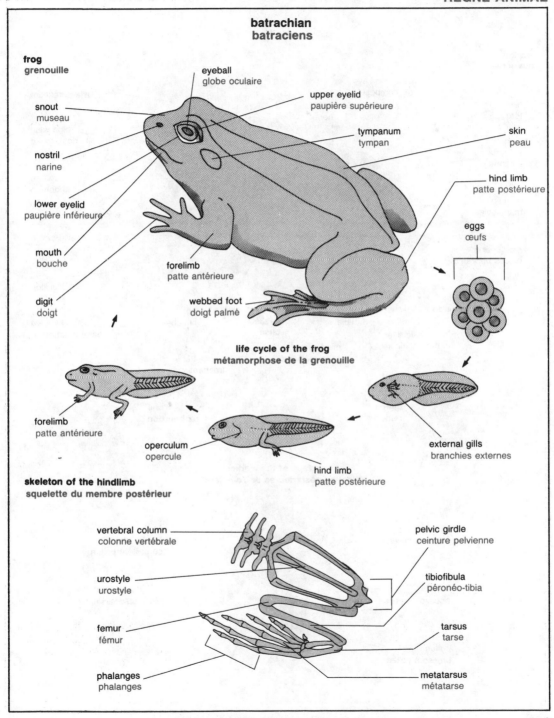

frog
grenouille

eyeball
globe oculaire

upper eyelid
paupière supérieure

snout
museau

tympanum
tympan

skin
peau

nostril
narine

hind limb
patte postérieure

lower eyelid
paupière inférieure

eggs
œufs

mouth
bouche

forelimb
patte antérieure

digit
doigt

webbed foot
doigt palmé

life cycle of the frog
métamorphose de la grenouille

forelimb
patte antérieure

operculum
opercule

external gills
branchies externes

hind limb
patte postérieure

skeleton of the hindlimb
squelette du membre postérieur

vertebral column
colonne vertébrale

pelvic girdle
ceinture pelvienne

urostyle
urostyle

tibiofibula
péronéo-tibia

femur
fémur

tarsus
tarse

phalanges
phalanges

metatarsus
métatarse

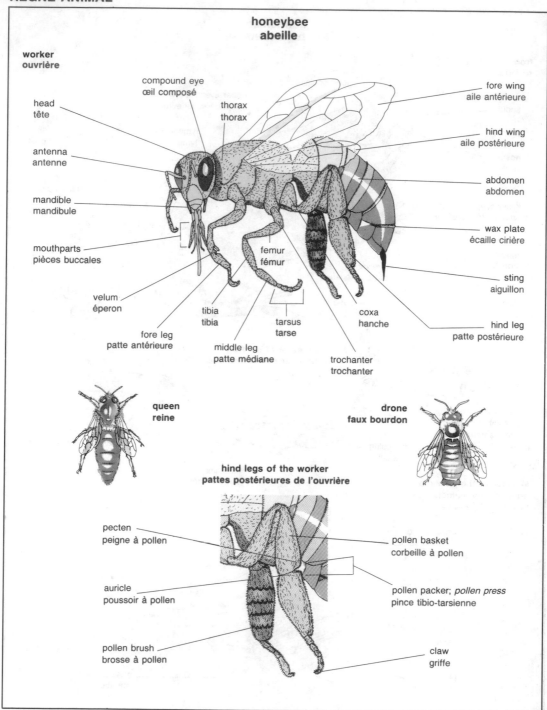

honeybee
abeille

worker
ouvrière

compound eye
œil composé

head
tête

thorax
thorax

fore wing
aile antérieure

hind wing
aile postérieure

antenna
antenne

abdomen
abdomen

mandible
mandibule

wax plate
écaille cirière

mouthparts
pièces buccales

femur
fémur

sting
aiguillon

velum
éperon

tibia
tibia

coxa
hanche

hind leg
patte postérieure

fore leg
patte antérieure

tarsus
tarse

middle leg
patte médiane

trochanter
trochanter

queen
reine

drone
faux bourdon

hind legs of the worker
pattes postérieures de l'ouvrière

pecten
peigne à pollen

pollen basket
corbeille à pollen

auricle
poussoir à pollen

pollen packer; *pollen press*
pince tibio-tarsienne

pollen brush
brosse à pollen

claw
griffe

honeybee
abeille

hive
ruche

air hole
trou d'aération

roof
toiture

frame
cadre

comb foundation
cire gaufrée

queen excluder
grille à reine

super
hausse

brood chamber
nid à couvain

entrance
trou de vol

hive body
corps de ruche

alighting board
planche d'envol

entrance slide
réducteur d'entrée

honeycomb section
coupe d'un rayon de miel

brood cell
alvéole à couvain

sealed cell
cellule royale

larva
larve

honey cell
alvéole à miel

egg
œuf

queen cell
alvéole operculé

pollen cell
alvéole à pollen

bat
chauve-souris

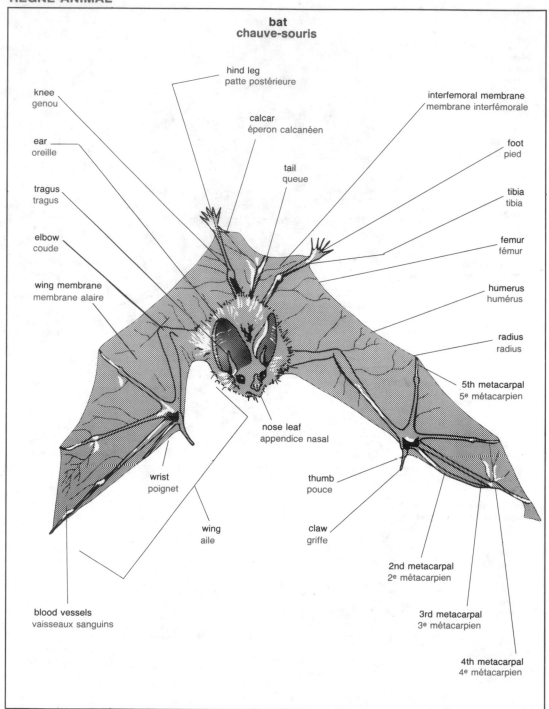

hind leg
patte postérieure

knee
genou

interfemoral membrane
membrane interfémorale

calcar
éperon calcanéen

ear
oreille

foot
pied

tail
queue

tragus
tragus

tibia
tibia

elbow
coude

femur
fémur

wing membrane
membrane alaire

humerus
humérus

radius
radius

5th metacarpal
5e métacarpien

nose leaf
appendice nasal

wrist
poignet

thumb
pouce

wing
aile

claw
griffe

2nd metacarpal
2e métacarpien

blood vessels
vaisseaux sanguins

3rd metacarpal
3e métacarpien

4th metacarpal
4e métacarpien

reptile
reptile

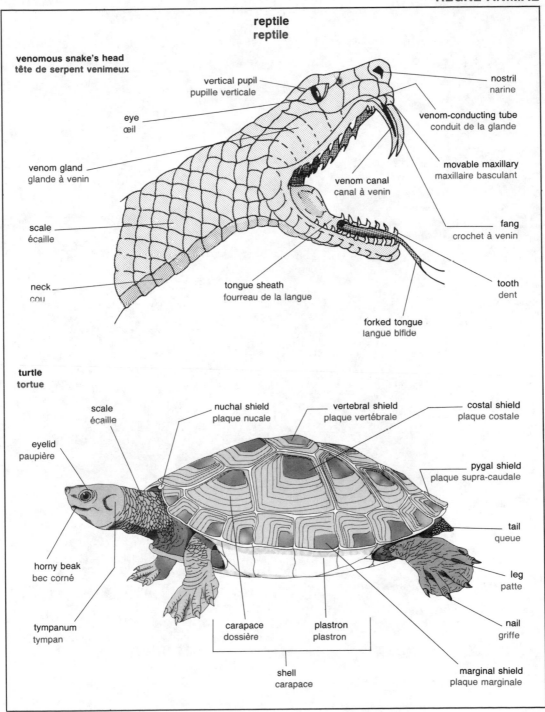

venomous snake's head
tête de serpent venimeux

vertical pupil
pupille verticale

nostril
narine

eye
œil

venom-conducting tube
conduit de la glande

venom gland
glande à venin

movable maxillary
maxillaire basculant

venom canal
canal à venin

scale
écaille

fang
crochet à venin

neck
cou

tongue sheath
fourreau de la langue

tooth
dent

forked tongue
langue bIfIde

turtle
tortue

scale
écaille

nuchal shield
plaque nucale

vertebral shield
plaque vertébrale

costal shield
plaque costale

eyelid
paupière

pygal shield
plaque supra-caudale

tail
queue

horny beak
bec corné

leg
patte

nail
griffe

tympanum
tympan

carapace
dossière

plastron
plastron

marginal shield
plaque marginale

shell
carapace

HUMAN BEING
ÊTRE HUMAIN

plant cell
cellule végétale

lipid droplet
gouttelette lipidique

starch granule
grain d'amidon

cell membrane
membrane cytoplasmique

cytoplasm
cytoplasme

vacuole
vacuole

Golgi apparatus
appareil de Golgi

leucoplast
leucoplaste

mitochondrion
mitochondrie

cell wall
membrane squelettique

chloroplast
chloroplaste

plasmodesma
plasmodesme

endoplasmic reticulum
réticulum endoplasmique

pore
pore

chromatin
chromatine

nuclear envelope
membrane nucléaire

nucleus
noyau

nucleolus
nucléole

ribosome
ribosome

animal cell
cellule animale

pinocytotic vesicle
vésicule de pinocytose

lysosome
lysosome

centriole
centriole

human body
corps humain

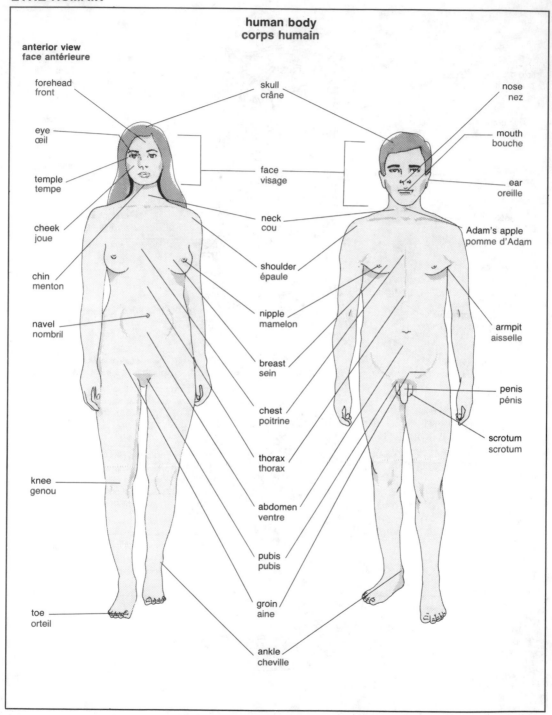

forehead
front

skull
crâne

nose
nez

eye
œil

mouth
bouche

temple
tempe

face
visage

ear
oreille

cheek
joue

neck
cou

Adam's apple
pomme d'Adam

chin
menton

shoulder
épaule

navel
nombril

nipple
mamelon

armpit
aisselle

breast
sein

penis
pénis

chest
poitrine

scrotum
scrotum

thorax
thorax

knee
genou

abdomen
ventre

pubis
pubis

toe
orteil

groin
aine

ankle
cheville

human body
corps humain

posterior view
face postérieure

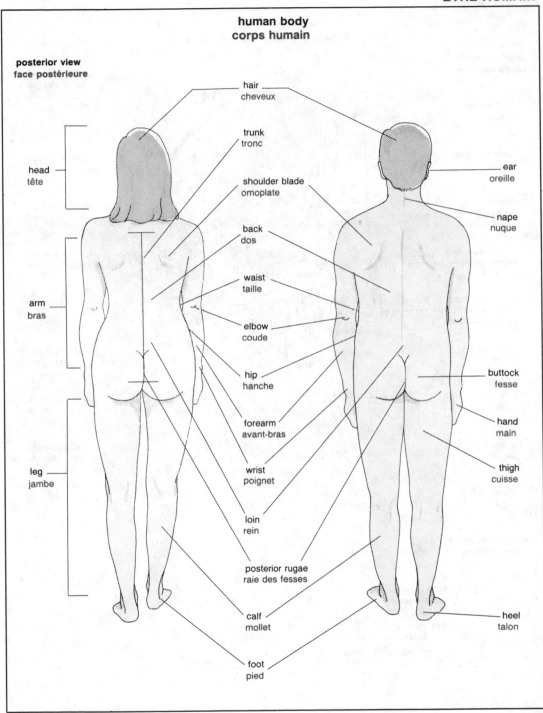

head
tête

arm
bras

leg
jambe

hair
cheveux

trunk
tronc

shoulder blade
omoplate

back
dos

waist
taille

elbow
coude

hip
hanche

forearm
avant-bras

wrist
poignet

loin
rein

posterior rugae
raie des fesses

calf
mollet

foot
pied

ear
oreille

nape
nuque

buttock
fesse

hand
main

thigh
cuisse

heel
talon

male genital organs
organes génitaux masculins

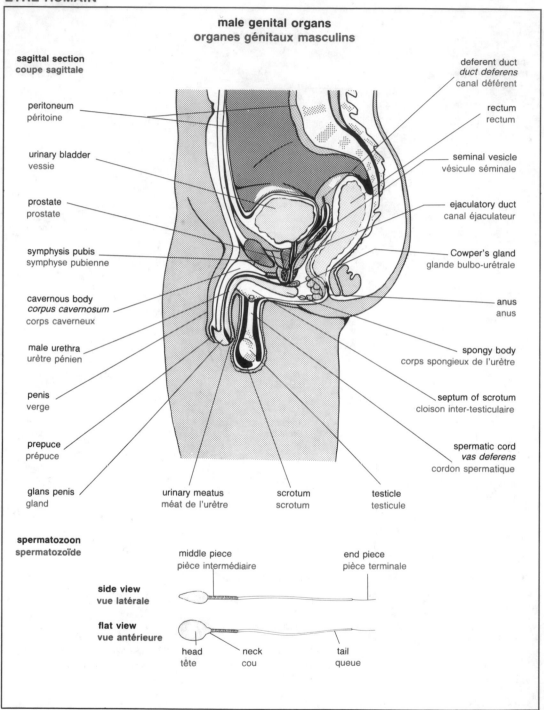

sagittal section
coupe sagittale

peritoneum
péritoine

urinary bladder
vessie

prostate
prostate

symphysis pubis
symphyse pubienne

cavernous body
corpus cavernosum
corps caverneux

male urethra
urètre pénien

penis
verge

prepuce
prépuce

glans penis
gland

deferent duct
duct deferens
canal déférent

rectum
rectum

seminal vesicle
vésicule séminale

ejaculatory duct
canal éjaculateur

Cowper's gland
glande bulbo-urétrale

anus
anus

spongy body
corps spongieux de l'urètre

septum of scrotum
cloison inter-testiculaire

spermatic cord
vas deferens
cordon spermatique

urinary meatus
méat de l'urètre

scrotum
scrotum

testicle
testicule

spermatozoon
spermatozoïde

middle piece
pièce intermédiaire

end piece
pièce terminale

side view
vue latérale

flat view
vue antérieure

head
tête

neck
cou

tail
queue

female genital organs
organes génitaux féminins

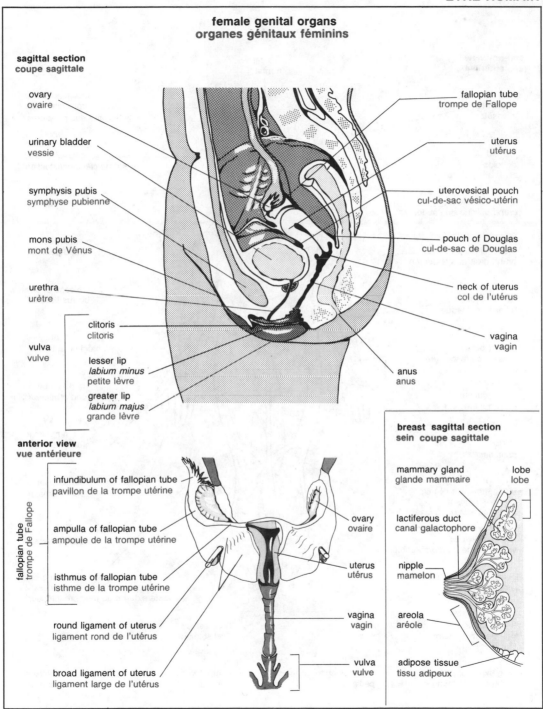

sagittal section
coupe sagittale

ovary
ovaire

urinary bladder
vessie

symphysis pubis
symphyse pubienne

mons pubis
mont de Vénus

urethra
urètre

clitoris
clitoris

vulva
vulve

lesser lip
labium minus
petite lèvre

greater lip
labium majus
grande lèvre

fallopian tube
trompe de Fallope

uterus
utérus

uterovesical pouch
cul-de-sac vésico-utérin

pouch of Douglas
cul-de-sac de Douglas

neck of uterus
col de l'utérus

vagina
vagin

anus
anus

anterior view
vue antérieure

fallopian tube
trompe de Fallope

infundibulum of fallopian tube
pavillon de la trompe utérine

ampulla of fallopian tube
ampoule de la trompe utérine

isthmus of fallopian tube
isthme de la trompe utérine

round ligament of uterus
ligament rond de l'utérus

broad ligament of uterus
ligament large de l'utérus

ovary
ovaire

uterus
utérus

vagina
vagin

vulva
vulve

breast sagittal section
sein coupe sagittale

mammary gland
glande mammaire

lobe
lobe

lactiferous duct
canal galactophore

nipple
mamelon

areola
aréole

adipose tissue
tissu adipeux

muscles
muscles

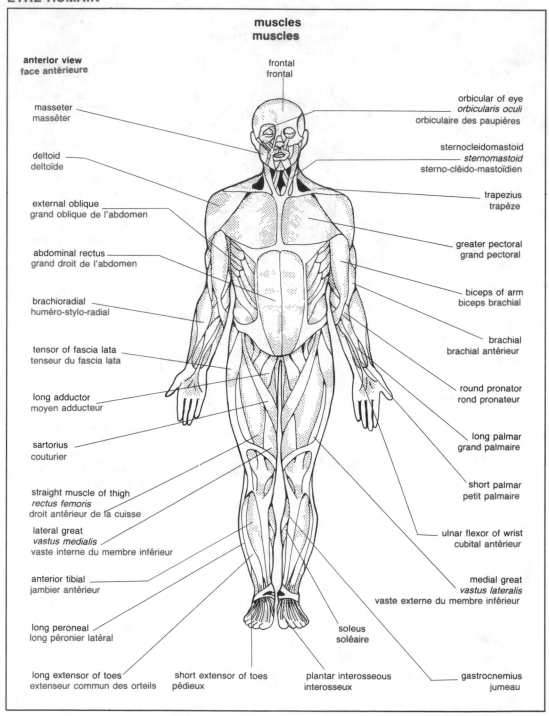

anterior view
face antérieure

frontal
frontal

masseter
masséter

orbicular of eye
orbicularis oculi
orbiculaire des paupières

deltoid
deltoïde

sternocleidomastoid
sternomastoid
sterno-cléido-mastoïdien

external oblique
grand oblique de l'abdomen

trapezius
trapèze

abdominal rectus
grand droit de l'abdomen

greater pectoral
grand pectoral

brachioradial
huméro-stylo-radial

biceps of arm
biceps brachial

tensor of fascia lata
tenseur du fascia lata

brachial
brachial antérieur

long adductor
moyen adducteur

round pronator
rond pronateur

sartorius
couturier

long palmar
grand palmaire

straight muscle of thigh
rectus femoris
droit antérieur de la cuisse

short palmar
petit palmaire

lateral great
vastus medialis
vaste interne du membre inférieur

ulnar flexor of wrist
cubital antérieur

anterior tibial
jambier antérieur

medial great
vastus lateralis
vaste externe du membre inférieur

long peroneal
long péronier latéral

soleus
soléaire

long extensor of toes
extenseur commun des orteils

short extensor of toes
pédieux

plantar interosseous
interosseux

gastrocnemius
jumeau

muscles
muscles

posterior view
face postérieure

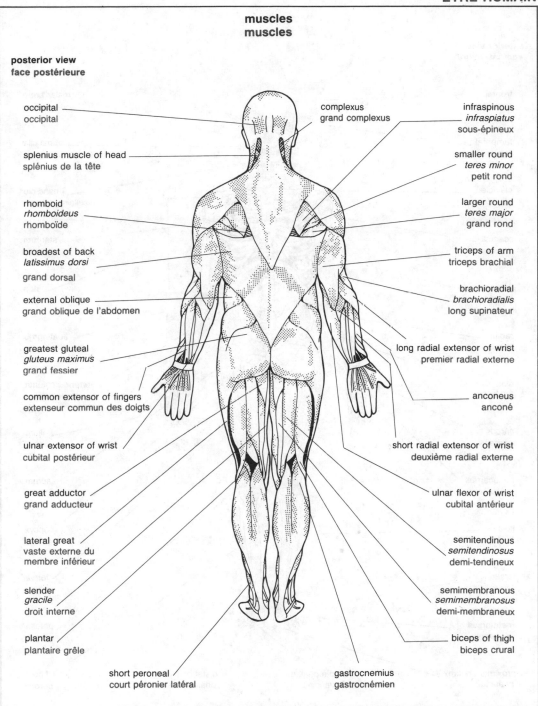

occipital
occipital

splenius muscle of head
splénius de la tête

rhomboid
rhomboideus
rhomboïde

broadest of back
latissimus dorsi
grand dorsal

external oblique
grand oblique de l'abdomen

greatest gluteal
gluteus maximus
grand fessier

common extensor of fingers
extenseur commun des doigts

ulnar extensor of wrist
cubital postérieur

great adductor
grand adducteur

lateral great
vaste externe du
membre inférieur

slender
gracile
droit interne

plantar
plantaire grêle

short peroneal
court péronier latéral

complexus
grand complexus

gastrocnemius
gastrocnémien

infraspinous
infraspiatus
sous-épineux

smaller round
teres minor
petit rond

larger round
teres major
grand rond

triceps of arm
triceps brachial

brachioradial
brachioradialis
long supinateur

long radial extensor of wrist
premier radial externe

anconeus
anconé

short radial extensor of wrist
deuxième radial externe

ulnar flexor of wrist
cubital antérieur

semitendinous
semitendinosus
demi-tendineux

semimembranous
semimembranosus
demi-membraneux

biceps of thigh
biceps crural

skeleton
squelette

anterior view
vue antérieure

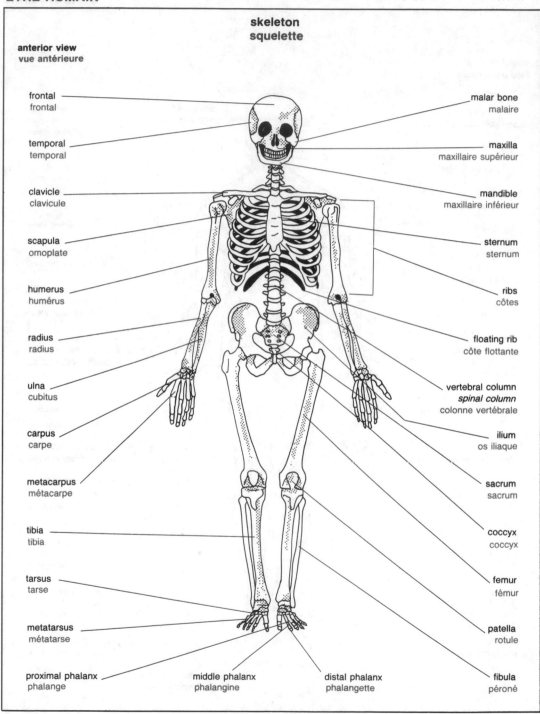

frontal
frontal

temporal
temporal

clavicle
clavicule

scapula
omoplate

humerus
humérus

radius
radius

ulna
cubitus

carpus
carpe

metacarpus
métacarpe

tibia
tibia

tarsus
tarse

metatarsus
métatarse

proximal phalanx
phalange

middle phalanx
phalangine

distal phalanx
phalangette

malar bone
malaire

maxilla
maxillaire supérieur

mandible
maxillaire inférieur

sternum
sternum

ribs
côtes

floating rib
côte flottante

vertebral column
spinal column
colonne vertébrale

ilium
os iliaque

sacrum
sacrum

coccyx
coccyx

femur
fémur

patella
rotule

fibula
péroné

120

skeleton
squelette

posterior view
vue postérieure

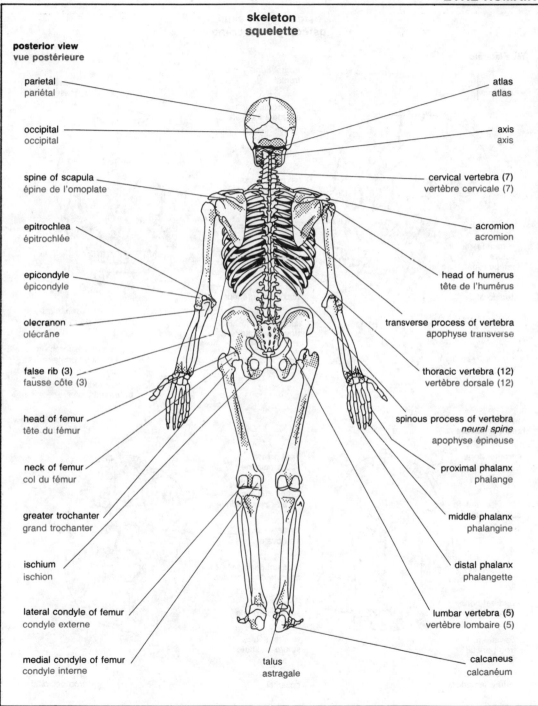

parietal
pariétal

occipital
occipital

spine of scapula
épine de l'omoplate

epitrochlea
épitrochlée

epicondyle
épicondyle

olecranon
olécrâne

false rib (3)
fausse côte (3)

head of femur
tête du fémur

neck of femur
col du fémur

greater trochanter
grand trochanter

ischium
ischion

lateral condyle of femur
condyle externe

medial condyle of femur
condyle interne

atlas
atlas

axis
axis

cervical vertebra (7)
vertèbre cervicale (7)

acromion
acromion

head of humerus
tête de l'humérus

transverse process of vertebra
apophyse transverse

thoracic vertebra (12)
vertèbre dorsale (12)

spinous process of vertebra
neural spine
apophyse épineuse

proximal phalanx
phalange

middle phalanx
phalangine

distal phalanx
phalangette

lumbar vertebra (5)
vertèbre lombaire (5)

calcaneus
calcanéum

talus
astragale

osteology of skull
ostéologie du crâne

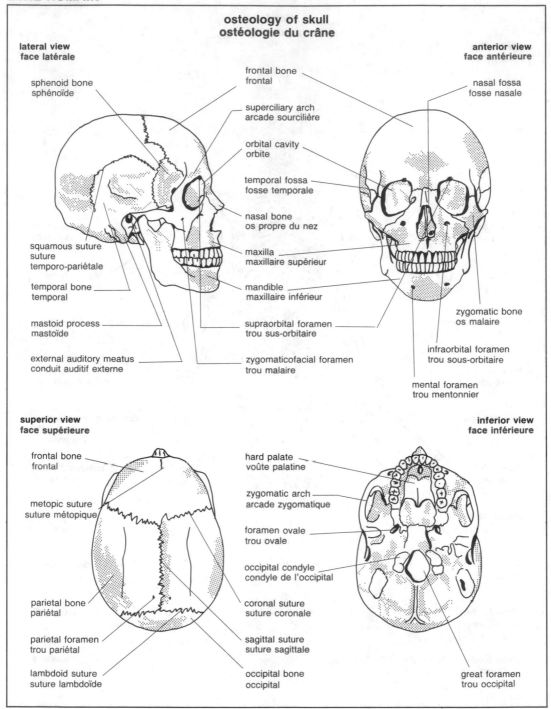

**lateral view
face latérale**

sphenoid bone
sphénoïde

squamous suture
suture
temporo-pariétale

temporal bone
temporal

mastoid process
mastoïde

external auditory meatus
conduit auditif externe

frontal bone
frontal

superciliary arch
arcade sourcilière

orbital cavity
orbite

temporal fossa
fosse temporale

nasal bone
os propre du nez

maxilla
maxillaire supérieur

mandible
maxillaire inférieur

supraorbital foramen
trou sus-orbitaire

zygomaticofacial foramen
trou malaire

**anterior view
face antérieure**

nasal fossa
fosse nasale

zygomatic bone
os malaire

infraorbital foramen
trou sous-orbitaire

mental foramen
trou mentonnier

**superior view
face supérieure**

frontal bone
frontal

metopic suture
suture métopique

parietal bone
pariétal

parietal foramen
trou pariétal

lambdoid suture
suture lambdoïde

hard palate
voûte palatine

zygomatic arch
arcade zygomatique

foramen ovale
trou ovale

occipital condyle
condyle de l'occipital

coronal suture
suture coronale

sagittal suture
suture sagittale

occipital bone
occipital

**inferior view
face inférieure**

great foramen
trou occipital

teeth
dents

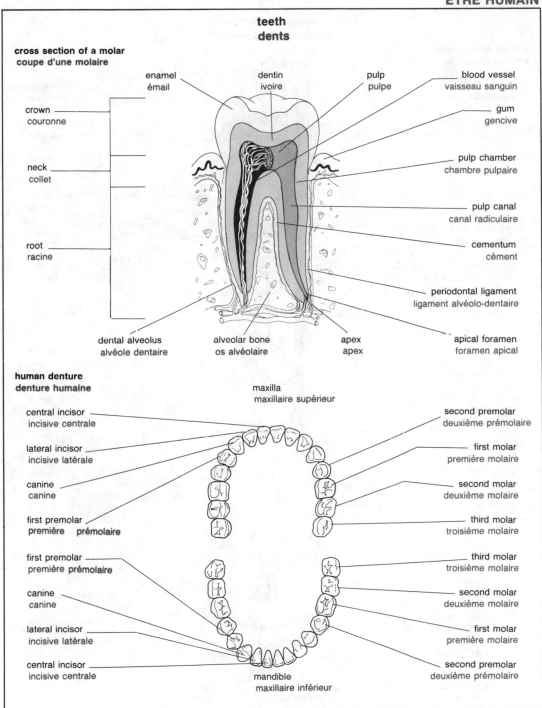

cross section of a molar
coupe d'une molaire

enamel
émail

dentin
ivoire

pulp
pulpe

blood vessel
vaisseau sanguin

gum
gencive

crown
couronne

neck
collet

pulp chamber
chambre pulpaire

pulp canal
canal radiculaire

cementum
cément

root
racine

periodontal ligament
ligament alvéolo-dentaire

dental alveolus
alvéole dentaire

alveolar bone
os alvéolaire

apex
apex

apical foramen
foramen apical

human denture
denture humaine

maxilla
maxillaire supérieur

central incisor
incisive centrale

lateral incisor
incisive latérale

canine
canine

first premolar
première prémolaire

first premolar
première prémolaire

canine
canine

lateral incisor
incisive latérale

central incisor
incisive centrale

second premolar
deuxième prémolaire

first molar
première molaire

second molar
deuxième molaire

third molar
troisième molaire

third molar
troisième molaire

second molar
deuxième molaire

first molar
première molaire

second premolar
deuxième prémolaire

mandible
maxillaire inférieur

blood circulation
circulation sanguine

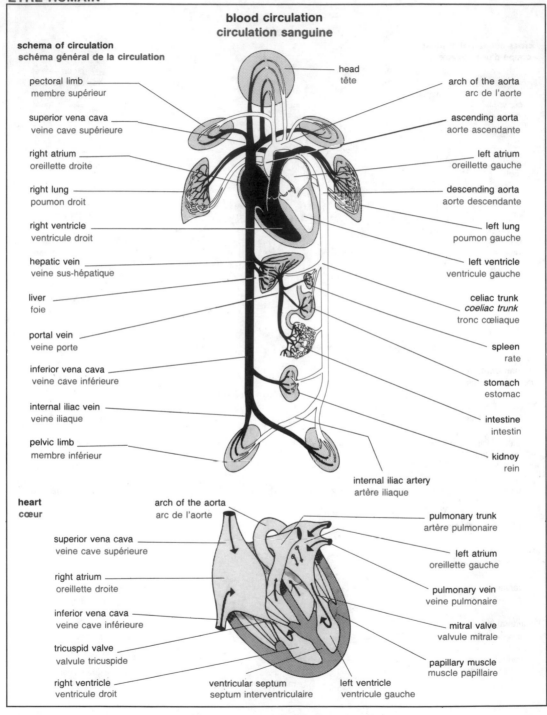

schema of circulation
schéma général de la circulation

pectoral limb
membre supérieur

superior vena cava
veine cave supérieure

right atrium
oreillette droite

right lung
poumon droit

right ventricle
ventricule droit

hepatic vein
veine sus-hépatique

liver
foie

portal vein
veine porte

inferior vena cava
veine cave inférieure

internal iliac vein
veine iliaque

pelvic limb
membre inférieur

head
tête

arch of the aorta
arc de l'aorte

ascending aorta
aorte ascendante

left atrium
oreillette gauche

descending aorta
aorte descendante

left lung
poumon gauche

left ventricle
ventricule gauche

celiac trunk
coeliac trunk
tronc cœliaque

spleen
rate

stomach
estomac

intestine
intestin

kidney
rein

internal iliac artery
artère iliaque

heart
cœur

arch of the aorta
arc de l'aorte

superior vena cava
veine cave supérieure

right atrium
oreillette droite

inferior vena cava
veine cave inférieure

tricuspid valve
valvule tricuspide

right ventricle
ventricule droit

ventricular septum
septum interventriculaire

left ventricle
ventricule gauche

pulmonary trunk
artère pulmonaire

left atrium
oreillette gauche

pulmonary vein
veine pulmonaire

mitral valve
valvule mitrale

papillary muscle
muscle papillaire

blood circulation
circulation sanguine

principal veins and arteries
principales veines et artères

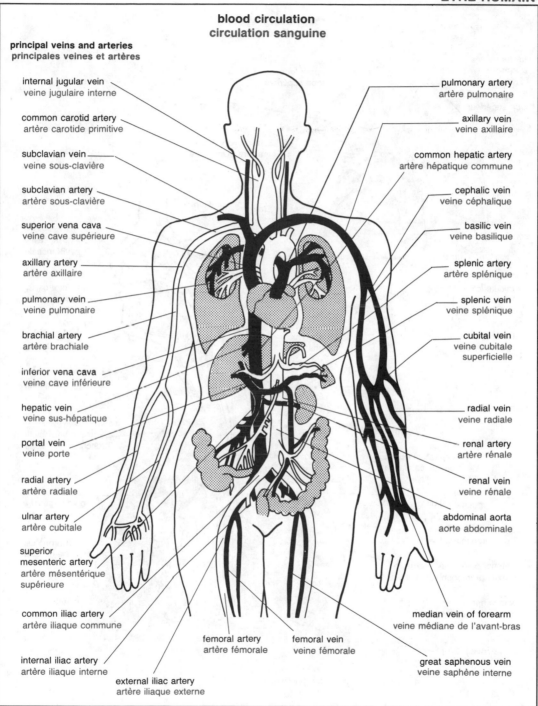

internal jugular vein
veine jugulaire interne

common carotid artery
artère carotide primitive

subclavian vein
veine sous-clavière

subclavian artery
artère sous-clavière

superior vena cava
veine cave supérieure

axillary artery
artère axillaire

pulmonary vein
veine pulmonaire

brachial artery
artère brachiale

inferior vena cava
veine cave inférieure

hepatic vein
veine sus-hépatique

portal vein
veine porte

radial artery
artère radiale

ulnar artery
artère cubitale

superior
mesenteric artery
artère mésentérique
supérieure

common iliac artery
artère iliaque commune

internal iliac artery
artère iliaque interne

external iliac artery
artère iliaque externe

femoral artery
artère fémorale

femoral vein
veine fémorale

pulmonary artery
artère pulmonaire

axillary vein
veine axillaire

common hepatic artery
artère hépatique commune

cephalic vein
veine céphalique

basilic vein
veine basilique

splenic artery
artère splénique

splenic vein
veine splénique

cubital vein
veine cubitale
superficielle

radial vein
veine radiale

renal artery
artère rénale

renal vein
veine rénale

abdominal aorta
aorte abdominale

median vein of forearm
veine médiane de l'avant-bras

great saphenous vein
veine saphène interne

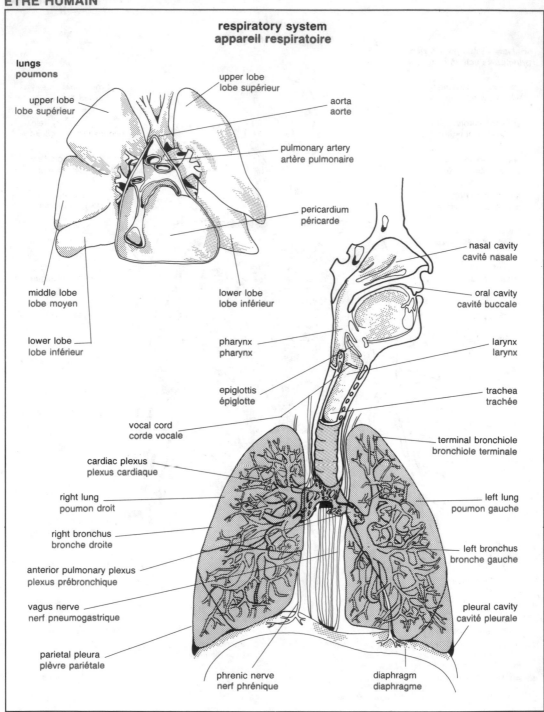

respiratory system
appareil respiratoire

lungs
poumons

upper lobe
lobe supérieur

upper lobe
lobe supérieur

aorta
aorte

pulmonary artery
artère pulmonaire

pericardium
péricarde

nasal cavity
cavité nasale

oral cavity
cavité buccale

middle lobe
lobe moyen

lower lobe
lobe inférieur

lower lobe
lobe inférieur

pharynx
pharynx

larynx
larynx

epiglottis
épiglotte

trachea
trachée

vocal cord
corde vocale

terminal bronchiole
bronchiole terminale

cardiac plexus
plexus cardiaque

right lung
poumon droit

left lung
poumon gauche

right bronchus
bronche droite

anterior pulmonary plexus
plexus prébronchique

left bronchus
bronche gauche

vagus nerve
nerf pneumogastrique

pleural cavity
cavité pleurale

parietal pleura
plèvre pariétale

phrenic nerve
nerf phrénique

diaphragm
diaphragme

digestive system
appareil digestif

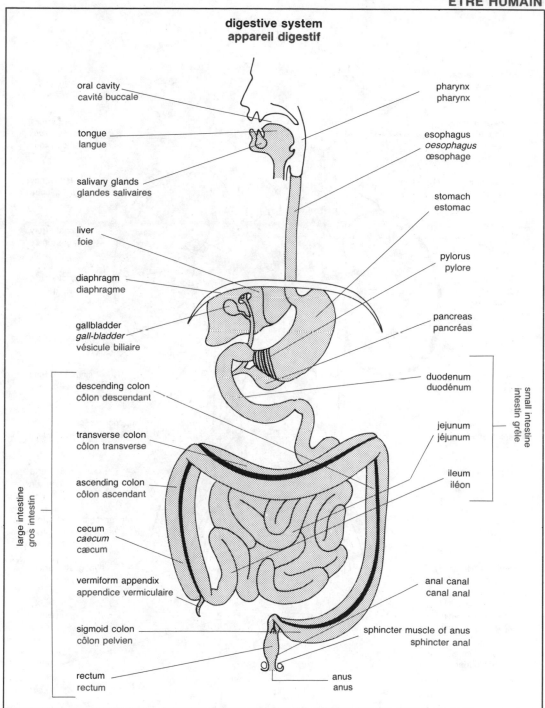

oral cavity
cavité buccale

pharynx
pharynx

tongue
langue

esophagus
oesophagus
œsophage

salivary glands
glandes salivaires

stomach
estomac

liver
foie

pylorus
pylore

diaphragm
diaphragme

pancreas
pancréas

gallbladder
gall-bladder
vésicule biliaire

duodenum
duodénum

descending colon
côlon descendant

jejunum
jéjunum

transverse colon
côlon transverse

small intestine
intestin grêle

ascending colon
côlon ascendant

ileum
iléon

cecum
caecum
cæcum

vermiform appendix
appendice vermiculaire

anal canal
canal anal

large intestine
gros intestin

sigmoid colon
côlon pelvien

sphincter muscle of anus
sphincter anal

rectum
rectum

anus
anus

urinary system
appareil urinaire

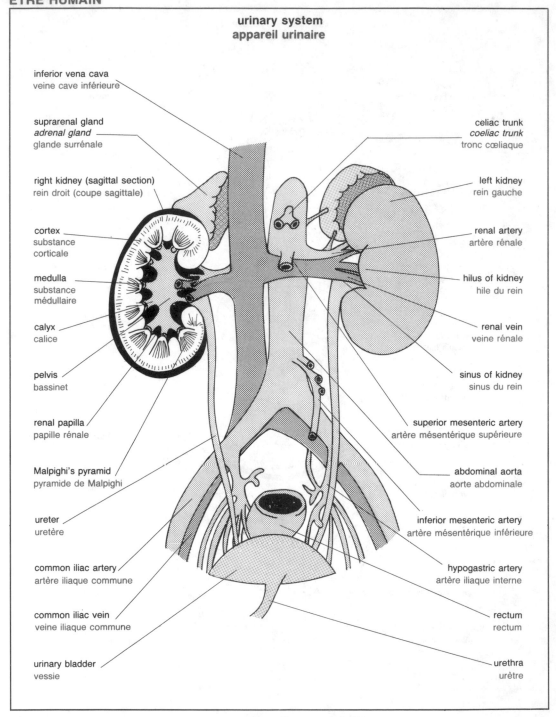

inferior vena cava
veine cave inférieure

suprarenal gland
adrenal gland
glande surrénale

right kidney (sagittal section)
rein droit (coupe sagittale)

cortex
substance
corticale

medulla
substance
médullaire

calyx
calice

pelvis
bassinet

renal papilla
papille rénale

Malpighi's pyramid
pyramide de Malpighi

ureter
uretère

common iliac artery
artère iliaque commune

common iliac vein
veine iliaque commune

urinary bladder
vessie

celiac trunk
coeliac trunk
tronc cœliaque

left kidney
rein gauche

renal artery
artère rénale

hilus of kidney
hile du rein

renal vein
veine rénale

sinus of kidney
sinus du rein

superior mesenteric artery
artère mésentérique supérieure

abdominal aorta
aorte abdominale

inferior mesenteric artery
artère mésentérique inférieure

hypogastric artery
artère iliaque interne

rectum
rectum

urethra
urètre

nervous system
système nerveux

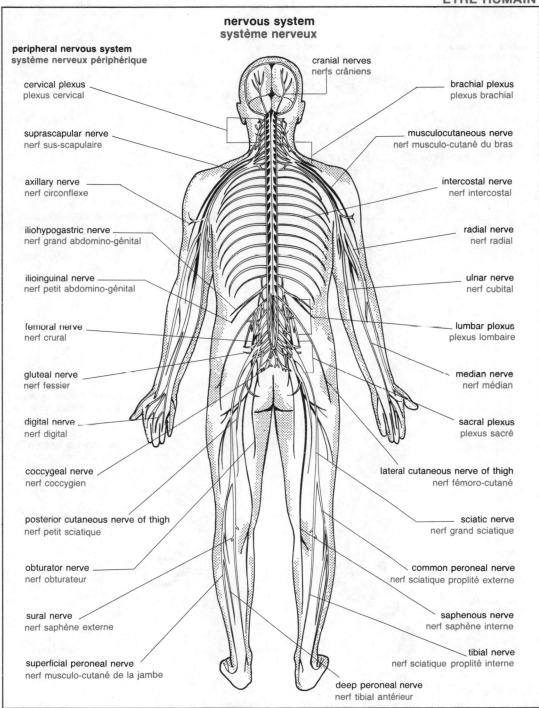

peripheral nervous system
système nerveux périphérique

cranial nerves
nerfs crâniens

cervical plexus
plexus cervical

brachial plexus
plexus brachial

suprascapular nerve
nerf sus-scapulaire

musculocutaneous nerve
nerf musculo-cutané du bras

axillary nerve
nerf circonflexe

intercostal nerve
nerf intercostal

iliohypogastric nerve
nerf grand abdomino-génital

radial nerve
nerf radial

ilioinguinal nerve
nerf petit abdomino-génital

ulnar nerve
nerf cubital

femoral nerve
nerf crural

lumbar plexus
plexus lombaire

gluteal nerve
nerf fessier

median nerve
nerf médian

digital nerve
nerf digital

sacral plexus
plexus sacré

coccygeal nerve
nerf coccygien

lateral cutaneous nerve of thigh
nerf fémoro-cutané

posterior cutaneous nerve of thigh
nerf petit sciatique

sciatic nerve
nerf grand sciatique

obturator nerve
nerf obturateur

common peroneal nerve
nerf sciatique proplité externe

sural nerve
nerf saphène externe

saphenous nerve
nerf saphène interne

tibial nerve
nerf sciatique proplité interne

superficial peroneal nerve
nerf musculo-cutané de la jambe

deep peroneal nerve
nerf tibial antérieur

nervous system
système nerveux

central nervous system cerebrospinal axis (sagittal section)
système nerveux central axe cérébro-spinal (coupe sagittale)

corpus callosum
corps calleux

superior longitudinal sinus
sinus longitudinal supérieur

cerebrum
cerveau

pineal body
épiphyse

septum lucidum
septum pellucidum
septum lucidum

anterior commissure
commissure blanche antérieure

posterior commissure
commissure blanche
postérieure

optic chiasm
chiasma optique

cerebellum
cervelet

pituitary gland
hypophyse

medulla oblongata
bulbe rachidien

pons Varolii
pont de Varole

dura mater of spinal cord
dure-mère spinale

medullar axis of lumbar vertebra
axe médullaire d'une vertèbre lombaire

spinal cord
moelle épinière

communicating rami
rameau communicant

intervertebral foramen
trou de conjugaison

spinal nerve
nerf rachidien

dural cul-de-sac
cul-de-sac dural

terminal filament
filum terminale

anterior root
racine antérieure

posterior root
racine postérieure

sense organs: sight
organes des sens: vue

eye
œil

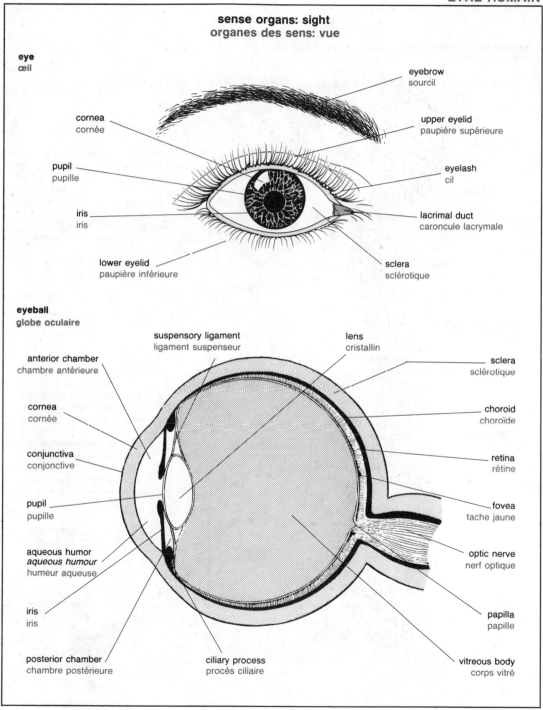

eyebrow
sourcil

cornea
cornée

upper eyelid
paupière supérieure

pupil
pupille

eyelash
cil

iris
iris

lacrimal duct
caroncule lacrymale

lower eyelid
paupière inférieure

sclera
sclérotique

eyeball
globe oculaire

suspensory ligament
ligament suspenseur

lens
cristallin

sclera
sclérotique

anterior chamber
chambre antérieure

cornea
cornée

choroid
choroïde

conjunctiva
conjonctive

retina
rétine

pupil
pupille

fovea
tache jaune

aqueous humor
aqueous humour
humeur aqueuse

optic nerve
nerf optique

iris
iris

papilla
papille

posterior chamber
chambre postérieure

ciliary process
procès ciliaire

vitreous body
corps vitré

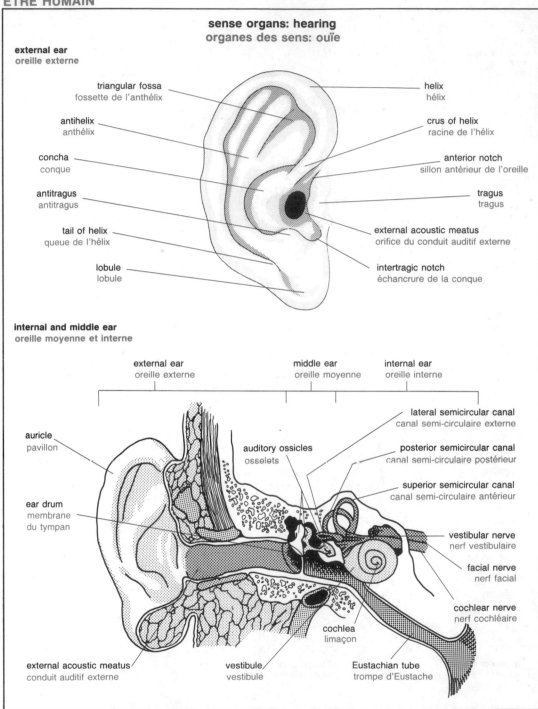

sense organs: hearing
organes des sens: ouïe

external ear
oreille externe

triangular fossa
fossette de l'anthélix

antihelix
anthélix

concha
conque

antitragus
antitragus

tail of helix
queue de l'hélix

lobule
lobule

helix
hélix

crus of helix
racine de l'hélix

anterior notch
sillon antérieur de l'oreille

tragus
tragus

external acoustic meatus
orifice du conduit auditif externe

intertragic notch
échancrure de la conque

internal and middle ear
oreille moyenne et interne

external ear
oreille externe

middle ear
oreille moyenne

internal ear
oreille interne

auricle
pavillon

ear drum
membrane
du tympan

external acoustic meatus
conduit auditif externe

auditory ossicles
osselets

vestibule
vestibule

cochlea
limaçon

Eustachian tube
trompe d'Eustache

lateral semicircular canal
canal semi-circulaire externe

posterior semicircular canal
canal semi-circulaire postérieur

superior semicircular canal
canal semi-circulaire antérieur

vestibular nerve
nerf vestibulaire

facial nerve
nerf facial

cochlear nerve
nerf cochléaire

sense organs: smell
organes des sens: odorat

external nose
partie externe du nez

nasal fossae
fosses nasales

root of nose
bridge of nose
racine du nez

dorsum of nose
dos du nez

tip of nose
lobe du nez

naris
narine

ala
aile du nez

mobile septum of nose
sous-cloison

philtrum
sillon naso-labial

cribriform plate of ethmoid
lame criblée de l'ethmoïde

superior nasal concha
cornet supérieur

middle nasal concha
cornet moyen

inferior nasal concha
cornet inférieur

sphenoidal sinus
sinus sphénoïdal

Eustachian tube
trompe d'Eustache

frontal sinus
sinus frontal

nasal bone
os propre du nez

greater alar cartilage
cartilage de l'aile du nez

nasopharynx
rhino-pharynx

senses of smell and taste
sens de l'odorat et du goût

olfactory bulb
bulbe olfactif

Brunn's membrane
lamina cribrosa
épithélium olfactif

rhinencephalon
olfactory centre
rhinencéphale

olfactory membrane
muqueuse olfactive

tongue
langue

olfactory nerve
nerf olfactif

maxilla
maxillaire

uvula
luette

palate
palais

septal cartilage of nose
cartilage de la cloison

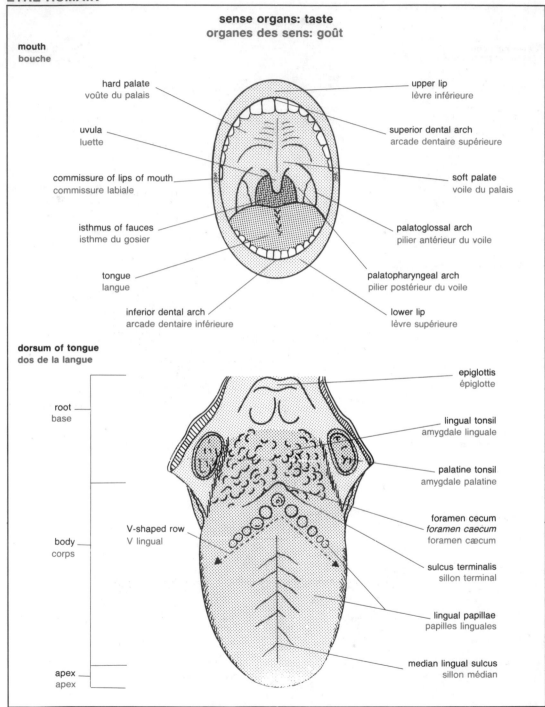

sense organs: taste
organes des sens: goût

mouth
bouche

hard palate
voûte du palais

uvula
luette

commissure of lips of mouth
commissure labiale

isthmus of fauces
isthme du gosier

tongue
langue

inferior dental arch
arcade dentaire inférieure

upper lip
lèvre inférieure

superior dental arch
arcade dentaire supérieure

soft palate
voile du palais

palatoglossal arch
pilier antérieur du voile

palatopharyngeal arch
pilier postérieur du voile

lower lip
lèvre supérieure

dorsum of tongue
dos de la langue

root
base

body
corps

apex
apex

V-shaped row
V lingual

epiglottis
épiglotte

lingual tonsil
amygdale linguale

palatine tonsil
amygdale palatine

foramen cecum
foramen caecum
foramen cæcum

sulcus terminalis
sillon terminal

lingual papillae
papilles linguales

median lingual sulcus
sillon médian

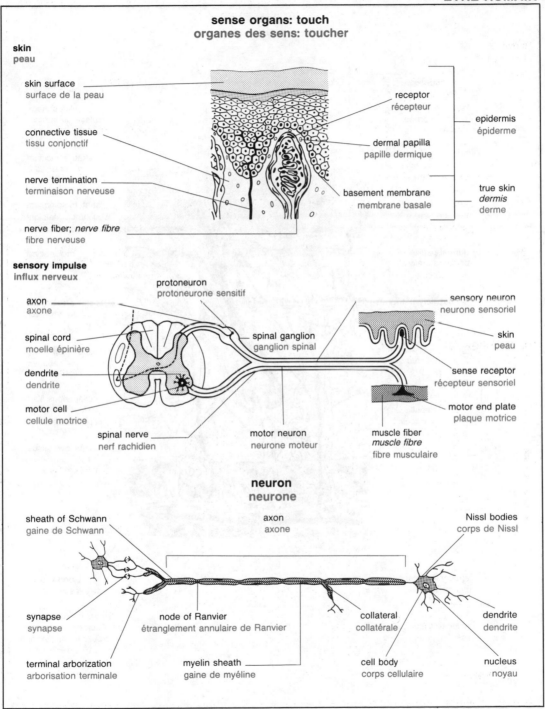

sense organs: touch
organes des sens: toucher

skin
peau

skin surface
surface de la peau

connective tissue
tissu conjonctif

nerve termination
terminaison nerveuse

nerve fiber; *nerve fibre*
fibre nerveuse

receptor
récepteur

dermal papilla
papille dermique

basement membrane
membrane basale

epidermis
épiderme

true skin
dermis
derme

sensory impulse
influx nerveux

axon
axone

protoneuron
protoneurone sensitif

spinal cord
moelle épinière

dendrite
dendrite

motor cell
cellule motrice

spinal nerve
nerf rachidien

spinal ganglion
ganglion spinal

motor neuron
neurone moteur

sensory neuron
neurone sensoriel

skin
peau

sense receptor
récepteur sensoriel

motor end plate
plaque motrice

muscle fiber
muscle fibre
fibre musculaire

neuron
neurone

sheath of Schwann
gaine de Schwann

axon
axone

Nissl bodies
corps de Nissl

synapse
synapse

node of Ranvier
étranglement annulaire de Ranvier

collateral
collatérale

dendrite
dendrite

terminal arborization
arborisation terminale

myelin sheath
gaine de myéline

cell body
corps cellulaire

nucleus
noyau

skin
peau

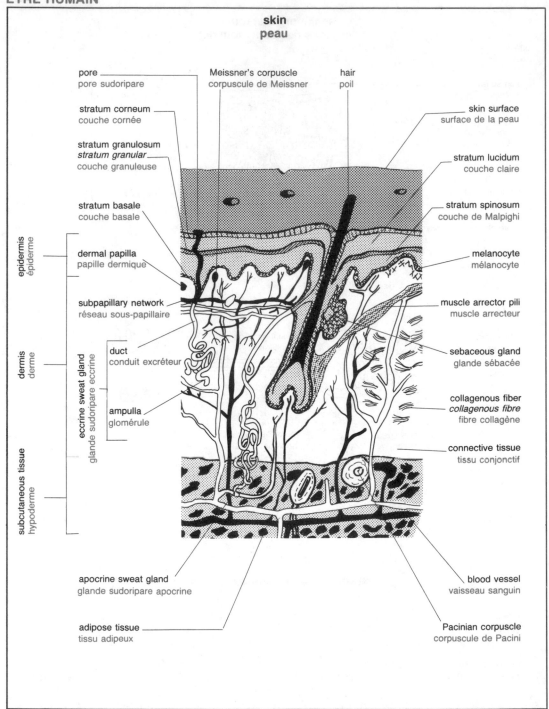

pore
pore sudoripare

Meissner's corpuscle
corpuscule de Meissner

hair
poil

skin surface
surface de la peau

stratum corneum
couche cornée

stratum granulosum
stratum granular
couche granuleuse

stratum lucidum
couche claire

stratum spinosum
couche de Malpighi

stratum basale
couche basale

melanocyte
mélanocyte

epidermis
épiderme

dermal papilla
papille dermique

muscle arrector pili
muscle arrecteur

subpapillary network
réseau sous-papillaire

duct
conduit excréteur

sebaceous gland
glande sébacée

dermis
derme

eccrine sweat gland
glande sudoripare eccrine

collagenous fiber
collagenous fibre
fibre collagène

ampulla
glomérule

connective tissue
tissu conjonctif

subcutaneous tissue
hypoderme

apocrine sweat gland
glande sudoripare apocrine

blood vessel
vaisseau sanguin

adipose tissue
tissu adipeux

Pacinian corpuscle
corpuscule de Pacini

nail
ongle

free margin
bord libre

lunula
lunule

cuticle
cuticule

eponychium
éponychion

lunula
lunule

body of nail
corps de l'ongle

free margin
bord libre

sole
sole

nail bed
lit de l'ongle

digital pulp
pulpe

epidermis
épiderme

nail matrix
matrice de l'ongle

root of nail
racine de l'ongle

dermis
derme

distal phalanx
phalangette

hair
poil

epidermis
épiderme

outer root sheath
gaine épithéliale externe

inner root sheath
gaine épithéliale interne

muscle arrector pili
muscle arrecteur

hair bulb
bulbe

papilla
papille

blood vessel
vaisseau sanguin

nerve
nerf

ostium
ostium

hair shaft
tige

hair follicle
follicule pileux

dermis
derme

sebaceous gland
glande sébacée

epidermicula
épidermicule

cortex
écorce

medulla
moelle

root of hair
racine

indifferent cells
cellules indifférenciées

family relationships
liens de parenté

aunt-in-law; *aunt by marriage*
tante paternelle

uncle-in-law; *uncle by marriage*
oncle paternel

wife
épouse

husband
mari

children
enfants

brother/sister
frère/sœur

paternal aunt
tante paternelle

cousins
cousins

cousins
cousine
cousin

paternal uncle
oncle paternel

nephew
neveu

father
père

son
fils

spouse
époux

wife
femme

husband
époux
mari

parents/children
parents/enfants

brother
frère

sister
sœur

spouse
épouse

mother
mère

daughter
fille

niece
nièce

maternal uncle
oncle maternel

cousins
cousines

cousins
cousine
cousin

maternal aunt
tante maternelle

brother/sister
frère/sœur

children
enfants

wife
épouse

husband
mari

aunt-in-law; *aunt by marriage*
tante maternelle

uncle-in-law; *uncle by marriage*
oncle maternel

family relationships
liens de parenté

great-grandfather
arrière-grand-père

great-grandson
arrière-petit-fils

great-grandmother
arrière-grand-mère

great-granddaughter
arrière-petite-fille

children
enfants

parents
parents

grandson
petit-fils

granddaughter
petite-fille

husband and wife
époux

grandfather
grand-père

mother
mère

father
père

grandmother
grand-mère

mother
mère

father
père

mother
mère

father
père

parents-in-law
beaux-parents

daughter-in-law
belle-fille

son-in-law
beau-fils

mother-in-law
belle-mère

father-in-law
beau-père

parents
parents

parents
parents

FOOD
NOURRITURE

herbs
fines herbes

basil
basilic

tarragon
estragon

chervil
cerfeuil

parsley
persil

marjoram
marjolaine

oregano
origan

sage
sauge

rosemary
romarin

savory
sarriette

thyme
thym

sweet bay
laurier

dill
aneth

mint
menthe

lovage
livèche

hyssop
hysope

borage
bourrache

pasta
pâtes alimentaires

noodles
nouilles

twisted macaroni
vermicelles flottés

spinach noodles
nouilles aux épinards

spinach lasagna
lasagna verde
lasagnes aux épinards

lasagna
lasagnes

curly lasagna
lasagnes frisées

mafalde
mafaldes

non-skid spaghetti
spirales

mafaldine
petites mafaldes

vermicelli
vermicelles

thin macaroni
macaroni fins

fedelini
fedelini

thin spaghetti
spaghettini

mezzani
gros macaroni

spaghetti
spaghetti

ziti
très gros macaroni

pasta
pâtes alimentaires

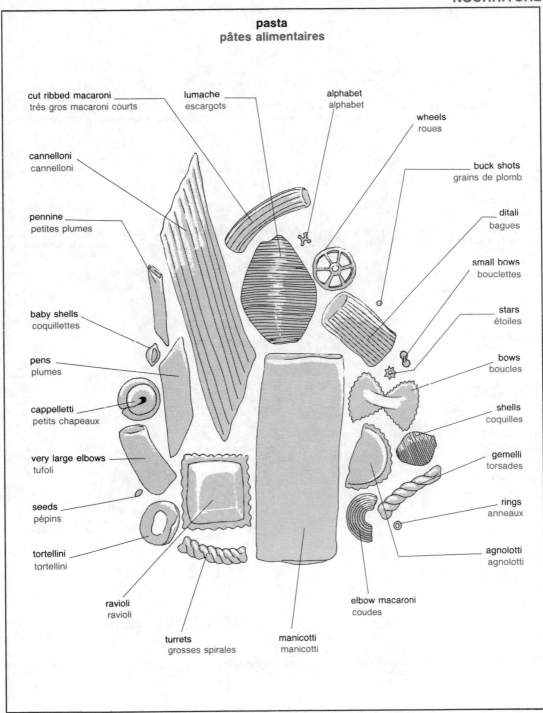

cut ribbed macaroni
très gros macaroni courts

lumache
escargots

alphabet
alphabet

wheels
roues

buck shots
grains de plomb

cannelloni
cannelloni

ditali
bagues

pennine
petites plumes

small bows
bouclettes

stars
étoiles

baby shells
coquillettes

bows
boucles

pens
plumes

shells
coquilles

cappelletti
petits chapeaux

gemelli
torsades

very large elbows
tufoli

rings
anneaux

seeds
pépins

agnolotti
agnolotti

tortellini
tortellini

elbow macaroni
coudes

ravioli
ravioli

turrets
grosses spirales

manicotti
manicotti

bread
pain

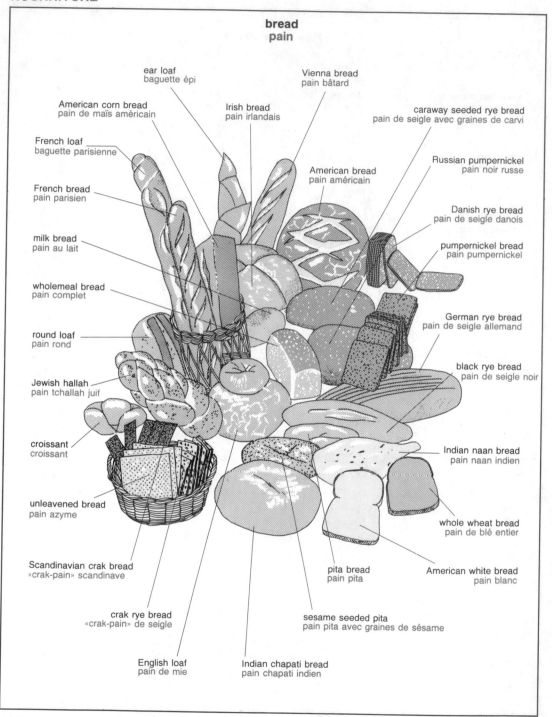

ear loaf
baguette épi

Vienna bread
pain bâtard

American corn bread
pain de maïs américain

Irish bread
pain irlandais

caraway seeded rye bread
pain de seigle avec graines de carvi

French loaf
baguette parisienne

American bread
pain américain

Russian pumpernickel
pain noir russe

French bread
pain parisien

Danish rye bread
pain de seigle danois

milk bread
pain au lait

pumpernickel bread
pain pumpernickel

wholemeal bread
pain complet

German rye bread
pain de seigle allemand

round loaf
pain rond

black rye bread
pain de seigle noir

Jewish hallah
pain tchallah juif

croissant
croissant

Indian naan bread
pain naan indien

unleavened bread
pain azyme

whole wheat bread
pain de blé entier

Scandinavian crak bread
«crak-pain» scandinave

pita bread
pain pita

American white bread
pain blanc

crak rye bread
«crak-pain» de seigle

sesame seeded pita
pain pita avec graines de sésame

English loaf
pain de mie

Indian chapati bread
pain chapati indien

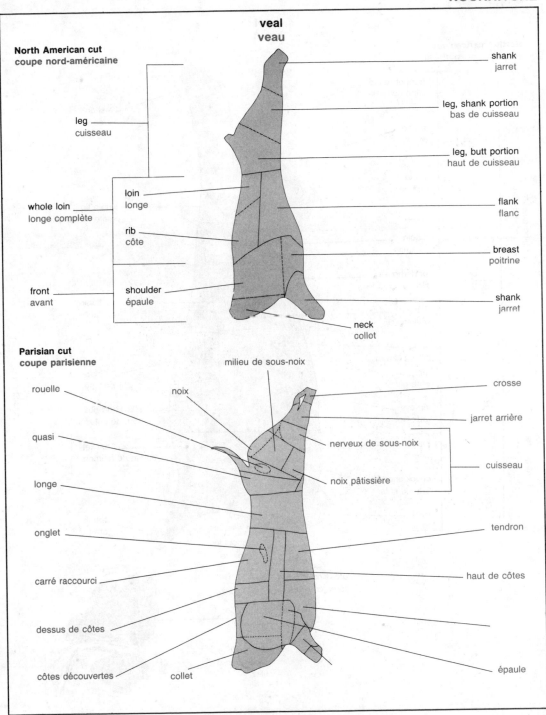

veal
veau

North American cut
coupe nord-américaine

shank
jarret

leg, shank portion
bas de cuisseau

leg
cuisseau

leg, butt portion
haut de cuisseau

whole loin
longe complète

loin
longe

flank
flanc

rib
côte

breast
poitrine

front
avant

shoulder
épaule

shank
jarret

neck
collot

Parisian cut
coupe parisienne

milieu de sous-noix

rouelle

noix

crosse

jarret arrière

quasi

nerveux de sous-noix

cuisseau

longe

noix pâtissière

onglet

tendron

carré raccourci

haut de côtes

dessus de côtes

côtes découvertes

collet

épaule

147

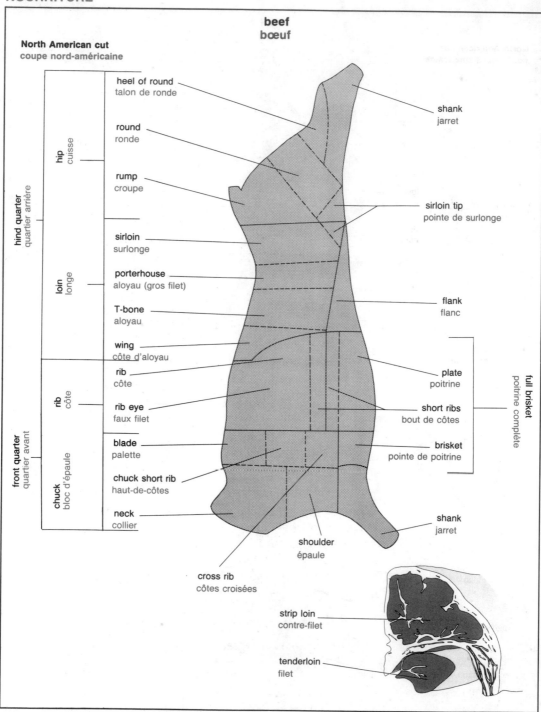

beef
bœuf

North American cut
coupe nord-américaine

hip
cuisse

loin
longe

rib
côte

chuck
bloc d'épaule

hind quarter
quartier arrière

front quarter
quartier avant

heel of round
talon de ronde

round
ronde

rump
croupe

sirloin
surlonge

porterhouse
aloyau (gros filet)

T-bone
aloyau

wing
côte d'aloyau

rib
côte

rib eye
faux filet

blade
palette

chuck short rib
haut-de-côtes

neck
collier

cross rib
côtes croisées

shank
jarret

sirloin tip
pointe de surlonge

flank
flanc

plate
poitrine

short ribs
bout de côtes

brisket
pointe de poitrine

full brisket
poitrine complète

shank
jarret

shoulder
épaule

strip loin
contre-filet

tenderloin
filet

beef
bœuf

Parisian cut
coupe parisienne

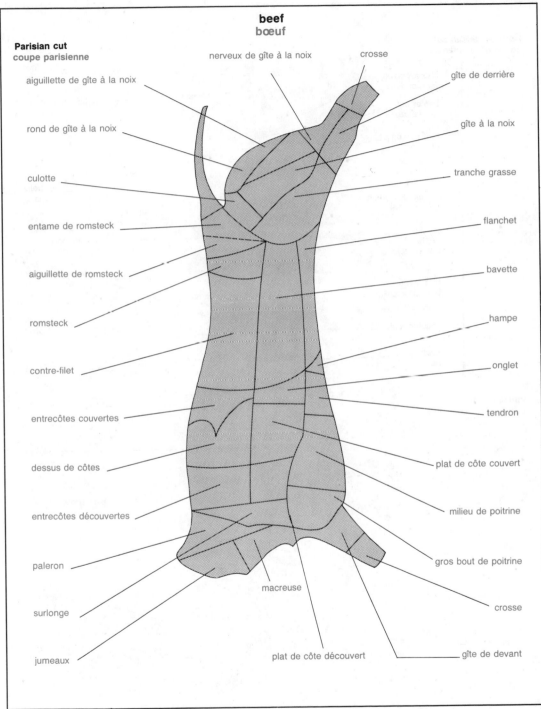

nerveux de gîte à la noix

crosse

aiguillette de gîte à la noix

gîte de derrière

rond de gîte à la noix

gîte à la noix

culotte

tranche grasse

entame de romsteck

flanchet

aiguillette de romsteck

bavette

romsteck

hampe

contre-filet

onglet

entrecôtes couvertes

tendron

dessus de côtes

plat de côte couvert

entrecôtes découvertes

milieu de poitrine

paleron

gros bout de poitrine

macreuse

surlonge

crosse

jumeaux

plat de côte découvert

gîte de devant

pork
porc

North American cut
coupe nord-américaine

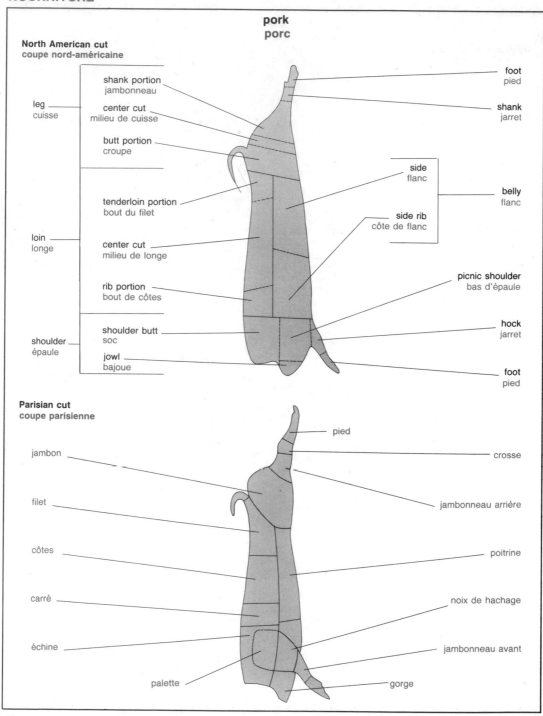

leg
cuisse

shank portion
jambonneau

center cut
milieu de cuisse

butt portion
croupe

tenderloin portion
bout du filet

loin
longe

center cut
milieu de longe

rib portion
bout de côtes

shoulder
épaule

shoulder butt
soc

jowl
bajoue

foot
pied

shank
jarret

side
flanc

belly
flanc

side rib
côte de flanc

picnic shoulder
bas d'épaule

hock
jarret

foot
pied

Parisian cut
coupe parisienne

jambon

filet

côtes

carré

échine

palette

pied

crosse

jambonneau arrière

poitrine

noix de hachage

jambonneau avant

gorge

lamb
agneau

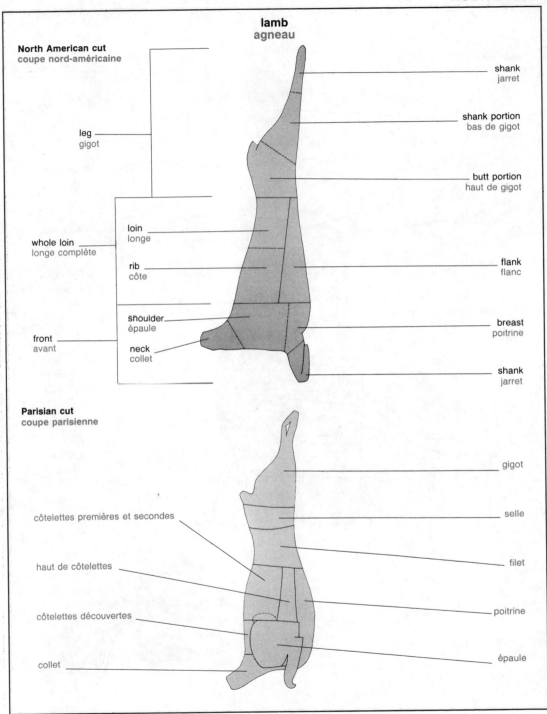

North American cut
coupe nord-américaine

shank
jarret

shank portion
bas de gigot

leg
gigot

butt portion
haut de gigot

loin
longe

whole loin
longe complète

rib
côte

flank
flanc

shoulder
épaule

breast
poitrine

front
avant

neck
collet

shank
jarret

Parisian cut
coupe parisienne

gigot

côtelettes premières et secondes

selle

haut de côtelettes

filet

côtelettes découvertes

poitrine

collet

épaule

beef
bœuf

British cut
coupe britannique

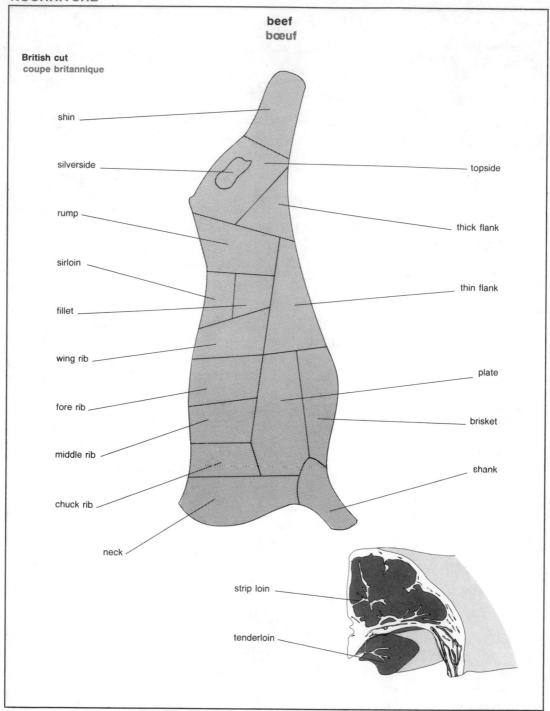

shin

silverside

topside

rump

thick flank

sirloin

fillet

thin flank

wing rib

fore rib

plate

middle rib

brisket

chuck rib

shank

neck

strip loin

tenderloin

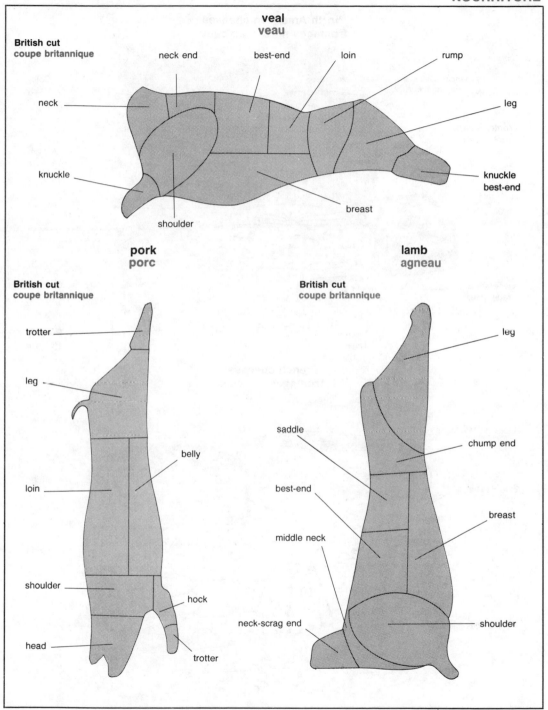

veal
veau

British cut
coupe britannique

neck end — best-end — loin — rump

neck

leg

knuckle

knuckle
best-end

shoulder

breast

pork
porc

British cut
coupe britannique

trotter

leg

belly

loin

shoulder

hock

head

trotter

lamb
agneau

British cut
coupe britannique

leg

saddle

chump end

best-end

breast

middle neck

neck-scrag end

shoulder

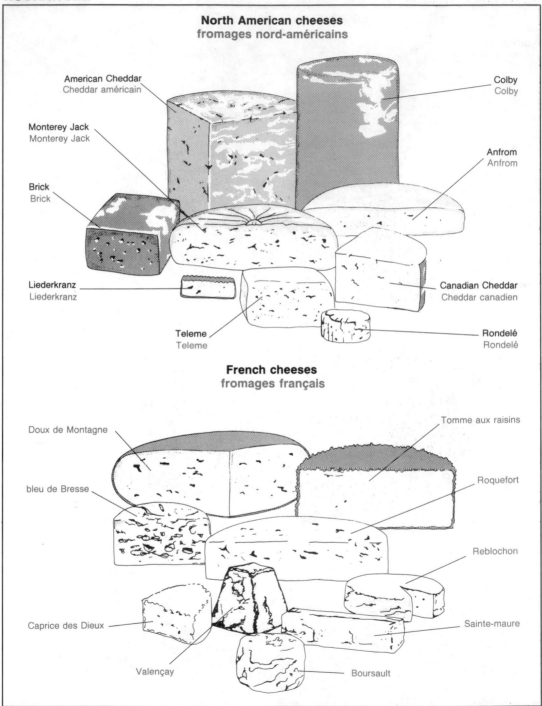

North American cheeses
fromages nord-américains

American Cheddar
Cheddar américain

Colby
Colby

Monterey Jack
Monterey Jack

Anfrom
Anfrom

Brick
Brick

Liederkranz
Liederkranz

Canadian Cheddar
Cheddar canadien

Teleme
Teleme

Rondelé
Rondelé

French cheeses
fromages français

Doux de Montagne

Tomme aux raisins

bleu de Bresse

Roquefort

Reblochon

Caprice des Dieux

Sainte-maure

Valençay

Boursault

French cheeses
fromages français

Comté

Mimolette

Port-Salut

Saint-Nectaire

crème de Gruyère

Brie

Saint-Marcelin

Camembert

Petit-Suisse

Coulommiers

Beaumont

Pont l'évêque

Cantal

Gournay

Banon

Munster

desserts
desserts

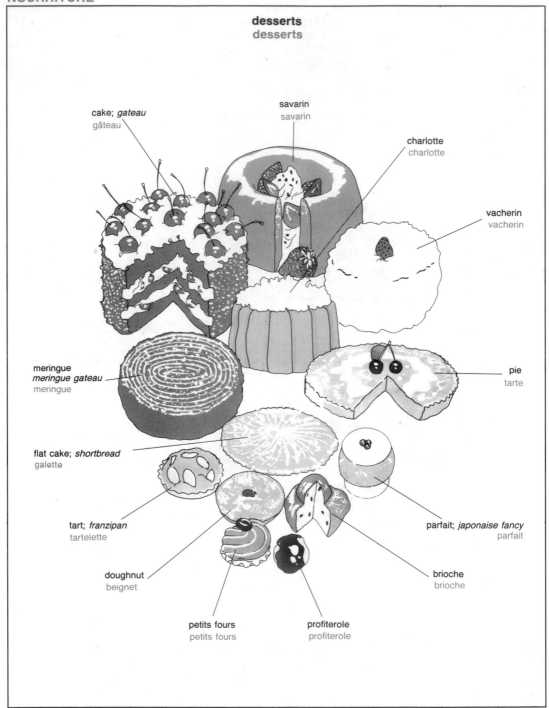

cake; *gateau*
gâteau

savarin
savarin

charlotte
charlotte

vacherin
vacherin

meringue
meringue gateau
meringue

pie
tarte

flat cake; *shortbread*
galette

tart; *franzipan*
tartelette

parfait; *japonaise fancy*
parfait

doughnut
beignet

brioche
brioche

petits fours
petits fours

profiterole
profiterole

desserts
desserts

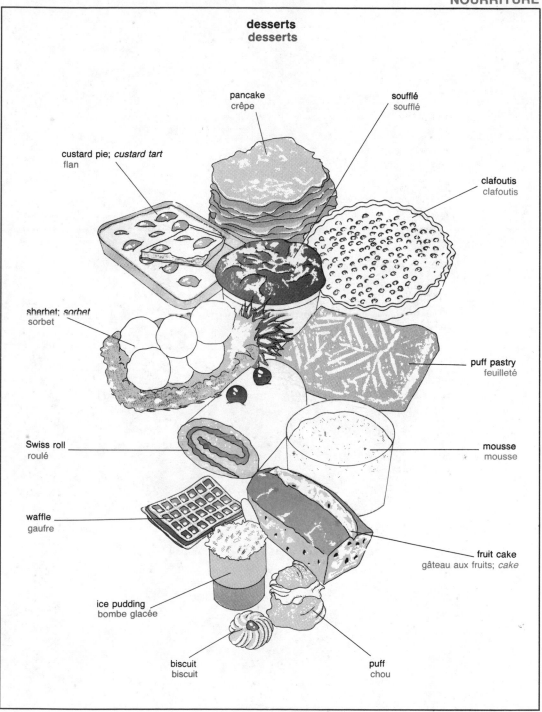

pancake
crêpe

soufflé
soufflé

custard pie; *custard tart*
flan

clafoutis
clafoutis

sherbet; *sorbet*
sorbet

puff pastry
feuilleté

Swiss roll
roulé

mousse
mousse

waffle
gaufre

fruit cake
gâteau aux fruits; *cake*

ice pudding
bombe glacée

biscuit
biscuit

puff
chou

FARMING

FERME

buildings
bâtiments

open housing
maison à cour ouverte

permanent pasture
pâturage

fodder corn
maïs fourrager

tower silo
silo-tour

electrified fence
clôture électrique

fallow
jachère

dairy
laiterie

bunker silo
silo-couloir

poultry house
poulailler

barn
grange

machinery store
hangar

grass ley
prairie

beehive
ruche

vegetable garden
jardin potager

farmyard
cour

pigsty
porcherie

farmhouse
habitation

sheep shelter
bergerie

cowshed
étable

well
puits

greenhouse
serre

orchard
verger

agricultural machinery
machinerie agricole

pickup automatic baler; *pick-up automatic baler*
ramasseuse-presse

tractor
tracteur

backing light
reversing light
phare de recul

cardan shaft; *drive shaft*
arbre à cardan

power take off
prise de force

reciprocating knife mower
faucheuse alternative

finger
doigt

pickup loader; *pick-up loader*
ramasseuse-chargeuse

elevator
élévateur

discharge spout
goulotte

harrow
herse

steering track rod
barre d'équilibre

loam
limon

spike-tooth
pointe

crossbar
traverse

pick-up
ramasseur

implement bar
barre d'attelage

towing hook
crochet de traction

agricultural machinery
machinerie agricole

rotary hoe
bineuse rotative

spider
soleil

manure spreader
épandeur de fumier

spreading rotor
tambour de dispersion

manure spreader box
remorque-épandeuse

ribbing plow; *ribbing plough*
charrue à soc

beam
age

leg
étançon

frame
bâti

landside
contre-sep

heel
talon

frog
sep

skimmer
rasette

coulter
coutre

share
soc

moldboard
versoir

bottom
corps

silage harvester
récolteuse-hacheuse-chargeuse

discharge spout
goulotte

cultivator
cultivateur

agricultural machinery
machinerie agricole

field heap spreader
éparpilleur de fumier

seed drill
semoir en lignes

hopper
trémie

toothed rotor
tambour à dents

fingerwheel; *hay turner*
râteau-faneur-adaineur à tambour

subsoil plow; *subsoil plough*
sous-soleuse

reel
tambour

fertilizer distributor
distributeur d'engrais

tooth
dent

potato planter
planteuse de pommes de terre

cup conveyor
chaîne à godets

tandem disk arrow; *tandem disc arrow*
pulvériseur tandem

hopper
trémie

covering disk; *covering disc*
disque butteur

machinery
machine agricole

combine harvester
moissonneuse-batteuse

grain tank
réservoir à grain

grain unloading auger
vis sans fin de déchargement

steering wheel
volant de direction

motor; *engine*
moteur

beater
batteur

rotating auger
vis d'alimentation

straw walker
secoueur

pickup reel
rabatteur

knife
lame

grain sieve
grille inférieure

cutter bar
barre de coupe

chaffer sieve
grille supérieure

divider
diviseur

stripper beater
tire-paille

return elevator
vis à otons

crop elevator
convoyeur

grain pan
récepteur

grain auger
vis à grain

concave
contre-batteur

air fan
ventilateur

ARCHITECTURE

ARCHITECTURE

traditional houses
maisons traditionnelles

hut
case

wigwam
wigwam

igloo
igloo

hut
hutte

yurt
yourte

tepee
tipi

isba
isba

architectural styles
styles d'architecture

doric order
ordre dorique

sima / cimaise

mutule / mutule

guttae / goutte

metope / métope

architrave / architrave

annulet / annelet

triglyph / triglyphe

abacus / tailloir

echinus / échine

drum / tambour

ionic order
ordre ionique

frieze / frise

fascia / fasce

capital / chapiteau

fluting / cannelure

volute / volute

fillet / arête

corinthian order
ordre corinthien

modillion / modillon

dentil / denticule

rosette / rosette

acanthus leaf / feuille d'acanthe

astragal / astragale

entablature / entablement

column base
base d'une colonne

shaft / fût

scottia / scotie

torus / tores

base / base

Greek temple
temple grec

acroterion
acrotère

pediment
fronton

sloping cornice
rampant

cornice
corniche

tympanum
tympan

crepidoma
krépis

euthynteria
euthynterie

ramp
rampe

antefix
antéfixe

timber
charpente

grill
grille

tile
tuile

naos
naos

pronaos
pronaos

peristyle
péristyle

stylobate
stylobate

basic plan of the Greek temple
plan du temple

stylobate
stylobate

naos
naos

pronaos
pronaos

opisthodomos
opisthodome

peristyle
péristyle

statue
statue

171

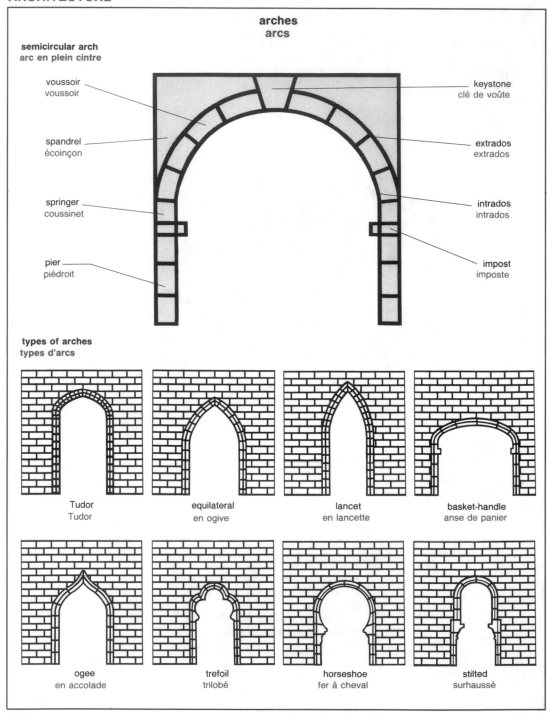

arches
arcs

semicircular arch
arc en plein cintre

voussoir
voussoir

keystone
clé de voûte

spandrel
écoinçon

extrados
extrados

springer
coussinet

intrados
intrados

pier
piédroit

impost
imposte

types of arches
types d'arcs

Tudor
Tudor

equilateral
en ogive

lancet
en lancette

basket-handle
anse de panier

ogee
en accolade

trefoil
trilobé

horseshoe
fer à cheval

stilted
surhaussé

Roman house
maison romaine

compluvium
compluvium

peristyle
péristyle

garden
jardin

triclinium
triclinium

kitchen
cuisine

vestibule
vestibule

tablinum
tablinum

impluvium
impluvium

cubiculum
cubiculum

atrium
atrium

shop
boutique

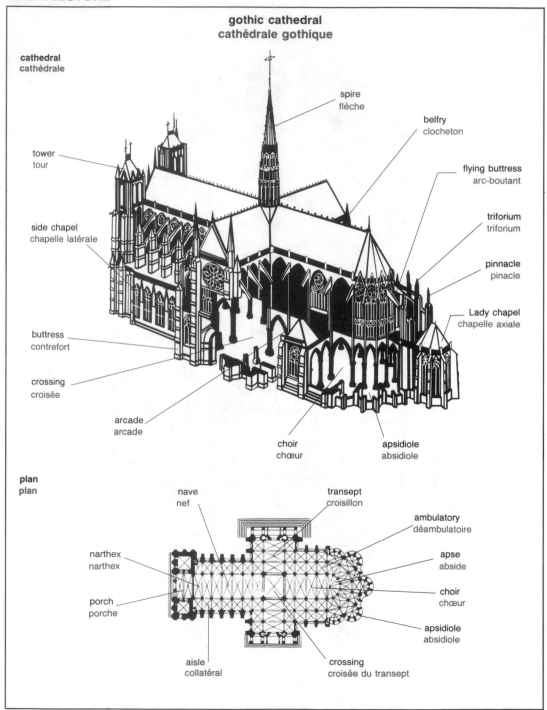

gothic cathedral
cathédrale gothique

cathedral
cathédrale

spire
flèche

belfry
clocheton

tower
tour

flying buttress
arc-boutant

triforium
triforium

side chapel
chapelle latérale

pinnacle
pinacle

Lady chapel
chapelle axiale

buttress
contrefort

crossing
croisée

arcade
arcade

choir
chœur

apsidiole
absidiole

plan
plan

nave
nef

transept
croisillon

ambulatory
déambulatoire

narthex
narthex

apse
abside

porch
porche

choir
chœur

apsidiole
absidiole

aisle
collatéral

crossing
croisée du transept

gothic cathedral
cathédrale gothique

façade
façade

gallery
galerie

rose window
rose

gable
gâble

archivolt
archivolte

tympanum
tympan

order
voussure

splay
ébrasement

piedroit

piers

trumeau

portal
portail

bell tower
clocher

louver-board
louvre-board
abat-son

triforium
triforium

trefoil
trèfle

lintel
linteau

vault
voûte

keystone
clé de voûte

diagonal buttress
arc diagonal

traverse arch
arc-doubleau

formeret
arc-formeret

pillar
pilier

flying buttress
arc-boutant

pinnacle
pinacle

flight
volée

arch
arc

abutment
culée

buttress
contrefort

tracery
remplage

Vauban fortification
fortification à la Vauban

redoubt
redoute

glacis
glacis

flank
flanc

gorge
gorge

salient angle
saillant

covered way
chemin couvert

parade ground
place d'armes

demilune
demi-lune

ground sill
traverse

counterscarp
contrescarpe

redan
redan

embrasure
embrasure

moat
fossé

caponiere
caponnière

scarp
escarpe

rampart
rempart

retrenchment
cavalier

tenaille
tenaille

terreplein
terre-plein

face
face

counterguard
contre-garde

curtain
courtine

covered postern
poterne couverte

bastion
bastion

barbette
barbette

castle
château fort

brattice
bretèche

lookout tower
tour de guet

flanking tower
tour de flanquement

battlement
parapet

parapet walk
chemin de ronde

covered parapet walk
chemin de ronde couvert

turret
tourelle

postern
poterne

keep
donjon

bailey
cour

corner tower
tour d'angle

moat
fossé

loophole
meurtrière

bartizan
échauguette

hoarding
hourd

stockade
palissade

crenel
créneau

guardhouse
corps de garde

corbel
corbeau

scarp
escarpe

merlon
merlon

machicolation
mâchicoulis

rampart
rempart

chemise
chemise du donjon

drawbridge
pont-levis

barbican
barbacane

downtown
centre-ville

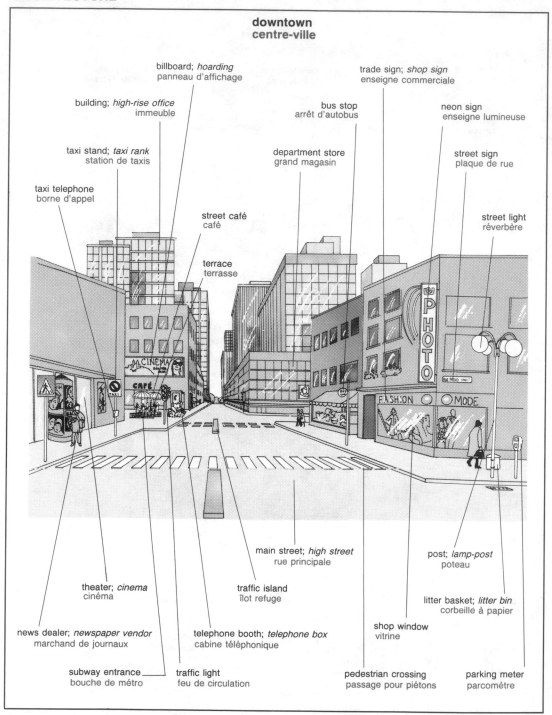

billboard; *hoarding*
panneau d'affichage

trade sign; *shop sign*
enseigne commerciale

building; *high-rise office*
immeuble

bus stop
arrêt d'autobus

neon sign
enseigne lumineuse

taxi stand; *taxi rank*
station de taxis

department store
grand magasin

street sign
plaque de rue

taxi telephone
borne d'appel

street café
café

street light
réverbère

terrace
terrasse

main street; *high street*
rue principale

post; *lamp-post*
poteau

theater; *cinema*
cinéma

traffic island
îlot refuge

litter basket; *litter bin*
corbeille à papier

news dealer; *newspaper vendor*
marchand de journaux

telephone booth; *telephone box*
cabine téléphonique

shop window
vitrine

subway entrance
bouche de métro

traffic light
feu de circulation

pedestrian crossing
passage pour piétons

parking meter
parcomètre

theater; *theatre*
salle de spectacle

hall
salle

acoustic ceiling
plafond acoustique

box front lights
niche de projecteurs

box
loge

gallery
balcon; *galerie*

seat
fauteuil

parterre
parterre

orchestra seat
fauteuil d'orchestre

second balcony
mezzanine; *second balcon*

mezzanine
corbeille; *mezzanine*

wings
coulisses

prompt side
côté jardin

opposite prompt side
côté cour

upstage
lointain

theater; *theatre*
salle de spectacle

cross section of a stage
coupe transversale de la scène

grid
gril

backdrop
toile de fond

flies
cintre

iron curtain
rideau de fer

batten
herse

stage curtain
rideau de scène

stage-house
cage de scène

proscenium
avant-scène

upstage
lointain

footlights
rampe

stage
scène

slip
rue

orchestra pit
fosse d'orchestre

1st below-stage
premier dessous

prompt box
trou du souffleur

2nd below-stage
deuxième dessous

slot
trapillon

3rd below-stage
troisième dessous

hoist
monte-charge

4th below-stage
quatrième dessous

cut
costière

elevator; *lift*
ascenseur

controller
armoire de contrôle

floor selector
sélecteur d'étage

motor generator
moteur

hoist ropes
câbles de suspension

roller guides
coulisseaux de cabine

terminal stopping switch
interrupteur de fin de course

door operator
commande automatique de la porte

car; *lift*
cabine

traveling cables; *travelling cables*
câbles pendentifs

car guide rail; *lift guide rail*
guide de la cabine

counterweight guide rail
guide du contrepoids

car buffer; *lift buffer*
amortisseur

drive sheave
poulie d'entraînement

motor generator set
treuil

governor
régulateur

secondary sheave
poulie de déflexion

compensating cables
câbles de compensation

final limit switch
interrupteur d'arrêt étage extrême haut

final limit cam
came de contact d'arrêt extrême

car safety device; *lift safety device*
parachute

terminal stopping switch cam
came d'arrêt de fin de course

counterweight
contrepoids

final limit switch
interrupteur d'arrêt étage extrême bas

escalator
escalier mécanique

handrail drive
entraînement de la main courante

comb plate
plaque-peigne

step chain
chaîne de marche

balustrade
balustrade

electric motor
moteur électrique

step
marche

controller
contrôleur

handrail
main courante

lower landing plate
plaque de sécurité

main drive chain
chaîne d'entraînement
des marches

main drive shaft
arbre de roue principal

truss
charpente

inner rail
rail intérieur

outer rail
rail extérieur

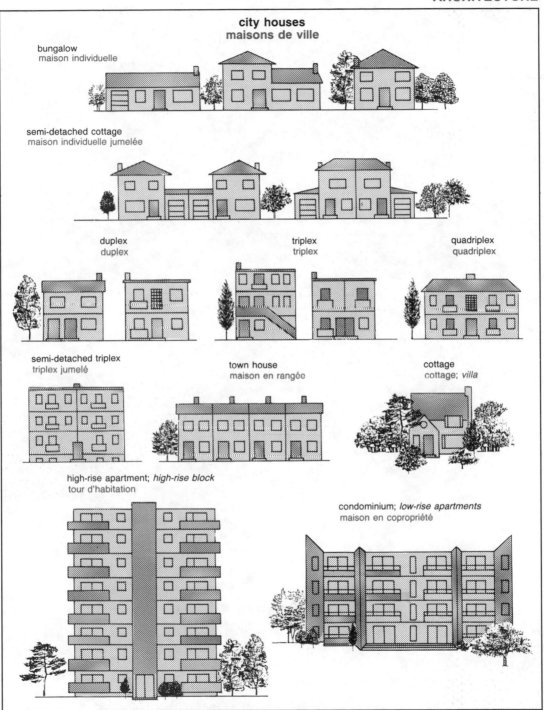

city houses
maisons de ville

bungalow
maison individuelle

semi-detached cottage
maison individuelle jumelée

duplex
duplex

triplex
triplex

quadriplex
quadriplex

semi-detached triplex
triplex jumelé

town house
maison en rangée

cottage
cottage; *villa*

high-rise apartment; *high-rise block*
tour d'habitation

condominium; *low-rise apartments*
maison en copropriété

HOUSE
MAISON

exterior of a house
extérieur d'une maison

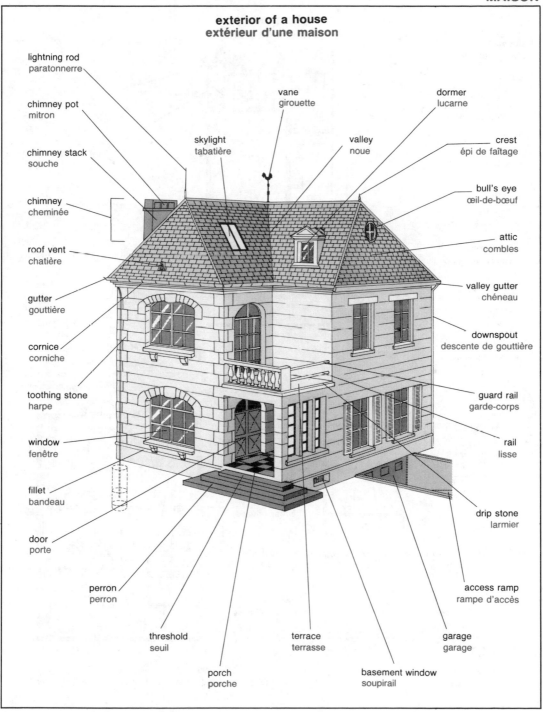

lightning rod
paratonnerre

chimney pot
mitron

chimney stack
souche

chimney
cheminée

roof vent
chatière

gutter
gouttière

cornice
corniche

toothing stone
harpe

window
fenêtre

fillet
bandeau

door
porte

perron
perron

vane
girouette

skylight
tabatière

valley
noue

threshold
seuil

porch
porche

terrace
terrasse

basement window
soupirail

garage
garage

dormer
lucarne

crest
épi de faîtage

bull's eye
œil-de-bœuf

attic
combles

valley gutter
chéneau

downspout
descente de gouttière

guard rail
garde-corps

rail
lisse

drip stone
larmier

access ramp
rampe d'accès

HOUSE
MAISON

plan reading
lecture de plans

site plan
plan du terrain

property line
limite du terrain

patio
terrasse

grade slope
déclivité du terrain

car parking
stationnement de l'auto

driveway
allée

garden
jardin

vegetable garden
jardin potager

house
maison

lawn
pelouse

ground floor
rez-de-chaussée

stairs
escalier

closet
garde-robe

main entrance
entrée principale

pocket sliding door
porte coulissante escamotable

upper floor; *first floor*
étage

balcony
balcon

patio door
porte-fenêtre coulissante

down
descente

side entrance
entrée latérale

folding door
porte accordéon

hinged door
porte à charnière

balustrade
balustrade

window
fenêtre

fireplace
foyer

rooms of the house
pièces de la maison

ground floor
rez-de-chaussée

upper floor ; *first floor*
étage

master bedroom
chambre principale

dining room
salle à manger

closet
garde-robe

kitchen
cuisine

pantry
garde-manger

bathroom
salle de bains

living room
salle de séjour

hallway
couloir

hall
vestibule

bedroom
chambre

basement
sous-sol

lavatory; *toilet*
salle de toilette; *w.c.*

playroom
salle de jeux

laundry room
buanderie

stairwell
cage d'escalier

heating room
salle de chauffage

cold room
chambre froide

workshop
atelier

study
cabinet de travail

garage
garage

landing
palier

storage space
espace de rangement

structure
structure

roof structure
charpente du toit

rafter
chevron

side post
jambette

tie beam
faîtage

web member
lien de faîtage

truss
ferme

purlin
panne

purlin cleat
chantignole

angle brace
aisselier

sprocket
coyau

principal rafter
arbalétrier

top plate
sablière

knee brace
jambe de force

hammer beam
blochet

ridge beam
entrait

strut
contre-fiche

types of roofs
types de toits

lean-to roof
toit en appentis

pitched roof
toit en pente

hip roof
toit à deux croupes

pavilion roof
toit en pavillon

gable roof
toit à pignon

flat roof
toit plat

types of roofs
types de toits

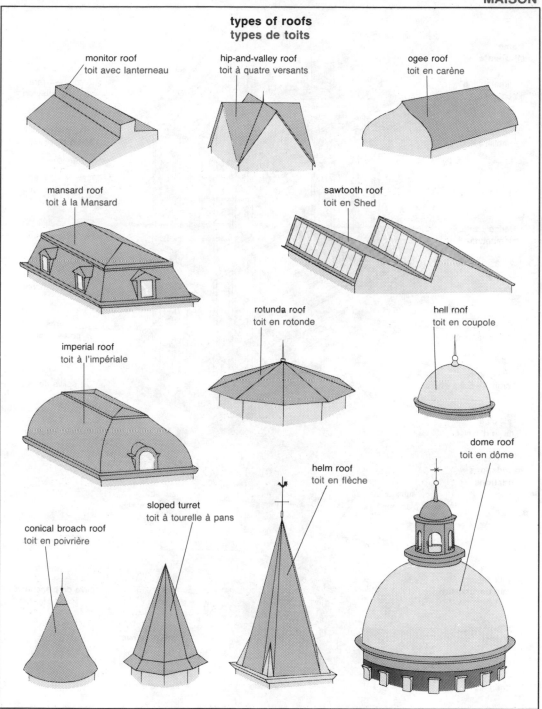

monitor roof
toit avec lanterneau

hip-and-valley roof
toit à quatre versants

ogee roof
toit en carène

mansard roof
toit à la Mansard

sawtooth roof
toit en Shed

rotunda roof
toit en rotonde

bell roof
toit en coupole

imperial roof
toit à l'impériale

dome roof
toit en dôme

helm roof
toit en flèche

sloped turret
toit à tourelle à pans

conical broach roof
toit en poivrière

HOUSE
MAISON

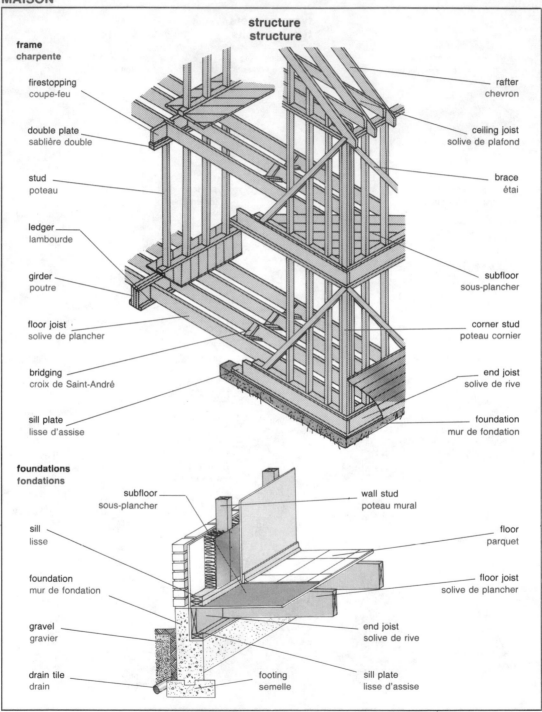

structure
structure

frame
charpente

firestopping
coupe-feu

double plate
sablière double

stud
poteau

ledger
lambourde

girder
poutre

floor joist
solive de plancher

bridging
croix de Saint-André

sill plate
lisse d'assise

rafter
chevron

ceiling joist
solive de plafond

brace
étai

subfloor
sous-plancher

corner stud
poteau cornier

end joist
solive de rive

foundation
mur de fondation

foundations
fondations

subfloor
sous-plancher

sill
lisse

foundation
mur de fondation

gravel
gravier

drain tile
drain

wall stud
poteau mural

floor
parquet

floor joist
solive de plancher

end joist
solive de rive

sill plate
lisse d'assise

footing
semelle

building materials
matériaux de construction

stone
pierre

brick
brique

steel
acier

concrete block
bloc en béton

prestressed concrete
béton précontraint

mortar
mortier

reinforced concrete
béton armé

gypsum block
carreau de plâtre

building materials
matériaux de construction

plasterboard
panneau de plâtre

plywood
contre-plaqué

plain gypsum lath
lattis de plâtre lisse

wood
bois

perforated gypsum lath
lattis de plâtre perforé

plaster
plâtre

cement
ciment

diamond mesh metal lath
lattis métallique à losanges

hardboards
panneaux de fibres

standard hardboard
panneau de fibres dures

plastic-laminated hardboard
panneau de fibres lamifiées

particle board
panneau de particules

enameled hardboard
enamelled hardboard
panneau de fibres émaillées

perforated hardboard
panneau dur perforé

building materials
matériaux de construction

foam insulation
isolant moussé

loose fill insulation
isolant en vrac

foam rubber insulation
isolant en caoutchouc-mousse

rigid board insulation
isolant en panneau rigide

moulded insulation
isolant en coquille

blanket insulation
isolant en rouleau

thin spring-metal insulation
isolant de ruban métallique

pipe-wrapping insulation
isolant en ruban

batt insulation
isolant en natte

vinyl insulation
isolant en vinyle

shingle
bardeau

tile
tuile

floor tile
carreau

asbestos shingle
bardeau d'amiante

asphalt shingle
bardeau d'asphalte

wood flooring
parquet

wood flooring on wooden structure
parquet sur ossature de bois

wood flooring
parquet

wood flooring on cement screed
parquet sur chape de ciment

floor board
lamelle

joist
solive

floorboard
lame

boarding joist
lambourde

insulating material
isolant

glue
colle

cement screed
chape

wood flooring arrangements
arrangements des parquets

strip flooring with alternate joints
parquet à l'anglaise à coupe de pierre

overlay flooring
parquet à l'anglaise à coupe perdue

herringbone parquet
parquet à bâtons rompus

herringbone pattern
parquet en chevrons

inlaid parquet
parquet mosaïque

basket weave pattern
parquet en vannerie

Arenberg parquet
parquet d'Arenberg

Chantilly parquet
parquet Chantilly

Versailles parquet
parquet Versailles

stairs
escalier

goose-neck
col-de-cygne

cap
couronnement

landing
marche palière

handrail
main courante

handrail
main courante

guard
rampe

baluster
barreau

flight of stairs
volée

run
giron

open stringer
crémaillère

closed stringer
limon

skirting board
plinthe

newel post
pilastre de départ

step groove
emmarchement

riser
contremarche

tread
marche

rise
hauteur de marche

nosing
nez-de-marche

door
porte

exterior door
porte extérieure

top rail
traverse supérieure

entablature
entablement

cornice
corniche

jamb
chambranle

header
linteau

muntin
petit montant

panel
panneau

lock rail
traverse intermédiaire

lock
serrure

middle panel
frise

doorknob
poignée de porte

hanging stile
montant de ferrage

shutting stile
montant de la serrure

hinge
gond

weatherboard
jet d'eau

threshold
seuil

bottom rail
traverse inférieure

types of doors
types de portes

swing
porte tournante

sliding
porte coulissante

sliding folding
porte accordéon

folding
porte pliante

plan symbols
représentation sur un plan

window
fenêtre

structure
structure

jamb
chambranle

top rail of sash
traverse supérieure d'ouvrant

head of frame
tête de dormant

hanging stile
montant de rive

sash-frame
dormant

casement
battant

pane
carreau

muntin
petit bois

shutter
contrevent

jalousie
persienne

hook
crochet de contrevent

hinge
paumelle

weatherboard
jet d'eau

stile tongue of sash
montant mouton

stile groove of sash
montant embrevé

sill of frame
base de dormant

types of windows
types de fenêtres

French window
fenêtre à la française

casement window
fenêtre ouvrant à l'anglaise

horizontal pivoting
fenêtre basculante

sliding
fenêtre coulissante

sliding folding
fenêtre en accordéon

vertical pivoting
fenêtre pivotante

sash window
fenêtre à guillotine

louvered window
fenêtre à jalousies

heating
chauffage

fireplace
cheminée à foyer ouvert

chimney
souche de cheminée

chimney flue
conduit de fumée

hood
hotte

lintel
linteau

mantel shelf
tablette

splaying
ébrasement

header
chevêtre

mantel
manteau

corbel piece
corbeau

damper
trappe de fumée

jamb
jambage

smoke dome
dôme d'avaloir

firebrick back
cœur

throat
avaloir

fresh air inlet
prise d'air

metal heat reflector
contrecœur

outer hearth
foyère

base
bandeau

inner hearth
âtre

heating
chauffage

wood stove
poêle à bois

trim collar
bague métallique

flue pipe
section de conduit

flue damper
registre de tirage

flue collar
buse

baffle
déflecteur de fumée

firebox
chambre de combustion

ash lid
porte-cendrier

elbow
coude

chimney connection
conduit de raccordement

detachable handle
poignée amovible

pothole lid
rondelle de poêle

loading door
porte-foyer

air inlet control
dispositif d'admission d'air

fire irons
serviteurs

poker
tisonnier

broom
balai

shovel
pelle

log tongs
pince

log carrier
porte-bûches

andiron
chenêts

201

heating
chauffage

forced warm-air system
installation à air chaud pulsé

hot-air register
bouche de soufflage

branch duct
gaine de dérivation

damper
registre de réglage

plenum
plénum

furnace
générateur d'air chaud

main duct
gaine principale

elbow
coude

wall stack section
conduit de distribution vertical

ceiling register; *ceiling grille*
bouche à induction

chimney
cheminée

rain cap
mitre

storm collar
collet

flashing
solin

ceiling collar
collier coupe-feu

wall register; *wall grille*
bouche d'extraction

pipe section
section du conduit

baseboard register; *skirting grille*
bouche de soufflage

ceiling collar
collier coupe-feu

capped tee
té de base

heating
chauffage

forced hot-water system
installation à eau chaude

branch return pipe
colonne descendante

main supply pipe
canalisation d'alimentation

expansion tank
vase d'expansion

branch supply pipe
colonne ascendante

main return pipe
canalisation de retour

circulating pump
pompe de circulation

boiler
chaudière

heating unit
corps de chauffe

convector
convecteur

outlet grille
grillage

casing
carter

column
colonne de radiateur

finned tube
tube à ailettes

column radiator
radiateur à colonnes

baseboard radiator; *skirting convector*
plinthe chauffante

finned tube
tube à ailettes

bleeder valve
purgeur

elbow
coude

angle valve
robinet d'équilibrage

HOUSE
MAISON

heating
chauffage

boiler
chaudière

manometer
manomètre

thermostat
thermostat

automatic air vent
purgeur d'air automatique

automatic relief valve
soupape de pression d'eau

aquastat
aquastat

heating elements indicator
voyant des éléments
de chauffe

hot-water main
canalisation d'alimentation
aux radiateurs

automatic circulating pump
circulateur

terminal connections
connexions du thermostat

heating element
élément de chauffe

electric supply
câble d'amenée du courant

drain valve
robinet de vidange

return main
canalisation de retour

closed expansion tank
vase d'expansion

split system heating pump
pompe à chaleur en deux élément séparés

supply duct
gaine de distribution

return duct
gaine de retour(d'air)

fan
ventilateur hélicoïde

humidifier
humidificateur

condensor
condenseur

cooling/heating coils
échangeur intérieur
à ailettes

compressor
compresseur

drain line
tuyauterie de vidange

outdoor condensing unit
échangeur extérieur

blower
ventilateur centrifuge

filter
filtre

furnace
armoire de traitement intérieur

refrigerant tubing
liaisons frigorifiques

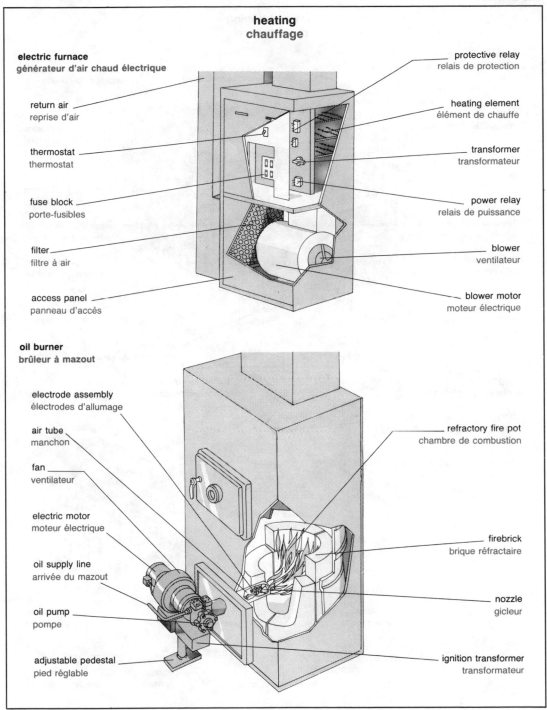

heating
chauffage

electric furnace
générateur d'air chaud électrique

return air
reprise d'air

thermostat
thermostat

fuse block
porte-fusibles

filter
filtre à air

access panel
panneau d'accès

protective relay
relais de protection

heating element
élément de chauffe

transformer
transformateur

power relay
relais de puissance

blower
ventilateur

blower motor
moteur électrique

oil burner
brûleur à mazout

electrode assembly
électrodes d'allumage

air tube
manchon

fan
ventilateur

electric motor
moteur électrique

oil supply line
arrivée du mazout

oil pump
pompe

adjustable pedestal
pied réglable

refractory fire pot
chambre de combustion

firebrick
brique réfractaire

nozzle
gicleur

ignition transformer
transformateur

air conditioning
climatisation

room air conditioner
climatiseur de fenêtre

fan
ventilateur du condenseur

condenser coil
serpentin du condenseur

blower
ventilateur de l'évaporateur

fan motor
moteur du ventilateur

vent
évent latéral

louver; *louvre*
déflecteur

casing
boîtier

thermostat
thermostat

function selector
sélecteur

fan motor
moteur du ventilateur

control panel
tableau de commande

evaporator coils
serpentin de l'évaporateur

grille
grillage

fan control
commande du ventilateur

ceiling fan
ventilateur de plafond

dehumidifier
déshumidificateur

humidistat
hygrostat

blade
pale

rod
tige

air-circulating fan
ventilateur

cabinet
carter

motor
moteur

fan motor
moteur du ventilateur

relay
relais

automatic shut-off
contact de trop-plein

condenser
condenseur

motor-compressor unit
compresseur

pan
cuvette

caster
roulette

evaporator
serpentin assécheur

HOUSE FURNITURE
AMEUBLEMENT DE LA MAISON

table
table

gate-leg table
table à abattants

apron
ceinture

leaf
plateau

drop-leaf
abattant

knob
bouton

gate-leg
tréteau

drawer
tiroir

butt hinge
charnière

leg
pied

splayed leg
pivot

pin
goujon

stretcher
traverse

crosspiece
entrejambe

major types of tables
principaux types de tables

nest of tables
table gigogne

extension table
table à rallonges

runner
glissière

serving table; *serving trolley*
desserte

armchair
fauteuil

parts
parties

patera
patère

palmette
palmette

rinceau
rinceau

splat
plat de dos

base of splat
embase de plat de dos

volute
volute

apron
ceinture

arm
accotoir

cockleshell
coquille

arm stump
console d'accotoir

cabriole leg
pied-de-biche

seat
siège

acanthus leaf
feuille d'acanthe

S-scroll
pied cambré en S

principal types of armchairs
principaux types de fauteuils

bergère
bergère

Wassily chair
fauteuil Wassily

cabriolet
cabriolet

armchairs
fauteuils

principal types of armchairs
principaux types de fauteuils

récamier
récamier

sofa
canapé

love seat; *two-seater settee*
causeuse

director's chair
fauteuil metteur en scène

club chair
fauteuil club

chesterfield
canapé capitonné

rocking chair
berceuse

méridienne
méridienne

HOUSE FURNITURE
AMEUBLEMENT DE LA MAISON

seats
sièges

banquette
banquette

pouf
pouf

bean bag (chair)
fauteuil-sac

bench
banc

stool
tabouret-bar

step chair
chaise-escabeau

ottoman
tabouret

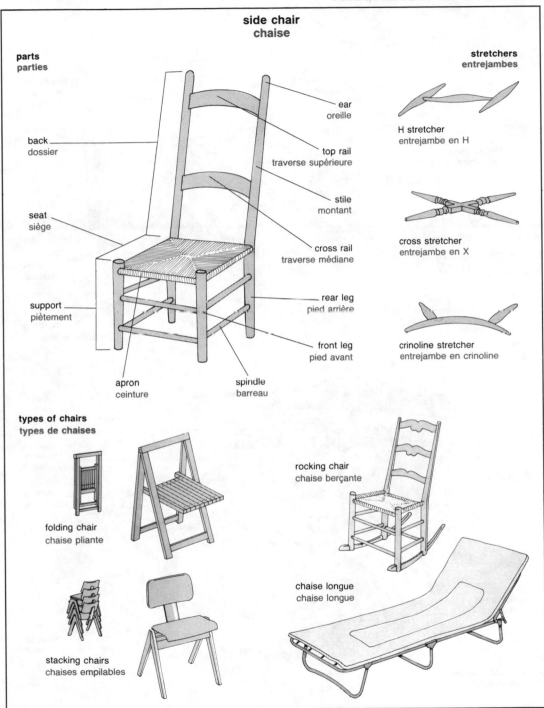

side chair
chaise

parts
parties

stretchers
entrejambes

ear
oreille

back
dossier

top rail
traverse supérieure

stile
montant

seat
siège

cross rail
traverse médiane

H stretcher
entrejambe en H

cross stretcher
entrejambe en X

support
piètement

rear leg
pied arrière

front leg
pied avant

crinoline stretcher
entrejambe en crinoline

apron
ceinture

spindle
barreau

types of chairs
types de chaises

rocking chair
chaise berçante

folding chair
chaise pliante

chaise longue
chaise longue

stacking chairs
chaises empilables

HOUSE FURNITURE
AMEUBLEMENT DE LA MAISON

bed
lit

parts
parties

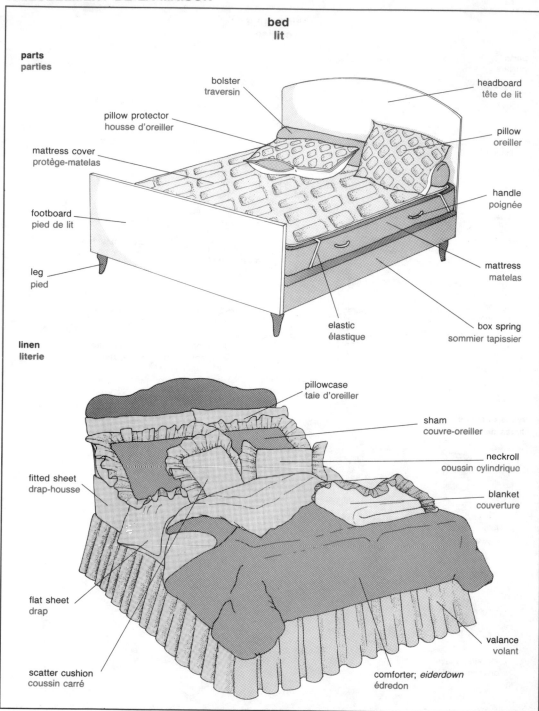

bolster
traversin

headboard
tête de lit

pillow protector
housse d'oreiller

pillow
oreiller

mattress cover
protège-matelas

footboard
pied de lit

handle
poignée

leg
pied

mattress
matelas

elastic
élastique

box spring
sommier tapissier

linen
literie

pillowcase
taie d'oreiller

sham
couvre-oreiller

neckroll
coussin cylindrique

fitted sheet
drap-housse

blanket
couverture

flat sheet
drap

valance
volant

scatter cushion
coussin carré

comforter; *eiderdown*
édredon

storage furniture
meubles de rangement

armoire
armoire

top rail
traverse supérieure

cornice
corniche

frieze
frise

hinge
gond

frame stile
montant du bâti

middle rail
traverse intermédiaire

diamond point
pointe de diamant

lock
serrure

hanging stile
montant de ferrage

door panel
panneau du vantail

bottom rail
traverse inférieure

door
vantail

bracket base
soubassement

peg
cheville

foot
pied

center post; *centre post*
dormant

HOUSE FURNITURE
AMEUBLEMENT DE LA MAISON

storage furniture
meubles de rangement

wardrobe
armoire-penderie

shelf
tablette

closet; *cupboard*
penderie

drawer
tiroir

chiffonier
chiffonnier

dresser; *chest of drawers*
commode

linen chest
coffre

glass-fronted display cabinet
buffet-vaisselier

secretary; *bureau*
secrétaire

cocktail cabinet
bar

corner display cabinet
vitrine

corner cupboard
encoignure

buffet; *sideboard*
buffet

window accessories
parures de fenêtre

curtain
rideau

fringe trimming
frange de passementerie

holdback
patère à embrasse

cord tieback
cordelière

tassel
gland

cornice
bandeau

overdrapery; *over curtain*
double rideau

sheer curtain
voilage

draw drapery; *draw curtain*
rideau

glass curtain
rideau de vitrage

valance
cantonnière

tieback hook
crochet
porte-embrasse

tieback
embrasse

café curtain
rideau brise-bise

cottage curtain
rideau bonne femme

crisscross curtains
rideaux croisés

ruffle
volant

panel
panneau

loose curtain
rideau flottant

attached curtain
rideau coulissé

shirred heading
tête froncée

pleated heading
tête plissée

flat pleat
pli plat

box pleat
pli creux

inverted pleat
pli rond

pinch pleat
pli pincé

window accessories
parures de fenêtre

curtain pole
tringle-barre

plain pole
barre lisse

fluted pole
barre cannelée

pole
barre

ring
anneau

end cap
embout

block bracket
support de fixation

single curtain rod
tringle simple

double curtain rod
tringle double

curtain track
tringle-rail

bridge
bride de raccord

support
patte

clip
bride

bracket
support

track
rail

end stop
butoir

carrier
chariot

hook
agrafe

roller
galet

clip
pince

traverse rod
tringle à coulisse; *tringle chemin de fer*

support
support

operating cord
cordon de tirage

yoke
chape

tension pulley set
poulie de tension de cordon

master carrier
chariot d'entraînement

tension pulley wheel
roue de poulie

end bracket
support d'extrémité

overlap carrier
chariot de croisement

window accessories
parures de fenêtre

roller shade; *roller blind*
store à enroulement automatique

round end pin
pointe ronde

roller
rouleau

winding mechanism
mécanisme d'enroulement

coil spring
ressort en spirale

bracket
support

ratchet
rochet

shade cloth; *blind cloth*
toile

bracket slot
fente du support

slat
latte

pawl
cliquet

bracket
support

hem
ourlet

flat end pin
pointe plate

shutters
persiennes

roll-up blind
store à enroulement manuel

Venetian blind
store vénitien

tilt tube
tube d'orientation des lames

drum
tambour

cradle
berceau

headrail
caisson

lift cord lock
blocage du cordon de tirage

worm gear
engrenage à vis sans fin

equalizing buckle
boucle de réglage

slat
lamelle

tilt cord
cordon d'orientation

tape
ruban

lift cord
cordon de tirage

lights
luminaires

hanging pendant
suspension

chain
chaîne

globe
globe

ceiling fitting
plafonnier

power supply cord; *flex*
cordon d'alimentation

chandelier
lustre

column
fût

bobeche; *sconce*
coupelle

crystal drop
pendeloque

crystal button
pampille

swivel wall lamp
applique orientable

floor lamp
lampadaire

table lamp
lampe de table

corner lighting
bandeau lumineux

wall fitting
applique

shade
abat-jour

stand
pied

valance lighting
boîte à rideaux lumineuse

base
socle

bedside lamp
lampe de chevet

bed lamp
lampe liseuse

lights
luminaires

strip light
rampe d'éclairage

track lighting
rail d'éclairage

conductor
conducteur électrique

bar frame
gouttière

wall lantern
lanterne murale

drop light
baladeuse

spot
spot

post lantern
lanterne de pied

hook
crochet

reflector
réflecteur

adjustable lamp
lampe d'architecte

on-off switch
interrupteur marche-arrêt

guard
grillage de protection

shade
abat-jour

arm
bras

handle
manche

flashlight; *torch*
lampe de poche

louver; *louvre*
écran-paralume

power supply cord; *flex*
cordon d'alimentation

desk lamp
lampe de bureau

spring
ressort

clamp
pince

glassware
verres

champagne flute
flûte à champagne

champagne glass
coupe à champagne

bordeaux
verre à bordeaux

burgundy
verre à bourgogne

white wine
verre à vin blanc

Alsace glass
verre à vin d'Alsace

water goblet
verre à eau

cocktail
verre à cocktail

port
verre à porto

brandy
verre à cognac

liqueur
verre à liqueur

old-fashioned; *tumbler*
verre à whisky

highball; *tall tumbler*
verre à gin

beer mug
chope à bière

decanter
carafe

dinnerware
vaisselle

soup tureen
soupière

platter
plat de service

dinner plate
assiette plate

salad plate
assiette à salade

bread and butter plate
assiette à pain/beurre

vegetable bowl
légumier

rim soup bowl
assiette creuse

coffee mug
chope à café

soup bowl
bol à soupe

creamer; *cream jug*
crémier

salad bowl
saladier

sugar bowl
sucrier

cup
tasse

saucer
soucoupe

demitasse
demi-tasse

ramekin
ramequin

pepper shaker; *pepperpot*
poivrière

teapot
théière

serving bowl
bol à salade

hors d'oeuvre dish
ravier

salt shaker; *saltcellar*
salière

butter dish
beurrier

gravy boat and stand
saucière avec soucoupe

water pitcher; *water jug*
pichet

fish platter
plat à poisson

silverware
couvert

knife
couteau

blade
lame

bolster
mitre

handle
manche

tip
bout

back
dos

tang
soie

side
face

cutting edge
tranchant

ferrule
virole

major types of knives
principaux types de couteaux

dessert knife
couteau à dessert

butter knife
couteau à beurre

dinner knife
couteau de table

cheese knife
couteau à fromage

steak knife
couteau à bifteck

fish knife
couteau à poisson

silverware
couvert

fork
fourchette

back
dos

point
pointe

neck
collet

handle
manche

slot
entredent

prong
dent

root
fond d'yeux

major types of forks
principaux types de fourchettes

fish fork
fourchette à poisson

salad fork
fourchette à salade

dessert fork
fourchette à dessert

fondue fork
fourchette à fondue

dinner fork
fourchette de table

oyster fork
fourchette à huîtres

silverware
couvert

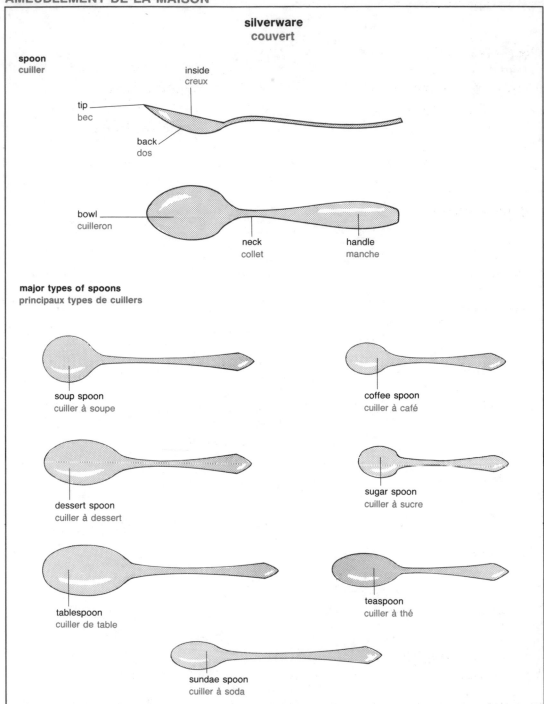

spoon
cuiller

inside
creux

tip
bec

back
dos

bowl
cuilleron

neck
collet

handle
manche

major types of spoons
principaux types de cuillers

soup spoon
cuiller à soupe

coffee spoon
cuiller à café

dessert spoon
cuiller à dessert

sugar spoon
cuiller à sucre

tablespoon
cuiller de table

teaspoon
cuiller à thé

sundae spoon
cuiller à soda

kitchen utensils
ustensiles de cuisine

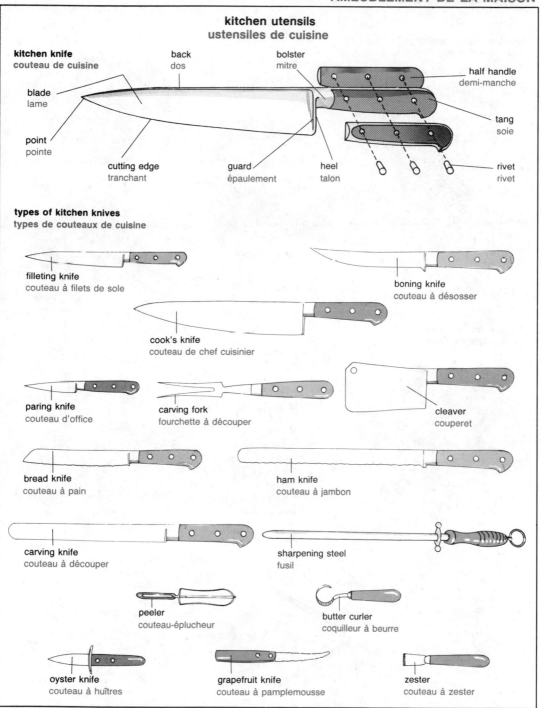

kitchen knife
couteau de cuisine

back
dos

bolster
mitre

half handle
demi-manche

blade
lame

tang
soie

point
pointe

cutting edge
tranchant

guard
épaulement

heel
talon

rivet
rivet

types of kitchen knives
types de couteaux de cuisine

filleting knife
couteau à filets de sole

boning knife
couteau à désosser

cook's knife
couteau de chef cuisinier

paring knife
couteau d'office

carving fork
fourchette à découper

cleaver
couperet

bread knife
couteau à pain

ham knife
couteau à jambon

carving knife
couteau à découper

sharpening steel
fusil

peeler
couteau-éplucheur

butter curler
coquilleur à beurre

oyster knife
couteau à huîtres

grapefruit knife
couteau à pamplemousse

zester
couteau à zester

kitchen utensils
ustensiles de cuisine

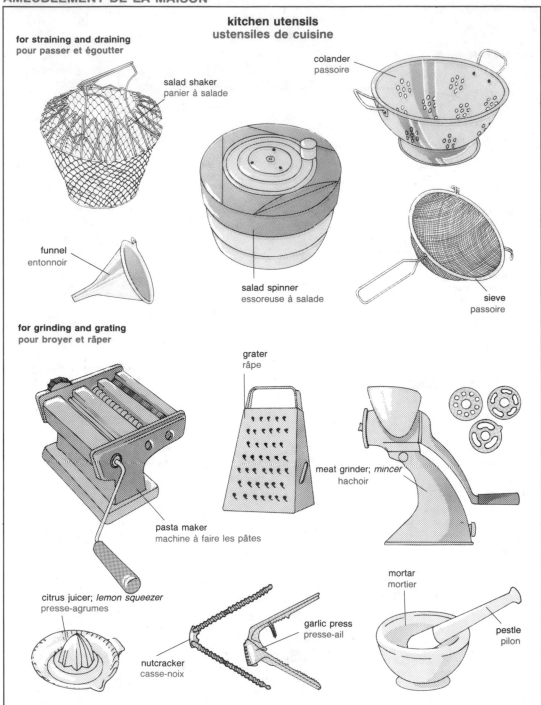

for straining and draining
pour passer et égoutter

salad shaker
panier à salade

colander
passoire

funnel
entonnoir

salad spinner
essoreuse à salade

sieve
passoire

for grinding and grating
pour broyer et râper

grater
râpe

meat grinder; *mincer*
hachoir

pasta maker
machine à faire les pâtes

citrus juicer; *lemon squeezer*
presse-agrumes

nutcracker
casse-noix

garlic press
presse-ail

mortar
mortier

pestle
pilon

kitchen utensils
ustensiles de cuisine

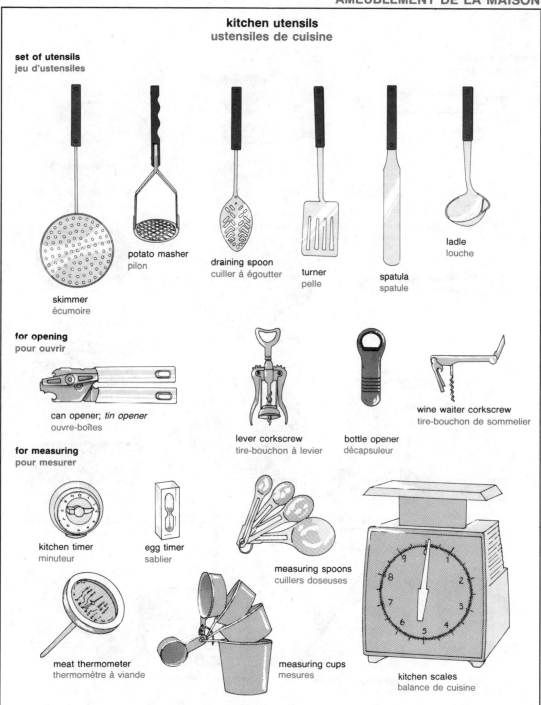

set of utensils
jeu d'ustensiles

potato masher
pilon

draining spoon
cuiller à égoutter

turner
pelle

spatula
spatule

ladle
louche

skimmer
écumoire

for opening
pour ouvrir

can opener; *tin opener*
ouvre-boîtes

lever corkscrew
tire-bouchon à levier

bottle opener
décapsuleur

wine waiter corkscrew
tire-bouchon de sommelier

for measuring
pour mesurer

kitchen timer
minuteur

egg timer
sablier

measuring spoons
cuillers doseuses

meat thermometer
thermomètre à viande

measuring cups
mesures

kitchen scales
balance de cuisine

kitchen utensils
ustensiles de cuisine

baking utensils
pour la pâtisserie

rolling pin
rouleau à pâtisserie

pastry brush
pinceau à pâtisserie

whisk
fouet

pastry cutting wheel
roulette de pâtissier

egg beater
batteur à œufs

sifter
tamis à farine

mixing bowls
bols à mélanger

pie pan; *pie tin*
moule à tarte

flan pan; *flan tin*
moule à flan

cookie cutters; *biscuit cutters*
emporte-pièces

pastry bag and nozzles
poche à douilles

cookie press; *biscuit press*
presse à biscuits

quiche plate; *quiche tin*
moule à quiche

cake pan; *cake tin*
moule à gâteau

muffin pan; *bun tin*
moule à muffins

cookie sheet; *biscuit sheet*
plaque à biscuits

icing syringe
piston à décorer

kitchen utensils
ustensiles de cuisine

miscellaneous utensils
ustensiles divers

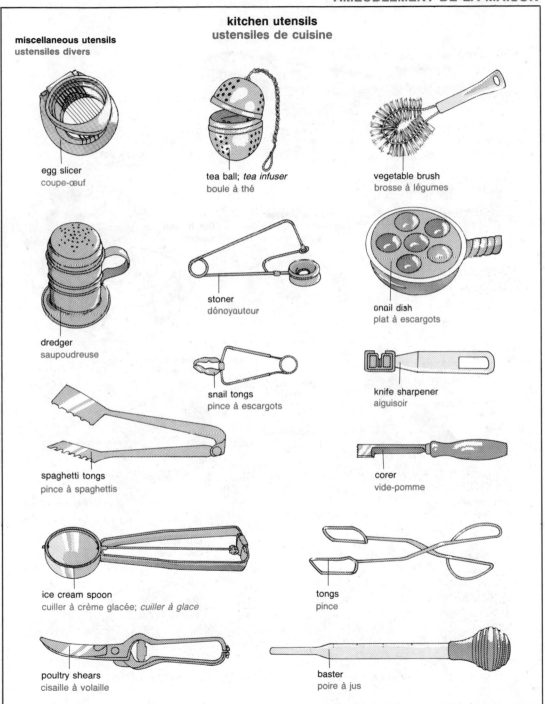

egg slicer
coupe-œuf

tea ball; *tea infuser*
boule à thé

vegetable brush
brosse à légumes

dredger
saupoudreuse

stoner
dénoyauteur

snail dish
plat à escargots

snail tongs
pince à escargots

knife sharpener
aiguisoir

spaghetti tongs
pince à spaghettis

corer
vide-pomme

ice cream spoon
cuiller à crème glacée; *cuiller à glace*

tongs
pince

poultry shears
cisaille à volaille

baster
poire à jus

cooking utensils
batterie de cuisine

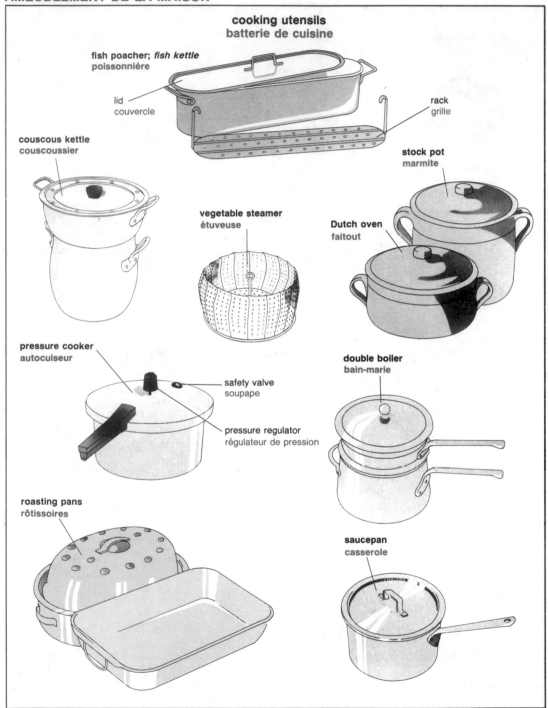

fish poacher; *fish kettle*
poissonnière

lid
couvercle

rack
grille

couscous kettle
couscoussier

stock pot
marmite

vegetable steamer
étuveuse

Dutch oven
faitout

pressure cooker
autocuiseur

safety valve
soupape

pressure regulator
régulateur de pression

double boiler
bain-marie

roasting pans
rôtissoires

saucepan
casserole

cooking utensils
batterie de cuisine

wok set
wok

wok
wok

lid
couvercle

burner ring
collier

deep fryer
friteuse

racks
grilles

chopsticks
baguettes

basket
panier

egg poacher
pocheuse

filter
filtre

lid
couvercle

pancake pan
poêle à crêpes

frying pan
poêle à frire

fondue set
service à fondue

fondue pot
caquelon

stand
support

sauté pan
sauteuse

burner
réchaud

tray
plateau

coffee makers
cafetières

coffee mill
moulin à café

lid
couvercle

blade
couteau

motor unit
bloc-moteur

percolator
percolateur

filter basket
panier-filtre

spout
bec-verseur

stem
tige

vacuum coffee maker
cafetière à infusion

upper bowl
tulipe

lower bowl
ballon

plunger
cafetière à piston

espresso coffee maker
cafetière espresso

automatic drip coffee maker
cafetière goutte-à-goutte

lid
couvercle

basket
panier

carafe
verseuse

reservoir
réservoir

warming plate
plaque chauffante

Neapolitan coffee maker
cafetière napolitaine

domestic appliances
appareils électroménagers

blender
mélangeur

measuring cap
bouchon-mesure

container
récipient

cutting blade
couteau

motor unit
bloc-moteur

pulse button
bouton-poussoir à impulsion

table mixer
batteur sur socle

beater ejector
éjecteur de fouets

handle
poignée

mixing bowl
bol

speed control
commande de vitesse

stand
socle

tilt-back head
tête basculante

turntable
plateau tournant

beater
fouet

hand mixer
batteur à main

beater ejector
éjecteur de fouets

beater
fouet

handle
poignée

speed control
commande de vitesse

heel rest
talon d'appui

hand blender
mélangeur à main

motor unit
bloc-moteur

blending attachment
pied-mélangeur

beaters
fouets

four blade beater
fouet quatre pales

spiral beater
fouet en spirale

dough hook
crochet pétrisseur

wire beater
fouet à fil

domestic appliances
appareils électroménagers

food processor
robot de cuisine

pusher
poussoir

feed tube
entonnoir

lid
couvercle

blade
couteau

bowl
bol

handle
poignée

speed selector
sélecteur de vitesse

spindle
arbre

motor unit
bloc-moteur

disks; *discs*
disques

citrus juicer; *lemon squeezer*
presse-agrumes

reamer
toupie

strainer
passoire

bowl with serving spout
bol verseur

motor unit
bloc-moteur

ice-cream freezer
sorbetière

motor unit
bloc-moteur

cover
couvercle

dasher
palette

ice-cream can
récipient à crème

handle
anse

freezer bucket
seau isotherme

juicer; *juice extractor*
centrifugeuse

strainer
passoire

pusher
poussoir

clamping nut
écrou de serrage

grater disc
disque râpeur

lid
couvercle

drum
tambour

bowl
cuvette

motor unit
bloc-moteur

clamping handle
étrier de serrage

domestic appliances
appareils électroménagers

microwave oven
four à micro-ondes

hinge
charnière

oven lamp
lampe de four

strirrer cover
couvercle du répartiteur

door
porte

latch
loquet

handle
poignée

window
hublot

clock timer
horloge
programmatrice

control panel
tableau de commande

sensor probe
sonde thermique

probe receptacle
prise de la sonde thermique

grill and waffle baker; *electric grill*
gaufrier-gril

handle
poignée

lid
couvercle

hinge
charnière

plate
plaque

slide selector
sélecteur à curseur

toaster
grille-pain

bread guide
guide

slot
fente

end panel
panneau d'extrémité

handle
poignée

temperature control
sélecteur du degré de grillage

lever
manette

griddle
gril électrique

cooking surface
surface de cuisson

detachable control
commande amovible

handle
poignée

groove
rainure

grease well
collecteur de graisse

domestic appliances
appareils électroménagers

electric range; *electric cooker*
cuisinière électrique

control panel
tableau de commande

clock timer
horloge programmatrice

backguard
dosseret

programmer
minuterie

control knob
bouton de commande

signal lamp
voyant

timed outlet
prise chronométrée

surface element
élément de surface

recessed cooktop
surface à rebord

cooktop
surface de cuisson

temperature sensing bulb
sonde du thermostat

switch
interrupteur

broil element; *grill element*
élément de grillage

oven lamp
lampe de four

roast sensor probe
sonde thermique

rack
grille

bake element
élément de cuisson

rotisserie
tournebroche

gasket
joint

hinge
charnière

oven
four

latch
loquet

handle
poignée

window
hublot

terminal
borne

tubular element
élément tubulaire

drip bowl
cuvette

trim ring
anneau

domestic appliances
appareils électroménagers

frost-free refrigerator
réfrigérateur sans givre

freezer compartment
congélateur

ice cube tray
moule à glaçons

door stop
butée de porte

defrost heater
élément de dégivrage

freezer door
porte

condenser coil
serpentin du
condenseur

handle
poignée

evaporator coil
serpentin de
l'évaporateur

magnetic gasket
joint magnétique

thermostat control
commande de
température

butter compartment
garde-beurre

refrigerator
compartment
réfrigérateur

dairy compartment
casier laitier

meat keeper
bac à viande

switch
interrupteur

shelf channel
crémaillère

storage door
porte étagère

shelf
clayette

egg tray
œufrier

glass cover
tablette de verre

guard rail
barre de retenue

crisper
bac à légumes

door shelf
balconnet

drain pan
bac de dégivrage

defrost timer
minuterie de dégivrage

kickplate
panneau inférieur

fan
ventilateur

compressor
compresseur

domestic appliances
appareils électroménagers

washer; *washing machine*
lave-linge

control panel
tableau de commande

water level selector
sélecteur du niveau d'eau

programmer
programmateur

temperature selector
sélecteur de température

lid
couvercle

backguard
dosseret

lint filter
filtre à charpie

inlet nozzle
buse d'arrivée d'eau

gasket
joint

inlet hose
tuyau d'arrivée d'eau

basket
panier

drain hose
tuyau d'évacuation

tub
cuve

pump
pompe

agitator
agitateur

transmission
transmission

motor
moteur

drive belt
courroie d'entraînement

cabinet
carrosserie

domestic appliances
appareils électroménagers

dryer; *tumble dryer*
sécheuse

start switch
interrupteur de démarrage

control panel
tableau de commande

programmer
programmateur

temperature selector
sélecteur de température

backguard
dosseret

lint trap; *fluff trap*
filtre à charpie

cabinet
carrosserie

door switch
interrupteur de la porte

exhaust duct
conduit d'évacuation

support wheel
galet

fan
ventilateur

door
porte

exhaust hose
tuyau d'évacuation

drum
tambour

motor
moteur

vane
ailette

idler pulley
poulie du ressort-tendeur

heating duct
conduit de chauffage

drive belt
courroie d'entraînement

heating element
élément chauffant

safety thermostat
limiteur de surchauffe

domestic appliances
appareils électroménagers

dishwasher
lave-vaisselle

air vent
grille d'aération

push-button control board
clavier à boutons-poussoirs

control panel
tableau de commande

signal lamp
voyant

latch
loquet

programmer
programmateur

heating element
élément chauffant

overflow protection switch
dispositif antidébordement

slide
glissière

cabinet
carrosserie

spray arm
bras gicleur

tub
cuve

wash tower
tourelle

impeller
turbine

drain hose
tuyau de vidange

pump
pompe

inlet hose
tuyau d'arrivée d'eau

rack
panier

cutlery basket
panier à couverts

rinse-aid dispenser
distributeur de produit de rinçage

gasket
joint

base
socle

worktop surface
surface de travail

roller
galet

hinge
charnière

detergent dispenser
distributeur de détergent

stabilizer foot
pied antibasculement

NO REPRODUCTION PERMITTED – REPRODUCTION INTERDITE

domestic appliances
appareils électroménagers

steam iron
fer à vapeur

steam button
bouton de vapeur

spray button
bouton de vaporisation

handle
poignée

vertical cord lift; *flex support*
lève-fil

thumb rest
appui-pouce

slide selector
sélecteur à curseur

cord; *flex*
cordon

temperature dial
cadran de sélection
des températures

fabric guide
guide des températures

spray
vaporisateur

sight-glass tube
repère transparent

fill opening
orifice de remplissage

heel rest
talon d'appui

front tip
pointe avant

button notch
encoche

shell
capot

soleplate
semelle

can opener; *tin opener*
ouvre-boîtes

kettle
bouilloire

pierce lever
levier de perçage

handle
poignée

spout
bec verseur

magnetic lid holder
aimant de retenue

cutting wheel
roulette de coupe

drive wheel
molette d'entraînement

bottle opener
décapsuleur

base
socle

body
corps

HOUSE FURNITURE
AMEUBLEMENT DE LA MAISON

domestic appliances
appareils électroménagers

canister vacuum cleaner
aspirateur-traîneau

automatic cord reel; *automatic flex reel*
dévidoir automatique

retractable cord; *retractable flex*
cordon escamotable

hood
capot

bumper
pare-chocs

motor
moteur

switch
interrupteur

caster
roulette

suction regulator
régulateur d'aspiration

pipe
tube droit

extension pipe
rallonge

cleaning tools
accessoires

flexible hose
tuyau flexible

handle
poignée

rug and floor nozzle
suceur à tapis et planchers

cleaning tools
accessoires

upholstery nozzle
suceur triangulaire à tissus et meubles rembourrés

crevice tool
suceur plat

dusting brush
brosse à épousseter

floor brush
brosse à planchers

shag-vac-rake
rateau

GARDENING

JARDINAGE

pleasure garden
jardin d'agrément

climbing plant
plante grimpante

hanging basket
corbeille suspendue

rock garden
rocaille

clump of flowers
massif de fleurs

shed
remise

pergola
pergola

patio
terrasse

bush
arbuste

paling fence
clôture en lattis

fan trellis
treillis

arbor
arceau

hedge
haie

lawn
gazon

flagstone
dalle

flower bed
plate-bande

edging
bordure d'allée

tub
bac à plante

pool
bassin

path
allée

lantern
lanterne

stake
tuteur

tools and equipment
outillage

shovel
pelle

spade
bêche

lawn edger
coupe-bordures

spading fork; *digging fork*
fourche à bêcher

pick
pioche

post-hole digger
bêche-tarière

rake
râteau

lawn rake
balai à feuilles

hook
croc à défricher

scuffle hoe
ratissoire

hoe
houe

draw hoe
binette

weeding hoe
sarcloir

hoe-fork
serfouette

tools and equipment
outillage

small hand cultivator
griffe à fleurs

dibble; *dibber*
plantoir

weeder
tire-racines

hand fork
fourche à fleurs

trowel
transplantoir

garden line
cordeau

bulb dibble; *bulb dibber*
plantoir à bulbes

seeder
semoir à main

pruning shears; *secateurs*
sécateur

lopping shears
ébrancheur

tree pruner
échenilloir-élagueur

pruning hook
émondoir

hedge shears
cisaille à haies

tools and equipment
outillage

watering can
arrosoir

sprayer
vaporisateur

tank sprayer
pulvérisateur

rose
pomme d'arrosage

revolving sprinkler
arroseur rotatif

pistol nozzle
pistolet d'arrosage

oscillating sprinkler
arroseur oscillant

garden hose
tuyau d'arrosage

hose reel
dévidoir

sprinkler hose
tuyau perforé

hose nozzle
embout d'arrosage

tools and equipment
outillage

wheelbarrow
brouette

lawn aerator
aérateur à gazon

tiller
motoculteur

spreader
épandeur

seeder
semoir à bras

roller
rouleau

tools and equipment
outillage

pruning knife
serpette

grafting knife
greffoir

pruning saw
scie d'élagage

hedge trimmer
taille-haies

billhook
serpe

sickle
faucille

edger
taille-bordures

scythe
faux

lawn mowers
tondeuses à gazon

hand mower
tondeuse mécanique

motor mower
tondeuse à moteur

jet deflector
déflecteur

grass catcher
sac à herbe

blade
lame

cutting cylinder
cylindre de coupe

chainsaw
scie à chaîne

fuel tank
réservoir d'essence

antivibration handle
poignée antivibrations

oil pan; *sump*
réservoir d'huile

guide bar
guide-chaîne

starter handle
poignée du démarreur

chain brake
frein de chaîne

bar nose
nez du guide

stop button
bouton d'arrêt

trigger
gâchette de sécurité

chainsaw chain
chaîne coupante

engine housing
boîtier du moteur

cutter link
maillon-gouge

handle
poignée

muffler; *silencer*
silencieux

accelerator control
commande d'accélération

air filter
filtre à air

spark plug
bougie d'allumage

DO-IT-YOURSELF
BRICOLAGE

carpentry: tools
menuiserie: outils

claw hammer
marteau de menuisier

claw
panne fendue

cheek
joue

handle
manche

eye
œil

face
tête de frappe

ball peen hammer
marteau à panne ronde

ball peen
panne ronde

mallet
maillet

heads
têtes

plane
rabot

wedge lever
levier du bloc

wedge iron
bloc d'arrêt

blade
fer

lateral adjusting lever
levier de réglage latéral

cap iron
contre-fer

handle
poignée

front knob
pommeau

adjusting knob
bouton de réglage

toe
nez

heel
talon

face
semelle

carpentry: tools
menuiserie: outils

spiral ratchet screwdriver
tournevis à spirale et à rochet

handle
poignée

locking ring
bague de blocage

chuck
mandrin

ratchet
cliquet

spiral
spirale

jaw
mors

flat tip
pointe plate

Robertson tip
pointe carrée (Robertson)

Phillips tip
pointe cruciforme (Phillips)

screwdriver
tournevis

handle
manche

shank
tige

blade
lame

tip
pointe

wrenches; *spanners*
clés

adjustable wrench; *adjustable spanner*
clé à molette

fixed jaw
mâchoire fixe

movable jaw
mâchoire mobile

thumbscrew
molette

handle
manche

combination box and open end wrench; *combination spanner*
clé mixte

box end wrench; *ring spanner*
clé polygonale

6-point box end wrench; *hexagonal ring spanner*
clé polygonale 6 pans

flare nut wrench; *flare nut spanner*
clé polygonale à têtes fendues

open end wrench; *open end spanner*
clé à fourches

carpentry: tools
menuiserie: outils

slip joint pliers
pince motoriste

handle
branche

curved jaw
mâchoire incurvée

slip joint
joint à coulisse

wire cutter
coupe-fil

rib joint pliers
pince multiprise

adjustable channel
cran de réglage

straight jaw
mâchoire droite

nut and bolt
boulon et écrou

handle
branche

locking pliers
pince-étau

spring
ressort

lever
levier

toothed jaw
mâchoire dentée

adjusting screw
vis de réglage

rivet
rivet

release lever
levier de dégagement

vise; *vice*
étau

fixed jaw
mâchoire fixe

movable jaw
mâchoire mobile

swivel lock
blocage du pivot

handle
levier de serrage

swivel base
semelle pivotante

bolt
boulon

C-clamp
serre-joint

fixed jaw
mâchoire fixe

movable jaw
mâchoire mobile

swivel head
rotule

adjusting screw
vis de serrage

throat
gorge

frame
monture

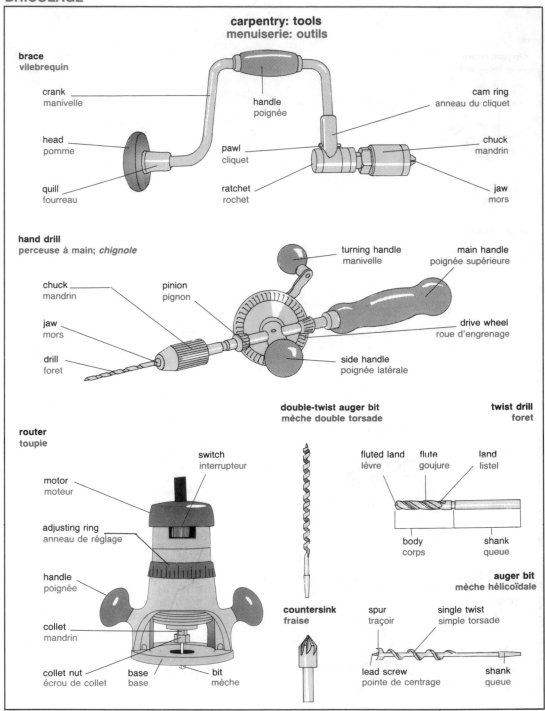

carpentry: tools
menuiserie: outils

brace
vilebrequin

crank
manivelle

handle
poignée

cam ring
anneau du cliquet

head
pomme

pawl
cliquet

chuck
mandrin

quill
fourreau

ratchet
rochet

jaw
mors

hand drill
perceuse à main; *chignole*

turning handle
manivelle

main handle
poignée supérieure

chuck
mandrin

pinion
pignon

jaw
mors

drive wheel
roue d'engrenage

drill
foret

side handle
poignée latérale

router
toupie

switch
interrupteur

double-twist auger bit
mèche double torsade

twist drill
foret

motor
moteur

fluted land
lèvre

flute
goujure

land
listel

adjusting ring
anneau de réglage

handle
poignée

body
corps

shank
queue

collet
mandrin

auger bit
mèche hélicoïdale

countersink
fraise

spur
traçoir

single twist
simple torsade

collet nut
écrou de collet

base
base

bit
mèche

lead screw
pointe de centrage

shank
queue

carpentry: tools
menuiserie: outils

drill press
perceuse à colonne

pulley safety guard
protège-poulie

quill
fourreau

switch
interrupteur

quill lock
blocage du fourreau

chuck
mandrin

table
plateau

base
socle

pulley
poulie

belt
courroie

motor
moteur

depth stop
blocage de profondeur

feed lever
levier de commande

column
colonne

table-locking clamp
manette de relèvement du plateau

electric drill
perceuse électrique

housing
boîtier

name plate
plaque signalétique

auxiliary handle
poignée auxiliaire

warning plate
plaque d'instructions

jaw
mors

pistol grip handle
poignée pistolet

chuck
mandrin

switch
interrupteur

plug
fiche

chuck key
clé de mandrin

cable sleeve
manchon de câble

cable
câble

carpentry: tools
menuiserie: outils

bench saw
plateau de sciage

table
plateau

blade
lame

table extension
rallonge du plateau

blade guard
protège-lame

rip fence
guide de refend

miter gauge; *mitre gauge*
guide à onglet

rip fence lock
blocage du guide

rip fence adjustment
bouton d'ajustage du guide

blade height adjustment
manivelle de relèvement
de la lame

miter gauge slot; *mitre gauge slot*
rainure du guide à onglet

rip fence guide
glissière du guide

blade tilting mechanism
mécanisme d'inclinaison de la lame

hacksaw
scie à métaux

pistol grip handle
poignée pistolet

adjustable frame
monture réglable

wing nut
écrou à oreilles

blade
lame

handsaw
scie égoïne

back
dos

blade
lame

handle
poignée

toe
pointe

heel
talon

teeth
dents

carpentry: tools
menuiserie: outils

circular saw
scie circulaire

handle
poignée

trigger switch
interrupteur à gâchette

upper blade guard
protège-lame supérieur

motor
moteur

blade
lame

knob handle
bouton-guide

lower guard retracting lever
levier du protège-lame inférieur

blade tilt lock
blocage de l'inclinaison

lower blade guard
protège-lame inférieur

angle scale
inclinaison de la lame

blade-locking bolt
écrou de la lame

rip fence
guide de refend

base plate
semelle

circular saw blade
lame de scie circulaire

tooth
dent

tip
pointe

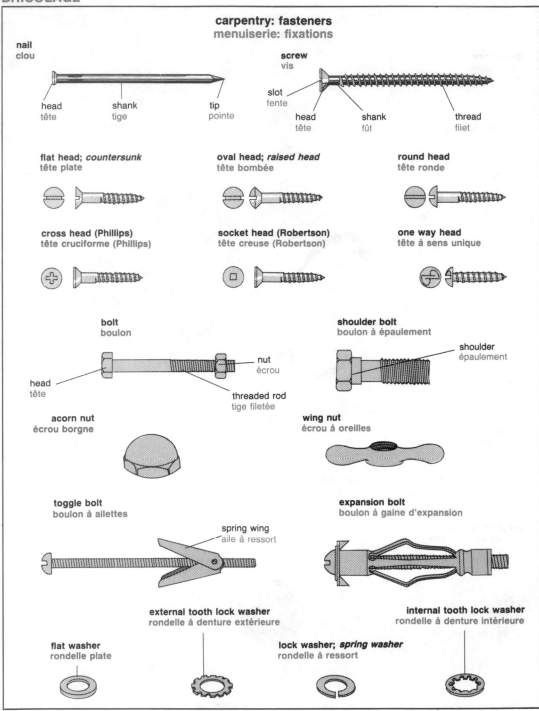

carpentry: fasteners
menuiserie: fixations

nail
clou

head
tête

shank
tige

tip
pointe

screw
vis

slot
fente

head
tête

shank
fût

thread
filet

flat head; *countersunk*
tête plate

oval head; *raised head*
tête bombée

round head
tête ronde

cross head (Phillips)
tête cruciforme (Phillips)

socket head (Robertson)
tête creuse (Robertson)

one way head
tête à sens unique

bolt
boulon

nut
écrou

head
tête

threaded rod
tige filetée

shoulder bolt
boulon à épaulement

shoulder
épaulement

acorn nut
écrou borgne

wing nut
écrou à oreilles

toggle bolt
boulon à ailettes

spring wing
aile à ressort

expansion bolt
boulon à gaine d'expansion

external tooth lock washer
rondelle à denture extérieure

internal tooth lock washer
rondelle à denture intérieure

flat washer
rondelle plate

lock washer; *spring washer*
rondelle à ressort

carpentry
menuiserie

board
planche

grain
fil

face side
parement

edge
rive

end grain
bois de bout

back
contreparement

peeled veneer
placage déroulé

wood-based panel
panneau dérivé du bois

multi-ply plywood
contre-plaqué multiplis

face ply
pli extérieur

inner ply
pli intérieur

central ply
pli central

moulded plywood
contre-plaqué moulé

core plywood
contre-plaqué à âme

hollow-wood construction
panneau à âme creuse

blockboard
panneau à âme lattée

laminboard
panneau à âme lamellée

particle board; *chipboard*
panneau de particules

hardboard
panneau dur

laminate board
stratifié

protective sheet
feuille protectrice

decorative sheet
papier décor

kraft paper
papier kraft

lock
serrure

mortise lock
serrure à mortaiser

cylinder
barillet

keyway
entrée de clé

escutcheon
écusson

knob
bouton

cylinder hole
cavité du barillet

latch lever
levier du pêne

bolt follower
mécanisme du pêne demi-tour

faceplate
têtière

dead bolt
pêne dormant

latch bolt
pêne demi-tour

spindle hole
fouillot

latch follower
levier long

cylinder lock
barillet

spring
ressort

pin
goupille

rotor
rotor

stator
stator

key
clé

strike plate
gâche

lip
languette

tubular lock
serrure tubulaire

outside knob
bouton extérieur

rose
rosette

latch bolt
pêne

faceplate
têtière

spindle
axe

screw
vis

inside knob
bouton

push-button
poussoir

plumbing
plomberie

plumbing system
plomberie sanitaire

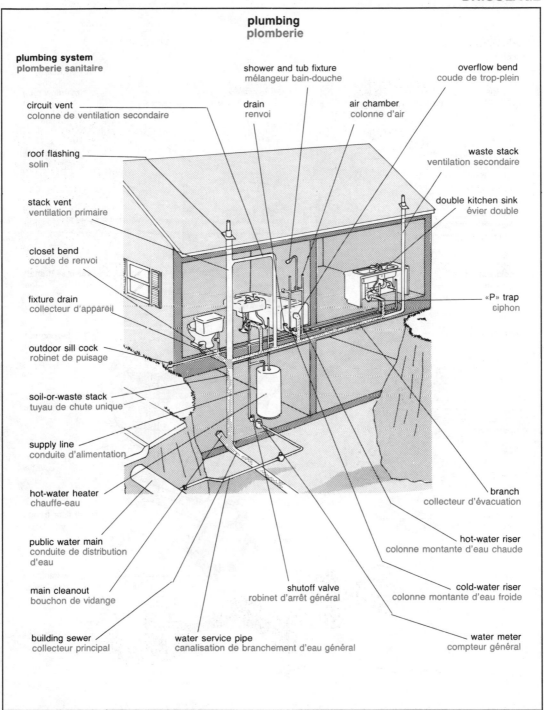

circuit vent
colonne de ventilation secondaire

roof flashing
solin

stack vent
ventilation primaire

closet bend
coude de renvoi

fixture drain
collecteur d'appareil

outdoor sill cock
robinet de puisage

soil-or-waste stack
tuyau de chute unique

supply line
conduite d'alimentation

hot-water heater
chauffe-eau

public water main
conduite de distribution
d'eau

main cleanout
bouchon de vidange

building sewer
collecteur principal

shower and tub fixture
mélangeur bain-douche

drain
renvoi

air chamber
colonne d'air

overflow bend
coude de trop-plein

waste stack
ventilation secondaire

double kitchen sink
évier double

«P» trap
siphon

branch
collecteur d'évacuation

hot-water riser
colonne montante d'eau chaude

cold-water riser
colonne montante d'eau froide

water meter
compteur général

water service pipe
canalisation de branchement d'eau général

shutoff valve
robinet d'arrêt général

plumbing
plomberie

toilet
toilette; *w.c.*

refill tube
tube de remplissage de la cuvette

trip lever
levier de déclenchement

overflow tube
trop-plein

ball-cock supply valve
robinet flotteur à clapet

float ball
flotteur

filler tube
tube de remplissage du réservoir

tank ball
clapet

cold-water line
conduite principale

valve seat shaft
siège

locking nut
écrou de blocage

stub out
branchement d'appareil

conical washer
rondelle conique

shutoff valve
robinet d'arrêt

toilet bowl
cuvette

wax seal
anneau d'étanchéité en cire

brass floor frange
bride métallique

flange bolt
vis de fixation

waste pipe
tuyau de chute

plumbing
plomberie

bathroom
salle de bains

portable shower head
douchette

shower head
pomme de douche

bathtub; *bath*
baignoire

cabinet
armoire de toilette

slotted wall bracket
support douchette

diverter valve
inverseur

tumbler holder
porte-verre

towel bar; *towel set*
porte-serviettes

toilet tank; *toilet cistern*
réservoir de chasse

tissue holder
porte-rouleau

flexible hose
flexible

flush handle
manette de chasse

tank lid; *cistern lid*
couvercle de réservoir

overflow
trop-plein

toilet
toilette; *w.c.*

cover
couvercle

soap dish
porte-savon

seat
abattant

toilet bowl
cuvette

seat
siège

sink
lavabo

plumbing
plomberie

sink
évier

escutcheon
applique du robinet

lever
levier

single-handle kitchen faucet
single-handle kitchen tap
mitigeur d'évier

spout assembly
bec

rubber gasket
joint d'étanchéité

supply tube
tube d'arrivée

spray head
douchette

compression coupling
raccord à compression

spray hose
flexible

shutoff valve
robinet d'arrêt

strainer body
bonde

escutcheon
applique

rubber washer
joint d'étanchéité

tailpiece
about

locknut
écrou de fixation

metal washer
rondelle métallique

strainer coupling
écrou de bonde

strainer sleeve
manchon

garbage disposal sink
évier-broyeur

trap coupling
écrou à collet

trap
siphon

sink strainer
bonde

cleanout
bouchon de dégorgement

drain trap
coude

garbage disposal unit
broyeur d'évier

plumbing
plomberie

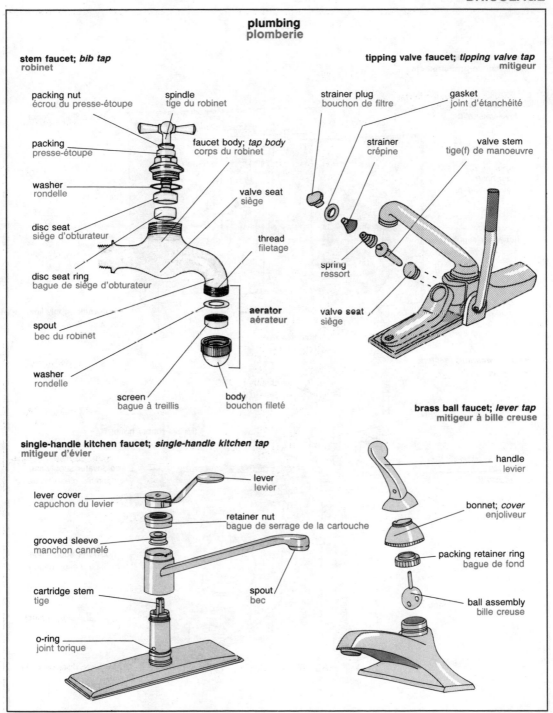

stem faucet; *bib tap*
robinet

packing nut
écrou du presse-étoupe

spindle
tige du robinet

packing
presse-étoupe

faucet body; *tap body*
corps du robinet

washer
rondelle

valve seat
siège

disc seat
siège d'obturateur

thread
filetage

disc seat ring
bague de siège d'obturateur

aerator
aérateur

spout
bec du robinet

washer
rondelle

screen
bague à treillis

body
bouchon fileté

tipping valve faucet; *tipping valve tap*
mitigeur

strainer plug
bouchon de filtre

gasket
joint d'étanchéité

strainer
crépine

valve stem
tige(f) de manoeuvre

spring
ressort

valve seat
siège

brass ball faucet; *lever tap*
mitigeur à bille creuse

handle
levier

bonnet; *cover*
enjoliveur

packing retainer ring
bague de fond

ball assembly
bille creuse

single-handle kitchen faucet; *single-handle kitchen tap*
mitigeur d'évier

lever
levier

lever cover
capuchon du levier

retainer nut
bague de serrage de la cartouche

grooved sleeve
manchon cannelé

cartridge stem
tige

spout
bec

o-ring
joint torique

plumbing
plomberie

examples of branching
exemples de branchement

dishwasher
lave-vaisselle

waste tee
raccord té d'égout

drain hose
tuyau de vidange

hot-water supply
arrivée d'eau chaude

hot-water supply line
conduite d'eau chaude

shutoff valve
robinet d'arrêt

washer; *washing machine*
lave-linge

air chamber
colonne d'air

shutoff valve
robinet d'arrêt

flexible rubber hose
tuyau souple d'arrivée

tee
raccord té

cold-water supply line
conduite d'eau froide

drain hose
tuyau d'évacuation

hot-water supply line
conduite d'eau chaude

standpipe
tuyau de chute

house drain
renvoi

plumbing
plomberie

electric water-heater tank
chauffe-eau électrique

electric supply
câble électrique

cold-water line
tube d'eau froide

pressure relief valve
soupape de sûreté

hot-water supply line
tube d'eau chaude

overflow pipe
trop-plein

cold-water shutoff valve
robinet d'arrêt

anode
anode

insulation
isolant

high-temperature cutoff
coupe-circuit
limiteur de température

upper heating element
élément chauffant supérieur

access panel
panneau d'accès

upper thermostat
thermostat supérieur

insulation
isolant

lower thermostat
thermostat inférieur

drain valve
robinet de vidange

lower heating element
élément chauffant inférieur

seal
joint d'étanchéité

plumbing
plomberie

mechanical connectors
raccords mécaniques

compression fitting
raccord à compression

gasket
garniture

pipe
tube

flange nut
écrou à six pans

flare joint
raccord à collet repoussé

tube end
collet repoussé

flare nut
écrou

fitting
raccord

union
raccord union

copper pipe
tube de cuivre

ring nut
écrou de serrage

union nut
partie mâle du raccord union

gasket
rondelle de fibre

union nut
partie femelle du raccord union

pipe
tube

copper pipe
tube de cuivre

union
union

pipe
tube

plumbing
plomberie

fittings
raccords

elbow
coude

base elbow
coude applique

U-bend
coude à 180°

Y-branch
culotte

tee
té

trap
siphon

reducing coupling
raccord de réduction

offset
coude de renvoi

pipe coupling
manchon

nipple
mamelon double

flush bushing
réduction mâle-femelle

roof vent
chapeau de tuyau de ventilation

transition fittings
adapteurs

hexagon bushing
réduction mâle-femelle hexagonale

copper to steel
cuivre et acier

threaded cap
bouchon femelle à visser

steel to plastic
plastique et acier

cap
bouchon femelle

vent line
tuyau de ventilation

copper to plastic
plastique et cuivre

square head plug
bouchon mâle sans bourrelet

plumbing
plomberie

plumbing tools
outils pour plomberie

valve seat wrench
lève-soupape

tube flaring tool
évaseur

hacksaw
scie à métaux

torch
lampe à souder

tube cutter
coupe-tubes

strap wrench
clé à sangle

chain pipe wrench
clé à chaîne

trap and drain auger
furet de dégorgement

monkey wrench
clé anglaise

plunger
ventouse

pipe wrench
clé à tuyau

basin wrench; *plumbing wrench*
clé coudée à tuyau

pipe threader
filière

adjustable spud wrench
clé à crémaillère

plumbing
plomberie

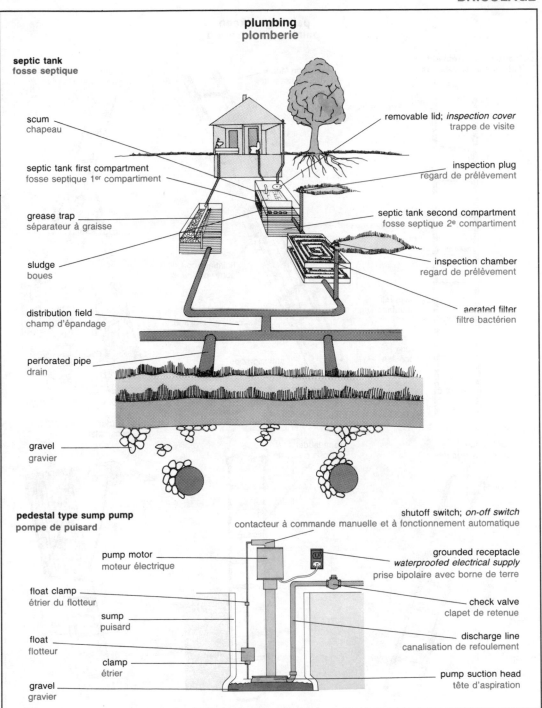

septic tank
fosse septique

scum
chapeau

removable lid; *inspection cover*
trappe de visite

septic tank first compartment
fosse septique 1er compartiment

inspection plug
regard de prélèvement

grease trap
séparateur à graisse

septic tank second compartment
fosse septique 2e compartiment

sludge
boues

inspection chamber
regard de prélèvement

distribution field
champ d'épandage

aerated filter
filtre bactérien

perforated pipe
drain

gravel
gravier

pedestal type sump pump
pompe de puisard

shutoff switch; *on-off switch*
contacteur à commande manuelle et à fonctionnement automatique

pump motor
moteur électrique

grounded receptacle
waterproofed electrical supply
prise bipolaire avec borne de terre

float clamp
étrier du flotteur

check valve
clapet de retenue

sump
puisard

discharge line
canalisation de refoulement

float
flotteur

clamp
étrier

gravel
gravier

pump suction head
tête d'aspiration

painting upkeep
peinture d'entretien

ladders and stepladders
échelles et escabeaux

straight ladder
échelle droite

extension ladder
échelle coulissante

multipurpose ladder
échelle transformable

pulley
poulie

hoisting rope
corde de tirage

side rail
montant

locking device
dispositif de blocage

rung
échelon

anti-slip shoe
patin antidérapant

hook ladder
échelle à crochets

rope ladder
échelle de corde

foldaway ladder
échelle escamotable

painting upkeep
peinture d'entretien

ladders and stepladders
échelles et escabeaux

rolling ladder
échelle roulante

ladder scaffold
échelle d'échafaudage

fruit-picking ladder
échelle fruitière

stepladder
escabeau plate-forme

tool tray
plateau à outils

step
marche

platform ladder
escabeau

safety rail
garde-corps

shelf
tablette

step stool
tabouret-escabeau

platform
plate-forme

brace
entretoise

frame
piètement

painting upkeep
peinture d'entretien

spray paint gun
pistolet à peinture

nozzle
buse à fluide

air cap
bouchon d'air

trigger
gâchette

vent hole
orifice d'aération

container
godet

spreader adjustment valve
soupape de réglage du fluide

fluid adjustment screw
réglage du pointeau du fluide

air valve
soupape à air

gun body
corps du pistolet

air pressure adjusting screw
raccord d'arrivée d'air

brush
pinceau

bristles
soies

ferrule
virole

handle
manche

scraper
grattoir

removable blade
lame amovible

blade guard
protège-lame

handle
manche

knurled bolt
bouton moleté

paint roller
rouleau

roller cover
manchon

roller frame
armature

tray
bac

handle
poignée

soldering and welding
soudage

soldering iron
fer à souder

soldering gun
pistolet à souder

tip
panne

soldering torch; *blowlamp*
chalumeau braseur

pencil point tip
brûleur flamme crayon

flame spreader tip
brûleur bec plat

bottle cart
chariot

oxyacetylene welding
soudage oxyacétylénique

pressure regulator
régulateur de pression

cap
chapeau

disposable fuel cylinder
cartouche jetable

hose
tuyau

welding torch
chalumeau

oxygen cylinder
bouteille d'oxygène

acetylene cylinder
bouteille d'acétylène

arc welding
soudage à l'arc

electrode holder
porte-électrode

ground clamp; *earth clamp*
prise de masse

electrode
électrode

electric arc
arc électrique

weld bead
cordon de soudure

arc welding machine
poste de soudage

work lead
câble de masse

electrode lead
câble d'alimentation de l'électrode

soldering and welding
soudage

welding torch
chalumeau soudeur

head tube
lance

oxygen valve
robinet d'oxygène

tip; *nozzle*
buse

mixing chamber
chambre de mélange

handle
manche

acetylene valve
robinet d'acétylène

cutting torch
chalumeau coupeur

cutting tip; *cutting nozzle*
tête de coupe

cutting oxygen handle
poignée - oxygène de coupe

butt welding
soudage bout à bout

pressure regulator
régulateur de pression

filler rod
baguette d'apport

working pressure gauge
manomètre de chalumeau

cylinder pressure gauge
manomètre de bouteille

welding torch
chalumeau soudeur

adjusting screw
vis de réglage

metal B
métal B

metal A
métal A

weld bead
cordon de soudure

check valve
clapet de non-retour

soldering and welding
soudage

protective clothing
équipement de protection

hand shield
écran à main

face shield
casque

goggles
lunettes

mitten
mitaine; *moufle*

gauntlet
gant à crispin

striker
briquet

flint
pierre

welding curtain
écran de soudeur

tip cleaners
aiguilles de nettoyage

solder
soudure

electricity
électricité

incandescent lamp
lampe à incandescence

inert gas
gaz inerte

bulb
ampoule

stem
pied

filament
filament

heat deflecting disc
déflecteur de chaleur

support
support

pinch
pincement

lead-in wire
entrée de courant

exhaust tube
queusot

button
bouton

main electrode
électrode principale

base
culot

mogul base
culot Goliath

mercury-vapor lamp; *mercury-vapour lamp*
lampe à vapeur de mercure

bulb
ampoule

arc tube mount structure
monture de tube à arc

reflector
réflecteur

arc tube
tube à arc

nitrogen
azote

starting electrode
électrode d'amorçage

starting resistor
résistance d'amorçage

fluorescent lamp
tube fluorescent

phosphor coating
couche fluorescente

pin
broche

electrode
électrode

bulb
tube

lead-in wire
entrée de courant

pin base
culot à broches

exhaust tube
queusot

mercury
mercure

gas
gaz

pinch
pincement

electricity
électricité

supplies
accessoires

lamp socket
douille de lampe

cap
capuchon

socket
douille

insulating sleeve
gaine isolante

outer shell
enveloppe

circuit breaker
coupe-circuit

electric switch
interrupteur électrique

switch plate
plaque de commutateur

switch
interrupteur

outlet
prise de courant

electrical box
boîte électrique

dimmer switch
rhéostat

plug
fiche

grounding prong
prise de terre

blade
lame

European plug
fiche européenne

terminal
borne

clamp
étrier

blade
broche

grounding prong
prise de terre

fuses
fusibles

plug fuse
fusible à culot

cartridge fuse
fusible-cartouche

knife-blade cartridge fuse
fusible-cartouche à lames

electricity
électricité

electrician's tools
outils d'électricien

neon tester; *test-lamp*
vérificateur de circuit

continuity tester
vérificateur de continuité

tester probe
sonde

fuse pullers
pinces à fusible

high-voltage tester
vérificateur de haute tension

voltage tester; *neon screwdriver*
vérificateur de tension

insulated blade
lame isolée

insulated handle
manche isolé

neon lamp
lampe au néon

voltmeter; *multimeter*
voltmètre

receptacle analyzer
vérificateur de prise de courant

electricity
électricité

electrician's tools
outils d'électricien

multipurpose tool
pince universelle

long-nose pliers
pince à long bec

insulated handle
manche isolant

crimper
sertisseur

pivot
pivot

wire cutter
coupe-fil

wire stripper
dénude-fil

lineman's pliers; *combination pliers*
pince d'électricien

wire stripper
pince à dénuder

jaw
mâchoire

wire cutter
coupe-fil

adjustment wheel
molette de réglage

insulated handle
manche isolant

cutter
couteau d'électricien

fish wire
câble de traction

cable ripper
dénudeur de fil

hammer
marteau d'électricien

blade
lame

electricity
électricité

distribution board
tableau de distribution

knockout
débouchure

240-volt feeder cable
câble d'alimentation de 240 V

connector
connecteur

bonding jumper
connecteur de liaison

ground bond
fil de liaison

main breaker
disjoncteur principal

main power cable
fil thermique

double pole breaker
disjoncteur bipolaire

neutral service wire
fil de service neutre

240-volt circuit
circuit de 240 V

120-volt circuit
circuit de 120 V

hot bus bar
barre collectrice thermique

ground fault circuit interrupter
disjoncteur de fuite de terre

plastic insulator
isolant en plastique

single pole breaker
disjoncteur unipolaire

neutral wire
fil neutre

ground wire; *earth wire*
fil de terre

ground/neutral bus bar
barre collectrice neutre

metal water pipe
conduite d'eau en métal

ground wire; *earth wire*
fil de terre

CLOTHING

VÊTEMENTS

men's clothing
vêtements d'hommes

trench coat
trench-coat

raincoat
imperméable

two-way collar
col transformable

collar
col

raglan sleeve
manche raglan

epaulet
patte d'épaule

set-in-sleeve
manche montée

notched lapel
revers cranté

gun flap
bavolet

belt loop; *belt carrier*
passant

belt buckle
boucle

belt
ceinture

keeper; *carrier*
passant

belt
ceinture

belt buckle
boucle

sleeve strap
patte de serrage

belt loop; *belt carrier*
passant

broad welt side pocket
poche raglan

side pocket
poche côté

sleeve strap loop
passant

double-breasted buttoning
double boutonnage

buttonhole
boutonnière

men's clothing
vêtements d'hommes

sheepskin jacket
canadienne

duffle coat
corvette

parka
parka

hood
capuchon

frog
brandebourg

toggle fastening
bûchette

flap pocket
poche à rabat

drawstring
cordon de serrage

inverness cape
macfarlane

overcoat
pardessus

three-quarter coat
paletot

peaked lapel
revers à cran aigu

breast pocket
poche poitrine

breast dart
pince de taille

flap pocket
poche à rabat

men's clothing
vêtements d'hommes

vest; *waistcoat*
gilet

V-neck
encolure en V

back
dos

lining
doublure

adjustable waist tab
tirant de réglage

front
devant

double-breasted jacket
veston croisé

collar
col

lining
doublure

pocket handkerchief
pochette

peaked lapel
revers à cran aigu

watch pocket
poche-montre

sleeve
manche

breast welt pocket
poche gilet

facing
parementure

side back vent
fente latérale

single-breasted coat
veste droite

breast welt pocket
pochette

top collar
col

notch
cran

lining
doublure

lapel
revers

flap side pocket
poche à rabat

sleeve
manche

back
dos

front
devant

outside ticket pocket
poche-ticket

flap pocket
poche tiroir

center back vent; *centre back vent*
fente médiane

men's clothing
vêtements d'hommes

pants; *trousers*
pantalon

belt loop; *belt carrier*
passant tunnel

slash pocket; *slit pocket*
poche coupée

fly
braguette

crease
pli

cuff; *turn-up*
bas relevé

waistband
ceinture montée

waistband extension
patte boutonnée

back pocket
poche-revolver

suspenders; *braces*
bretelles

belt
ceinture

elastic webbing
bande élastique

adjustment slide
coulisse

button loop
boutonnière

suspender clip; *brace clip*
pince

clip
agrafe

leather end
patte

tongue
ardillon

keeper; *carrier*
passant

punch hole
cran

tip
capucin

top stitching
surpiqûre

frame
boucle de ceinture

buckle
boucle

panel
croûte de cuir

men's clothing
vêtements d'hommes

shirt
chemise

collar
col

collar point
pointe de col

set-in sleeve
manche montée

front
devant de chemise

cuff
poignet

buttoned placket
patte de boutonnage

shirttail
pan

yoke
empiècement

breast pocket
poche poitrine

pointed tab end
patte capucin

button
bouton

buttonhole
boutonnière

spread collar
col italien

collar stay
baleine de col

buttondown collar
col pointes boutonnées

necktie
cravate

front apron
pan avant

neck end
tour de cou

rear apron
pan arrière

loop
passant

interfacing
triplure

slip-stitched seam
couture médiane

ascot tie; *cravat*
ascot

bow tie
nœud papillon

men's clothing
vêtements d'hommes

V-neck cardigan
gilet de laine

V-neck
encolure en V

hanger loop
bride de suspension

buttonhole
boutonnière

set-in sleeve
manche montée

welt pocket
poche passepoilée

ribbing
bord-côte

pullovers
pulls

knit shirt
polo

vest; *slipover*
débardeur

cardigan
veste cardigan

crew neck sweater
ras-de-cou

turtleneck
col roulé

men's clothing
vêtements d'hommes

sock
chaussette

leg
jambe

straight-up ribbed top
bord-côte

instep
pied

heel
talon

toe
pointe

sole
semelle

ankle length
mi-chaussette

mid-calf length; *short*
chaussette

executive length; *half hoe*
mi-bas

underwear
sous-vêtements

athletic shirt; *vest*
camisole

armhole
emmanchure

neckhole
encolure

boxer shorts
caleçon

fly
braguette

combination
combinaison

drawers; *long Johns*
caleçon long

bikini briefs
mini-slip

briefs
slip ouvert

waistband
ceinture élastique

fly
braguette

elasticized leg opening
jambe élastique

crotch
enfourchure

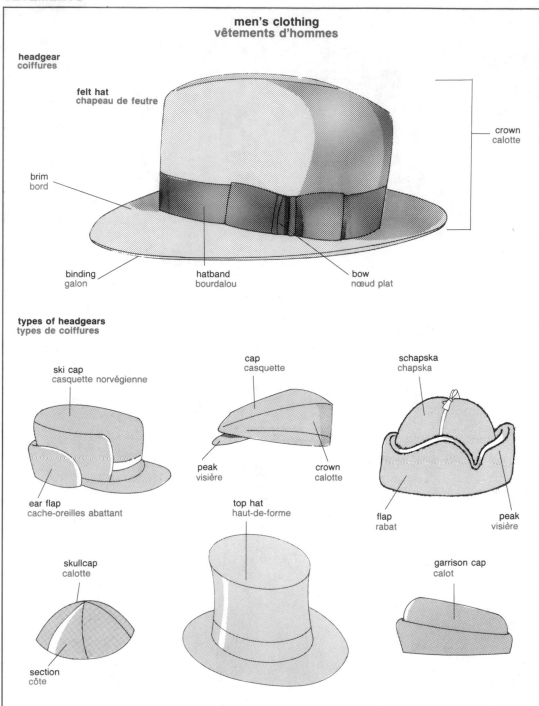

men's clothing
vêtements d'hommes

headgear
coiffures

felt hat
chapeau de feutre

crown
calotte

brim
bord

binding
galon

hatband
bourdalou

bow
nœud plat

types of headgears
types de coiffures

ski cap
casquette norvégienne

cap
casquette

schapska
chapska

ear flap
cache-oreilles abattant

peak
visière

crown
calotte

flap
rabat

peak
visière

skullcap
calotte

top hat
haut-de-forme

garrison cap
calot

section
côte

glove
gant

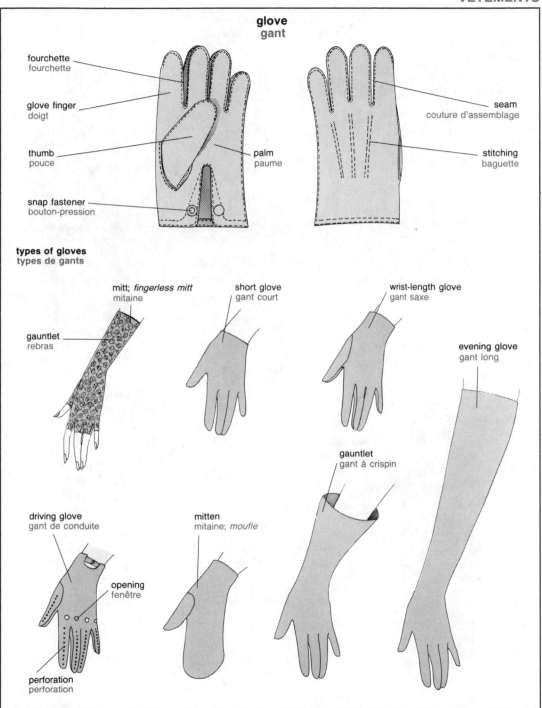

fourchette
fourchette

glove finger
doigt

thumb
pouce

snap fastener
bouton-pression

palm
paume

seam
couture d'assemblage

stitching
baguette

types of gloves
types de gants

mitt; *fingerless mitt*
mitaine

gauntlet
rebras

short glove
gant court

wrist-length glove
gant saxe

evening glove
gant long

gauntlet
gant à crispin

driving glove
gant de conduite

opening
fenêtre

mitten
mitaine; *moufle*

perforation
perforation

299

women's clothing
vêtements de femmes

coats
manteaux

car coat
paletot

raglan
raglan

raglan sleeve
manche raglan

pelerine
pèlerine

pelerine
pèlerine

broad welt
poche raglan

patch pocket with turn-down flap
poche plaquée à revers

fly front closing
boutonnage sous patte

seam pocket
poche prise dans une couture

top coat
redingote

seaming
découpe bretelle

patch pocket
poche plaquée

back belt
martingale

women's clothing
vêtements de femmes

coats
manteaux

cape
cape

buttoned placket
patte de boutonnage

arm slit
passe-bras

tailored collar
col tailleur

notched lapel
revers cranté

hand warmer pocket
poche repose-bras

mock pocket
fausse poche

pea jacket
caban

double breasted buttoning
double boutonnage

poncho
poncho

windbreaker; *windcheater*
blouson court

windbreaker; *windcheater*
blouson long

ribbing
bord-côte

waistband
ceinture montée

women's clothing
vêtements de femmes

dresses
robes

shirtwaist dress
robe chemisier

princess dress
robe princesse

coat dress
robe-manteau

sheath dress
robe fourreau

sundress
robe bain-de-soleil

drop waist dress
robe taille basse

T-shirt dress
robe T-shirt

maternity dress
robe de maternité

jumper; *pinafore*
chasuble

wraparound dress; *wrap-over dress*
robe enveloppe

pinafore; *smock*
robe-tablier

tunic
tunique

women's clothing
vêtements de femmes

skirts
jupes

straight skirt
jupe droite

sheath skirt
jupe fourreau

wraparound skirt; *wrap-over skirt*
jupe portefeuille

gather skirt
jupe froncée

kilt
kilt

ruffled skirt
jupe à volants étagés

gored skirt
jupe à lés

yoke skirt
jupe à empiècement

sarong
paréo

culotte
jupe-culotte

women's clothing
vêtements de femmes

pleat skirts
jupes à plis

stitched pleat
pli piqué

ridge
arête

back
envers

fold line
bord de pli

right side
endroit

knife pleat
pli plat

box pleat
pli rond

inverted pleat
pli creux

accordion pleat
plissé accordéon

top stitched pleat
pli surpiqué

kick pleat
pli d'aisance

pockets
poches

hand warmer pouch
poche manchon

gusset pocket
poche soufflet

inset pocket
poche prise dans
une découpe

welt pocket
poche passepoilée

seam pocket
poche prise dans
une couture

patch pocket
poche plaquée

broad welt side pocket
poche raglan

flap pocket
poche à rabat

women's clothing
vêtements de femmes

blouses
chemisiers

classic
classique

tunic; *smock*
tunique

middy; *sailor tunic*
marinière

yoke
empiècement

gather
france

smock; *button-through smock*
tablier-blouse

buttoned placket
patte polo

breast pocket
poche poitrine

polo shirt; *T-shirt*
polo

wrap over top; *wrap-over top*
cache-cœur

over-blouse; *tunic*
casaque

bottom of collar
pied de col

shirt sleeve
manche chemisier

shirt collar
col chemisier

shirttail
pan

mini shirtdress; *overshirt*
liquette

crotch piece
patte d'entrejambe

body shirt
corsage-culotte

women's clothing
vêtements de femmes

sleeves
manches

set-in sleeve
manche montée

unmounted sleeve
manche à même

armhole
emmanchure

barrel cuff
poignet droit

tailored sleeve
manche tailleur

kimono sleeve
manche kimono

shirtwaist sleeve
manche chemisier

bishop sleeve
manche bouffante

cutaway armhole
emmanchure américaine

narrow cuff
bracelet

three-quarter sleeve
manche trois-quarts

raglan sleeve
manche raglan

puff sleeve
manche ballon

cap sleeve
mancheron

pagoda sleeve
manche pagode

batwing sleeve
manche chauve-souris

epaulet sleeve
manche marteau

leg-of-mutton sleeve
manche gigot

double cuff
poignet mousquetaire

pointed tab end
patte capucin

women's clothing
vêtements de femmes

vests and pullovers; *waistcoats and pullovers*
vestes et pulls

cardigan
cardigan

pullover
pull

turtleneck
col roulé

long cardigan
veste de laine

twin-set
tandem

slipover
débardeur

gusset pocket
poche soufflet

crew sweater
ras du cou

safari jacket
saharienne

blazer
blazer

vest pocket; *waistcoat pocket*
poche gilet

vest; *waistcoat*
gilet

bolero
boléro

spencer
spencer

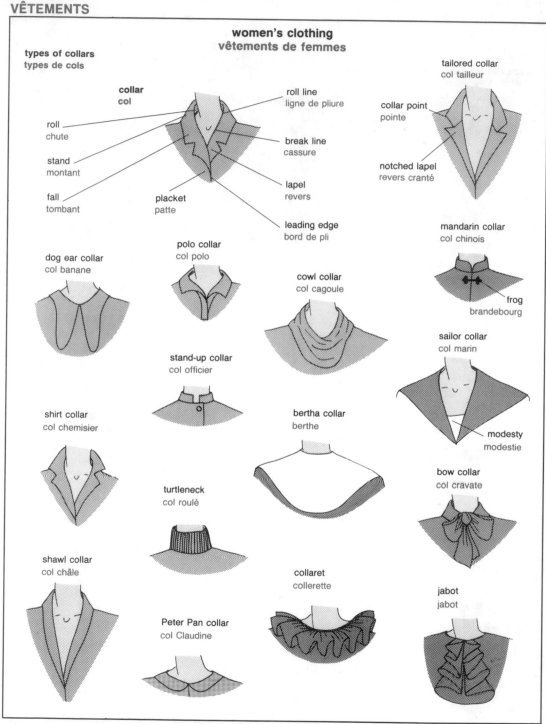

women's clothing
vêtements de femmes

types of collars
types de cols

collar
col

roll
chute

stand
montant

fall
tombant

placket
patte

roll line
ligne de pliure

break line
cassure

lapel
revers

leading edge
bord de pli

tailored collar
col tailleur

collar point
pointe

notched lapel
revers cranté

dog ear collar
col banane

polo collar
col polo

cowl collar
col cagoule

mandarin collar
col chinois

frog
brandebourg

sailor collar
col marin

stand-up collar
col officier

shirt collar
col chemisier

bertha collar
berthe

modesty
modestie

bow collar
col cravate

turtleneck
col roulé

shawl collar
col châle

collaret
collerette

jabot
jabot

Peter Pan collar
col Claudine

women's clothing
vêtements de femmes

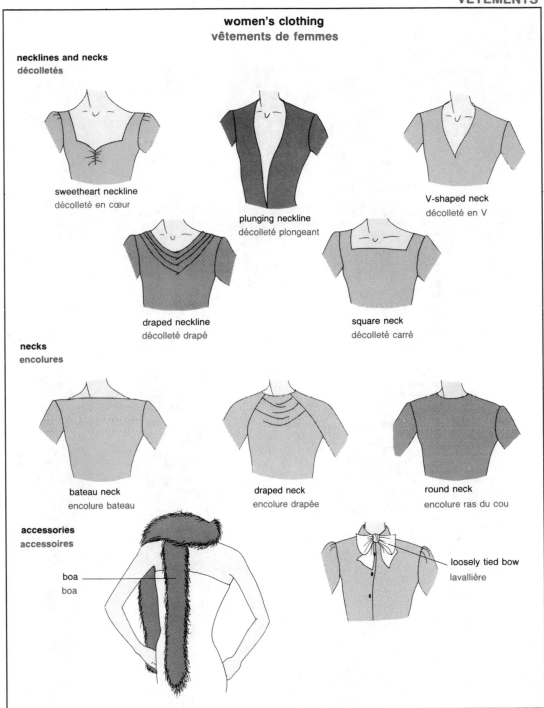

necklines and necks
décolletés

sweetheart neckline
décolleté en cœur

plunging neckline
décolleté plongeant

V-shaped neck
décolleté en V

draped neckline
décolleté drapé

square neck
décolleté carré

necks
encolures

bateau neck
encolure bateau

draped neck
encolure drapée

round neck
encolure ras du cou

accessories
accessoires

boa
boa

loosely tied bow
lavallière

women's clothing
vêtements de femmes

pants; *trousers*
pantalons

footstrap
sous-pied

cuff; *turn-up*
revers

bell bottoms
pantalon à pattes d'éléphant

ski pants
fuseau

jeans
jean

gauchos
pantacourt

pedal pusher
corsaire

front top pocket
poche cavalière

bib
bavette

knickers
knickerbockers

Bermuda shorts
bermuda

shorts
short

jumpsuit
combinaison-pantalon

dungarees
salopette

women's clothing
vêtements de femmes

nightwear
vêtements de nuit

kimono
kimono

baby doll
nuisette

negligee
déshabillé

bathrobe
peignoir

nightdress
chemise de nuit

pajamas; *pyjamas*
pyjama

hose
bas

panty hose; *tights*
bas culotte; *collant*

net stocking; *fishnet tights*
bas résille

hose; *stocking*
bas

thigh-high stocking
bas-cuissarde

golf hose
mi-bas

sock
chaussette

anklet; *ankle sock*
mi-chaussette

short sock
socquette

women's clothing
vêtements de femmes

underwear
sous-vêtements

princess seaming
découpe princesse

camisole
camisole; *caraco*

foundation slip
fond de robe

slip
combinaison-jupon

body suit
combiné-slip

garter
jarretière

corselette
combiné

pantee corselette
combiné-culotte

women's clothing
vêtements de femmes

underwear
sous-vêtements

bra
soutien-gorge

strapless brassiere
bustier

shoulder-strap
bretelle

steel
baleine

panty girdle
gaine-culotte

brassiere cup
bonnet

midriff band
basque

corset
corset

garter; *suspender*
jarretelle

briefs
culotte

garter belt; *suspender belt*
porte-jarretelles

half-slip
jupon

push up bra
soutien-gorge balconnet

décolleté bra
soutien-gorge pigeonnant

underwiring
armature

panel
plastron

girdle
gaine

bikini
slip

women's clothing
vêtements de femmes

headgear
coiffures

fur hood
cagoule

balaclava
passe-montagne

stocking cap
tuque

kerchief
marmotte

pompom
pompon

head band
tour de tête

tam- o'-shanter
tourmaline

string
bride

southwester
suroît

crown
calotte

brim
bord

gob hat
bob

toque
toque

hat veil
voilette

pillbox hat
tambourin

mob-cap
charlotte

turban
turban

boater
canotier

cartwheel hat
capeline

felt hat; *trilby*
feutre

cap
bonnet

beret
béret

cloche
cloche

children's clothing
vêtements d'enfants

christening set
tenue de baptême

- bonnet
  bonnet
- dress
  robe
- snap-fastening waist
  pression à la taille

wraparound diaper shirt; *all-in-one vest*
barboteuse de croissance

bathing wrap; *hooded towelling robe*
cape de bain

- false tuck
  biais

grow sleepers; *babygro*
dormeuse de croissance

- crew neck
  encolure ras du cou
- screen front
  motif au cadre
- snap-fastening waist
  pression à la taille
- foot
  pied

blanket sleepers; *sleepsuit*
dormeuse-couverture

- ribbing
  bord-côte
- zipper
  fermeture à glissière
- vinyl grip sole
  semelle antidérapante

nylon rumba tights
nylon frilly tights
collant fantaisie

ruffled rumba pants
frilly pants
culotte à ruchés

- ruching
  ruché

plastic pants
culotte plastique

- elastic waistband
  taille élastique
- snap-fastening side
  pression sur les côtés
- waterproof pants
  poche intérieure isolante
- elastic leg opening
  jambe élastique

diaper; *nappy*
couche

vest
camisole; *brassière*

bib
bavoir

children's clothing
vêtements d'enfants

crossover back straps dungarees
salopette à bretelles croisées au dos

button strap
bretelle boutonnée

bib
bavette

rope belt
cordelière

belt loop; *belt carrier*
passant

high-back dungarees
salopette à dos montant

snap-fastening adjustable strap
bretelle réglable à pressions

zipper
fermeture à glissière

top stitching
surpiqûre

patch pocket
poche plaquée

inside-leg snap-fastening
pression à l'entrejambe

ribbing
bord-côte

jumpsuit
grenouillère; *gigoteuse*

bunting bag
nid d'ange

snap-fastening shoulder strap
pression épaule

sleeper; *sleeping-suit*
dormeuse; *pantin*

raglan sleeve
manche raglan

ribbing
bord-côte

screen print
motif

vest
brassière

snap-fastening front
pression devant

foot
pied

inside-leg snap-fastening
pression à l'entrejambe

vinyl grip sole
semelle antidérapante

children's clothing
vêtements d'enfants

body stocking; *one-piece sleepsuit*
tout-en-un

polojama
polojama

ribbing
bord-côte

gym rompers
combinaison de gymnastique

fly front closing
fermeture sous patte

corsage
corsage

adjustable waistband
ceinture réglable

bloomers
culotte bouffante

elastic leg opening
jambe élastique

jumper; *pinafore*
chasuble

Eton suit
Eton

Eton jacket
spencer

vest
gilet

striped trousers
pantalon rayé

snowsuit
esquimau

drawstring hood
capuche coulissée

zipper
fermeture à glissière

elastic wristband
poignet élastique

mitten
mitaine; *moufle*

elastic ankle
cheville élastique

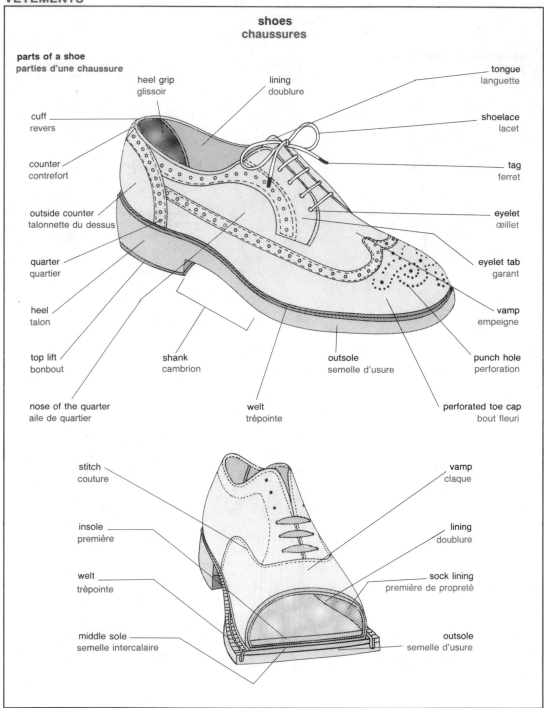

shoes
chaussures

parts of a shoe
parties d'une chaussure

heel grip
glissoir

lining
doublure

tongue
languette

cuff
revers

shoelace
lacet

counter
contrefort

tag
ferret

outside counter
talonnette du dessus

eyelet
œillet

quarter
quartier

eyelet tab
garant

heel
talon

vamp
empeigne

top lift
bonbout

shank
cambrion

outsole
semelle d'usure

punch hole
perforation

nose of the quarter
aile de quartier

welt
trépointe

perforated toe cap
bout fleuri

stitch
couture

vamp
claque

insole
première

lining
doublure

welt
trépointe

sock lining
première de propreté

middle sole
semelle intercalaire

outsole
semelle d'usure

shoes
chaussures

principal types of shoes
principaux types de chaussures

toe rubber
boutine

training shoe
chaussure d'entraînement

T-strap shoe
salomé

moccasin
mocassin

cloq
socque

sandal
sandalette

sneaker
tapinois

thong; *flip-flop*
tong

tennis shoe
chaussure de tennis

ballerina; *pump*
ballerine

sandal; *toe-strap*
nu-pied

espadrille
espadrille

sandal; *ankle-strap*
sandale

pump; *court*
escarpin

one-bar shoe
Charles IX

shoes
chaussures

principal types of shoes
principaux types de chaussures

loafer; *slip-on*
flâneur

chukka
chukka

blucher oxford; *lace-up*
derby

heavy duty boot
brodequin

rubber; *galosh*
claque

overshoe
couvre-chaussure

accessories
accessoires

cordless shoe care kit
cireur

shoe tree
embauchoir

boot jack
arrache-bottes

shoe rack
porte-chaussures

climbing iron
crampon

shoe horn
chausse-pied

shoeshine kit
boîte de nécessaire à chaussures

insole
semelle

costumes
costumes

bullfighter
torero

shirt
chemise

tie
cravate étroite

vest
gilet

sash
ceinture

frog
brandebourg

pants
culotte

tassel
pompon

pink stocking
bas rose

slippers
escarpin

hat
montera

pigtail
petite queue

epaulet
épaulette

jacket
veste

cape
cape

ballerina
ballerine

ballet slippers
chaussons de danse

drawstring
cordelette

sole
semelle

tights
collant

ribbon
ruban

tutu
tutu

toe
pointe

costumes
costumes

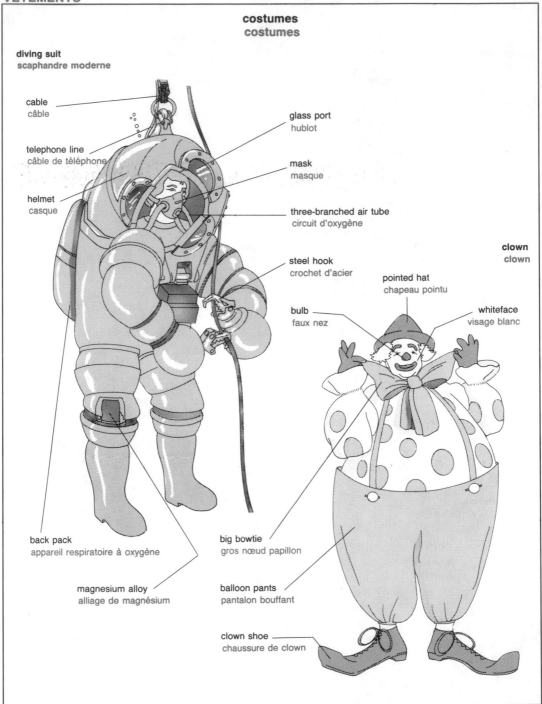

diving suit
scaphandre moderne

cable
câble

glass port
hublot

telephone line
câble de téléphone

mask
masque

helmet
casque

three-branched air tube
circuit d'oxygène

clown
clown

steel hook
crochet d'acier

pointed hat
chapeau pointu

bulb
faux nez

whiteface
visage blanc

back pack
appareil respiratoire à oxygène

big bowtie
gros nœud papillon

magnesium alloy
alliage de magnésium

balloon pants
pantalon bouffant

clown shoe
chaussure de clown

PERSONAL ADORNMENT
PARURE

jewelry; *jewellery*
bijouterie

diversity of jewelry; *diversity of jewellery*
variétés de bijoux

pierced earring
boucle d'oreille à tige

hoop earring
anneau

clip earring
boucle d'oreille à pince

drop earring
pendant d'oreille

stickpin
épinglette

screw earring
boucle d'oreille à vis

brooch
broche

bracelets
bracelets

bracelet with curb chain
gourmette d'identité

charms
breloques

tube bangle
bracelet tubulaire

charm bracelet
bracelet

dog tag
plaque d'identité

horn
corne

horseshoe
fer à cheval

rings
bagues

setting
sertissure

engagement ring
bague de fiançailles

solitaire ring
solitaire

wedding ring
anneau

signet ring
chevalière

bezel
chaton

claw
griffe

band ring
jonc

class ring
bague de finissant

jewelry; *jewellery*
bijouterie

necklaces
colliers

velvet band chocker
collier-de-chien

bib necklace
collier de soirée

choker
ras-le-cou

lavaliere; *pendant*
lavalière

locket
médaillon

matinee length necklace (22 in.)
collier de perles, longueur matinée (22 po)

opera length necklace (30 in.)
sautoir, longueur opéra (30 po)

rope (45 in.)
sautoir (45 po)

miscellaneous
divers

collar bar
tige pour col

tie tack
épingle à cravate

tie bar
pince à cravate

jewelry; *jewellery*
bijouterie

cuts for gemstones
tailles des pierres

brilliant full cut
taille brillant

eight cut
taille huit facettes

rose cut
taille en rose

step cut
taille en escalier

scissors cut
taille en ciseaux

emerald cut
taille émeraude

table cut
taille en table

cabochon cut
taille cabochon

oval cut
taille ovale

baguette cut
taille baguette

French cut
taille française

pear-shaped cut
taille en poire

navette cut
taille marquise

briolette cut
taille en goutte

brilliant cut facets
taille d'un diamant

side face
profil

top face
face supérieure

bottom face
face inférieure

crown
couronne de table

star facet (8)
étoile (8)

table
table

pavilion facet (8)
pavillon (8)

girdle
rondiste

culet
culasse

pavilion
pavillon

bezel facet (8)
bezel (8)

upper girdle facet (16)
halefis de table (16)

lower girdle facet (16)
halefis de culasse (16)

eyeglasses
lunettes

front
face

bridge
pont

endpiece
tenon haut

shield
enjoliveur

distance
segment de loin

reading
segment de près

rim
cercle

nosepad
plaquette

bifocal
verre bifocal

temple
branche

butt-strap
talon

shaft
corps

dowel hole
charnon

bend
coude

shield
plaque

earpiece
cambre

nose pad
plaquette

rivet
rivet

metal plate
support

pad
plaquette

pad arm
bras de plaquette

eyeglasses
lunettes

principal types of eyeglasses
principaux types de lunettes

quizzing glass
monocle

monocle
monocle

scissors-glasses
binocle

pince-nez
bésicles à pont élastique

lorgnette
face-à-main

half-glasses
demi-lune

spectacles
lunettes

safety glasses
lunettes de sécurité

safety goggles
lunettes de protection

ski goggles
lunettes de ski

opera glasses
lorgnette

hair styles
coiffure

kinds of hair
types de cheveux

straight hair
cheveux raides

wavy hair
cheveux ondulés

curly hair
cheveux frisés

components of hair styles
éléments de la coiffure

bun
chignon

bouffant
coiffure bouffante

page boy
petit page

corkscrew curls
boudin

braids
tresses

pigtails
nattes

pony tail
queue de cheval

fingerwaves
vagues

hair styles
coiffure

components of hair styles
éléments de la coiffure

shag
permanente bouclée

poodle cut
permanente frisée

women's pompadour
coiffure à la Pompadour

French twist
torsade

bangs
frange

bob
coiffure à la Ninon

crew cut
coupe en brosse

Beatle cut
coupe à la Beatle

men's pompadour
coiffure à la Pompadour

Afro
afro

wigs and hairpieces
perruque et postiche

capless wig
perruque

hairpieces
postiches

bun
chignon

toupee
toupet

PERSONAL ADORNMENT
PARURE

makeup; *make-up*
maquillage

makeup kit; *make-up kit*
trousse à maquillage

mirror
miroir

cream lipstick
rouge à lèvres en crème

mascara
fard-cils; *mascara*

cream blush
fard à joues en crème

eyeshadow
ombre à paupière

kohl
crayon khôl

sponge-tipped applicator
applicateur-mousse

blusher brush
pinceau pour fard à joues

makeup products; *make-up products*
produits de maquillage

loose powder
poudre libre

eyeliner
pinceau-traceur; *eyeliner*

liquid foundation
fond de teint liquide

loose powder brush
pinceau pour poudre libre

pressed powder compact
poudre comprimée

mascara
fard-cils; *mascara*

powder puff
houpette

makeup; *make-up*
maquillage

products for makeup; *products for make-up*
produits de maquillage

eyebrow pencil
crayon à sourcils

lipstick
rouge à lèvres

cake mascara
fard-cils en pain

mascara brush
brosse à fard-cils

lipliner
crayon contour des lèvres

accessories
accessoires

lipbrush
pinceau à lèvres

brow brush and lash comb
brosse-peigne pour cils et sourcils

eyelash curler
recourbe-cils

fan brush
pinceau éventail

makeup sponges; *make-up sponges*
éponges à maquiller

cosmetic sponge
éponge en latex

natural sponge
éponge de mer

cleansing sponge
éponge à démaquiller

synthetic sponge
éponge synthétique

PERSONAL ARTICLES
OBJETS PERSONNELS

razors
rasoirs

electric razor
rasoir électrique

floating head
tête flottante

trimmer
tondeuse

screen
grille

case
coffret de rangement

push-button release
bouton de nettoyage

housing
boîtier

power cord
cordon d'alimentation

closeness setting
sélecteur de coupe

charger
bloc chargeur

charging light
voyant de charge

cleaning brush
brosse de nettoyage

on-off switch
interrupteur marche/arrêt

dual voltage selector switch
sélecteur de tension

double-edge razor
rasoir à double tranchant

disposable razor
rasoir jetable

straight razor; *cut-throat razor*
rasoir à manche

head
tête

blade
lame

pivot
pivot

collar
anneau

handle
manche

handle
manche

shaving brush
blaireau

shaving mug
bol à raser

double-edge blade
lame à double tranchant

blade injector
distributeur de lames

handle
manche

bristle
soie

haircutting scissors
ciseaux de coiffeur

blade close stop
amortisseur

blade
lame

shank
branche

pivot
pivot

cutting edge
tranchant

ferrule
anneau

notched double-edged thinning scissors
ciseaux sculpteurs

tooth
dent

notched single-edged thinning scissors
ciseaux à effiler

warm-air comb
peigne soufflant

clippers
tondeuse

thinning razor
rasoir effileur

hairbrushes
brosses à cheveux

combs
peignes

quill brush
brosse anglaise

rake comb
démêloir

vent brush
brosse-araignée

Afro comb
peigne afro

teaser comb
peigne à crêper

flat-back brush
brosse pneumatique

rubber base
coussin en caoutchouc

tail comb
peigne à tige

round brush
brosse ronde

bristle
poil

barber comb
peigne de coiffeur

pitchfork comb
combiné 2 dans 1

toothbrush
brosse à dents

row
rang

bristle
poil

stimulator tip
stimulateur de gencives

handle
manche

head
tête

oral hygiene center; *electric toothbrush*
combiné bucco-dentaire

jet tip
buse

brush
brosse

bracket
support

on-off switch
interrupteur marche/arrêt

toothbrush shaft
tige-brosse

handle
manche

housing
boîtier

toothbrush well
réceptacle de la brosse

dental floss
soie dentaire

toothpaste
pâte dentifrice

339

hair dryer
sèche-cheveux

fan housing
boîtier du ventilateur

barrel
corps

air outlet grille
grille de sortie d'air

air inlet grille
grille d'aspiration

air concentrator
buse

dual voltage selector switch
sélecteur de tension

heat/speed selector switch
commutateur chaleur-vitesse

on-off switch
interrupteur marche/arrêt

handle
poignée

power supply cord
cordon d'alimentation

hang-up ring
anneau de suspension

lighted mirror
miroir lumineux

magnifying mirror
miroir grossissant

dual swivel mirror
miroir double pivotant

side mirror
miroir latéral

base
base

on-off switch
interrupteur d'éclairage

light bar
bâton de lumière

salon-style hair dryer
casque sèche-cheveux

hood cover
casque

housing
boîtier

power supply cord
cordon d'alimentation

curling iron
fer à friser

swiveling power supply cord
swivelling power supply cord
cordon d'alimentation articulé

on-off switch
interrupteur marche/arrêt

pilot light
voyant lumineux

clamp lever
levier

heat ready indicator dot
point indicateur de température

comfort contoured handle
poignée profilée

clamp
pince

curling brush
brosse à friser

stand
support

cool tip
embout isolant

barrel
tube

temperature control
sélecteur de température

on-off switch
interrupteur marche-arrêt

handle
poignée

plug adapter
adaptateur de fiche

bristle
poil

on light
voyant de marche

hairsetter
trousse de mise en plis

heat ready indicator dot
point indicateur de température

lid
couvercle

measuring cup
tasse graduée

roller
rouleau

case
boîtier

heat comfort control
commande de température

carry handle
poignée

pilot light
indicateur lumineux

clip
pince

lid latch
taquet de couvercle

manicure set
trousse de manucure

nail brush
brosse à ongles

nail buffer
polissoir à ongles

nail shaper
gratte-ongles

nail file
lime à ongles

cuticle pusher
repousse-chair

corn cutter
coupe-cors

manicure stick
bâton de manucure

gouge
gouge

nail scissors
ciseaux à ongles

zipper
fermeture à glissière

cuticle knife
coupe-cuticules

cuticle nippers
pince à cuticules

case
étui

cuticle scissors
ciseaux à cuticules

nail nippers
pince à ongles

eyebrow tweezers
pince à épiler

automatic tweezers
pince à épiler automatique

manicuring instruments
accessoires de manucure

emery board
lime-émeri

nail whitener pencil
crayon blanchisseur d'ongles

safety scissors
ciseaux de sûreté

nail clippers
coupe-ongles

lever
levier

folding nail file
lime

jaw
mors

nail cleaner
cure-ongles

toenail scissors
ciseaux de pédicure

blackhead remover
extracteur de comédons

tweezers
brucelles

tip
pointe

hairstyling implements
accessoires de coiffure

bobby pin; *hair grip*
pince à cheveux

hair clip
pince de mise en plis

barrette; *hair slide*
barrette

hairpin
épingle à cheveux

hair roller
bigoudi

roller pins
pinces à rouleaux

wave clip
pince à boucles de cheveux

smoking accessories
articles du fumeur

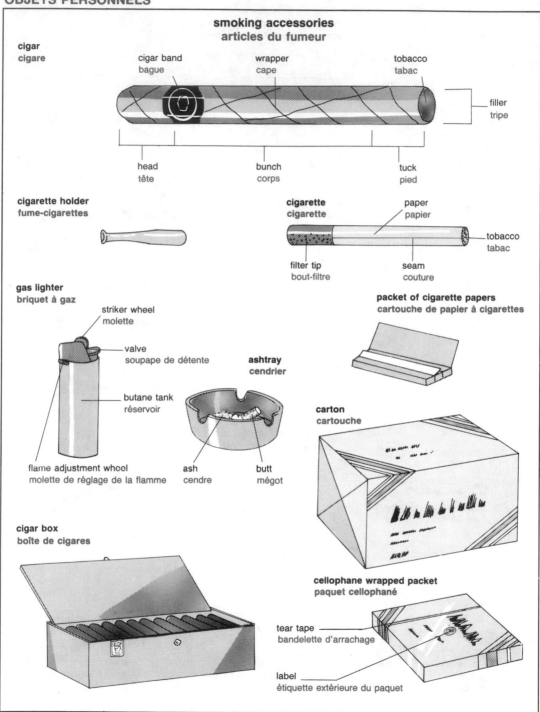

cigar
cigare

cigar band
bague

wrapper
cape

tobacco
tabac

filler
tripe

head
tête

bunch
corps

tuck
pied

cigarette holder
fume-cigarettes

cigarette
cigarette

paper
papier

tobacco
tabac

filter tip
bout-filtre

seam
couture

gas lighter
briquet à gaz

striker wheel
molette

valve
soupape de détente

butane tank
réservoir

flame adjustment wheel
molette de réglage de la flamme

packet of cigarette papers
cartouche de papier à cigarettes

ashtray
cendrier

ash
cendre

butt
mégot

carton
cartouche

cigar box
boîte de cigares

cellophane wrapped packet
paquet cellophané

tear tape
bandelette d'arrachage

label
étiquette extérieure du paquet

smoking accessories
articles du fumeur

pipe
pipe

bowl lid
couvercle

bit
lentille

bowl
talon

shank
tige

stem
tuyau

stummel
tête

pipe tools
bourre-pipe

tamper
bourre-pipe

pick
pointe

scoop
curette

pipe cross section
coupe d'une pipe

mortise
mortaise

filter
système filtre

air hole
embout

tobacco hole
fourneau

peg
tenon

pipe cleaner
nettoie-pipe

matchbook
pochette d'allumettes

cover
grand rabat

head
tête

saddle
dos

matchstick
tige

front flap
petit rabat

friction strip
frottoir

matchbox
boîte d'allumettes

safety match
allumette de sûreté

tobacco pouch
blague à tabac

pipe rack
porte-pipes

jar
pot à tabac

umbrella
parapluie

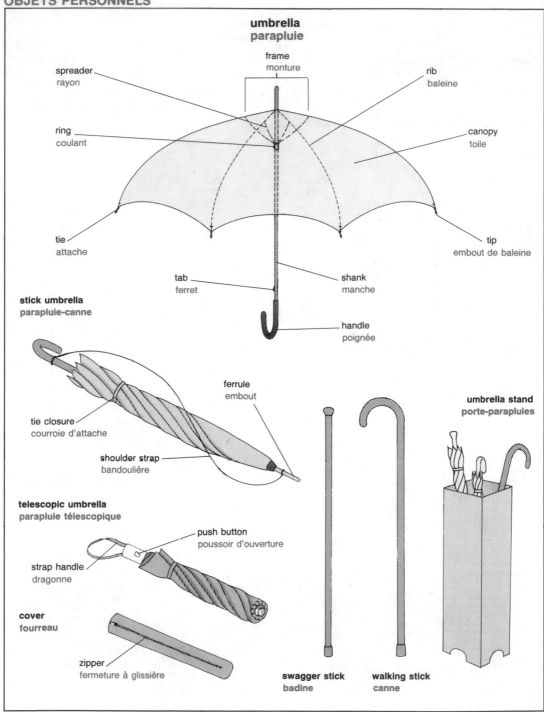

frame
monture

spreader
rayon

rib
baleine

ring
coulant

canopy
toile

tie
attache

tip
embout de baleine

tab
ferret

shank
manche

handle
poignée

stick umbrella
parapluie-canne

ferrule
embout

umbrella stand
porte-parapluies

tie closure
courroie d'attache

shoulder strap
bandoulière

telescopic umbrella
parapluie télescopique

push button
poussoir d'ouverture

strap handle
dragonne

cover
fourreau

zipper
fermeture à glissière

swagger stick
badine

walking stick
canne

luggage
bagages

trunk
malle

hasp
moraillon

tray
plateau

handle
poignée

pullman case; *suitcase*
valise pullman

pull strap
dragonne

identification tag; *luggage label*
porte-adresse

padlock
cadenas

frame
cadre

fittings
ferrure

weekender
valise fin de semaine

trim
garniture

garment bag
housse à vêtements

curtain
panneau de séparation

hanging hook
crochet

shell
coque

wheel
roulette

interior pocket
poche intérieure

strap
courroie de valise

lock
serrure

garment strap
sangle serre-vêtements

zipper
fermeture à glissière

carry handle
poignée

vanity case
mallette de toilette

tote bag; *flight bag*
sac fourre-tout

luggage carrier; *luggage trolley*
porte-bagages

mirror
miroir

shoulder strap
bandoulière

frame
armature

exterior pocket
poche extérieure

roll bag
sac rond

carry-on bag; *holdall*
sac de vol

utility case
trousse de toilette

cosmetic tray
plateau

hinge
charnière

stand
béquille

handbags
sacs à main

barrel bag
sac polochon

zipper
fermeture à glissière

clutch bag
sac pochette

press-stud
bouton-pression

accordion bag
sac accordéon

box bag
sac boîte

tote bag
sac fourre-tout

gusset
soufflet

lining
doublure

beach bag
sac de plage

carrier bag
sac cabas

shopping bag
sac à provisions

handbags
sacs à main

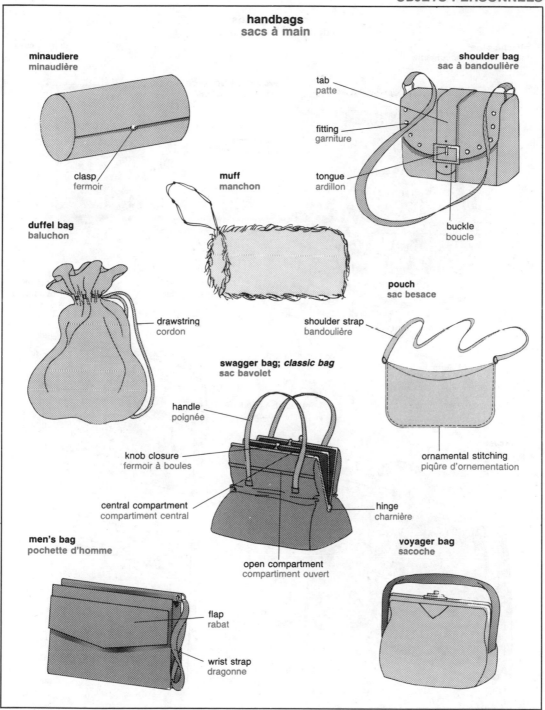

minaudiere
minaudière

clasp
fermoir

muff
manchon

shoulder bag
sac à bandoulière

tab
patte

fitting
garniture

tongue
ardillon

buckle
boucle

duffel bag
baluchon

drawstring
cordon

pouch
sac besace

shoulder strap
bandoulière

swagger bag; classic bag
sac bavolet

handle
poignée

knob closure
fermoir à boules

central compartment
compartiment central

hinge
charnière

ornamental stitching
piqûre d'ornementation

men's bag
pochette d'homme

open compartment
compartiment ouvert

voyager bag
sacoche

flap
rabat

wrist strap
dragonne

leather goods
articles de maroquinerie

attaché case
mallette porte-documents

writing case
écritoire

divider
séparation-classeur

expandable file pouch
classeur à soufflets

compartment
compartiment

lining
doublure

portfolios
porte-documents

handle post
tige de poignée

frame
cadre

clasp
fermoir

combination lock
serrure à combinaison

retractable handle
poignée escamotable

exterior pocket
poche extérieure

briefcase
serviette

handle
poignée

tab
patte

key lock
serrure à clé

zipper pocket
poche à fermeture à glissière

wrist strap
dragonne

leather goods
articles de maroquinerie

billfold; *wallet*
porte-coupures

pocket
poche

checkmate; *cheque book cover*
porte-chéquier

strap
bride

stamp pocket
poche à timbres

ticket pocket
poche à tickets

passport case
porte-passeport

bill compartment; *wallet section*
poche américaine

card case; *credit card wallet*
porte-cartes

window
fenêtre

accordion windows
feuillet

checkbook/secretary clutch
calculator/cheque book holder
portefeuille chéquier

slot
fente

face
vue

tab
patte

press-stud
bouton-pression

wallet
portefeuille

money clip
pince à billets

notepad
bloc-notes

trimming
grébiche

card and photo case
porte-photos/porte-cartes

interior pocket
poche à fermeture à glissière

coin purse
porte-monnaie

hidden pocket
poche secrète

calculator
calculatrice

bill compartment; *wallet section*
poche ministre

gusseted pocket
poche à soufflet

purse
bourse à monnaie

knob closure
fermoir à boules

key case
porte-clés

flap
rabat

pen holder
porte-stylo

hook
crochet

checkbook holder; *cheque book holder*
porte-chéquier

COMMUNICATIONS

COMMUNICATIONS

writing systems of the world
écritures des peuples

Merry Christmas
Happy New Year

English
anglais

Joyeux Noël
Bonne année

French
français

クリスマス
おめでとう

初光り

Japanese
japonais

God Jul
Godt Nytt Ar

Norwegian
norvégien

Vrolijk Kerstfeest
en een
Gelukkig Nieuwjaar

Dutch
hollandais

Feliz
Navidad
Próspero
Año Nuevo

Spanish
espagnol

С Рождеством
С новым годом

Russian
russe

חַג שָׂמֵחַ
שָׂנָה טוֹבָה

Hebrew
hébreu

عيد شما مبارك
كريسمس مبارك

Iranian
iranien

BUON
NATALE
FELICE
ANNO NUOVO

Italian
italien

Glædelig Jul
og
Godt Nytaar

Danish
danois

Hyvaa Joulua Ja
Onnellista
Uutta Vuotta

Finnish
finlandais

ΚΑΛΑ ΧΡΙΣΤΟΥΓΕΝΝΑ
ΚΑΙ ΕΥΤΥΧΙΣΜΕΝΟΣ Ο
ΚΑΙΝΟΥΡΓΙΟΣ ΧΡΟΝΟΣ

Grook
grec

CHÚC MỪNG GIÁNG SINH
CUNG CHÚC TÂN XUÂN

Vietnamese
vietnamien

God Jul
och
Gott Nytt
Är

Swedish
suédois

عام سعيد
وكل عام وانتم بخير

Arabic
arabe

नव वर्ष की शुभकामनाएँ

Hindi
hindi

ԳԵՆ...
...

Armenian
arménien

SĂRBĂTORI FERICITE
şi
LA MULTI ANI

Rumanian
roumain

ХPUCTOC
РОДИВСЯ
ШАСЛИВОТО
НОВОГО РОКУ

Ukrainian
ukrainien

FELIZ NATAL
PRÓSPERO ANO NOVO

Portuguese
portugais

Fröhliche Weihnachten
und alles Gute
zum Neuen Jahr

German
allemand

සුබ නත්තලක් වේවා
සුබ අලුත් අවුරුද්දක් වේවා

Sinhalese
cingalais

Wesołych Świąt
i
Szczęśliwego
Nowego Roku

Polish
polonais

聖誕快乐
新年愉快

Chinese
chinois

Nadolig Llawen
Blwyddyn Newydd
Dda

Welsh
gallois

KELLEMES KARÁCSONYI
ÜNNEPEKE
BOLDOG ÚJÉVET

Hungarian
hongrois

Inuktitut
inuktitut

Braille
alphabet Braille

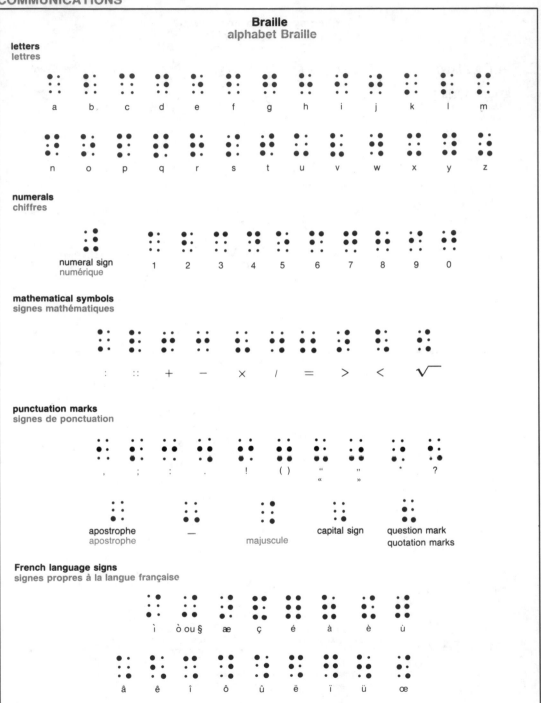

letters
lettres

a b c d e f g h i j k l m

n o p q r s t u v w x y z

numerals
chiffres

numeral sign / numérique

1 2 3 4 5 6 7 8 9 0

mathematical symbols
signes mathématiques

: :: + − × / = > < √

punctuation marks
signes de ponctuation

, ; : . ! ( ) " " * ?
« »

apostrophe / apostrophe

— / majuscule

capital sign

question mark
quotation marks

French language signs
signes propres à la langue française

ì   ò ou §   æ   ç   é   à   è   ù

â   ê   î   ô   û   ë   ï   ü   œ

deaf-mute alphabet
alphabet des sourds-muets

letters
lettres

a b c d e f g h i j k l m

n o p q r s t u v w x y z

numbers
chiffres

1 2 3 4 5 6 7 8 9 10

punctuation marks
signes de ponctuation

.
period; *full stop*
point

?
question mark
point d'interrogation

!
exclamation point
exclamation mark
point d'exclamation

,
comma
virgule

;
semicolon
point-virgule

:
colon
deux-points

...
ellipses; *ellipsis*
points de suspension

( )
parentheses
parenthèses

[ ]
brackets
crochets

*
asterisk
astérisque

———
dash
tiret

/
slash
barre oblique

« »
guillemets

" "
quotation marks

' '
single quotation marks

diacritic symbols
signes diacritiques

é
acute accent
accent aigu

à
grave accent
accent grave

â
circumflex accent
accent circonflexe

ç
cedilla
cédille

-
hyphen
trait d'union

ä ï
umlaut
tréma

l' 's
apostrophe
apostrophe

international phonetic alphabet
alphabet phonétique international

signs signes	French français	English anglais		signs signes	French français	English anglais
vowels voyelles orales				**fricative consonants** consonnes fricatives		
[a]	lac	—		[f]	fou	life
[ɑ]	mât	arm		[v]	vite	live
[æ]	—	back		[θ]	—	thin
[e]	thé	elite		[ð]	—	then
[ɛ]	poète	yet		[h]	—	hot
[ə]	—	ago		[s]	hélas	pass
[ɜ]	—	earth		[z]	gaz	zoo
[i]	île	beet		[ʒ]	page	rouge
[ɪ]	—	bit		[ʃ]	cheval	she
[ɔ]	note	ball				
[o]	dos	note		**liquid consonants** consonnes liquides		
[œ]	peur	—				
[u]	loup	rule		[l]	mal	real
[ʊ]	—	bull		[r]	rude	rue
[ʌ]	—	but		[m]	blême	him
[y]	mur	cure		[n]	fanal	in
[ø]	feu	—		[ɲ]	agneau	rang
[ɒ]	—	hot				
[:]	longueur / length			**stop consonants** consonnes occlusives		
nasal vowels voyelles nasales						
				[p]	pas	mop
[ã]	blanc	—		[b]	beau	bat
[ɛ̃]	pain	—		[d]	dur	do
[ɔ̃]	bon	—		[t]	tu	two
[œ̃]	brun	—		[k]	que	lake
				[g]	gare	bag
glides semi-voyelles						
				affricate consonants consonnes affriquées		
[j]	yeux	you				
[ɥ]	nuit	—		[tʃ]	—	chin
[w]	oui	we		[dʒ]	—	joke
diphthongs diphtongues						
[aɪ]	—	my				
[aʊ]	—	how				
[ɔɪ]	—	toy				
[ju]	—	amuse				
[eɪ]	—	may				
[ɛə]	—	dare				
[ɪə]	—	here				
[əʊ]	—	no				
[ʊə]	—	here				

typical letter
lettre type

American model
modèle américain

letterhead

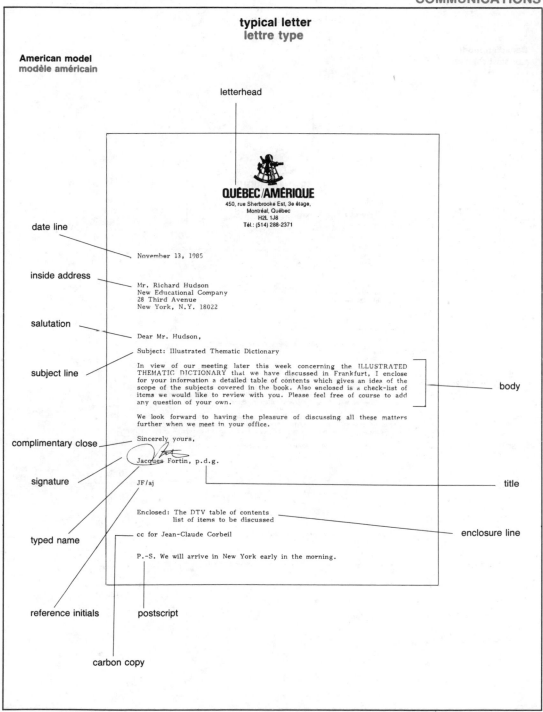

QUÉBEC/AMÉRIQUE
450, rue Sherbrooke Est, 3e étage,
Montréal, Québec
H2L 1J8
Tél.: (514) 288-2371

date line

November 13, 1985

inside address

Mr. Richard Hudson
New Educational Company
28 Third Avenue
New York, N.Y. 18022

salutation

Dear Mr. Hudson,

subject line

Subject: Illustrated Thematic Dictionary

In view of our meeting later this week concerning the ILLUSTRATED THEMATIC DICTIONARY that we have discussed in Frankfurt, I enclose for your information a detailed table of contents which gives an idea of the scope of the subjects covered in the book. Also enclosed is a check-list of items we would like to review with you. Please feel free of course to add any question of your own.

body

We look forward to having the pleasure of discussing all these matters further when we meet in your office.

complimentary close

Sincerely yours,

signature

Jacques Fortin, p.d.g.

title

typed name

JF/aj

Enclosed: The DTV table of contents
          list of items to be discussed

enclosure line

cc for Jean-Claude Corbeil

P.-S. We will arrive in New York early in the morning.

reference initials   postscript

carbon copy

typical letter
lettre type

Canadian model
modèle canadien

en-tête   lieu et date

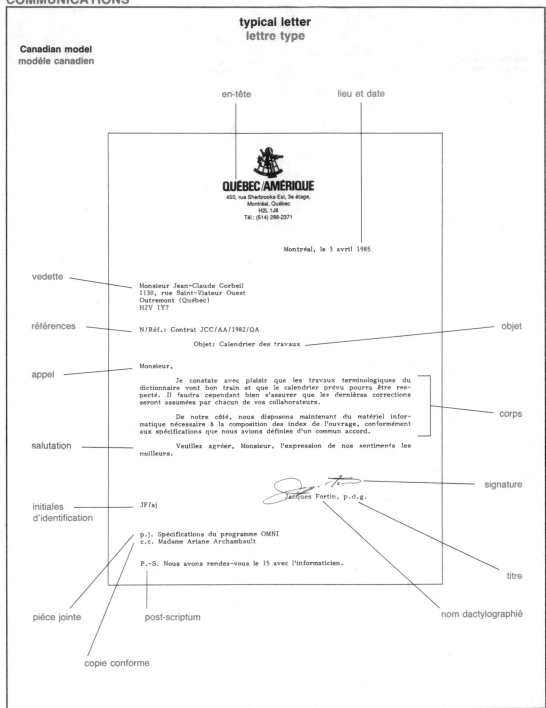

QUÉBEC/AMÉRIQUE
450, rue Sherbrooke Est, 3e étage,
Montréal, Québec
H2L 1J8
Tél.: (514) 288-2371

Montréal, le 3 avril 1985

vedette

Monsieur Jean-Claude Corbeil
1130, rue Saint-Viateur Ouest
Outremont (Québec)
H2V 1Y7

références

N/Réf.: Contrat JCC/AA/1982/QA   objet

Objet: Calendrier des travaux

appel

Monsieur,

Je constate avec plaisir que les travaux terminologiques du dictionnaire vont bon train et que le calendrier prévu pourra être respecté. Il faudra cependant bien s'assurer que les dernières corrections seront assumées par chacun de vos collaborateurs.

De notre côté, nous disposons maintenant du matériel informatique nécessaire à la composition des index de l'ouvrage, conformément aux spécifications que nous avions définies d'un commun accord.   corps

salutation

Veuillez agréer, Monsieur, l'expression de nos sentiments les meilleurs.

signature

Jacques Fortin, p.d.g.

initiales
d'identification

JF/aj

titre

p.j. Spécifications du programme OMNI
c.c. Madame Ariane Archambault

P.-S. Nous avons rendez-vous le 15 avec l'informaticien.

nom dactylographié

pièce jointe   post-scriptum

copie conforme

typical letter
lettre type

British model
modèle britannique

letterhead

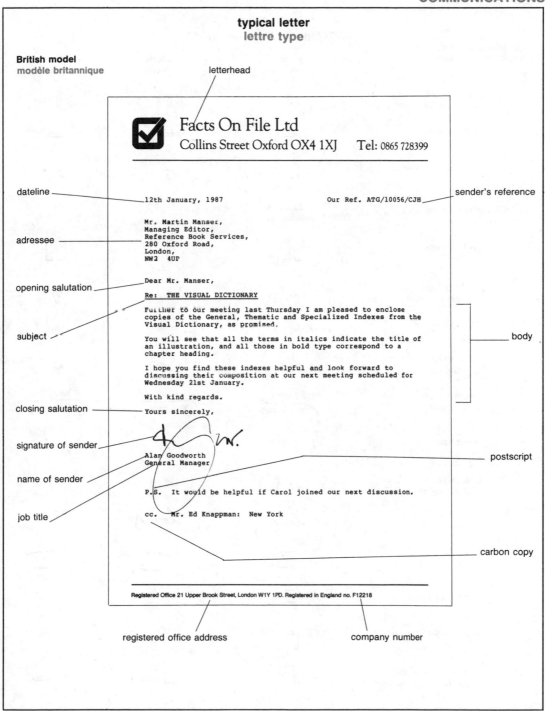

dateline

adressee

opening salutation

subject

closing salutation

signature of sender

name of sender

job title

sender's reference

body

postscript

carbon copy

registered office address

company number

proofreading
corrections typographiques

corrections of errors
corrections d'erreurs

	French Français	American Américain	British Britannique
align vertically aligner verticalement	‖	‖	‖
align horizontally aligner horizontalement	=	=	=
begin a new paragraph alinéa	[	⊄	⌐
augmenter le blanc	#		
center; *centre* centrer	]C	]C	[]
correct a letter changer une lettre	a/	a/	a/
correct a word changer un mot	/ demi /	heel /	heel /
insert space espacer les mots	#/	#	Y
run in; *run on* faire suivre	à jouer. On pourrait	heel. The doctor	heel. The doctor
insert here insérer	⋏	⋏	h
insert a letter insérer une lettre	u⋏	a⋏	
insert a word insérer un mot	la ⋏	low ⋏	
close up joindre	⌣	⌣	⌣
justifier à gauche	⅂		
justifier à droite	⌐		
take over to next line mettre sur la ligne suivante	à	break	break

proofreading
corrections typographiques

corrections of errors
corrections d'erreurs

	French Français	American Américain	British Britannique
take back to previous line mettre sur la ligne précédente	*la* ⌐	⌐ *move up*	*move up* ⌐
let it stand ne rien changer	*bon H*	...*stet*	*(stet)*
move to left pousser à gauche	[	[	⊢←[
move to right pousser à droite	]	]	]→⊣
rapprocher sans joindre	↕|		
reduce space réduire le blanc	→	*(reduce #)*	↑
delete supprimer	~	e	~
transpose two words transposer deux mots	la ⌐solution⌐ bonne	⌐order ⌐the *tr*	⌐order ⌐the
transpose lines transposer deux lignes	⌇	⌇ *tr*	⌇
transpose two letters transposer deux lettres	e/g	u/o *tr*	u/o
something omitted voir copie	*(v. copie)*	*see copy*	*(see copy)*

corrections of punctuation marks
corrections de la ponctuation

	French	American	British
period; *full stop* point	⊙	⊙	⊙
comma virgule	⌃,	⌃,	⌃,
apostrophe apostrophe	⌄'	⌄'	⌄'

proofreading
corrections typographiques

corrections of punctuation marks
corrections de la ponctuation

	French Français	American Américain	British Britannique
colon deux-points	: /	: /	⊙
semicolon point-virgule	; /	; /	; /
hyphen trait d'union	– /	= /	⊢⊣
quotation marks guillemets	«/»	/	/
parentheses parenthèses	(/)	(/)	(/)

corrections of diacritic symbols
corrections de signes diacritiques

superscript exposant	a^2	a^2	a^2
subscript indice	H_2O	H_2O	H_2O

corrections of type
corrections de caractères

set in lower case en bas de casse	bdc	lc	≠ lc
set in capitals en capitales	cap	cap	≡
set in small capitals en petites capitales	p.c.	sc	=
set in italic en italique	ital.	ital	—
set in roman en romain	rom.	rom	
set in boldface en gras	gr.	bf	
set in lightface en léger	léger	lf	

proofreading
corrections typographiques

indication of types
indication de caractères

italic	bible	*bible*
italiques		
boldface; *bold*	bible	**bible**
gras		
small capitals	bible	BIBLE
petites capitales		
capitals	bible	BIBLE
grandes capitales		
italic capitals	bible	*BIBLE*
capitales italiques		
boldface capitals; *bold capitals*	bible	**BIBLE**
capitales en gras		
italic boldface capitals	bible	***BIBLE***
capitales italiques gras		
capitals for initials, small capitals for the rest	HENRY MILLER	HENRY MILLER
grandes capitales et petites capitales		

American proofreading model
modèle américain de corrections typographiques

1.1 - The phoneme. It is important to keep in mind
that the sounds of human language are more that just
sounds. The p of pin is exploded with a puff of air
following it, where as the p of capture is not, those
sound are quite different as mere sounds. But english
we say they are the same, and they are, because they
functions as the same unit in the sound system of
English.

The functioning units like English /p/ are called
phonemes by structural linguists and with usually be
enclosed in plant bars in the text.

Robert Lado

from Linguistics across cultures

proofreading
corrections typographiques

French proofreading model
modèle français de corrections typographiques

]Alchimie du verbe[

J'inventais la couleur des voyelles. A noir, blanc E beige, I rouge, O bleu, U vert.- Je réglais la forme et le mouvement de chaque consonne et, avec des rythmes instinctifs, je flottais d'inventer un verbe poétique accessible, un jour ou l'autre, à tous les sens. Je réservais la traduction. D'abord ce fut une étude. J'écrivais des silences, des nuits, je notais l'inexprimable.

Je fixais des vertiges.

Arthur Rimbaud

extraits de Un saison en enfer

British proofreading model
modèle britannique de corrections typographiques

1.1 - The phoneme. It is important to keep in mind that the sounds of human language are more that just sounds. The p of pin is exploded with a puff of air following it, whereas the p of capture is not, those sound are quite different as mere sounds. But english we say they are the same, and they are, because they function as the same unit in the sound system of English.

The functioning units like English /p/ are called phonemes by structural linguists and (with) usually be enclosed in plant bars in the text.

Robert Lado

from Linguistics across cultures

writing instruments
instruments d'écriture

ancient
ancien

stylus
stylet

reed panicle
calame

cane pen
plume creuse de roseau

Roman metal pen
plume métallique romaine

steel pen
plume métallique

quill
plume d'oie

lead pencil
crayon en plomb

writing brush
pinceau

modern
moderne

fountain pen
stylo à plume

ballpoint pen
stylo à bille

push-button
bouton-poussoir

thrust tube
tube de poussée

thrust device
dispositif de poussée

cartridge
cartouche

clip
agrafe

joint
joint

spring
ressort

point
pointe

nib
plume

air hole
évent

cartridge
cartouche

barrel
corps

feed tube
tube d'alimentation

ink
encre

refill
recharge

other types
autres types

ink
encre

ball bearing
bille

marker
marqueur

mechanical pencil
porte-mine

photography
photographie

single-lens reflex camera
appareil à visée reflex mono-objectif

film advance lever
levier d'armement

release button
bouton déclencheur

shutter release
déverrouillage de l'obturateur

frame counter
compteur de poses

neckstrap lug
étrier d'attache

shutter speed selector
sélecteur de vitesses d'obturation

film speed indicator
affichage de la rapidité du film

viewfinder
viseur

pentaprism
prisme

rewind crank
molette de rebobinage

flash synchronization terminal
prise pour flash

camera body
boîtier

take-up spool
bobine réceptrice

film transport sprocket
tambour d'entraînement

self timer
déclencheur à action différée

mirror
miroir

lighttight box
chambre noire

shutter
obturateur

interchangeable lens
objectif interchangeable

diaphragm
diaphragme

lens mount
monture d'objectif

bayonet mount
monture baïonnette

photography
photographie

still cameras
appareils photographiques

folding camera
appareil pliant

press camera
appareil de presse

medium format SLR (6 x 6)
appareil reflex 6 X 6 mono-objectif

stereo camera
appareil stéréoscopique

view camera
chambre photographique

twin-lens reflex camera
appareil reflex à deux objectifs

rangefinder
appareil à télémètre couplé

disk camera; *disc camera*
appareil pour photodisque

pocket instamatic camera
appareil petit-format

subminiature camera
appareil mini-format

photography
photographie

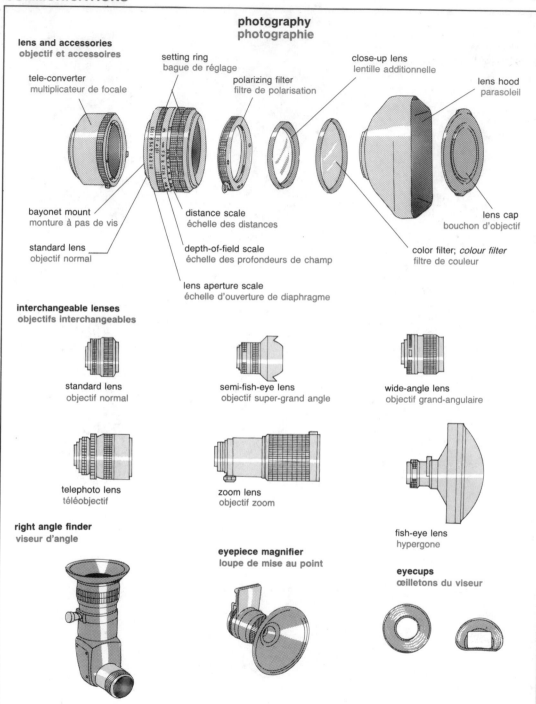

lens and accessories
objectif et accessoires

tele-converter
multiplicateur de focale

setting ring
bague de réglage

polarizing filter
filtre de polarisation

close-up lens
lentille additionnelle

lens hood
parasoleil

bayonet mount
monture à pas de vis

distance scale
échelle des distances

lens cap
bouchon d'objectif

standard lens
objectif normal

depth-of-field scale
échelle des profondeurs de champ

color filter; *colour filter*
filtre de couleur

lens aperture scale
échelle d'ouverture de diaphragme

interchangeable lenses
objectifs interchangeables

standard lens
objectif normal

semi-fish-eye lens
objectif super-grand angle

wide-angle lens
objectif grand-angulaire

telephoto lens
téléobjectif

zoom lens
objectif zoom

fish-eye lens
hypergone

right angle finder
viseur d'angle

eyepiece magnifier
loupe de mise au point

eyecups
œilletons du viseur

photography
photographie

Polaroid Land camera
Polaroïd

flashbar socket
prise pour flash-bar

between-the-lens shutter
obturateur central

eyepiece
oculaire

exposure control
contrôle d'exposition

taking mirror
miroir de prise de vues

photoelectric cell
cellule photo-électrique

film-pack
film-pack

electric motor
moteur électrique

lens
objectif

developing film
épreuve

gear train
train d'engrenages

printed circuit
circuit imprimé

shutter button
bouton déclencheur

battery
pile

processing rollers
rouleaux presseurs

films
pellicules

disc
film-disque

cartridge
cartouche de pellicule

film-pack
film-pack

cassette
cassette

film leader
amorce

perforation
perforation

photography
photographie

flash unit
appareil-éclair

flash lamp
lampe-éclair

flash outlet
prise

electronic flash
flash électronique

light sensor
télésenseur

magnesium wire
fil de magnésium

calculator
calculateur

lead-in wire
filament

fastening screw
vis de fixation

hot shoe
pied-sabot

glass bulb
enveloppe de verre

base of lamp
culot

lens
réflecteur

flashcube
flash-cube

battery
pile

flash bracket
barrette de liaison

wide angle adapter
adapteur grand angle

synchro cord
câble de synchronisation

exposure meter
posemètre photo-électrique

spotmeter
cellule à visée reflex

incident-light measuring diffuser
calotto diffusante pour mesure en lumière incidente

exposure value scale
échelle des indices d'exposition

indicator needle
aiguille

exposure-time scale
échelle de durée
d'exposition relative

objective lens
objectif

light-reading scale
échelle de lecture

aperture scale
échelle d'ouverture relative

eyepiece
oculaire

transfer scale
report de lecture

cine scale
cadence des images par
seconde pour le cinéma

switch
interrupteur

exposure value
indices d'exposition

calculator dial
calculateur

grip
poignée

ASA/DIN exposure index
marquage de la sensibilité

photography
photographie

studio lighting
éclairage de studio

infrared transmitter
transmetteur infrarouge

flash meter
flashmètre

diffuser filter set
jeu de filtres diffusants

flash
flash

color filter set; colour filter set
jeu de filtres colorés

sync cable
câble synchro

main cable
cordon d'alimentation

converter; *transformer*
convertisseur

umbrella diffuser; *flash umbrella*
ombrelle

barn doors
coupe-flux

parabolic reflector
réflecteur parabolique

conical snoot
tube focaliseur conique

stand
pied-support

honeycomb diffuser
diffuseur en nid d'abeilles

reflecting screen
écran diffuseur

diffuser
diffuseur

spot projector attachment
tube focaliseur cylindrique

softlight reflector
réflecteur diffusant

photography
photographie

photographic accessories
accessoires photographiques

air bulb release
déclencheur pneumatique

cable release
déclencheur souple

tripod
trépied

camera screw
vis de fixation

camera platform
plate-forme

pan handle
levier de commande

telescoping leg
branche télescopique

lower pan-head mounting screw
vis de fixation inférieure de la tête panoramique

side-tilt lock
blocage vertical

panoramic and tilting head
tête panoramique et à bascule

column lock
blocage de la colonne

column crank
manivelle

column
colonne centrale

collet
bague de serrage

studio accessories
accessoires de studio

boom
girafe

stand
pied de studio

reflector
réflecteur

background
fond

photography
photographie

darkroom
laboratoire photographique

lightbox
négatoscope

contact printer
châssis-presse

safelight
éclairage inactinique

enlarger
agrandisseur

developing tank
cuve de développement

reel
spirale

film drying cabinet
armoire de séchage

extractor fan
ventilateur extérieur

print drying rack
séchoir d'épreuves RC

timer
minuterie

sink
évier

easel
margeur

paper safe
garde-papier

enlarger timer
compte-pose

dry mounting press
glaceuse à plat

developer bath
bain de révélateur

print washer
laveuse pour épreuves

focusing magnifier
loupe de mise au point

resin-coated paper dryer
sécheuse pour papier RC

fixing bath
bain de fixation

color analyzer; *colour analyser*
analyseur couleur

guillotine trimmer
cisaille

stop bath
bain d'arrêt

photography
photographie

enlarger
agrandisseur

lamphouse
boîte à lumière

lamp
ampoule

movable condenser
condensateur interchangeable

filter drawer
tiroir à filtres

condenser
condensateur

bellows
soufflet

red safelight filter
filtre rouge inactinique

negative carrier
porte-négatif

focus magnifier
loupe de mise au point

column
colonne

height scale
échelle d'agrandissement

head rotation lock
verrouillage de rotation de tête d'agrandisseur

height control
bouton de commande de la course verticale

focusing knob
bouton de mise au point

enlarging lens
objectif d'agrandissement

voltage stabilizer
stabilisateur de tension

baseboard
plateau

easel
margeur

photography
photographie

slide projector
projecteur diascope

slide tray
panier de projection

lock ring
couvercle du chargeur

cooling fan
ventilateur de refroidissement

motor
moteur

slide changer
passe-vues

focusing knob
bouton de mise au point

projection lamp
lampe de projection

condenser
condensateur

leveling foot; *levelling foot*
réglage en hauteur

main cord; *mains lead*
cordon d'alimentation

lens
objectif

remote control
commande à distance

projection screen
écran de projection

transparency slide; *slide*
diapositive

hanger
crochet

mount frame blinder; *slide mount*
cadre-cache

saddle
support

photographic picture
phototype

pull bail
poignée

pearl screen
toile perlée

screen case
carter

tube
potence

tripod
trépied

push-button
bouton-poussoir

shoe
embout

sound reproducing system
chaîne stéréo

system elements
composantes d'un système

connecting cable
câble de raccordement

preamplifier-amplifier
préamplificateur-amplificateur

loudspeaker
enceinte acoustique

tape deck
platine de magnétophone

headphone
casque d'écoute

microphone
microphone

power cord
cordon d'alimentation

tuner
syntonisateur

turntable
platine tourne-disque

speaker
enceinte acoustique

level controls
réglage de niveau

cabinet
coffret

grille
treillis

supertweeter
super tweeter

equalizer
correcteur

headphone
casque d'écoute

volume control
réglage de niveau

headband
serre-tête

tweeter
haut-parleur d'aigus

midrange
haut-parleur de médium

woofer
haut-parleur de graves

diaphragm
membrane

grille
treillis

jack
fiche pour jack

cone
dôme cache-poussière

corrugation
strie

ear cushion
oreillette

sound reproducing system
chaîne stéréo

amplifier-tuner
amplificateur

band selectors
touches de modulation (AM-FM)

FM stereo indicator
lampe-témoin stéréo

automatic frequency control
contrôle automatique de fréquence

monitor indicator
voyant de contrôle

digital frequency display
affichage numérique des stations

analogue frequency meter
cadran

speaker selector
commutateur haut-parleur

tuning buttons
touches de réglage d'accord

input selectors
commutateurs d'entrées

bass tone control
contrôle de tonalité des graves

volume control
réglage du volume

treble tone control
contrôle de tonalité des aigus

balance control
équilibrage

loudness switch
commande de
compensation

headphone jack
prise casque

preset tuning button
touche de présélection

tape monitor switch
commutateur d'entrée
pour magnétophone

power switch
commutateur marche/arrêt

mode selector
commutateur mono-stéréo

memory button
touche mémoire

sound reproducing system
chaîne stéréo

turntable
platine tourne-disque

dust cover
couvercle

EP adaptor
adaptateur 45 tr/min

ground lead; *earth lead*
câble de mise à terre

output lead
câble de raccordement

power cord
cordon d'alimentation

hinge
charnière

motor pulley
axe du moteur

base plate
contre-platine

record
disque

spiral-in groove
sillon de départ

band
surface gravée

label
étiquette

spiral
plage de séparation

rubber mat
couvre-plateau

platter
plateau

drive belt
courroie

counterweight
contrepoids

arm elevator
relève-bras

anti-skating device
compensateur de poussée latérale

tone arm
bras de lecture

stylus cartridge
tête de lecture

function lever
manette de commande

arm rest
repose-bras

groove
sillon

spindle
axe

base
socle

speed selector lever
sélecteur de vitesses

tail-out groove
sillon de sortie

locked groove
sillon concentrique

center hole; *centre hole*
trou central

sound reproducing system
chaîne stéréo

tape deck
platine de magnétophone

counter reset button
bouton de remise à zéro

tape-type indicator
indicateur de type de bande

tape counter
compteur

tape selector
sélecteur de bandes

LED peak level meter
indicateur de niveau électroluminescent

power switch
interrupteur d'alimentation

record muting button
interrupteur d'accord silencieux

cassette holder
logement de cassette

record button
enregistrement

eject button
bouton d'éjection

pause button
pause

Dolby noise reduction switch
touche Dolby

rewind button
rebobinage

fast-forward button
avance rapide

headphone jack
prise casque

play button
lecture

recording level button
réglage de niveau d'enregistrement

microphone jack
prise micro

stop button
arrêt

video tape recorder
magnétoscope

pause/still
pause/arrêt sur l'image

stop
arrêt

rewind
rebobinage

fast forward
avance rapide

counter memory button
touche mémoire

cassette loading slot
logement de cassette

record
enregistrement

reset button
touche de remise à zéro

power switch
interrupteur d'alimentation

play
lecture

digital clock
horloge numérique

eject
éjection

pre-tuning control
commande de syntonisation préréglable

timer on switch
interrupteur d'alimentation
du magnétoscope

audio output
sortie audio

programmable timer
programmateur

power/timer off switch
interrupteur d'alimentation
du programmeur

video output
sortie vidéo

channel selector control
sélecteur de canaux

video/TV selector
sélecteur vidéo/TV

audio input
entrée audio

tape counter
compteur

tape speed selector
sélecteur de vitesses de défilement

video input
entrée vidéo

tracking control
réglage d'asservissement

cinematography
cinématographie

sound camera
caméra sonore

daylight filter control
commutateur lumière artificielle/naturelle

viewfinder
viseur

manual zoom ring
commande manuelle du zoom

eyecup
œilleton

focusing ring
bague de réglage de mise au point

battery check meter
contrôle d'usure des piles

macro focusing knob
position macro du zoom

film footage counter
compteur de film

trigger
déclencheur

remote control socket
prise pour télécommande

handgrip
poignée

flash socket
prise pour flash

camera battery
pile

manual aperture control
réglage manuel de l'ouverture du diaphragme

on/off switch
interrupteur

sound projector
projecteur sonore

take-up reel
bobine réceptrice

supply reel
bobine débitrice

focusing control
bouton de mise au point

film path
couloir de projection

speaker
haut-parleur

recording switch
bouton d'enregistrement

lamp
lampe

projector zoom lens
objectif à focale variable

volume control
commande de volume

framing control
bouton de commande
de cadrage

tone control
commande de tonalité

recording reproducing head
tête d'enregistrement et
de production

sound-on-sound control
commande de surimpression sonore

forward/reverse switch
commande de marche avant/arrière

adjustable foot
pied réglable

video camera
caméra vidéo

electronic viewfinder
viseur électronique

automatic fade control
interrupteur de fondu

eyecup
œilleton

zoom-speed selector
commutateur de vitesses du zoom

white balance control
interrupteur d'équilibre des blancs

VCR pause switch
commande de lecture VCR

built-in microphone
microphone incorporé

electronic viewfinder display control
commande de l'affichage du
viseur électronique

zoom lens
objectif zoom

color temperature switch
colour temperature switch
réglage des couleurs

focus setting ring
bague de mise au point

power zoom control
commande motorisée
du zoom

auto/manual aperture (iris) control
commande de réglage auto-manuelle du diaphragme

filming trigger
interrupteur

indoor/outdoor position
commutateur lumière artificielle/naturelle

wrist strap
dragonne

manual zoom ring
réglage manuel du zoom

handgrip
poignée

auto-manual focusing switch
commutateur de mise au point automatique

neckstrap lug
étrier d'attache

dynamic microphone
microphone dynamique

screen
treillis de protection

diaphragm
membrane

moving coil
ruban

housing
boîtier

foam windscreen
bonnette anti-vent

cable
cordon

on/off switch
interrupteur

plug
fiche

NO REPRODUCTION PERMITTED – REPRODUCTION INTERDITE

telegraph
télégraphe

diagram of a circuit
schéma de fonctionnement

sending station
poste émetteur

receiving station
poste récepteur

line
ligne

key
manipulateur

return spring
ressort de rappel

return spring
ressort de rappel

key
manipulateur

ground; *earth*
mise à la terre

pen
style

paper tape
bande de papier

pen
style

ground; *earth*
mise à terre

electric current source
source d'énergie électrique

electromagnet
électro-aimant

electromagnet
électro-aimant

electric current source
source d'énergie électrique

transmission of telegraph signals
transmission des signaux télégraphiques

transmitter
émetteur

receiver
récepteur

bypass contact
contact-dérivation

inked roller
rouleau encreur

electromagnet
électro-aimant

key
manipulateur

paper tape
bande de papier

transmission-line contact
contact-transmission

lines
lignes

handle
poignée

lever
levier

telegraph
télégraphe

punctuation
signes de ponctuation

Morse code
code morse

alphabet
alphabet

A
B
C
D
E
F
G
H
I
J
K
L
M
N
O
P
Q
R
S
T
U

V
W
X
Y
Z

numerals
chiffres

1
2
3
4
5
6
7
8
9
0

period (.); *full stop*
point

comma (,)
virgule

question mark (?)
point d'interrogation

colon (:)
deux-points

semicolon (;)
point-virgule

hyphen (-)
trait d'union

slash (/)
barre de fraction

quotation marks (")
guillemets

dash
trait

dot
point

telex; *teleprinter*
télex: téléimprimeur

paper tape
bande télex

perforator
porforateur de bande

punched paper tape reader
lecteur de bande perforée

paper tape start button
commande de la bande

keyboard
clavier

chad container bin
boîte à confettis

copy holder
appui-feuilles

line guide
guide

roll of paper
rouleau de papier

dial
cadran d'appel

controls
commandes de transmission

telephone set
poste téléphonique

transmitter
microphone

mouthpiece
embouchure de microphone

handset cord
cordon de combiné

gong
timbre

clapper
marteau

ringer coil
bobine de l'électro-aimant
de la sonnerie

switchhook
crochet commutateur

handset
combiné

receiver
récepteur

earpiece
pavillon d'écouteur

plunger
plongeur

cord
cordon de raccordement

cradle
berceau

finger stop
butée

network
circuit

housing
boîtier

dial
cadran

receiver
récepteur

diaphragm
diaphragme

permanent magnet
aimant permanent

coil
bobine

pole piece
pièce polaire

acoustic resistance
résistance acoustique

varistor
varistance

transmitter
microphone

carbon granules
grenaille de charbon

electrode
électrode

diaphram
diaphragme

cup
capsule

types of telephones
types de postes téléphoniques

coinbox telephone
téléphone public

call director telephone
pupitre dirigeur

coin slot
fente à monnaie

coin return knob
bouton de remboursement

push buttons
clavier

handset
combiné

coin return bucket
sébile de remboursement

cordless telephone
poste sans cordon

push-button telephone
poste à clavier

armored cord
cordon à gaine métallique flexible

handsfree telephone
poste mains libres

telephone answering machine
répondeur téléphonique

outgoing announcement cassette
cassette annonce

microphone
microphone

erase button
effacement

auto answer indicator
voyant de réponse automatique

on/play button
mise en marche

calls indicator
voyant de réception de messages

rewind button
rebobinage

telephone cord
cordon du téléphone

fast forward button
avance rapide

incoming message cassette
cassette messages

stop button
arrêt

listen button
écoute

record announcement button
enregistrement

volume control
commande de volume

television
télévision

studio and control rooms
studio et régies

lighting and vision control room
régie image-éclairage

control panel
tableau de commande

lighting director
éclairagiste; *chef-électricien*

video technician; *video operator*
technicien de l'image

dimmer control; *lighting control panel*
commande des gradateurs

videotape recorder
magnétoscope

amplifier
amplificateur

studio
studio

production control room
régie de production

audio control room; *sound control room*
régie du son

audio console; *sound desk*
pupitre de son

audio operator; *sound supervisor*
preneur de son

sound engineer; *deputy sound supervisor*
technicien du son; *ingénieur du son*

television
télévision

studio floor
plateau

spotlight
projecteur à faisceau concentré

teleprompter
télésouffleur

floodlight
projecteur d'ambiance

control panel
tableau de commande

camera crane
grue de prise de vues

catwalk
passerelle

loudspeaker
haut-parleur

hoist
dispositif de levage

monitor pusher
pilote d'écran-témoin

cyclorama
cyclorama

propman
accessoiriste

strip light
rampe du cyclorama

boom operator
perchiste

microphone boom
girafe

cameraman
caméraman

camera mount
socle de caméra

host; *presenter*
présentateur

floor manager
régisseur

floor crew
personnel de plateau

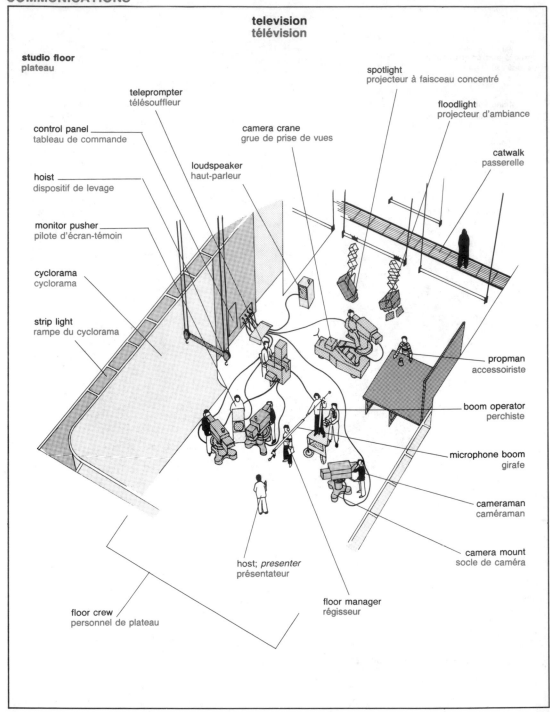

television
télévision

production control room
régie de production

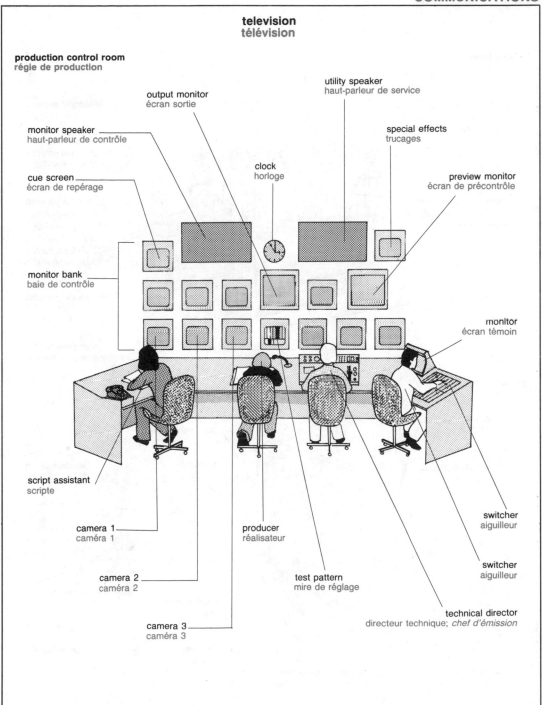

output monitor
écran sortie

utility speaker
haut-parleur de service

special effects
trucages

monitor speaker
haut-parleur de contrôle

clock
horloge

preview monitor
écran de précontrôle

cue screen
écran de repérage

monitor bank
baie de contrôle

monitor
écran témoin

script assistant
scripte

camera 1
caméra 1

producer
réalisateur

switcher
aiguilleur

switcher
aiguilleur

camera 2
caméra 2

test pattern
mire de réglage

camera 3
caméra 3

technical director
directeur technique; *chef d'émission*

television
télévision

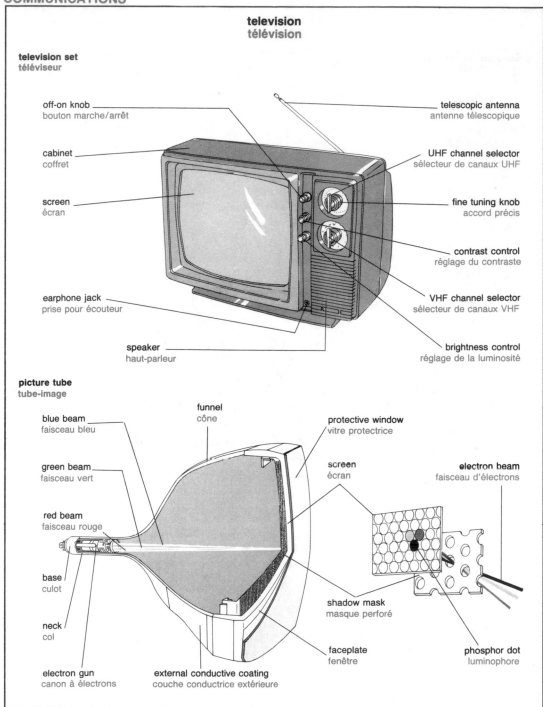

television set
téléviseur

off-on knob
bouton marche/arrêt

cabinet
coffret

screen
écran

earphone jack
prise pour écouteur

speaker
haut-parleur

telescopic antenna
antenne télescopique

UHF channel selector
sélecteur de canaux UHF

fine tuning knob
accord précis

contrast control
réglage du contraste

VHF channel selector
sélecteur de canaux VHF

brightness control
réglage de la luminosité

picture tube
tube-image

blue beam
faisceau bleu

green beam
faisceau vert

red beam
faisceau rouge

base
culot

neck
col

electron gun
canon à électrons

funnel
cône

external conductive coating
couche conductrice extérieure

protective window
vitre protectrice

screen
écran

electron beam
faisceau d'électrons

shadow mask
masque perforé

faceplate
fenêtre

phosphor dot
luminophore

telecommunication satellites
satellites de télécommunications

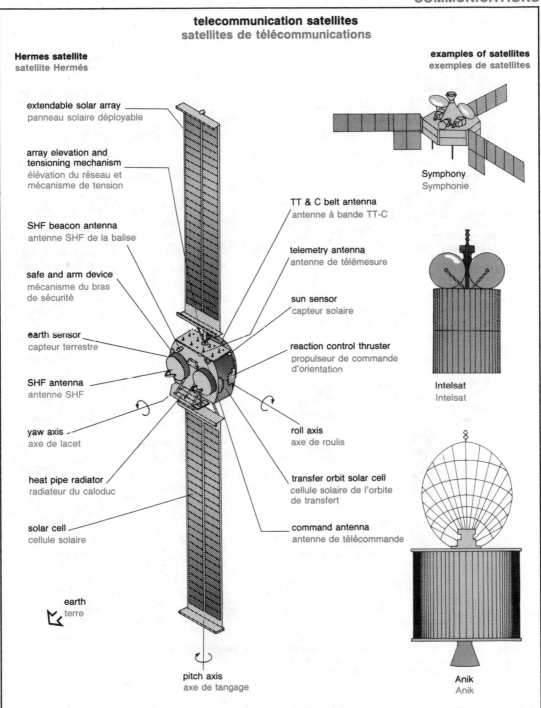

Hermes satellite
satellite Hermès

examples of satellites
exemples de satellites

extendable solar array
panneau solaire déployable

array elevation and
tensioning mechanism
élévation du réseau et
mécanisme de tension

SHF beacon antenna
antenne SHF de la balise

safe and arm device
mécanisme du bras
de sécurité

earth sensor
capteur terrestre

SHF antenna
antenne SHF

yaw axis
axe de lacet

heat pipe radiator
radiateur du caloduc

solar cell
cellule solaire

earth
terre

TT & C belt antenna
antenne à bande TT-C

telemetry antenna
antenne de télémesure

sun sensor
capteur solaire

reaction control thruster
propulseur de commande
d'orientation

roll axis
axe de roulis

transfer orbit solar cell
cellule solaire de l'orbite
de transfert

command antenna
antenne de télécommande

pitch axis
axe de tangage

Symphony
Symphonie

Intelsat
Intelsat

Anik
Anik

telecommunication satellites
satellites de télécommunications

trajectory of a satellite
trajectoire d'un satellite

transfer
transfert

satellite launcher separation
séparation du lanceur-satellite

transfer orbit satellite
satellite en orbite de transfert

normal mode satellite
satellite en mode normal

launching orbit
orbite de lancement

sun direction
direction du soleil

geostationary orbit injection
injection sur orbite géostationnaire

geostationary orbit
orbite géostationnaire

despin
contre-rotation

normal mode acquisition
acquisition du mode normal

attitude acquisition
acquisition d'attitude

solar panel deployment
déploiement des panneaux

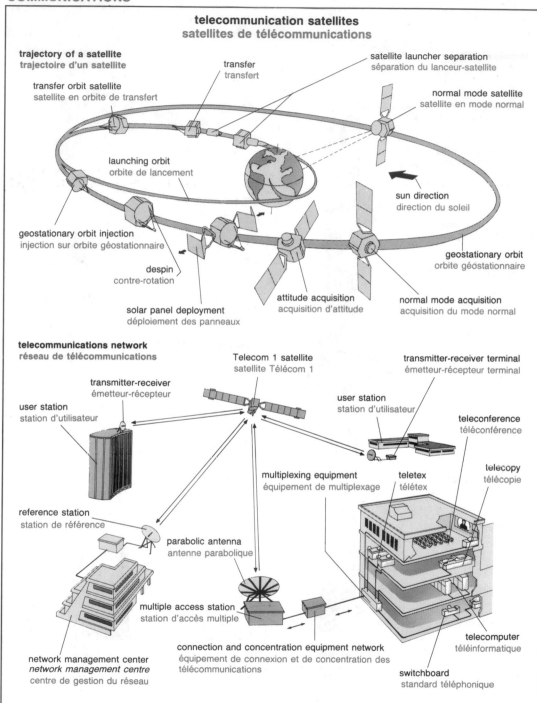

telecommunications network
réseau de télécommunications

Telecom 1 satellite
satellite Télécom 1

transmitter-receiver terminal
émetteur-récepteur terminal

transmitter-receiver
émetteur-récepteur

user station
station d'utilisateur

user station
station d'utilisateur

teleconference
téléconférence

telecopy
télécopie

multiplexing equipment
équipement de multiplexage

teletex
télétex

reference station
station de référence

parabolic antenna
antenne parabolique

multiple access station
station d'accès multiple

telecomputer
téléinformatique

network management center
network management centre
centre de gestion du réseau

connection and concentration equipment network
équipement de connexion et de concentration des
télécommunications

switchboard
standard téléphonique

TRANSPORTATION
TRANSPORT

automobile; *car*
automobile

front view
vue avant

hood; *bonnet*
capot

windshield; *windscreen*
pare-brise

window
glace

quarter window
glace de custode

cowl; *scuttle panel*
auvent

roof
pavillon

antenna; *aerial*
antenne

headlight
phare

grille
calandre

wheel
roue

bumper
pare-chocs

door handle
poignée de porte

door
porte

body side molding; *side panel*
baguette de flanc

bumper guard; *overrider*
butoir

outside mirror; *door mirror*
rétroviseur extérieur

door lock
serrure de porte

rear view
vue arrière

sliding roof; *sun roof*
toit ouvrant

rear window frame
encadrement de lunette

drip molding; *drip moulding*
gouttière

emblem
emblème

rear window
lunette arrière

fender; *wing*
aile

trunk; *boot*
coffre

taillight; *rear light*
feu rouge arrière

center post; *door pillar*
montant latéral

shield
bouclier

backup light; *reversing light*
feu de marche arrière

gas tank door; *petrol flap*
accès au réservoir d'essence

side-marker light; *indicator light*
feu de gabarit

mud flap
bavette garde-boue

hubcap
enjoliveur de roue

automobile; *car*
automobile

types of bodies
types de carrosseries

two-door sedan; *coupé*
coach

hardtop; *two-door saloon*
coupé

station wagon; *estate car*
familiale; *break*

four-door sedan
four-door saloon
berline

limousine
limousine

convertible
décapotable; *cabriolet*

racing car
voiture de course

headlight
phare

back of a station wagon; *rear of estate car*
arrière d'une familiale

headlight housing shell
boîtier de phare

sealed-beam mounting ring
support de phare

luggage rack
porte-bagages

lift gate; *tailgate*
hayon

retaining ring
anneau de retenue

headlamp bezel
enjoliveur de phare

trunk floor; *rear load area*
plancher de coffre

windshield wiper; *windscreen wiper*
essuie-glace

windshield wiper blade; *windscreen wiper blade*
balai d'essuie-glace

wiper arm
bras d'essuie-glace

tension spring
ressort de tension

wiper; *wiper blade rubber*
lame

articulation
articulation

fluted shaft; *pivot spindle*
arbre cannelé

automobile; *car*
automobile

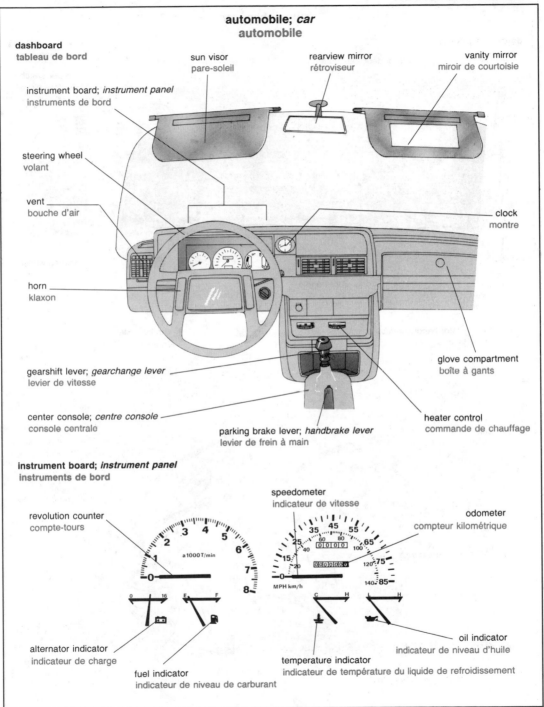

dashboard
tableau de bord

sun visor
pare-soleil

rearview mirror
rétroviseur

vanity mirror
miroir de courtoisie

instrument board; *instrument panel*
instruments de bord

steering wheel
volant

vent
bouche d'air

clock
montre

horn
klaxon

gearshift lever; *gearchange lever*
levier de vitesse

glove compartment
boîte à gants

center console; *centre console*
console centrale

parking brake lever; *handbrake lever*
levier de frein à main

heater control
commande de chauffage

instrument board; *instrument panel*
instruments de bord

revolution counter
compte-tours

speedometer
indicateur de vitesse

odometer
compteur kilométrique

a 1000 T/min

MPH km/h

alternator indicator
indicateur de charge

fuel indicator
indicateur de niveau de carburant

temperature indicator
indicateur de température du liquide de refroidissement

oil indicator
indicateur de niveau d'huile

automobile; *car*
automobile

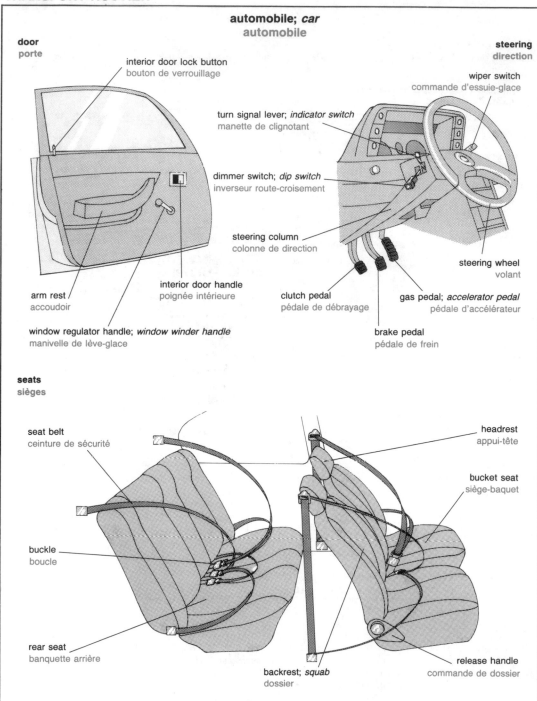

door
porte

interior door lock button
bouton de verrouillage

steering
direction

wiper switch
commande d'essuie-glace

turn signal lever; *indicator switch*
manette de clignotant

dimmer switch; *dip switch*
inverseur route-croisement

steering column
colonne de direction

steering wheel
volant

arm rest
accoudoir

interior door handle
poignée intérieure

clutch pedal
pédale de débrayage

gas pedal; *accelerator pedal*
pédale d'accélérateur

window regulator handle; *window winder handle*
manivelle de lève-glace

brake pedal
pédale de frein

seats
sièges

seat belt
ceinture de sécurité

headrest
appui-tête

bucket seat
siège-baquet

buckle
boucle

rear seat
banquette arrière

backrest; *squab*
dossier

release handle
commande de dossier

service station
station-service

pump island; *forecourt*
îlot de ravitaillement

tire dolly; *tyre rack*
chariot porte-roues

repair shop
atelier de réparation

pump attendant
pompiste

soft-drink dispenser
distributeur de boissons

car wash
lave-auto

towing truck
dépanneuse

gasoline pump; *petrol pump*
distributeur d'essence

tire inflator; *tyre inflator*
borne de gonflage

gasoline pump; *petrol pump*
distributeur d'essence

cash readout
afficheur totaliseur

body
châssis

volume readout
afficheur volume

pump nozzle
pistolet de distribution

price per litre/gallon
afficheur prix

SUPER

lever
détente

type of fuel
type de carburant

pedestal
socle

gasoline pump hose; *petrol pump hose*
flexible de distribution

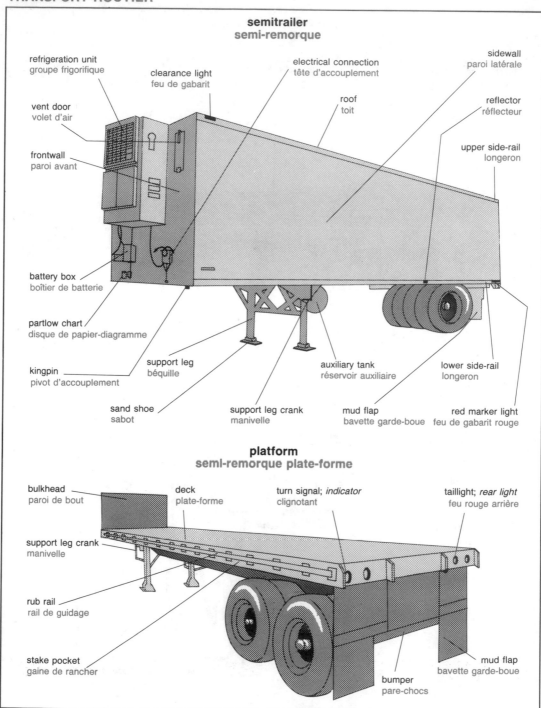

semitrailer
semi-remorque

refrigeration unit
groupe frigorifique

clearance light
feu de gabarit

electrical connection
tête d'accouplement

sidewall
paroi latérale

vent door
volet d'air

roof
toit

reflector
réflecteur

frontwall
paroi avant

upper side-rail
longeron

battery box
boîtier de batterie

partlow chart
disque de papier-diagramme

kingpin
pivot d'accouplement

support leg
béquille

auxiliary tank
réservoir auxiliaire

lower side-rail
longeron

sand shoe
sabot

support leg crank
manivelle

mud flap
bavette garde-boue

red marker light
feu de gabarit rouge

platform
semi-remorque plate-forme

bulkhead
paroi de bout

deck
plate-forme

turn signal; *indicator*
clignotant

taillight; *rear light*
feu rouge arrière

support leg crank
manivelle

rub rail
rail de guidage

stake pocket
gaine de rancher

bumper
pare-chocs

mud flap
bavette garde-boue

truck trailer; *tractor unit*
tracteur

marker light
feu de gabarit

wind deflector
déflecteur

West Coast mirror; *door mirror*
rétroviseur

exhaust stack
cheminée d'échappement

grab handle
poignée montoir

wind deflector
déflecteur

side window
glace latérale

pogo stick
tige à ressort

windshield; *windscreen*
pare-brise

release bar
levier de déclenchement

hood; *bonnet*
capot

fender; *wing*
aile

fifth wheel
sellette d'attelage

frame rail; *chassis*
longeron

skid ramp
rampe d'attelage

headlight
phare

tire
pneu

filler hole; *filler neck*
orifice de remplissage

mud flap
bavette garde-boue

bumper
pare-chocs

spoke wheel
roue à jante amovible

step
marchepied

fog light
phare antibrouillard

fuel tank
réservoir de carburant

articulated road train; *articulated vehicle*
train routier

truck trailer
remorque

semitrailer
semi-remorque

truck tractor; *tractor unit*
tracteur

engines
moteurs

diesel engine
moteur diesel

injector
injecteur

valve spring
ressort de soupape

exhaust manifold
collecteur d'échappement

inlet valve
soupape d'admission

gas-oil line; *injector pipe*
canalisation de carburant

exhaust valve
soupape d'échappement

cooling fan
ventilateur

flywheel
volant

combustion chamber
chambre de combustion

cylinder; *piston*
cylindre

fuel pump belt
courroie de la pompe à huile

fuel pump; *fuel injector pump*
pompe à huile

turbo-compressor engine; *turbo-charged engine*
moteur à turbocompression

carburetor; *carburettor*
carburateur

compressor
compresseur

compressor turbine
turbine du compresseur

exhaust gas outflow
sortie des gaz d'échappement

driving turbine
turbine d'entraînement

exhaust manifold
collecteur d'échappement

exhaust gas admission
entrée des gaz d'échappement

exhaust pipe
tuyau d'échappement

engine
moteur

gasoline engine; *petrol engine*
moteur à essence

spark plug cable
câble de bougie

filler hole
bouchon de remplissage d'huile

cylinder head cover
couvercle de culasse

air filter
filtre à air

valve spring
ressort de soupape

carburetor; *carburettor*
carburateur

inlet valve
soupape d'admission

dipstick
jauge d'huile

exhaust manifold
collecteur d'échappement

gasoline pump; *petrol pump*
pompe à essence

alternator
alternateur

distributor
allumeur

cooling fan
ventilateur

starter
démarreur

flywheel
volant

pulley
poulie

engine block
bloc-cylindres

fan belt
courroie de ventilateur

oil pan; *sump*
carter

oil filter
filtre à huile

piston
piston

oil drain plug
bouchon de vidange d'huile

air-tight diaphragm
capsule à membrane

camshaft
arbre à cames

battery
batterie d'accumulateurs

negative plate group
groupe de plaques négatives

negative terminal
borne négative

positive terminal
borne positive

plate grid
alvéole de plaque

positive plate
plaque positive

vent cap
bouchon à évents

battery cover
couvercle de batterie

separator
séparateur

battery case
boîtier de batterie

negative plate
plaque négative

element
élément

cell connector
pontet de connexion

positive plate group
groupe de plaques positives

plate strap
barrette

sediment chamber
chambre de sédimentation

radiator
radiateur

radiator pressure cap
bouchon de radiateur

spark plug terminal
borne

spark plug
bougie d'allumage

cooling fan
ventilateur

insulator
isolateur

spline
cannelure

radiator hose
durite de radiateur

radiator
radiateur

spark plug body
culot

hex nut
écrou hexagonal

water pump
pompe à eau

center electrode; *centre electrode*
électrode centrale

spark plug gasket
joint de bougie

fan belt
courroie de ventilateur

ground electrode
électrode de masse

spark plug gap
écartement des électrodes

exhaust system
système d'échappement

tail pipe extension
embout

resonator
silencieux auxiliaire

exhaust manifold
collecteur d'échappement

tail pipe
tuyau arrière

muffler; *silencer*
pot d'échappement

front pipe
tuyau avant

exhaust pipe
tuyau d'échappement

tires; *tyres*
pneus

bias-ply tire; *bias-ply tyre*
pneu à carcasse diagonale

radial tire; *radial tyre*
pneu à carcasse radiale

belted radial tire; *belted radial tyre*
pneu à carcasse radiale ceinturée

belt
ceinture

tread design
bande de roulement

radial ply
pli

rubbing strip
bourrelet

bead wire
tringle

rubber wall
flanc

inner lining
revêtement intérieur

tread design
sculptures

snow tire; *snow tyre*
pneu à neige

wheel
roue

rim
jante

rim flange
joue de jante

disk; *disc*
voile

brakes
freins

drum brake
frein à tambour

return spring
ressort de rappel

disk brake; *disc brake*
frein à disque

brake line
canalisation

disk; *disc*
disque

brake shoe
segment

wheel cylinder
cylindre de roue

caliper
étrier

stud
goujon

piston
piston

piston
piston

drum
tambour

brake lining
garniture de frein

brake pad
plaquette

snowmobile
motoneige

rear bumper
pare-chocs arrière

backrest
dossier

seat
selle

handlebars
guidon

brake handle
manette du frein

windshield; *windscreen*
pare-brise

cab
capot

headlight
phare

air scoop
prise d'air

sprocket
roue dentée

snow guard
garde-neige

reflector
réflecteur

track
chenille

footboard
marchepied

idler wheel
roue de support

leaf spring
ressort à lames

ski
ski

shock absorber
amortisseur

motorcycle
motocyclette

front fender; *front mudgard*
garde-boue avant

telescopic front fork
fourche télescopique hydraulique

headlight
phare

mirror
rétroviseur

fuel tank
réservoir

cylinder
cylindre

carburetor; *carburettor*
carburateur

dual seat
selle biplace

signal light; *indicator lamp*
clignotant arrière

taillight; *rear light*
feu arrière

rim
jante

disk brake; *disc brake*
frein à disque

frame
cadre

cylinder-head
culasse

housing
carter

gearshift lever; *gearchange pedal*
sélecteur de vitesses

main stand
béquille centrale

prop stand
béquille latérale

front footrest
repose-pied du pilote

exhaust pipe
pot d'échappement

rear shock absorber
amortisseur arrière réglable

pillion footrest
repose-pied du passager

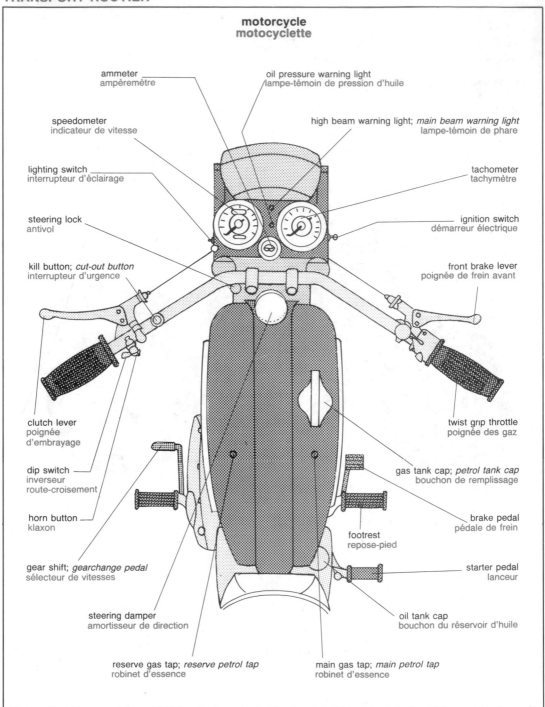

motorcycle
motocyclette

ammeter
ampèremètre

oil pressure warning light
lampe-témoin de pression d'huile

speedometer
indicateur de vitesse

high beam warning light; *main beam warning light*
lampe-témoin de phare

lighting switch
interrupteur d'éclairage

tachometer
tachymètre

steering lock
antivol

ignition switch
démarreur électrique

kill button; *cut-out button*
interrupteur d'urgence

front brake lever
poignée de frein avant

clutch lever
poignée
d'embrayage

twist grip throttle
poignée des gaz

dip switch
inverseur
route-croisement

gas tank cap; *petrol tank cap*
bouchon de remplissage

horn button
klaxon

brake pedal
pédale de frein

footrest
repose-pied

gear shift; *gearchange pedal*
sélecteur de vitesses

starter pedal
lanceur

steering damper
amortisseur de direction

oil tank cap
bouchon du réservoir d'huile

reserve gas tap; *reserve petrol tap*
robinet d'essence

main gas tap; *main petrol tap*
robinet d'essence

bicycle
bicyclette

seat stay
hauban

water bottle clip
porte-bidon

brake cable
câble de frein

front derailleur
dérailleur avant

water bottle
bidon

crossbar
tube horizontal

handlebars
guidon

rear brake
frein arrière

saddle
selle

shifter; *gear selector*
levier de commande

brake lever
poignée de frein

fender; *mudgard*
garde-boue arrière

seat post
tige de selle

stem
potence

head tube
tube de direction

carrier
porte-bagages

fork
fourche

gonorator; *dynamo*
génératrice

seat tube
tube de selle

front brake
frein avant

tire valve; *tyre valve*
valve

rear light
feu arrière

rim
jante

rear derailleur
dérailleur arrière

toe clip
cale-pied

tire pump; *tyre pump*
pompe

spoke
rayon

chain stay
base

pedal
pédale

down tube
tube oblique

tire; *tyre*
pneu

drive chain
chaîne

hub
moyeu

bicycle
bicyclette

power train
mécanisme de propulsion

shifter; *gear selector*
levier de commande

chain guide
guide-chaîne

front derailleur
dérailleur avant

sprocket cluster
baladeur à roues dentées

chain
chaîne

control cable
câble de commande

tension roller
galet tendeur

chain wheel
roue dentée

crank
manivelle

jockey roller
galet tendeur

bottom bracket axle
axe du pédalier

pedal
pédale

accessories
accessoires

bicycle horn
klaxon

lock
cadenas

cross section of a street
coupe d'une rue

curb; *kerb*
bordure de trottoir

surface course; *wearing course*
couche de surface

manhole
regard de visite

sidewalk; *footway*
trottoir

gutter
caniveau

carriageway
chaussée

gully grate; *kerb weir*
grille d'égout

electricity cable
câble électrique

gas main
conduite principale de gaz

main sewer
égout collecteur

service main; *water main*
conduite de distribution d'eau potable

telephone cable
câble téléphonique

storm sewer; *surface water drain*
branchement pluvial

cross section of a road
coupe d'une route

ditch
fossé

base course
couche de base

slope
talus

surface course
couche de surface

subbase
couche de fondation

shoulder
accotement

carriageway
chaussée

pavement
superstructure

subgrade
couche de forme

embankment
remblai

fixed bridges
ponts fixes

beam bridge
pont à poutre

continuous beam
poutre continue

abutment
culée

pier foundation
fondation de pile

deck
tablier

pier
pile

types of beam bridges
types de ponts à poutre

multiple-span beam bridge
pont à poutres indépendantes

viaduct
viaduc

simple-span beam bridge
pont à poutre simple

overpass; *overbridge*
passage supérieur

parapet
garde-corps

underpass
passage inférieur

cantilever bridge
pont cantilever

suspended span
poutre suspendue

cantilever span
poutre cantilever

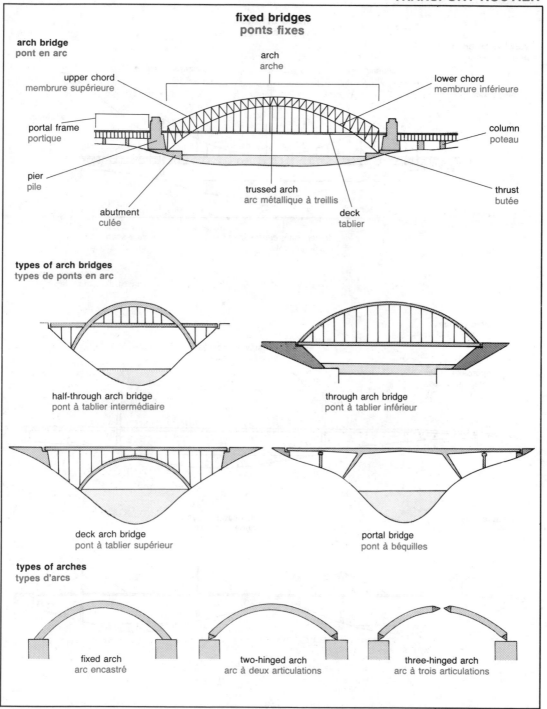

fixed bridges
ponts fixes

arch bridge
pont en arc

arch
arche

upper chord
membrure supérieure

lower chord
membrure inférieure

portal frame
portique

column
poteau

pier
pile

thrust
butée

abutment
culée

trussed arch
arc métallique à treillis

deck
tablier

types of arch bridges
types de ponts en arc

half-through arch bridge
pont à tablier intermédiaire

through arch bridge
pont à tablier inférieur

deck arch bridge
pont à tablier supérieur

portal bridge
pont à béquilles

types of arches
types d'arcs

fixed arch
arc encastré

two-hinged arch
arc à deux articulations

three-hinged arch
arc à trois articulations

fixed bridges
ponts fixes

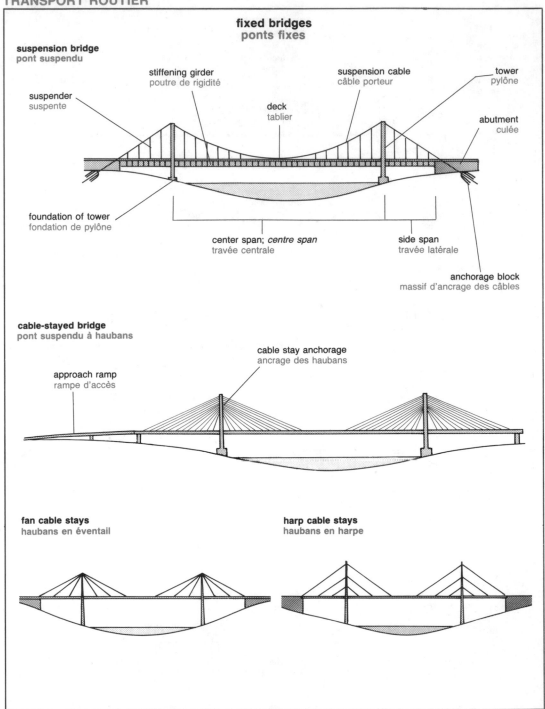

suspension bridge
pont suspendu

stiffening girder
poutre de rigidité

suspension cable
câble porteur

tower
pylône

suspender
suspente

deck
tablier

abutment
culée

foundation of tower
fondation de pylône

center span; *centre span*
travée centrale

side span
travée latérale

anchorage block
massif d'ancrage des câbles

cable-stayed bridge
pont suspendu à haubans

cable stay anchorage
ancrage des haubans

approach ramp
rampe d'accès

fan cable stays
haubans en éventail

harp cable stays
haubans en harpe

movable bridges
ponts mobiles

lift bridge
pont levant

lift span
travée levante

swing bridge
pont tournant

guiding tower
tour de guidage

turntable
plaque tournante

single-leaf bascule bridge
pont basculant à simple volée

double-leaf bascule bridge
pont basculant à double volée

counterweight
contrepoids

transporter bridge
pont transbordeur

Bailey bridge
pont Bailey

trolley
chariot transbordeur

floating bridge
pont flottant

pontoon
ponton

platform
nacelle

diesel-electric locomotive
locomotive diesel-électrique

turbocharger
turbo-soufflante

control stand
pupitre de conduite

ventilating fan
ventilateur des radiateurs

traction motor ventilator
ventilateur de moteur de traction

diesel engine
moteur diesel

horn
avertisseur sonore

radiator
radiateur

air intake
entrée d'air

driver's cab
cabine de conduite

king pin
pivot central

water tank
soute à eau

journal box
boîte d'essieu

bumper; *buffer*
tampon de choc latéral

axle
essieu

truck; *bogie*
bogie

main generator
génératrice principale

traction motor
moteur de traction

spring
ressort de suspension

alternator
alternateur

truck frame; *bogie frame*
châssis de bogie

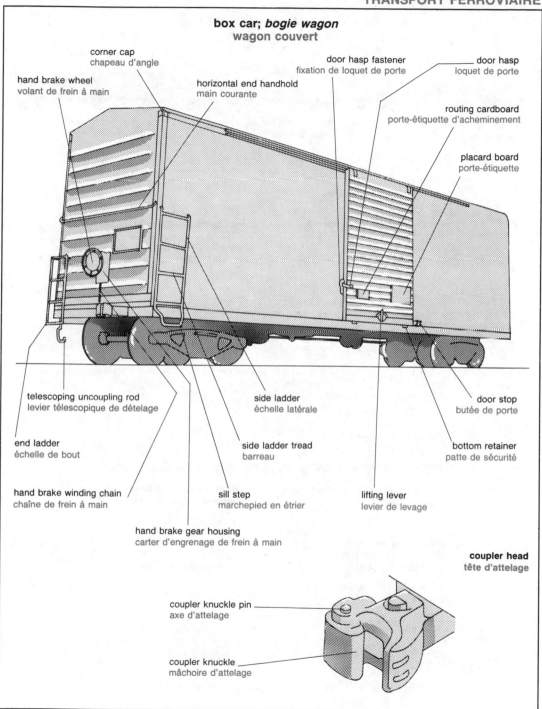

box car; *bogie wagon*
wagon couvert

corner cap
chapeau d'angle

door hasp fastener
fixation de loquet de porte

door hasp
loquet de porte

hand brake wheel
volant de frein à main

horizontal end handhold
main courante

routing cardboard
porte-étiquette d'acheminement

placard board
porte-étiquette

telescoping uncoupling rod
levier télescopique de dételage

side ladder
échelle latérale

door stop
butée de porte

end ladder
échelle de bout

side ladder tread
barreau

bottom retainer
patte de sécurité

hand brake winding chain
chaîne de frein à main

sill step
marchepied en étrier

lifting lever
levier de levage

hand brake gear housing
carter d'engrenage de frein à main

coupler head
tête d'attelage

coupler knuckle pin
axe d'attelage

coupler knuckle
mâchoire d'attelage

types of cars ; *types of freight wagons*
types de wagons

gondola car; *bogie open wagon*
wagon-tombereau

flat car; *bogie flat wagon*
wagon plat

hopper car; *hopper wagon*
wagon-trémie

caboose; *brake van*
wagon de queue

piggyback car; *piggyback flat wagon*
wagon rail-route

livestock car; *livestock van*
wagon à bestiaux

refrigerator car; *refrigerator van*
wagon réfrigérant

tank car; *bogie tank wagon*
wagon-citerne

container car; *container flat wagon*
wagon porte-conteneurs

bulkhead flat car; *bulkhead flat wagon*
wagon plat à parois de bout

depressed-center flat car; *bogie well wagon*
wagon plat surbaissé

hopper ore car; *hopper ore wagon*
wagon-trémie à minerai

automobile car; *bogie car-carrying wagon*
wagon porte-automobiles

wood chip car; *bogie van*
wagon à copeaux

tarpaulin covered gondola; *tarpaulin covered open wagon*
wagon-tombereau bâché

types of passenger cars; *types of passenger coaches*
types de voitures

coach car
voiture-coach

air conditioning
conditionnement d'air

water tank
réservoir d'eau

fold-out table
table repliable

headrest
appui-tête

panoramic window
fenêtre panoramique

vestibule door
porte d'accès
de plate-forme

toilet
cabinet de toilette

center-aisle
couloir central

adjustable seat
siége réglable

body
ossature

truck; *bogie*
bogie

corridor connection
couloir d'intercirculation

sleeping car
voiture-lit

sleeping compartment
chambre

sliding window
fenêtre coulissante

upper berth
lit du haut

lower berth
lit du bas

corridor
couloir latéral

dining car
voiture-restaurant

vestibule
vestibule

kitchen
cuisine

dining section
salle à manger

railroad track; *railway track*
voie ferrée

railroad track; *railway track*
voie ferrée

rail
rail

ballast
ballast

spike
crampon

tie; *sleeper*
traverse

tie plate; *soleplate*
selle de rail

rail joint
joint de rail

expansion space
jeu de dilatation

spring washer
rondelle à ressort

dating nail
clou millésimé (de traverse)

head
champignon

web
âme

fishplate bolt
boulon d'éclisse

nut
écrou

base
patin

rail anchor
anticheminant

tie plate; *soleplate*
selle de rail

spike
crampon

fishplate
éclisse

manually-operated switch ; *manually-operated points*
aiguillage manœuvré à pied d'œuvre

frog
cœur de croisement

check-rail
contre-rail

switch signal; *point signal*
signal de position d'aiguille

closure rail
rail de raccord

counterweight
contrepoids

switch stand; *point lever*
levier de commande à main

slide chair
coussinet de glissement

switch point
aiguille

pull rod
tringle de commande

railroad track; *railway track*
voie ferrée

remote-controlled switch; *remote-controlled points*
aiguillage manœuvré à distance

point motor
moteur d'aiguille

channel
caniveau de transmission

stretcher bar
tringle de connexion

point wire
transmission funiculaire

turnbuckle
tendeur

switch point lock; *point lock*
verrou d'aiguille

electrically illuminated switch signal; *electrically illuminated point signal*
signal lumineux d'aiguille

trough
châssis d'aiguillage

signals
signalisation

highway crossing; *level crossing*
passage à niveau

highway crossing bell
sonnerie de passage à niveau

crossbuck sign; *level crossing sign*
croix de Saint-André

pinnacle; *finial*
capuchon

peep hole
œil témoin

mast
mât

flashing light
feu clignotant

visor
visière

signal background plate
écran de visibilité

junction box
boîte de jonction

2
VOIES
TRACKS

gate arm lamp
feu de lisse

number of tracks sign
panneau nombre de voies

gate arm
lisse

counterweight
contrepoids

gate arm support
support de lisse

base
base

crossing gate mechanism
commande de barrières

railroad station; *railway station*
gare

signal gantry
portique de signalisation

platform shelter
abri

footbridge
passerelle

suburban commuter railroad; *suburban commuter railway*
voie de banlieue

train set
rame

passenger station
gare de voyageurs

main line
grandes lignes

station platform
quai

semaphore
sémaphore

scissors crossing; *crossover*
bretelle

ramp
crocodile

mast
pylône

bumper; *bufferstop*
butoir

diesel shop
atelier diesel

subsidiary track
voie de service

switch tower; *signal box*
poste d'aiguillage

freight station
gare de marchandises

switch; *points*
aiguillage

level crossing with automatic gates
passage à niveau à signalisation automatique

container
conteneur

top-end transverse member
traverse d'extrémité supérieure

roof
toit

corner fitting
pièce de coin

side wall
paroi latérale

corner structure
montant d'angle

end door
porte d'extrémité

bottom side rail
longeron latéral inférieur

bottom-end transverse member
traverse d'extrémité inférieure

side door
porte latérale

fork pocket
passage de fourche

yard
gare de triage

hold yard
faisceau d'attente

switch tower; *signal box*
poste d'aiguillage

running track
voie de circulation

switch engine
locomotive de manœuvre

car; *wagon*
wagon

receiving yard
faisceau de réception

outbound
sortie

classification yard
zone de formation

group retarders
freins de voie secondaires

master retarders
freins de voie primaires

hump area
faisceau de débranchement

hump
butte

main running track
voie de circulation principale

station hall; *station concourse*
hall de gare

schedules; *timetables*
tableau horaire

change machine
distributeur de monnaie

baggage lockers
consigne automatique

departures schedule; *departures timetable*
tableau des départs

arrivals schedule; *arrivals timetable*
tableau des arrivées

railway map
carte du réseau

baggage room; *left-luggage office*
enregistrement des bagages

ticket office
billetterie

platform entrance; *subway to platforms*
accès aux quais

booking hall
salle des pas perdus

ticket counter
guichet

waiting room
salle d'attente

speaking window membrane
hygiaphone

train delays notice board
tableau indicateur des retards

currency exchange office
bureau de change

baggage check
bulletin de bagages

information office
bureau de renseignements

parcels office
service de colis

station platform
quai de gare

redcap; *porter*
porteur de bagages

trolley wire
fil de contact

indicator board
panneau indicateur

hand truck; *barrow*
diable

platform number
numéro de quai

destination indicator
case d'affichage de la destination

pantograph
pantographe

starting signal
signal de départ

platform roofing
marquise

track
voie ferrée

station sign
panneau de gare

platform edge
bordure de quai

sidelight
phare latéral

passenger platform
quai de gare

departure time indicator
case d'affichage de l'heure de départ

headlight
phare

delay indicator
case d'affichage des retards

crossing
passage à niveau de quai

platform truck; *platform trolley*
chariot à plateau

subway station; *underground station*
station de métro

ticket collector's booth
bureau du changeur

escalator
escalier mécanique

transfer dispensing machine
distributeur de correspondances

entrance turnstile
tourniquet de contrôle d'accès

footbridge
passerelle

kiosk
édicule

exit turnstile
tourniquet de sortie

exterior sign
enseigne extérieure

mezzanine
mezzanine

track
voie

platform edge
bordure de quai

station name
nom de la station

fixed stairs
escalier fixe

safety line
ligne de sécurité

emergency niche
niche d'urgence

line map
carte de ligne

bench
banc

directional sign
enseigne directionnelle

subway map; *underground map*
carte de réseau

advertising sign
affiche publicitaire

side platform
quai latéral

underground railway
chemin de fer métropolitain

subway train; *underground train*
rame de métro

motor car
motrice

passenger car
remorque

motor car
motrice

passenger car interior
intérieur d'une voiture

fan
ventilateur d'extraction

passengers-conductor communications
poste de communication voyageur-opérateur

light
vasque

emergency brake lever
commutateur de frein
de secours

air diffuser
diffuseur d'air

side handrail
poignée montoir

subway map
underground map
carte de réseau

door panel
porte latérale

window
fenêtre

double seat
siège double

handrail
colonne

single seat
siège simple

truck and track; *bogie and track*
bogie et voie

inflated carrying tire; *inflated carrying tyre*
pneumatique porteur

inflated guiding tire; *inflated guiding tyre*
pneumatique de guidage

steel safety wheel
roue de sécurité

guiding and current bar
barre de guidage et de prise
de courant

invert
radier

runway
piste de roulement

running rail
voie normale et de retour de courant

four-masted bark
quatre-mâts barque

masting and rigging
mâture et gréement

aftermast
mât d'artimont

mizzenmast
grand mât arrière

mainmast
grand mât avant

foremast
mât de misaine

royal mast
mât de cacatois

topping lift
martinet

foot rope
marchepied

pole
fusée

topgallant mast
mât de perroquet

stay
étai

yard
vergue

masthead
ton de mât

topmast
mât de hune

staysail-stay
draille

gaff
corne

gaff sail boom
gui

davit
bossoir

side
bord

backstay
galhauban

bulwark
pavois

stem
étrave

poop
dunette

lift
balancine

shroud
hauban

top
hune

bowsprit
mât de beaupré

lifeboat
canot de sauvetage

lower mast
bas-mât

bobstay
martingale

four-masted bark
quatre-mâts barque

sails
voilure

main upper topgallant sail
grand perroquet volant avant

main lower topgallant sail
grand perroquet fixe avant

stay sail
voile d'étai

gaff topsail
voile de flèche

brail
cargue

main royal sail
grand cacatois avant

brace
bras

main upper topsail
grand hunier volant avant

fore royal sail
petit cacatois

upper fore topgallant sail
petit perroquet volant

lower fore topgallant sail
petit perroquet fixe

upper fore topsail
petit hunier volant

halyard
drisse

spanker
brigantine

reef band
bande de ris

reef point
garcette de ris

sheet
écoute

mizzen sail
grand-voile arrière

main lower topsail
grand hunier fixe avant

main sail
grand-voile avant

foresail
misaine

lower fore topsail
petit hunier fixe

clew line
cargue-point

inner jib
petit foc

middle jib
faux foc

outer jib
grand foc

flying jib
clin foc

types of sails
types de voiles

square sail
voile carrée

gaff sail
voile aurique

lateen sail
voile latine

types of rigs
types de gréements

brigantine
brigantin

brig
brick

whale boat
baleinière

schooner
goélette franche

ketch
ketch

Marconi cutter
cotre Marconi

passenger liner
paquebot

funnel aileron
aileron

theater; *theatre*
théâtre

open-air terrace
terrasse extérieure

smoke filter
dépoussiéreur

chapel
chapelle

playroom
salle de jeux

tourist-class cabin
cabine classe touriste

propeller shaft
arbre

lounge
bar

captain's quarters
appartement du
commandant

sundeck
plage arrière

hall
salon

deluxe suite
appartement de luxe

cargo hatch
panneau de cale

garage
garage

anchor-windlass room
écubier

crew quarters
locaux du personnel

freight hold
locaux pour fret

boilers
chaudière

dining room
salle à manger

propeller
hélice

aft stabilizer fin
aileron de stabilisateur

wine cellar
sommellerie

rudder
gouvernail

swimming pool
piscine de la première classe

ferry
transbordeur

navigating bridge
passerelle de navigation

cabin
cabine

dining room
salle à manger

hurricane deck
pont-promenade

stern loading door
porte arrière

upper deck
pont supérieur

bow rudder
gouvernail avant

stabilizer
stabilisateur de roulis à ailerons

bulkhead deck
pont de décloisonnement

garage
garage

container ship
porte-conteneurs

masthead light
feu de tête de mât

bridge and chart room
passerelle et chambre des cartes

stack; *funnel*
cheminée

container
conteneur

cargo boom
mât de charge

container hold
cale à conteneurs

winch
treuil

accommodation ladder
échelle de coupée

propeller shaft
arbre de couche

steam turbine
turbines à vapeur

hovercraft
aéroglisseur

dynamics propeller
hélice de propulsion

rudder
dérive aérienne

car deck
compartiment des voitures

propeller gearbox
boîte de vitesses

baggage racks
soute à bagages

fin
gouverne de direction

pylon
pylône

lift-fan air intake
entrée d'air

radar scanner
radar

control deck
cabine de pilotage

bow door ramp
porte avant

life raft
canot pneumatique de sauvetage

passenger cabin
cabine des passagers

blade lift fan
ventilateur de sustentation

gas turbine
turbine à gaz

flexible skirt
jupe souple

main bevel drive gearbox
boîte de vitesses

acoustic baffle
déflecteur acoustique

skirt finger
doigt de jupe

engine air intake
entrée d'air des moteurs

hydrofoil boat
hydroptère

siren
sirène

air intake
prise d'air

passenger seating
cabine des passagers

spotlight
projecteur

life buoy
bouée de sauvetage

pilothouse; *wheelhouse*
timonerie

rear foil
aile arrière

windlass
treuil

propeller
hélice

strut
béquille

Diesel engine
moteur diesel

fuel tank
réservoir de fuel

front foil
aile avant

propeller shaft
arbre porte-hélice

gearbox
boîte de vitesses

surface-piercing foils
ailes en V

automatic control system computer
ordinateur de contrôle

height sensor
sonde de détection de hauteur des vagues

rear foil control actuator
commande de la dérive arrière

submerged foils
ailes immergées

front foil control actuator
commande de la dérive avant

bathyscaphe
bathyscaphe

battery
batterie d'accumulateurs

vertical speed indicator
loch vertical

electric motor
moteur électrique

iron shot silo
silo à lest

compass
compas

towing fairlead
croc de remorque

air lock entrance hatch
accès étanche

air tank
réservoir d'air

air tank
réservoir d'air

conning tower
baignoire

propeller
hélice

stabilizing keel
aileron stabilisateur

sounding gauge
enregistreur de pression

observation light
projecteur

detachable petrol tank
réservoir d'essence de flottabilité

guide chain
guiderope

lead shot ballast
lest de sécurité

sphere
cabine sphérique

air lock
sas d'accès à la cabine

submarine
sous-marin

snorkel exhaust
échappement diesel

propeller
hélice

air lock
sas d'accès arrière

radio antenna
antenne radio

upper rudder
gouvernail de direction

conning tower
kiosque

snorkel intake
schnorchel hissable

turbine
turbine

radar antenna
antenne radar

boiler
chaudière

periscope
périscope

bridge
passerelle

reactor
réacteur

reactor deck
pont du réacteur

missile
missile

bunk
couchette

engine room
chambre des machines

missile tube
tube lance-missiles

torpedo
torpille

lower rudder
gouvernail de direction

control deck
poste de contrôle

torpedo room
chambre des torpilles

starboard diving plane
barre de plongée

port sail plane
gouvernail de plongée avant

frigate
frégate

navigational radar
radar de navigation

missile director
télépointeur de missiles

gun director
télépointeur

air warning radar
radar de veille

helicopter hangar
hangar pour hélicoptère

twin turret
tourelle double

missile launcher
lance-missiles

WASP helicopter
hélicoptère de lutte anti-sous-marine

variable depth sonar
sonar à immersion variable

F 42

ship's motor boat
vedette

anti-aircraft gun
canon anti-aérien

waterline
ligne de flottaison

winch
treuil

life raft
canot pneumatique

capstan
cabestan

jack staff
hampe de pavillon de beaupré

engine room
chambre des machines

boiler room
chambre de chauffe

anti-submarine mortar
mortier

canal lock
écluse

miter gate
porte amont

crank
manivelle

upstream gate
porte busquée

lower level
tête aval

upstream level
bief amont

sluice hole
vanne de sortie

bollard
bitte d'amarrage

paddle valve
vantail de porte

side wall
bajoyer

leaf
vannelle

lock-chamber
sas

canal bed
radier

sluice hole
vanne amont

upper level
tête amont

harbor; *harbour*
port maritime

container-loading bridge
pont roulant de chargement de conteneurs

dry dock
bassin de radoub

transit shed
hangar de transit

container terminal
poste à conteneurs

tower crane
grue à tour

lock keeper's building
maison éclusière

container ship
navire porte-conteneurs

caisson
bateau-porte

quayside crane
grue à flèche

wet dock
bassin à flot

ferryboat
transbordeur

quay ramp
rampe de quai

customs house
bureau des douanes

canal lock
écluse

bulk carrier
vraquier

floating dock
dock flottant

tidal basin
bassin à marée

quayside railway
voie ferrée bord à quai

floating crane
grue sur ponton

harbor station; *harbour station*
gare maritime

LASH ship
navire porte-barges LASH

navigation devices
appareils de navigation

echo sounder
sondeur à éclats

dial-type display
écran

housing
boîtier

bracket
étrier de fixation

on-off switch
interrupteur

knurled button
bouton moleté

tuning control
bouton de réglage

stud
tige filetée

nut
écrou

transducer
émetteur-récepteur

receiver-indicator
indicateur

cable
câble

transducer
émetteur

acoustic echo
écho

pulse of sound
onde sonore

navigation devices
appareils de navigation

sextant
sextant

index mirror
grand miroir

glass filter
verre coloré

telescope
lunette d'approche

horizon mirror
petit miroir

frame
secteur

glass filter
verre coloré

graduated arc
limbe

index arm
alidade

micrometer screw
tambour et vis micrométrique

liquid compass
compas magnétique liquide

compass card
rose des vents

glass dome
glace

gimbal ring
suspension à la Cardan

lubber's line
ligne de foi

jewel cap
chape de rose

pivot
pivot

filler plug
orifice de remplissage

float
flotteur

bowl
cuvette

lubber's-line disk
index

expansion chamber
stabilisateur

magnet
aimant

maritime signals
signalisation maritime

buoys
bouées

high focal plane buoy
bouée à plan focal élevé

can buoy
bouée tonne

conical buoy
bouée conique

light
feu

cage
superstructure

body
corps

topmark
voyant

body
corps

whistle buoy
bouée à sifflet

pole beacon
bouée Espar

bell buoy
bouée à cloche

stripes
bandes verticales

bands
bandes horizontales

checkers
damier

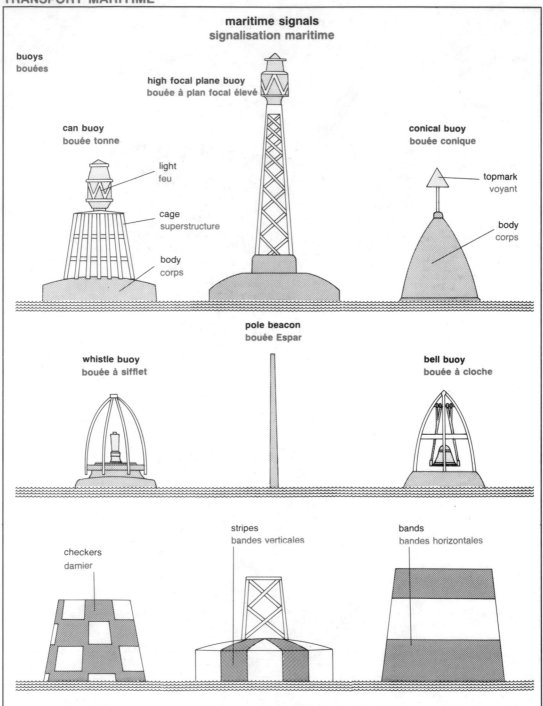

maritime signals
signalisation maritime

lighthouse
phare

cardinal system of marking
système cardinal de balisage

cupola
coupole

lantern pane
vitrage

astragal
montant

lantern
lanterne

gallery
balcon de veille

murette
murette

service room
local de service

bedroom
chambre à coucher

living quarters
salle de séjour

control room
salle de contrôle

fuel tank
réservoir de pétrole

power generators
salle des machines

north
nord

south
sud

west
ouest

east
est

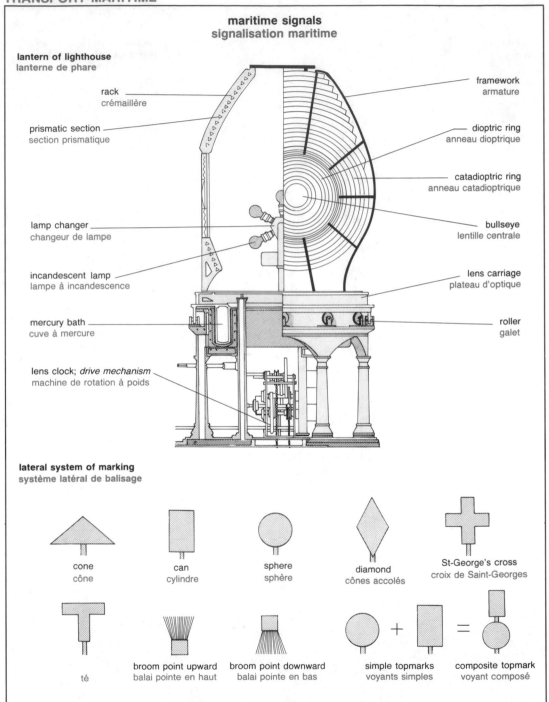

maritime signals
signalisation maritime

lantern of lighthouse
lanterne de phare

rack
crémaillère

prismatic section
section prismatique

framework
armature

dioptric ring
anneau dioptrique

catadioptric ring
anneau catadioptrique

bullseye
lentille centrale

lamp changer
changeur de lampe

incandescent lamp
lampe à incandescence

lens carriage
plateau d'optique

mercury bath
cuve à mercure

roller
galet

lens clock; *drive mechanism*
machine de rotation à poids

lateral system of marking
système latéral de balisage

cone
cône

can
cylindre

sphere
sphère

diamond
cônes accolés

St-George's cross
croix de Saint-Georges

té

broom point upward
balai pointe en haut

broom point downward
balai pointe en bas

simple topmarks
voyants simples

composite topmark
voyant composé

anchor
ancre

ship's anchor
ancre de marine

ring
organeau

stock
jas

palm
patte

hoisting ring
organeau de hissage

fluke
oreille

anchor cable
chaîne d'ancre

shank
verge

arm
bras

gravity band
centre de gravité

throat
collet

crown
diamant

bill
bec

types of anchors
types d'ancres

stocked anchor
ancre à jas

mushroom anchor
ancre à champignon

double fluked anchor
ancre à pattes articulées

grapnel
grappin

sea anchor
ancre flottante

stockless anchor
ancre sans jas

plow anchor; *car anchor*
ancre charrue

long-range jet
avion long-courrier

wing slat
bec de bord d'attaque

trailing edge flap
volet de bord de fuite

elevator
gouvernail de profondeur

leading edge
bord d'attaque

trailing edge
bord de fuite

rudder
gouvernail de direction

antenna
antenne

spoiler
déporteur

tail assembly
empennage

fin
dérive

anti-collision light
feu anticollision

tail
queue

flight deck
poste de pilotage

fuselage
fuselage

canopy
verrière

horizontal stabilizer
stabilisateur

wing
aile

aileron
aileron

nose
nez

passenger cabin
cabine

freight hold
soute

navigation light
feu de navigation

galley
office

turbo-jet engine
turboréacteur

weather radar
radar météorologique

window
hublot

main landing gear
train d'atterrissage principal

nose landing gear
train d'atterrissage avant

wing structure
aile

main undercarriage mounting beam
poutre de bord de fuite

flap guide rail
rail de guidage de volet

main spar
longeron principal

VHF aerial
antenne VHF

root rib
nervure d'emplanture

stringer
lisse d'aile

wing tip
saumon d'aile

wing rib
nervure d'aile

front spar
longeron avant

engine mounting pylon
pylône du moteur

wing shape
voilure

swept-back wing
voilure trapézoïdale

variable geometry wing
aile à géométrie variable

straight wing
voilure droite

tapered wing
voilure en flèche

delta wing
voilure delta

tail shape
empennage

T-tail unit
empennage en T

fin-mounted tail unit
empennage surélevé

triple tail unit
stabilisateur à triple plan vertical

fuselage mounted tail unit
empennage bas

turbo-jet engine
turboréacteur

inlet guide vanes
aubage directeur d'entrée

annular combustion chamber
chambre de combustion annulaire

exhaust cone
cône d'échappement

center bearing; *centre bearing*
palier central

front bearing
palier avant

exhaust nozzle
buse d'éjection

stator vane
aube fixe

fuel spray manifold
injecteur de carburant

turbine guide vane
aube fixe

nose cone
cône d'entrée

exhaust pipe
tuyère

rotor blade
aube mobile

turbine-compressor shaft
arbre turbine-compresseur

turbine blade
aube mobile

axial-flow compressor
compresseur axial

combustion chamber
chambre de combustion

turbine
turbine

exhaust duct
canal d'éjection

turbofan engine
turboréacteur à double flux

fan blade
aube

air inlet
canal d'entrée d'air

fan
soufflante

flight deck
poste de pilotage

autopilot control
panneau de contrôle du pilotage automatique

overhead switch panel
panneau de commutation

control levers
manettes de commande

engine instruments
instruments de contrôle des moteurs

windshield; *windscreen*
pare-brise

flying instruments
instruments de vol

central instrument panel
tableau de bord

observer's seat
siège de l'observateur

central console
pupitre central

flight engineer's panel
panneau du mécanicien

captain's seat
siège du commandant de bord

rudder pedal
palonnier

first officer's seat
siège du copilote

flight engineer's seat
siège du mécanicien navigant

control column
manche de commande

airport
aéroport

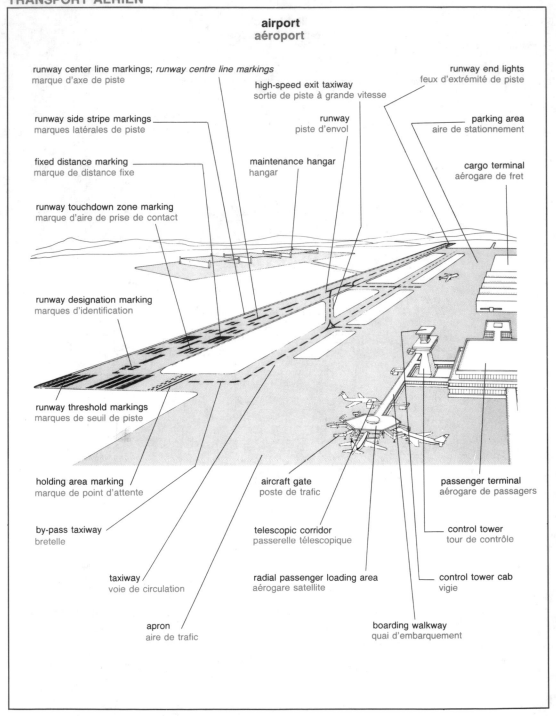

runway center line markings; *runway centre line markings*
marque d'axe de piste

high-speed exit taxiway
sortie de piste à grande vitesse

runway end lights
feux d'extrémité de piste

runway side stripe markings
marques latérales de piste

runway
piste d'envol

parking area
aire de stationnement

fixed distance marking
marque de distance fixe

maintenance hangar
hangar

cargo terminal
aérogare de fret

runway touchdown zone marking
marque d'aire de prise de contact

runway designation marking
marques d'identification

runway threshold markings
marques de seuil de piste

holding area marking
marque de point d'attente

aircraft gate
poste de trafic

passenger terminal
aérogare de passagers

by-pass taxiway
bretelle

telescopic corridor
passerelle télescopique

control tower
tour de contrôle

taxiway
voie de circulation

radial passenger loading area
aérogare satellite

control tower cab
vigie

apron
aire de trafic

boarding walkway
quai d'embarquement

airport
aéroport

ground airport equipment
équipements aéroportuaires

catering vehicle
camion commissariat

boom truck
nacelle élévatrice

lavatory truck; *toilet truck*
camion vide-toilette

baggage conveyor
convoyeur à bagages

potable water truck
citerne d'eau potable

passenger transfer vehicle
transbordeur

jet refueler
camion avitailleur

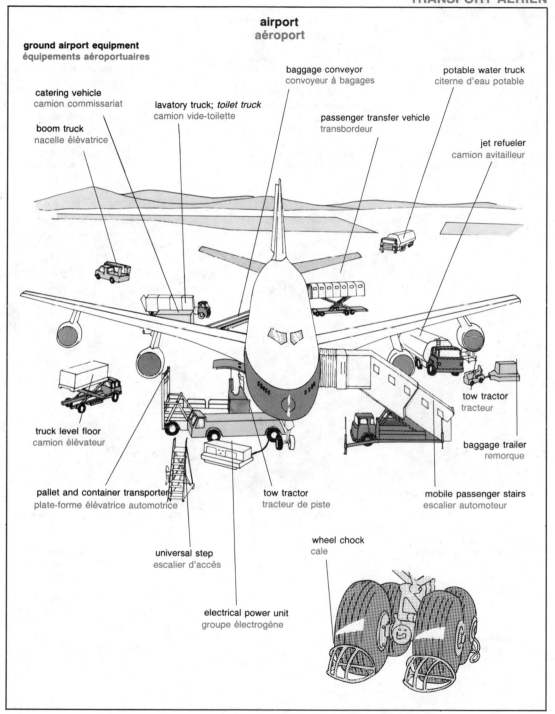

truck level floor
camion élévateur

tow tractor
tracteur

baggage trailer
remorque

pallet and container transporter
plate-forme élévatrice automotrice

tow tractor
tracteur de piste

mobile passenger stairs
escalier automoteur

universal step
escalier d'accès

wheel chock
cale

electrical power unit
groupe électrogène

TRANSPORTATION BY AIR
TRANSPORT AÉRIEN

passenger terminal
aérogare des passagers

information counter
comptoir de renseignements

passport control
contrôle des passeports

baggage claim area
zone de retrait des bagages

ticket counter
comptoir de vente des billets

passenger transfer vehicle
transbordeur

immigration control
contrôle d'immigration

security check
contrôle de sécurité

hotel reservation desk
bureau de réservation de
chambres d'hôtel

arrivals concourse
hall des arrivées

passport control
contrôle douanier

observation deck
terrasse

automatically-controlled door
porte automatique

duty-free shop
boutique hors taxe

customs control
contrôle des passeports

departures room
salle d'embarquement

lobby
hall public

flight information board
tableau d'affichage des vols

departures concourse
hall des départs

carousel
carrousel

baggage check-in counter
comptoir d'enregistrement

baggage cart; *baggage trolley*
chariot à bagages

currency exchange counter
comptoir de change

helicopter
hélicoptère

rotor blade
pale de rotor

drive shaft
arbre de transmission

rotor hub
moyeu rotor

horizontal stabilizer
stabilisateur

pitch link
biellette de commande de pas

fin
dérive

rotor head
tête de rotor

mast
mât rotor

anti-torque tail rotor
rotor anticouple

tail boom
poutre de queue

air inlet
entrée d'air

landing light
phare d'atterrissage

skid
patin

exhaust pipe
tuyère

control stick
manche pilote

boarding step
marchepied

baggage compartment
soute à bagages

flight deck
poste de pilotage

cabin
cabine

fuel tank
réservoir de carburant

rocket
fusée

launch escape system
tour de sauvetage

command module
module de commande

service module
module de service

lunar module
module lunaire

liquid hydrogen (fuel)
réservoir d'hydrogène liquide (carburant)

liquid oxygen (lox)
réservoir d'oxygène liquide (comburant)

liquid hydrogen (fuel)
réservoir d'hydrogène liquide (carburant)

liquid oxygen (lox)
réservoir d'oxygène liquide (comburant)

liquid oxygen (lox)
réservoir d'oxygène liquide (comburant)

lox tank baffles
déflecteur de réservoir d'oxygène liquide

liquid oxygen (lox) transfer pipe
conduite de transfert d'oxygène
liquide (comburant)

fuel transfer pipe
conduite de transfert de carburant

stabilizing fin
empennage de stabilisation

F-1 engine
moteur F-1

instrument unit
bloc d'équipement

helium sphere
sphère d'hélium

J-2 engine
moteur J-2

J-2 engine
moteur J-2

kerosene
réservoir de kérosène

nozzle
tuyère

payload
charge utile

third stage
troisième étage

second stage
deuxième étage

first stage
premier étage

space shuttle
navette spatiale

space shuttle at takeoff
navette spatiale au décollage

external tank
réservoir externe

booster parachute
parachute

orbiter
orbiteur

solid-rocket booster
fusée à propergol solide

space shuttle in orbit
navette spatiale en orbite

rudder
gouvernail

maneuvering engine; *manoeuvring engine*
moteur de manœuvre

remote-control arm
bras télécommandé

observation window
hublot d'observation

tanks
réservoirs

cargo-bay access hatch
sas

main engines
moteurs principaux

flight deck
poste de pilotage

heat shield
bouclier thermique

elevon
élevon

engines
moteurs

cargo-bay door
porte de la soute

spacelab
laboratoire spatial

wing
aile

living quarters
aire de repos

space suit
scaphandre spatial

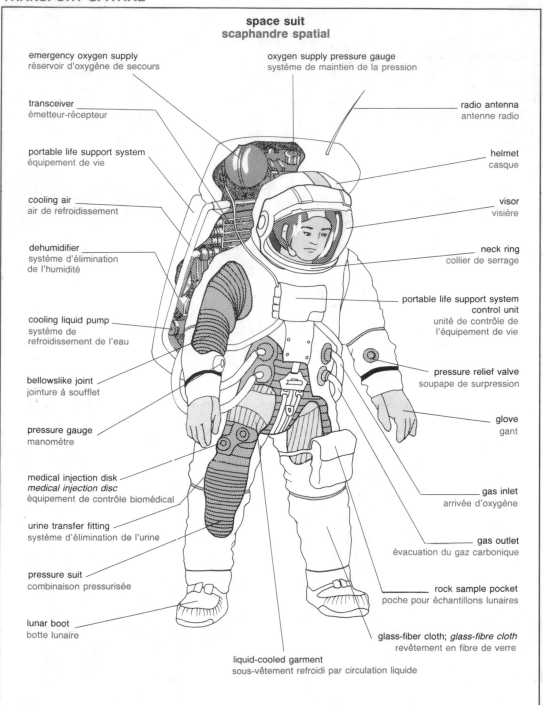

emergency oxygen supply
réservoir d'oxygène de secours

oxygen supply pressure gauge
système de maintien de la pression

transceiver
émetteur-récepteur

radio antenna
antenne radio

portable life support system
équipement de vie

helmet
casque

cooling air
air de refroidissement

visor
visière

dehumidifier
système d'élimination
de l'humidité

neck ring
collier de serrage

portable life support system
control unit
unité de contrôle de
l'équipement de vie

cooling liquid pump
système de
refroidissement de l'eau

bellowslike joint
jointure à soufflet

pressure relief valve
soupape de surpression

glove
gant

pressure gauge
manomètre

medical injection disk
medical injection disc
équipement de contrôle biomédical

gas inlet
arrivée d'oxygène

urine transfer fitting
système d'élimination de l'urine

gas outlet
évacuation du gaz carbonique

pressure suit
combinaison pressurisée

rock sample pocket
poche pour échantillons lunaires

lunar boot
botte lunaire

glass-fiber cloth; glass-fibre cloth
revêtement en fibre de verre

liquid-cooled garment
sous-vêtement refroidi par circulation liquide

OFFICE SUPPLIES AND EQUIPMENT

FOURNITURES ET ÉQUIPEMENT DE BUREAU

stationery
articles de bureau

letter scales
pèse-lettres

bill-file; *spike file*
pique-notes

tape dispenser
dévidoir de ruban adhésif

stapler
agrafeuse

label maker
pince à étiqueter

glue stick
bâtonnet de colle

tape
ruban

correction fluid
correcteur liquide

staple remover
dégrafeuse

correction paper
ruban correcteur

staples
agrafes

paper clips
trombones

eraser
gomme

paper fasteners
attaches parisiennes

letter opener
coupe-papier

clip
pince-notes

stationery
articles de bureau

book end
serre-livres

desk tray
boîte à courrier

pencil sharpeners
taille-crayons

filing box
boîte-classeur

stamp rack
porte-timbres

stamp pad
tampon encreur

rubber stamp
timbre caoutchouc

numbering machine
numéroteur

moistener
mouilleur

self-adhesive labels
étiquettes autocollantes

dater
timbre dateur

paper punch
perforatrice

stationery
articles de bureau

expanding file
pochette de classement

folder
chemise

file guides
guides de classement

suspension file
dossier suspendu

fastener binder
reliure à glissière

spring binder
reliure à ressort

clamp binder
reliure à pince

ring binder
reliure à anneaux

document folder
pochette d'information

divider
feuillet intercalaire

spiral binding
reliure spirale

post binder
reliure à vis

tab
onglet

window tab
onglet à fenêtre

stationery
articles de bureau

rotary file
fichier rotatif

card index cabinet
fichier

drawer
tiroir

telephone index
répertoire téléphonique

compressor
compresseur

cards
fiches

clipboard
planchette à pinces

desk pad
sous-main

archboard
planchette à arches

appointment book
agenda

tear-off calendar
calendrier-mémorandum

memo pad
bloc-notes

calendar pad
bloc-éphéméride

account book
registre de comptabilité

office furniture
mobilier de bureau

swivel-tilter armchair
fauteuil pivotant à bascule

credenza
bahut

coat tree; *hat stand*
porte-manteau

executive desk
bureau de direction

coat rack
vestiaire (de bureau)

partition
cloison amovible

secretarial desk
bureau secrétaire

return
retour

typist's chair
chaise dactylo

coat hook
patère

display cabinet
présentoir à revues

locker
armoire-vestiaire

stationery cabinet
armoire à papeterie

lateral filing cabinet
classeur à clapets

typewriter
machine à écrire

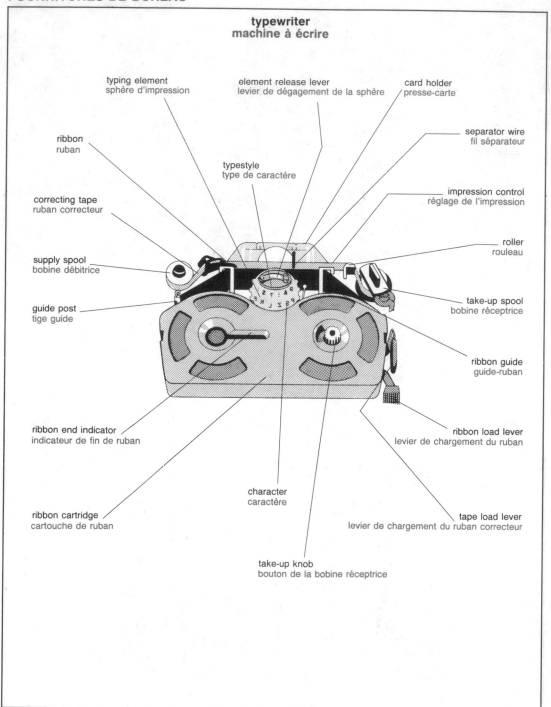

typing element
sphère d'impression

element release lever
levier de dégagement de la sphère

card holder
presse-carte

ribbon
ruban

typestyle
type de caractère

separator wire
fil séparateur

impression control
réglage de l'impression

correcting tape
ruban correcteur

roller
rouleau

supply spool
bobine débitrice

take-up spool
bobine réceptrice

guide post
tige guide

ribbon guide
guide-ruban

ribbon end indicator
indicateur de fin de ruban

ribbon load lever
levier de chargement du ruban

character
caractère

ribbon cartridge
cartouche de ruban

tape load lever
levier de chargement du ruban correcteur

take-up knob
bouton de la bobine réceptrice

typewriter
machine à écrire

paper centering scale; *paper centring scale*
échelle de centrage

transparent line indicator
indicateur de ligne transparent

paper bail
presse-papier gradué

paper release lever
levier de dégagement du papier

paper guide
guide papier

margin stop
margeur

carriage release lever
levier de débrayage du chariot

variable spacer
bouton d'interligne variable

ribbon
ruban

carriage
chariot

line space regulator
levier d'interligne

platen knob
molette

platen
cylindre

top plate
capot

backspace key
rappel arrière

multiple copy control
contrôle multicopies

carriage return
retour de chariot

shift lock key
fixe-majuscules

switch
interrupteur

shift key
touche-majuscules

key
touche

keyboard
clavier

tabulator set key
touche de verrouillage du tabulateur

tabulator clear key
touche de déblocage du tabulateur

space bar
barre d'espacement

tabulator
tabulateur

functions in a system
fonctions d'un système

output devices
périphériques de sortie

communication device
module de communication

data display
affichage des données

central processing unit
unité centrale

data processing
ROM* memory
traitement des données
mémoire morte

data processing devices
périphériques de traitement des données

input devices
périphériques d'entrée

specific data processing program
traitement spécifique des données

data recording on RAM* memory
enregistrement des données en mémoire vive

data storage
stockage des données

data acquisition
saisie des données

RAM: Random Access Memory

ROM: Read Only Memory

configuration of a system
configuration d'un système

plotter
traceur

visual display unit
écran

printer
imprimante

acoustic coupler
coupleur acoustique

central processing unit
unité centrale

microprocessor
microprocesseur

diskette
disquette

diskette drive
unité de disquette

keyboard
clavier

mouse
souris

joystick
manche à balai

cassette
cassette

cassette recorder
magnétophone à cassette

light pen
photostyle

keyboard
clavier

alphanumeric keyboard
clavier alphanumérique

numeric keypad
clavier numérique

reset key
touche de remise à zéro

tab-key
touche de tabulateur

backspace key
touche de rappel arrière

control key
touche de service

home key
touche de position initiale

shift lock key
fixe-majuscules

return key
touche de retour

escape key
touche d'échappement

space bar
barre d'espacement

enter key
touche d'envoi

word processing keys
touches de traitement de texte

shift keys
touches majuscules

cursor movement keys
touches de directivité

soft keys
touches programmables

function keys
touches de fonction

extended character
jeu étendu de caractères

configuration keys
touches de configuration

peripheral equipment
périphériques

dot matrix printer
imprimante matricielle

paper guide roller
galet de guide-papier

feed pin
ergot d'entraînement

switch
interrupteur

template
réglette

platen knob
molette

indicator light
voyant

print head
tête d'impression

control panel
panneau de commande

control knob
bouton de commande

acoustic coupler
coupleur acoustique

joystick
manche à balai

handset
combiné téléphonique

lever
levier

cursor
curseur de déplacement

microphone
microphone

loudspeaker
haut-parleur

connection cable
câble de raccordement

push button
bouton-poussoir

computer room
salle de l'ordinateur

magnetic tape controller
commande de bande magnétique

disk control unit; *disc control unit*
commande d'unité de disques

magnetic tape drive
dérouleur de bande magnétique

control console
pupitre de commande

disk storage; *disc storage*
mémoire à disques

magnetic tape storage
mémoire à bande magnétique

central processing unit
unité centrale

disk drive; *disc drive*
unité de disques

terminal
terminal

card punch
perforateur de cartes

operator
opérateur

card reader
lecteur de cartes

printer
imprimante

punch card
carte perforée

disk; *disc*
disque

track
piste

sector
secteur

MUSIC

MUSIQUE

musical notation
notation musicale

staff
portée

line — ligne

space — interligne

ledger line — ligne supplémentaire

clefs
clés

g clef — clé de sol

f clef — clé de fa

c clef — clé d'ut

scale
gamme

c — do

d — ré

e — mi

f — fa

g — sol

a — la

b — si

c — do

note symbols
valeur des notes

half note; *minim* — blanche

eighth note; *quaver* — croche

thirty-second note; *demi-semi-quaver* — triple croche

whole note; *semi-breve* — ronde

quarter note; *crotchet* — noire

sixteenth note; *semi-quaver* — double croche

sixty-fourth note; *hemi-demi-semi-quaver* — quadruple croche

rest symbols
valeur des silences

half rest; *minim rest* — demi-pause

eighth rest; *quaver rest* — demi-soupir

thirty-second rest; *demi-semi-quaver rest* — huitième de soupir

whole rest; *semi-breve rest* — pause

quarter rest; *crotchet rest* — soupir

sixteenth rest; *semi-quaver rest* — quart de soupir

sixty-fourth rest — *hemi-demi-semi-quaver rest* — seizième de soupir

musical notation
notation musicale

time signatures
mesures

two-two time
mesure à deux temps

three-four time
mesure à trois temps

four-four time
mesure à quatre temps

bar line
barre de mesure

repeat mark
barre de reprise

accidentals
altérations

sharp
dièse

flat
bémol

natural
bécarre

double sharp
double dièse

double flat
double bémol

key signature
armature de la clé

intervals
intervalles

unison
unisson

second
seconde

third
tierce

fourth
quarte

fifth
quinte

sixth
sixte

seventh
septième

octave
octave

ornaments
ornements

appoggiatura
appoggiature

trill
trille

turn
gruppetto

mordent
mordant

chord
accord

other signs
autres signes

tie
liaison

accent mark
accent

arpeggio
arpège

pause
point d'orgue

stringed instruments
instruments à cordes

violin family
famille du violon

violin
violon

viola
alto

violoncello
violoncelle

double bass
contrebasse

violin
violon

peg box
chevillier

peg
cheville

nut
sillet

scroll
volute

neck
manche

sound-board
table d'harmonie

fingerboard
touche

rib
éclisse

string
corde

waist
échancrure

bridge
chevalet

back
fond

sound-hole
ouïe

purfling
filet

tailpiece
cordier

end button
bouton

stringed instruments
instruments à cordes

violin
violon

sound-post
âme

sound box
caisse de résonance

bow
archet

heel
talon

head
tête

stick
baguette

point
pointe

hair
mèche de crins

handle
poignée

frog
hausse

screw
bouton

harp
harpe

string
corde

neck
console

tuning peg
cheville

pillar
colonne

sound box
caisse de résonance

sound-board
table d'harmonie

pedestal
cuvette

pedal
pédale

feet
pied

keyboard instruments
instruments à clavier

upright piano
piano droit

case
caisse du piano

music stand
pupitre

pressure bar
sillet

key
touche

hammer
marteau

string
corde

pin block
sommier

keyboard
clavier

action
mécanique

tuning pin
cheville d'accord

keybed
plateau de clavier

loud pedal
pédale forte

metal frame
cadre

sound-board
table d'harmonie

sustaining pedal
pédale de prolongement

treble bridge
chevalet des aigus

soft pedal
pédale douce

hitch pin
pointe d'attache

pedal rod
tringle de pédale

bass bridge
chevalet des basses

keyboard instruments
instruments à clavier

upright piano action
mécanique du piano droit

string
corde

damper rail
barre d'étouffoir

hammer head
feutre

hammer
marteau

hammer shank
manche

hammer rail
barre de repos des marteaux

damper
étouffoir

hammer butt
noix

back stop
contre-attrape

check
attrape

bridle tape
lanière

regulating button
bouton d'échappement

damper lever
lame d'étouffoir

jack spring
ressort d'échappement

jack
levier d'échappement

wippen
chevalet

key
touche

pilot
pilote

balance rail
pointe

organ
orgue

production of sound
production du son

pipework
tuyauterie

face pipes
tuyaux de montre

wind chest
sommier

wind trunk
porte-vent

reservoir
réservoir

wind duct
conduit

blower
soufflerie

console
console

stop knob
bouton de registre

manuals
claviers manuels

swell pedal
pédale d'expression

pedal keyboard
clavier à pédales

pedal key
touche de pédalier

swell organ manual
clavier de récit

choir organ manual
clavier de positif

great organ manual
clavier de grand orgue

thumb piston
bouton de combinaisons

toe piston
pédale de combinaisons

organ
orgue

mechanism of the organ
mécanisme de l'orgue

upperboard
chape

rackboard
faux sommier

table
table

bearer
faux registre

pallet
soupape

pipe
tuyau

air sealing gland
boursette

slider
registre coulissant

roller board and arms
abrégé et pilotes

wind trunk
porte-vent

manual
clavier manuel

bottomboard
laie

tracker
vergette

pallet spring
ressort de soupape

stop knob
bouton de registre

stop rod
tirant de registre

organ pipes
tuyaux d'orgue

flue pipe
tuyau à bouche

reed pipe
tuyau à anche

side view
vue de profil

front view
vue de face

body
corps

tuning wire
rasette

resonator
pavillon

ear
oreille

flue
lumière

wedge
coin

block
noyau

mouth
bouche

upper lip
lèvre supérieure

tongue
languette

shallot
anche

foot
pied

languid
biseau

foot hole
orifice du pied

boot
pied

foot hole
orifice du pied

lower lip
lèvre inférieure

wind instruments
instruments à vent

woodwind family
famille des bois

flute
flûte

piccolo
piccolo

oboe
hautbois

English horn
cor anglais
cor anglais

clarinet
clarinette

bassoon
basson

saxophone
saxophone

saxophone
saxophone

mouthpiece
bec

key
clé

crook
bocal

key finger button
bouton de clé

ligature
bague de serrage

octave mechanism
mécanisme d'octave

body
corps

bell
pavillon

bell brace
attache de pavillon

reeds
anches

thumb rest
support de pouce

double reed
anche double

single reed
anche simple

wind instruments
instruments à vent

brass family
famille des cuivres

bugle
clairon

cornet
cornet à pistons

trumpet
trompette

trombone
trombone

saxhorn
saxhorn

tuba
tuba

French horn
cor d'harmonie

trumpet
trompette

thumb hook
crochet de pouce

finger button
bouton de piston

valve casing
corps de piston

little finger hook
crochet de petit doigt

bell
pavillon

mouthpiece
embouchure

mouthpiece receiver
boisseau d'embouchure

mouthpipe
branche d'embouchure

1st valve slide
coulisse du premier piston

2nd valve slide
coulisse du deuxième piston

valve
piston

ring
bague

3rd valve slide
coulisse du troisième piston

water key
clé d'eau

tuning slide
coulisse d'accord

mute
sourdine

percussion instruments
instruments à percussion

triangle
triangle

castanets
castagnettes

gong
gong

metal rod
battant

cymbals
cymbales

wire brushes
balais métalliques

tubular bells
carillon tubulaire

sticks
baguettes

mallets
mailloches

xylophone
xylophone

frame
châssis

bar
lame

resonator
tube de résonance

485

percussion instruments
instruments à percussion

tambourine
tambour de basque

jingle
cymbalette

tuning screw
clé de serrage

**kettledrum
timbale**

head
peau

metal counterhoop
cercle de serrage

**snare drum
caisse claire**

tension rod
tringle de tension

snare strainer
tendeur de timbre

snare head
peau de timbre

snare
corde de timbre

caster
roulette

shell
caisse

pedal
pédale

**bass drum
grosse caisse**

**tenor drum
caisse roulante**

lug
attache

batter head
peau de batterie

spur
éperon

tripod stand
trépied

tension screw
vis de tension

pedal
pédale

mallet
mailloche

leg
pied

traditional musical instruments
instruments traditionnels

mandolin
mandoline

plectrum
médiator

balalaika
balalaïka

fret
frette

banjo
banjo

thumb string peg
cheville de chanterelle

thumb string
chanterelle

neck
manche

head
peau

triangular body
caisse triangulaire

sleeve protector
repose-bras

zither
cithare

lyre
lyre

open string
corde d'accompagnement

crossbar
traverse

arm
montant

fingerboard
touche

melody string
corde de mélodie

sound-board
caisse de résonance

traditional musical instruments
instruments traditionnels

panpipe
flûte de Pan

Jew's harp
guimbarde

tongue
lame

frame
cadre

harmonica
harmonica

shawm
bombarde

crook
bocal

double reed
anche double

bagpipes
cornemuse

blow pipe
tuyau d'insufflation

stock
monture

drone
bourdon

bag
sac

chanter
chalumeau

traditional musical instruments
instruments traditionnels

barrel organ
orgue de Barbarie

case
coffre

handle
manivelle

key
touche

sticker
vergette

pipe
tuyau

pin
picot

bridge
pont

bellows
soufflet

worm
vis sans fin

barrel
cylindre

pallet
soupape

accordion
accordéon

bellows strap
fermeture du soufflet

bass register
registre basse

key
touche

button
bouton

treble register
registre aigu

treble keyboard
clavier chant

grille
grille

bellows
soufflet

bass keyboard
clavier accompagnement

examples of instrumental groups
exemples de groupes instrumentaux

duo
duo

clarinet   piano
clarinette   piano

trio
trio

violoncello   oboe   harpsichord
violoncelle   hautbois   clavecin

quartet
quatuor

violin   violin   viola   violoncello
violon   violon   alto   violoncelle

quintet
quintette

French horn   flute   oboe   clarinet   bassoon
cor d'harmonie   flûte   hautbois   clarinette   basson

examples of instrumental groups
exemples de groupes instrumentaux

sextet
sextuor

clarinet	clarinet	French horn	French horn	bassoon	bassoon
clarinette	clarinette	cor d'harmonie	cor d'harmonie	basson	basson

jazz band
formation de jazz

drum kit
batterie

bass drum   tenor drum   snare drum   cymbals   piano
grosse caisse   caisse roulante   caisse claire   cymbales   piano

double bass   clarinet   saxophone   trombone   trumpet   cornet
contrebasse   clarinette   saxophone   trombone   trompette   cornet

**musical accessories
accessoires**

**metronome
métronome**

case
boîtier

bar
tige

scale of speeds
échelle des vitesses

sliding weight
masse de réglage

stop button
bouton d'arrêt

escapement mechanism
mécanisme à échappement

pivot
pivot

key
remontoir

fixed weight
masse pendulaire

**music stand
pupitre à musique**

music rest
pupitre

**tuning hammer
accordoir**

adjusting lever
levier de réglage

**tuning fork
diapason**

rod
tige

tripod
trépied

symphony orchestra
orchestre symphonique

cymbals, triangle, castanets
cymbales, triangle, castagnettes

xylophone
xylophone

timpani
timbales

gong
gong

celesta
célesta

snare drum
caisse claire

tubular bells
carillon tubulaire

bass drum
grosse caisse

French horns
cors d'harmonie

cornets
cornets

trumpets
trompettes

trombones
trombones

tuba
tuba

piano
piano

flutes
flûtes

English horn; *cor anglais*
cor anglais

piccolo
piccolo

oboes
hautbois

clarinets
clarinettes

bassoons
bassons

harp
harpe

contrabassoon
contrebasson

second violins
seconds violons

violas
altos

first violins
premiers violons

violoncellos
violoncelles

double basses
contrebasses

conductor's podium
pupitre du chef d'orchestre

electric and electronic instruments
instruments électriques et électroniques

electric guitar
guitare électrique

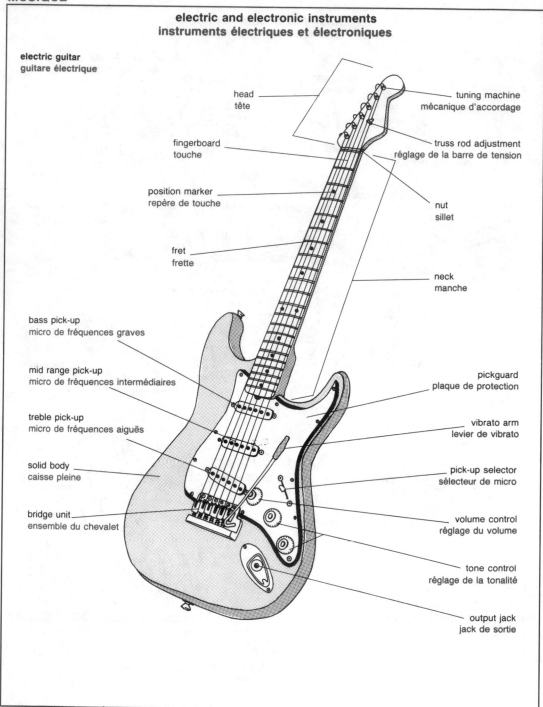

head
tête

tuning machine
mécanique d'accordage

fingerboard
touche

truss rod adjustment
réglage de la barre de tension

position marker
repère de touche

nut
sillet

fret
frette

neck
manche

bass pick-up
micro de fréquences graves

mid range pick-up
micro de fréquences intermédiaires

pickguard
plaque de protection

treble pick-up
micro de fréquences aiguës

vibrato arm
levier de vibrato

solid body
caisse pleine

pick-up selector
sélecteur de micro

bridge unit
ensemble du chevalet

volume control
réglage du volume

tone control
réglage de la tonalité

output jack
jack de sortie

electric and electronic instruments
instruments électriques et électroniques

synthesizer
synthétiseur

ring modulator
modulateur en anneau

reverb unit
réverbérateur

output filter
filtre de sortie

sequencer control
contrôle du séquenceur

input level control
contrôle de niveau d'entrée

filter-oscillator
filtre-oscillateur

envelope shaper
profileur dynamique

oscillators
oscillateurs

VU meter
vumètre

VU meter switch
commutateur du vumètre

noise generator control
contrôle du générateur
de bruit

power indicator
voyant

matrix
matrice

power switch
commutateur
marche/arrêt

interface
compatibilisateur

attack knob
bouton d'attaque

joystick
pivoteur

keyboard control
réglage du clavier

keyboard
clavier

output controls
contrôles de niveau de sortie

CREATIVE LEISURE ACTIVITIES

LOISIRS DE CRÉATION

sewing
couture

sewing machine
machine à coudre

thread guide
guide-fil

sewing spool
bobine

spool pin
broche porte-bobine

thread take-up lever
releveur de fil

bobbin winder
bobineur

tension block
bloc-tension

thread guide
guide-fil

stop motion knob
vis d'accouplement

presser foot lifter
relève-presseur

hinged presser foot
pied-de-biche

hand wheel
volant

column
colonne

stitch selector
sélecteur de points

needle
aiguille

stitch length regulator
règle-point

motor
moteur

slide plate
plaque-glissière

arm
bras

needle plate
plaque à aiguille

head
tête

flat-bed
plateau

foot control
commande au pied

499

CREATIVE LEISURE ACTIVITIES
LOISIRS DE CRÉATION

sewing
couture

sewing machine
machine à coudre

tension block
bloc-tension

thread guide
guide-fil

tension disc
disque de tension

shuttle
navette

bobbin
canette

tension dial
indicateur de tension

tension spring
ressort compensateur de fil

needle
aiguille

presser foot
pied presseur

presser bar
barre de pied presseur

needle bar
barre à aiguille

shank
talon

thread trimmer
coupe-fil

needle clamp
pince-aiguille

groove
rainure

needle clamp screw
vis de pince-aiguille

needle threader
enfile-aiguille

blade
tige

needle
aiguille

eye
chas

hinged presser foot
pied-de-biche

feed dog
griffe d'entraînement

point
pointe

latch lever
verrou

bobbin case
boîte à canette

bobbin
canette

hook
crochet

sewing
couture

accessories
accessoires

pin cushion
pelote

eye
chas

pin
épingle

needle
aiguille

magnet
aimant

needle threader
enfile-aiguille

thimble
dé

tracing wheel
roulette

wheel
disque

shank
axe

handle
manche

safety pins
épingles de sûreté

dressmaker's model
mannequin

scissors
ciseaux

edge
tranchant

handle
ferrule

blade
lame

pivot
entablure

shank
branche

skirt marker
arrondisseur

pinking shears
ciseaux à denteler

tape measure
mètre à ruban

sewing
couture

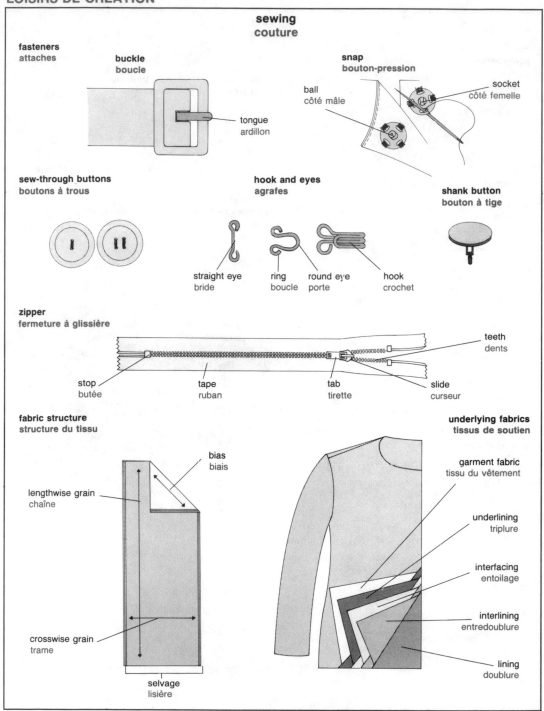

fasteners
attaches

buckle
boucle

tongue
ardillon

snap
bouton-pression

ball
côté mâle

socket
côté femelle

sew-through buttons
boutons à trous

hook and eyes
agrafes

shank button
bouton à tige

straight eye
bride

ring
boucle

round eye
porte

hook
crochet

zipper
fermeture à glissière

teeth
dents

stop
butée

tape
ruban

tab
tirette

slide
curseur

fabric structure
structure du tissu

underlying fabrics
tissus de soutien

bias
biais

lengthwise grain
chaîne

garment fabric
tissu du vêtement

underlining
triplure

interfacing
entoilage

interlining
entredoublure

crosswise grain
trame

lining
doublure

selvage
lisière

sewing
couture

pattern
patron

cutting line
ligne de coupe

notch
cran

fold line
pliure

seam line
ligne de bâti

zipper line
ligne de piqûre de la fermeture

marking dot
point de repère

seam allowance
rentré

dart
pince

alteration line
ligne de modification

lenghtwise grain
droit fil

hemline
ligne d'ourlet

knitting
tricot

knitting needles
aiguilles à tricoter

circular needle
aiguille circulaire

head
tête

shank
tige

point
pointe

crochet hook
crochet

hook
bec

flat part
méplat

knitting measure
jauge à aiguilles

sample
échantillon

cast-on stitches
mailles de montage

stitch patterns
points de tricot

stocking stitch
point de jersey

garter stitch
point mousse

rib stitch
point de côtes

cable stitch
point de torsades

knitting machine
machine à tricoter

tension block
bloc-tension

tension spring
pêcheur

tension disk; *tension disc*
disque de tension

tension controller
porte tension

tension dial
bouton de tension

yarn clip
pince-fil

eyelet
œillet

yarn rod
support de tension

tension guide
guide-fil

needle bed
fonture

punch card feeding mechanism
mécanisme d'enclenchement de la carte

punch card feeding dial
molette d'entraînement de la carte

pattern reader
lecteur de patron

punch card
carte perforée

row indicator
indicateur de rangs

carriage
chariot

punch card reader
lecteur de carte

arm
chariot avant

needle bed
fonture

clamp
serre-joint

separators
index

change dial
bouton de sélection de vitesse

rail
rail

slide-bar
glissière

claw weight
poids de lisière

feeding dial
bouton d'entraînement

needle bed groove
rainure

knitting machine
machine à tricoter

carriage
chariot

tension dial
cadran de densité

handle
poignée

carriage
chariot

cam
came

side lever
levier de côté

arm
chariot avant

cam lever
levier de point

tuck brush
brosse de point ramassé

weaving brush
brosse de tissage

yarn feeder
noix

arm nut
bouton moleté

latch needle
aiguille à clapet

latch
clapet

butt
talon

hook
crochet

shank
tige

bobbin lace
dentelle aux fuseaux

pillow
carreau

pricker
piquoir

revolving cylinder
cylindre rotatif

pattern
patron

bobbin
fuseau

head
tête

spool
bobine

handle
manche

embroidery
broderie

frame
métier à broder

hoop
tambour

slat
latte

peg
cheville

tape
tirette

webbing
coutisse

mortise
mortaise

groups of stitches
catégories de points

knot stitches group
points noués

French knot stitch
point de nœud

bullion stitch
point de poste

flat stitches group
points plats

couched stitches
points couchés

long and short stitch
point passé empiétant

fishbone stitch
point d'arête

Roumanian couching stitch
point roumain

Oriental couching stitch
point d'Orient

cross stitches group
points croisés

loop stitches group
points bouclés

chevron stitch
point de chevron

herringbone stitch
point de chausson

chain stitch
point de chaînette

feather stitch
point d'épine

weaving
tissage

low warp loom
métier de basse lisse

heddle
lisse

head roller
rouleau principal

harness
lame

warp
chaîne

upright
support du rouleau

harnesses
harnais

leash rod
baguette d'encroix

beater handtree
chapeau du battant

back beam
porte-fils

reed
ros

warp roller
ensouple
de chaîne

beater sley
semelle du battant

beater
battant

weft
trame

handle
manivelle

breast beam
poitrinière

ratchet
cliquet

post
montant

frame
bâti

ratchet wheel
roue dentée

crosspiece
entretoise

crossbeam
traverse

cloth roller
ensouple de tissu

treadle
marche

lam
contremarche

treadle cord
corde d'accrochage

screw eye
œillet

take-up handle
tentoir

release treadle
pédale de frein

weaving
tissage

high warp loom
métier de haute lisse

nails
clous

upright
montant

shed stick
baguette d'écartement

heddle rod
barre à lisse

heddle
lisse

warp
chaîne

leash rod
baguette d'encroix

crossbar
traverse

vertical frame
charpente verticale

support
support

accessories
accessoires

shuttle
navette

rod
tige

bobbin
canette

eye
œil

flat shuttle
réglette

heddles
lisses

eye
œil

tapestry bobbin
broche

comb
peigne

weaving
tissage

ball winder
bobinoir

ball
bobine

driving wheel
roue d'entraînement

thread guide
guide-fil

clamp
serre-joint

bobbin winder
canetière

worm
vis sans fin

shaft
fuseau

bobbin
canette

gear
roue d'engrenage

swift
dévidoir

temple
templet

reed hooks
passettes

warping frame
ourdissoir

spool rack
cantre

peg
cheville

weaving
tissage

diagram of weaving principle
schéma de principe du tissage

warp thread
fil de chaîne

weft thread
fil de trame

basic weaves
armures de base

plain weave
toile

twill weave
sergé

satin weave
satin

other techniques
autres techniques

interlock
croisement

slit
fente

hatching
hachure

knot
nœud

fine bookbinding
reliure d'art

bound book
livre relié

headcap
coiffe

headband
tranchefile

back cornering
encoche de coiffe

spine
dos

raised band
nerf

joint
mors

front board
plat recto

back board
plat verso

square
chasse

top edge
tranche de tête

fore edge
tranche de gouttière

flyleaf
garde volante

tail edge
tranche de queue

corner
coin

gathering
plaçure

signature
cahier

endpaper
garde

sheet
feuillet

bone folder
plioir

fine bookbinding
reliure d'art

trimming
ébarbage

board cutter
cisaille

blade lever
levier de la lame

cutting blade
lame mobile

table
plateau

fixed blade
lame fixe

ruler
règle

clamp
mordache

cutting guide
règle d'équerrage

gauge
guide

sawing-in and sewing
grecquage et couture

tenon saw
scie à grecquer

sewing frame
cousoir

crossbar
traverse

bed
table

groove
grecque

upright
montant

cord
ficelle

temple
templet

slot
fente

fine bookbinding
reliure d'art

backing
endossure

handle
manche

spine of the book
dos du livre

backing board
ais ferré

backing press
étau à endosser

backing hammer
marteau à endosser

claw
panne

face
platine

pressing
mise en presse

standing press
presse à percussion

central screw
vis centrale

upright
colonne

hand-wheel
volant

platen
plateau

pressing board
ais

base
socle

covering
couvrure

bookbinding leather
peau

feet
patte

head
tête

neck
collet

flank
flanc

spine
échine

tail
queue

intaglio printing process
gravure en creux

equipment
matériel

tarlatan; *muslin*
tarlatane

copper plate; *copperplate*
planche de cuivre

baren
baren

roulette
roulette

brush
pinceau

varnish-roller
rouleau à vernir

scraper
ébarboir

dry point
pointe sèche

hand vice
étau

burnisher
brunissoir

rocking tool
berceau

smoking candle; *taper*
rat de cave

oilstone
pierre à aiguiser

relief printing process
gravure en relief

equipment
matériel

wood engraving
gravure sur bois de bout

woodcut
gravure sur bois de fil

mallet
maillet

dabber
tampon

burin
burin

V-shaped gouge
gouge en V

ink
encre

knife
canif

spatula
spatule

U-shaped gouge
gouge creuse

chisel
ciseau

inking slab
marbre

brayer; *ink roller*
rouleau

etching press
presse à taille-douce

pressure screw
vis de pression

flywheel; *capstan*
moulinet

top cylinder
cylindre supérieur

felt; *blanket*
lange

press bed
table

bottom cylinder
cylindre inférieur

lithography
lithographie

equipment
matériel

red ocher pencil; *red ochre pencil*
sanguine

pumice correcting pencil
crayon de pierre ponce

drypoint; *dry-point*
pointe sèche

litho pencil
crayon lithographique

litho crayon
bâton de craie

lithographic tusche
encre lithographique

levigator
bourriquet

handle
poignée

hole
trou

disk; *disc*
disque

calipers
compas d'épaisseur

lithographic press
presse lithographique

pressure screw
vis de pression

tympan
tympan

press bed
table

bed handle
poignée de la table

lithographic stone
pierre lithographique

lever
levier

camshaft
arbre à cames

crank handle
poignée de la manivelle

gearbox
engrenage

scraper bar holder
porte-râteau

scraper
râteau

frame
bâti

printing
impression

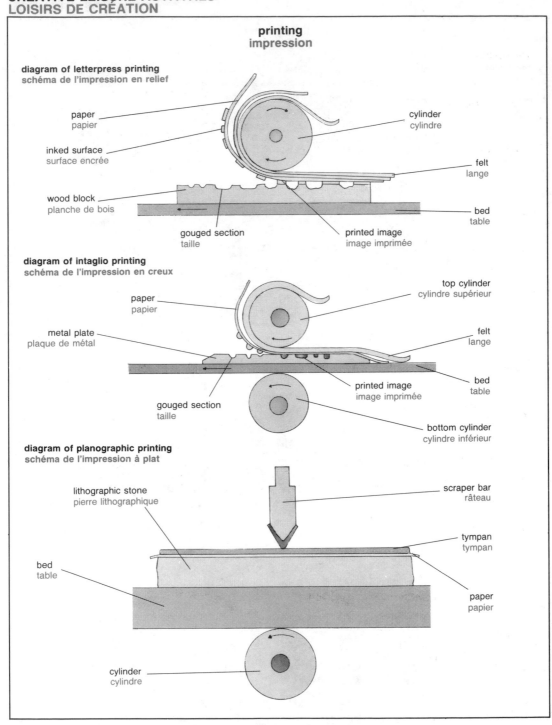

diagram of letterpress printing
schéma de l'impression en relief

paper
papier

inked surface
surface encrée

wood block
planche de bois

cylinder
cylindre

felt
lange

bed
table

gouged section
taille

printed image
image imprimée

diagram of intaglio printing
schéma de l'impression en creux

paper
papier

metal plate
plaque de métal

top cylinder
cylindre supérieur

felt
lange

bed
table

gouged section
taille

printed image
image imprimée

bottom cylinder
cylindre inférieur

diagram of planographic printing
schéma de l'impression à plat

lithographic stone
pierre lithographique

scraper bar
râteau

tympan
tympan

bed
table

paper
papier

cylinder
cylindre

pottery
poterie

turning wheel
tour à pied

ball of clay
pâte d'argile

plaster bat
rondeau

wheel head
girelle

foot rest
appui-pied

seat
siège

shaft
axe

flywheel
volant

tools
outils

cutting wire
fil à couper la pâte

slab building
galettage

banding wheel
tournette

needle tool
pige

wooden modeling tools; *wooden modelling tools*
ébauchoirs

coiling
colombin

ribs
estèques

fettling knife
couteau de potier

trimming tool
mirette

pottery
poterie

firing
cuisson

damper
évent

electric kiln
four électrique

pyrometer
pyromètre

heating element
élément

crown
voûte

refractory brick
brique réfractaire

shelf
plaque d'enfournement

peephole
regard

post
colonnette

hearth
sole

control knob
bouton de commande

signal lamp
voyant

stilt
patte de coq

pyrometric cone
montre

muffle
moufle

saggar
cazette

stained glass
vitrail

sketch
maquette

layout
carton

cartoon
carton

work drawing
gabarit

carbon
papier carbone

pattern
patron

pattern scissors
ciseaux à trois lames

glass cutting
coupe du verre

glass cutter
coupe-verre

grozzing teeth
dent

ball-end
marteline

wheel
roulette

handle
manche

breaking pliers
pince à détacher

eye shield protector
écran protecteur

glass grinder
meule

diamond head
meule diamantée

assembly process
sertissage

lead stretcher
étau à plomb

copper foil
ruban de cuivre

lead knife
couteau à plomb

soldering process
soudage

holder
support

soldering iron
fer à souder

flux
flux

flux brush
pinceau

tip
pointe

tip cleaner
éponge

solder
soudure

lead came
baguette de plomb

face
face

heart
âme

lip
aile

channel
rainure

SPORTS

SPORTS

baseball
baseball

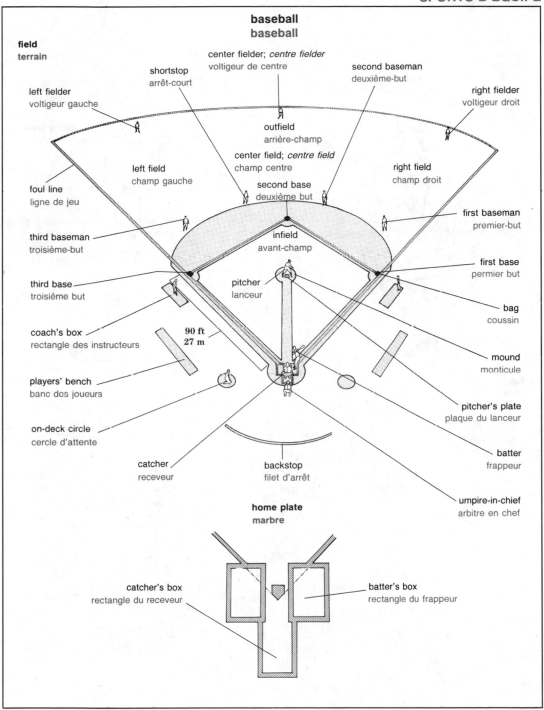

field
terrain

center fielder; *centre fielder*
voltigeur de centre

shortstop
arrêt-court

second baseman
deuxième-but

left fielder
voltigeur gauche

right fielder
voltigeur droit

outfield
arrière-champ

center field; *centre field*
champ centre

left field
champ gauche

right field
champ droit

foul line
ligne de jeu

second base
deuxième but

first baseman
premier-but

third baseman
troisième-but

infield
avant-champ

first base
permier but

third base
troisième but

pitcher
lanceur

bag
coussin

coach's box
rectangle des instructeurs

90 ft
27 m

mound
monticule

players' bench
banc des joueurs

pitcher's plate
plaque du lanceur

on-deck circle
cercle d'attente

batter
frappeur

catcher
receveur

backstop
filet d'arrêt

umpire-in-chief
arbitre en chef

home plate
marbre

catcher's box
rectangle du receveur

batter's box
rectangle du frappeur

baseball
baseball

catcher
receveur

mask
masque

throat protector
protège-gorge

catcher's glove
gant de receveur

chest protector
protecteur de poitrine

knee pad
genouillère

shin guard
protège-tibia

player
joueur

batter's helmet
casque de frappeur

bat
bâton

batting glove
gant de frappeur

undershirt
chandail de dessous

team shirt
chandail d'équipe

pants
pantalon

stirrup sock
chaussette avec étrier

spiked shoe
soulier à crampons

bat
bâton

2¾ in
7 cm

hitting area
surface de frappe

tape
ruban adhésif

handle
manche

knob
pommeau

42 in
1,06 m

ball
balle

9 in
228 mm

stitches
couture

cover
enveloppe

glove
gant

thumb
pouce

web
panier

strap
patte

finger
doigt

palm
paume

heel
talon

lace
lacet

football
football

playing field for Canadian football
terrain de football canadien

110 yd
100,6 m

25 yd
22, 9 m

5 15 25 35 45 55 45 35 25 15 5

goal
but

65 yd
59,7 m

sideline
ligne de touche

yard line
ligne des verges

playing field for American football
terrain de football américain

center line; *centre line*
ligne de contre

goal line
ligne de but

10 yd
9,1 m

inbound line
trait de mise en jeu

goal post
poteau de but

end zone
zone de but

53 yd
48,5 m

end line
ligne de fond

10 20 30 40 50 40 30 20 10

100 yd
91,4 m

football
football

scrimmage in American football
mêlée au football américain

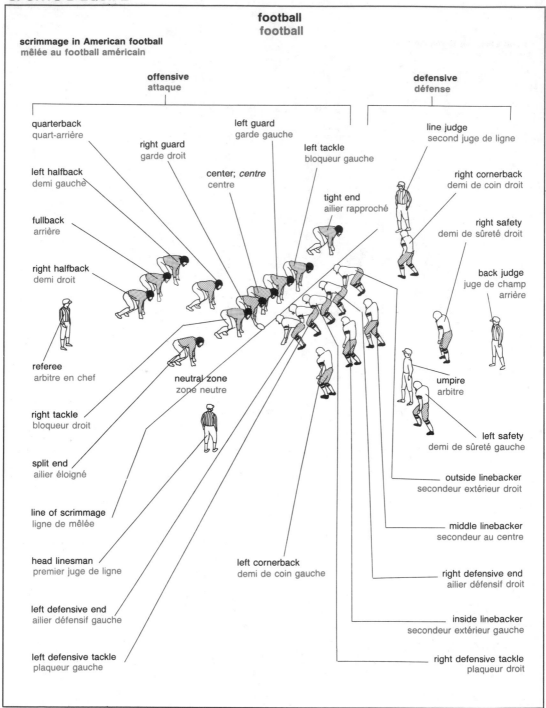

offensive
attaque

defensive
défense

quarterback
quart-arrière

left guard
garde gauche

line judge
second juge de ligne

right guard
garde droit

left tackle
bloqueur gauche

right cornerback
demi de coin droit

left halfback
demi gauche

center; *centre*
centre

right safety
demi de sûreté droit

tight end
ailier rapproché

fullback
arrière

right halfback
demi droit

back judge
juge de champ
arrière

referee
arbitre en chef

neutral zone
zone neutre

umpire
arbitre

right tackle
bloqueur droit

left safety
demi de sûreté gauche

split end
ailier éloigné

outside linebacker
secondeur extérieur droit

line of scrimmage
ligne de mêlée

middle linebacker
secondeur au centre

head linesman
premier juge de ligne

left cornerback
demi de coin gauche

right defensive end
ailier défensif droit

left defensive end
ailier défensif gauche

inside linebacker
secondeur extérieur gauche

left defensive tackle
plaqueur gauche

right defensive tackle
plaqueur droit

football
football

scrimmage in Canadian football
mêlée au football canadien

offensive
attaque

defensive
défense

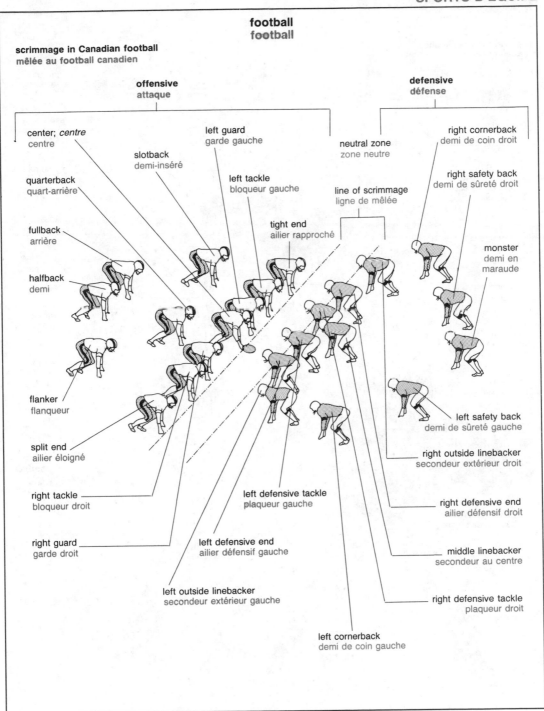

center; *centre*
centre

slotback
demi-inséré

quarterback
quart-arrière

fullback
arrière

halfback
demi

flanker
flanqueur

split end
ailier éloigné

right tackle
bloqueur droit

right guard
garde droit

left guard
garde gauche

left tackle
bloqueur gauche

tight end
ailier rapproché

left defensive tackle
plaqueur gauche

left defensive end
ailier défensif gauche

left outside linebacker
secondeur extérieur gauche

left cornerback
demi de coin gauche

neutral zone
zone neutre

line of scrimmage
ligne de mêlée

right cornerback
demi de coin droit

right safety back
demi de sûreté droit

monster
demi en maraude

left safety back
demi de sûreté gauche

right outside linebacker
secondeur extérieur droit

right defensive end
ailier défensif droit

middle linebacker
secondeur au centre

right defensive tackle
plaqueur droit

football
football

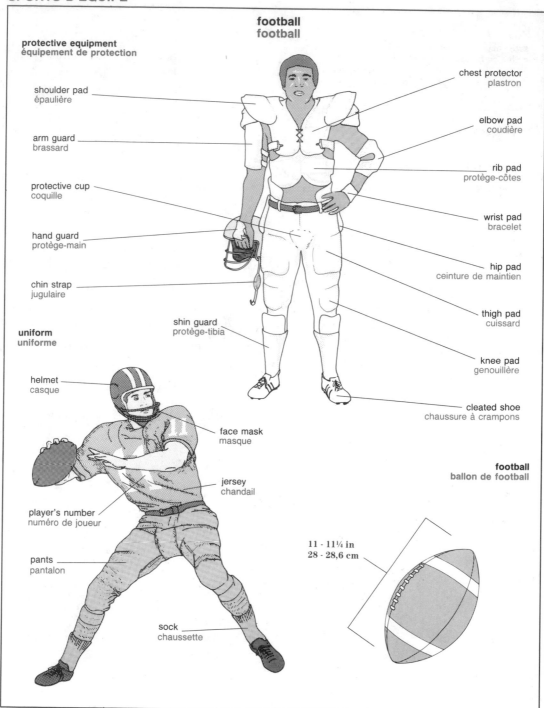

protective equipment
équipement de protection

shoulder pad
épaulière

arm guard
brassard

protective cup
coquille

hand guard
protège-main

chin strap
jugulaire

chest protector
plastron

elbow pad
coudière

rib pad
protège-côtes

wrist pad
bracelet

hip pad
ceinture de maintien

thigh pad
cuissard

knee pad
genouillère

cleated shoe
chaussure à crampons

uniform
uniforme

shin guard
protège-tibia

helmet
casque

face mask
masque

jersey
chandail

player's number
numéro de joueur

pants
pantalon

sock
chaussette

football
ballon de football

11 - 11¼ in
28 - 28,6 cm

rugby
rugby

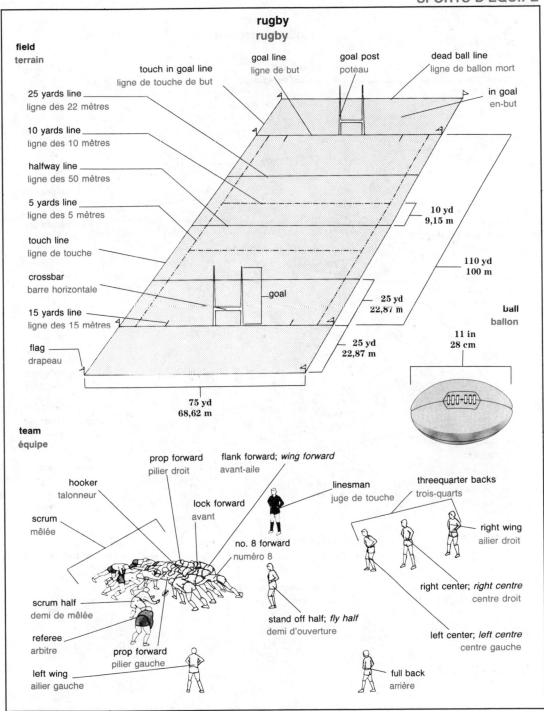

field
terrain

touch in goal line
ligne de touche de but

goal line
ligne de but

goal post
poteau

dead ball line
ligne de ballon mort

25 yards line
ligne des 22 mètres

10 yards line
ligne des 10 mètres

halfway line
ligne des 50 mètres

5 yards line
ligne des 5 mètres

touch line
ligne de touche

crossbar
barre horizontale

15 yards line
ligne des 15 mètres

flag
drapeau

in goal
en-but

10 yd
9,15 m

110 yd
100 m

goal

25 yd
22,87 m

25 yd
22,87 m

75 yd
68,62 m

ball
ballon

11 in
28 cm

team
équipe

prop forward
pilier droit

flank forward; *wing forward*
avant-aile

hooker
talonneur

lock forward
avant

linesman
juge de touche

threequarter backs
trois-quarts

scrum
mêlée

no. 8 forward
numéro 8

right wing
ailier droit

scrum half
demi de mêlée

right center; *right centre*
centre droit

referee
arbitre

stand off half; *fly half*
demi d'ouverture

left center; *left centre*
centre gauche

prop forward
pilier gauche

left wing
ailier gauche

full back
arrière

soccer
football européen

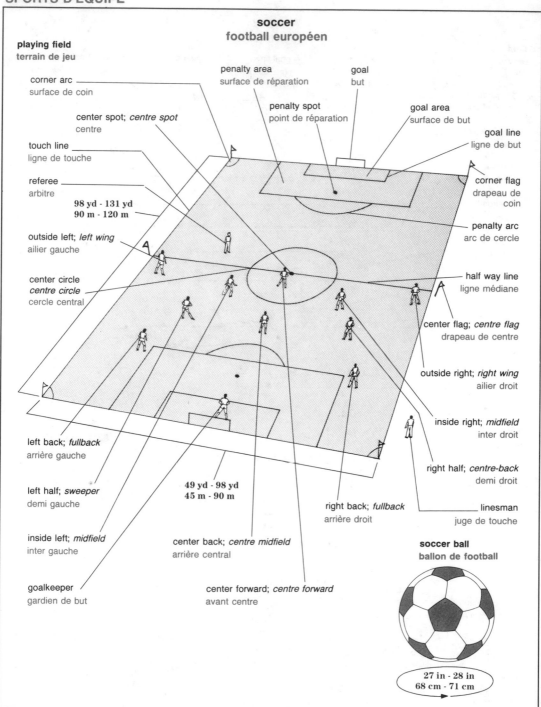

playing field
terrain de jeu

corner arc
surface de coin

center spot; *centre spot*
centre

touch line
ligne de touche

referee
arbitre

98 yd - 131 yd
90 m - 120 m

outside left; *left wing*
ailier gauche

center circle
centre circle
cercle central

penalty area
surface de réparation

penalty spot
point de réparation

goal
but

goal area
surface de but

goal line
ligne de but

corner flag
drapeau de coin

penalty arc
arc de cercle

half way line
ligne médiane

center flag; *centre flag*
drapeau de centre

outside right; *right wing*
ailier droit

inside right; *midfield*
inter droit

right half; *centre-back*
demi droit

linesman
juge de touche

left back; *fullback*
arrière gauche

left half; *sweeper*
demi gauche

inside left; *midfield*
inter gauche

goalkeeper
gardien de but

49 yd - 98 yd
45 m - 90 m

center back; *centre midfield*
arrière central

center forward; *centre forward*
avant centre

right back; *fullback*
arrière droit

soccer ball
ballon de football

27 in - 28 in
68 cm - 71 cm

ice hockey
hockey sur glace

rink
patinoire

goal
but

goal crease
zone de but

boards
bande

200 ft
61 m

game timekeeper
chronométreur
de jeu

penalty timekeeper
chronométreur
des pénalités

scorer
marqueur

penalty bench
banc des pénalités

left wing
ailier gauche

blue line
ligne bleue

rink corner
coin de patinoire

goal line
ligne de but

players' bench
banc des joueurs

center face-off circle; *centre face-off circle*
cercle central

center line; *centre line*
ligne centrale

center; *centre*
centre

right wing
ailier droit

linesman
juge de ligne

glass
baie vitrée

net
filet

attacking zone
zone d'attaque

neutral zone
zone neutre

defending zone
zone de défense

85 ft
26 m

referee
arbitre

goalkeeper
gardien de but

goal judge's box
loge de juge de but

right defense; *right defence*
défenseur droit

left defense; *left defence*
défenseur gauche

face-off spot
point de mise au jeu

face-off circle
cercle de mise au jeu

ice hockey
hockey sur glace

goalkeeper
gardien de but

throat protector
protège-gorge

helmet
casque

arm pad
brassard

pants
culotte

body pad
plastron

back pad
bouclier

stick glove
gant de bâton

catch glove
gant attrape-rondelle

goalkeeper's pad
jambière de gardien

ice hockey player
hockeyeur

face mask
masque

cuff
manchette

shoulder pad
épaulière

elbow pad
protège-coude

protective cup
coquille

glove
gant

knee pad
genouillère

hip pad
girdle
ceinture
de maintien

shin pad
jambière

skate
patin

player's stick
bâton de joueur

heel
talon

4 ft 5 in
135 cm

1 ft 2½ in
37 cm

puck
rondelle

3 in
7,62 cm

curve
courbure

shaft
manche

3 in
7,5 cm

blade
lame

butt end
embout

1 in
2,54 cm

goalkeeper's stick
bâton de gardien de but

4 ft 5 in
135 cm

1 ft 2½ in
37 cm

3½ in
9 cm

2 ft
61 cm

basketball
basket-ball

court
terrain

timekeeper
chronométreur

clock operator
opérateur de l'appareil
des trente secondes

scorer
marqueur

center line; *centre line*
ligne médiane

semi-circle
demi-cercle

players' bench
banc des joueurs

sideline
ligne de touche

end line
ligne de fond

backboard support
support de panneau

free throw line
ligne de lancer franc

substitute
remplaçant

free throw lane
couloir de lancer franc

basket
panier

restricted area
zone réservée

left guard
arrière gauche

right forward
avant droit

center; *centre*
centre

left forward
avant gauche

right guard
arrière droit

referee
arbitre

referee
aide-arbitre

restricting circle
cercle restrictif

center circle; *centre circle*
cercle central

91 ft 5 in
28 m

49 ft 2 in
15 m

first space
premier espace

second space
deuxième espace

basket
panier

backboard
panneau

rim; *ring*
anneau

net
filet

29½ in - 30 in
75 cm - 78 cm

basketball
ballon de basket

basketball shoe
chaussure de basket

volleyball
volley-ball

court
terrain

net
filet

clear space
zone libre

retriever; *second linesman*
ramasseur

tape
bande horizontale

attack zone
zone d'attaque

vertical side band
bande verticale de côté

antenna
antenne

referee
premier arbitre

sideline
ligne de côté

back zone
zone de défense

players' bench
banc des joueurs

umpire
second arbitre

scorer
marqueur

2 ft 8 in
80 cm

3 ft 3 in
1 m

4 ft 8 in
1,43 m

center line; *centre line*
ligne centrale

9 ft 9 in
3 m

post
poteau

attack line
ligne d'attaque

19 ft 6 in
6 m

59 ft
18 m

right forward
avant droit

right back
arrière droit

volleyball
ballon de volley-ball

substitute
remplaçant

29 ft 6 in
9 m

9 ft 9 in
3 m

server
serveur

service area
zone de service

linesman
juge de ligne

left forward
avant gauche

center forward; *centre forward*
avant centre

flag
fanion

players' rotation
rotation des joueurs

center back; *centre back*
arrière centre

volleyball
ballon de volley-ball

left back
arrière gauche

end line
ligne de fond

26 in - 27 in
65 cm - 67 cm

tennis
tennis

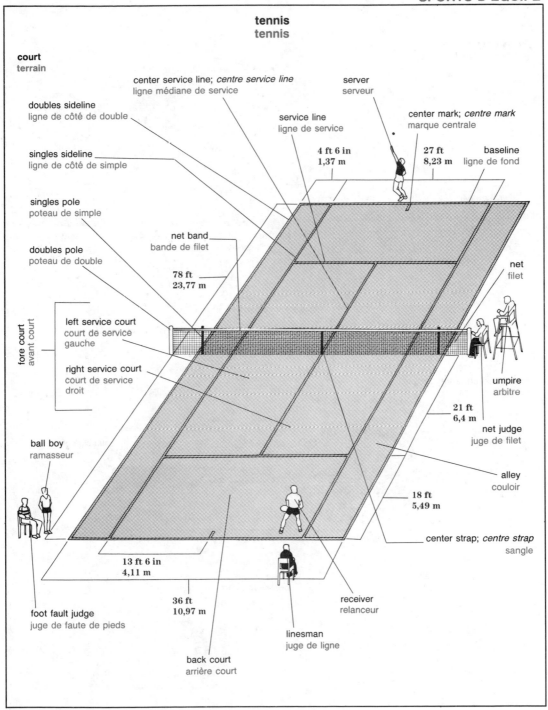

court
terrain

center service line; *centre service line*
ligne médiane de service

server
serveur

doubles sideline
ligne de côté de double

service line
ligne de service

center mark; *centre mark*
marque centrale

singles sideline
ligne de côté de simple

4 ft 6 in
1,37 m

27 ft
8,23 m

baseline
ligne de fond

singles pole
poteau de simple

net band
bande de filet

net
filet

doubles pole
poteau de double

78 ft
23,77 m

fore court
avant court

left service court
court de service
gauche

right service court
court de service
droit

umpire
arbitre

21 ft
6,4 m

net judge
juge de filet

ball boy
ramasseur

alley
couloir

18 ft
5,49 m

center strap; *centre strap*
sangle

13 ft 6 in
4,11 m

foot fault judge
juge de faute de pieds

receiver
relanceur

36 ft
10,97 m

linesman
juge de ligne

back court
arrière court

tennis
tennis

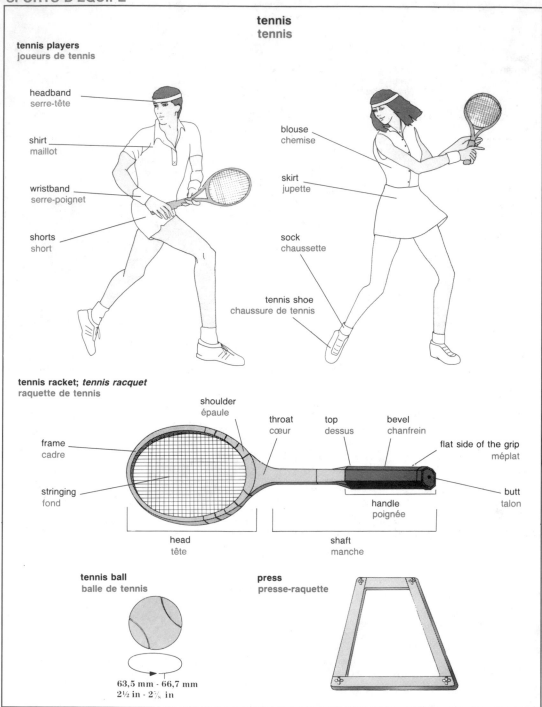

tennis players
joueurs de tennis

headband
serre-tête

shirt
maillot

wristband
serre-poignet

shorts
short

blouse
chemise

skirt
jupette

sock
chaussette

tennis shoe
chaussure de tennis

tennis racket; *tennis racquet*
raquette de tennis

shoulder
épaule

throat
cœur

top
dessus

bevel
chanfrein

frame
cadre

flat side of the grip
méplat

stringing
fond

butt
talon

handle
poignée

head
tête

shaft
manche

tennis ball
balle de tennis

63,5 mm - 66,7 mm
2½ in - 2⅝ in

press
presse-raquette

handball
hand-ball

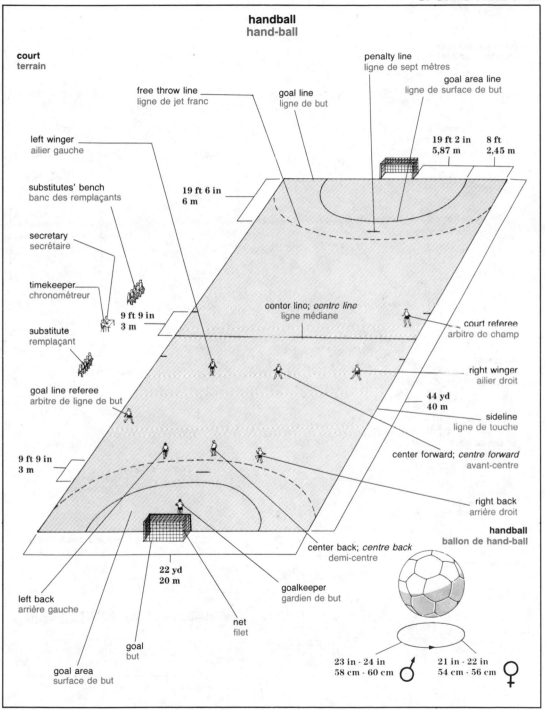

court
terrain

penalty line
ligne de sept mètres

free throw line
ligne de jet franc

goal line
ligne de but

goal area line
ligne de surface de but

left winger
ailier gauche

**19 ft 2 in
5,87 m**

**8 ft
2,45 m**

substitutes' bench
banc des remplaçants

**19 ft 6 in
6 m**

secretary
secrétaire

timekeeper
chronométreur

center line; *centre line*
ligne médiane

court referee
arbitre de champ

**9 ft 9 in
3 m**

substitute
remplaçant

right winger
ailier droit

goal line referee
arbitre de ligne de but

**44 yd
40 m**

sideline
ligne de touche

center forward; *centre forward*
avant-centre

**9 ft 9 in
3 m**

right back
arrière droit

handball
ballon de hand-ball

center back; *centre back*
demi-centre

left back
arrière gauche

**22 yd
20 m**

goalkeeper
gardien de but

net
filet

goal
but

goal area
surface de but

**23 in - 24 in
58 cm - 60 cm** ♂

**21 in - 22 in
54 cm - 56 cm** ♀

squash
squash

international singles court
terrain international de simples

ceiling
plafond

side wall line
ligne latérale

outer boundary line
limite hors-terrain

service line
ligne de service

front wall
mur avant

telltale
plaque de tôle

receiver
receveur

side wall
mur latéral

glass
vitre

server
serveur

service box
carré de service

floor
plancher

15 ft
4,57 m

6 ft
1,83 m

door
porte

19 in
48 cm

7 ft
2,15 m

short line
ligne des courtes

back wall
mur arrière

10 ft 6 in
3,2 m

right service court
zone de service droite

5 ft 3 in
1,6 m

32 ft
9,75 m

21 ft
6,4 m

5 ft 3 in
1,6 m

14 ft
4.3 m

left service court
zone de service gauche

half court line
ligne de demi-court

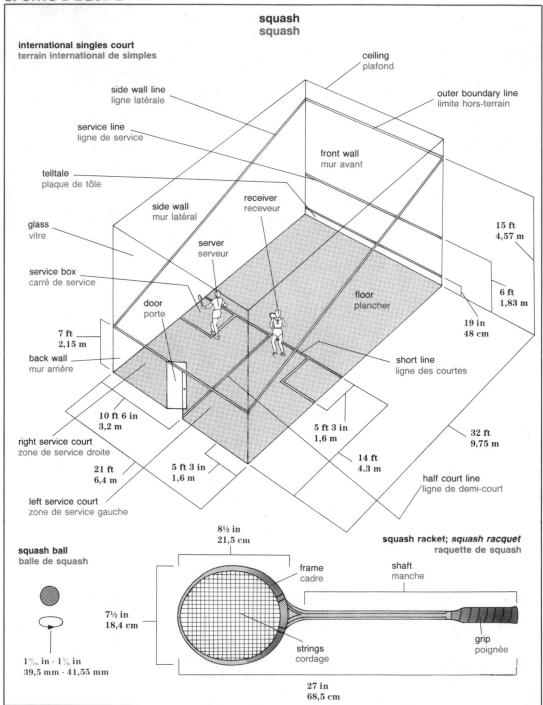

8½ in
21,5 cm

squash ball
balle de squash

squash racket; *squash racquet*
raquette de squash

frame
cadre

shaft
manche

7½ in
18,4 cm

grip
poignée

strings
cordage

1¹¹⁄₁₆ in - 1⅞ in
39,5 mm - 41,55 mm

27 in
68,5 cm

racquetball
racquetball

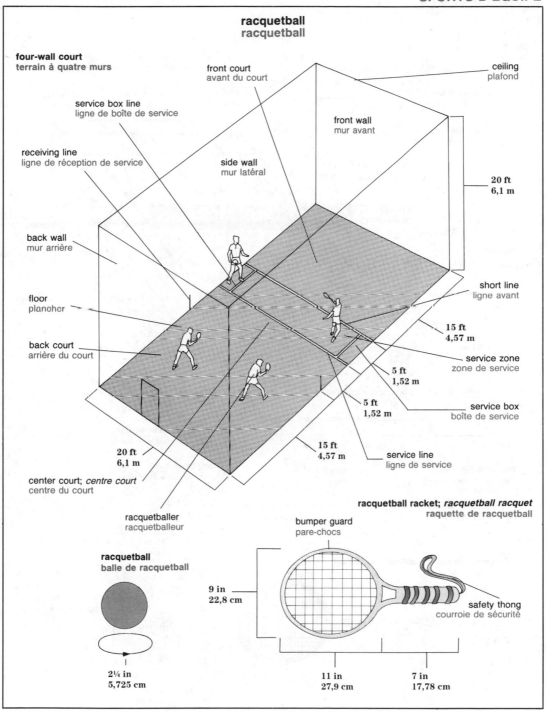

four-wall court
terrain à quatre murs

front court
avant du court

ceiling
plafond

service box line
ligne de boîte de service

front wall
mur avant

receiving line
ligne de réception de service

side wall
mur latéral

20 ft
6,1 m

back wall
mur arrière

short line
ligne avant

floor
planoher

15 ft
4,57 m

back court
arrière du court

service zone
zone de service

5 ft
1,52 m

service box
boîte de service

5 ft
1,52 m

20 ft
6,1 m

15 ft
4,57 m

service line
ligne de service

center court; *centre court*
centre du court

racquetballer
racquetballeur

racquetball racket; *racquetball racquet*
raquette de racquetball

bumper guard
pare-chocs

racquetball
balle de racquetball

9 in
22,8 cm

safety thong
courroie de sécurité

2¼ in
5,725 cm

11 in
27,9 cm

7 in
17,78 cm

badminton
badminton

court
terrain

badminton shoe
chaussure de badminton

center line; *centre line*
ligne médiane

post
poteau

doubles sideline
ligne latérale de double

receiver
receveur

17 ft
5,18 m

1 ft 6 in
46 cm

singles sideline
ligne latérale de simple

white tape
ruban blanc

net
filet

2 ft 6 in
76 cm

5 ft 1 in
1,55 m

umpire
arbitre

linesman
juge de ligne

6 ft 6 in
1,98 m

alley
couloir

referee's stand; *umpire's stand*
chaise d'arbitre

44 ft
13,4 m

13 ft
3,96 m

short service line
ligne de service court

2 ft 6 in
76 cm

service judge
juge de service

singles service court
demi-court de service
en simple

20 ft
6,1 m

server
serveur

long service line
ligne de service long

back boundary line
ligne de fond

doubles service court
demi-court de service en double

shuttlecock
volant

badminton racket; *badminton racquet*
raquette de badminton

2½ in
64 mm

feather crown
empennage

2⅜ in - 2¾ in
63 mm - 70 mm

cork tip
tête

1⅛ in
28 mm

table tennis
tennis de table

table
table

referee
arbitre

table tennis player
pongiste

server
serveur

playing surface
surface de jeu

center line; *centre line*
ligne centrale

ball
balle

side line
ligne latérale

5 ft
1,52 m

6 in
15,25 cm

6 in
15,25 cm

net support
support

white tape
bordure blanche

9 ft
2,74 m

upper edge
arête supérieure

net
filet

2 ft 6 in
76 cm

mesh
maille

umpire
juge-arbitre

table tennis shoe
soulier de tennis de table

receiver
receveur

leg
pied

end line
ligne de fond

racket; *bat*
raquette

covering
revêtement

face
face

handle
manche

blade
palette

types of grips
types de prises

shake-hands grip
prise classique

penholder grip
prise porte-plume

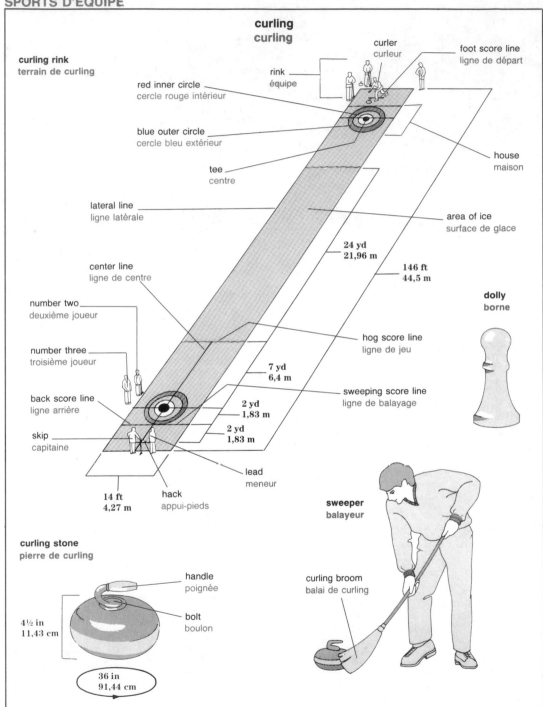

curling
curling

curling rink
terrain de curling

curler
curleur

rink
équipe

foot score line
ligne de départ

red inner circle
cercle rouge intérieur

blue outer circle
cercle bleu extérieur

tee
centre

house
maison

lateral line
ligne latérale

area of ice
surface de glace

center line
ligne de centre

24 yd
21,96 m

146 ft
44,5 m

dolly
borne

number two
deuxième joueur

hog score line
ligne de jeu

number three
troisième joueur

7 yd
6,4 m

sweeping score line
ligne de balayage

back score line
ligne arrière

2 yd
1,83 m

2 yd
1,83 m

skip
capitaine

lead
meneur

14 ft
4,27 m

hack
appui-pieds

sweeper
balayeur

curling stone
pierre de curling

handle
poignée

curling broom
balai de curling

bolt
boulon

4½ in
11,43 cm

36 in
91,44 cm

water polo
water-polo

playing area
surface de jeu

white flag
drapeau blanc

red flag
drapeau rouge

goal
but

blue cap
bonnet bleu

player
joueur

secretary
secrétaire

assistant timer
assistant du chronométreur

timekeeper
chronométreur

ball
ballon

swimming pool
bassin

substitute
remplaçant

referee
arbitre

33 yd
30 m

team bench
banc d'équipe

half-distance line
ligne médiane

white flag
drapeau blanc

blue flag
drapeau bleu

4 m line (yellow)
ligne de 4 m (jaune)

2 m line (red)
ligne de 2 m (rouge)

goal line
ligne de but

white cap
bonnet blanc

goal judge
juge de but

22 yd
20 m

9 ft 9 in
3 m

goal
but

red cap
bonnet rouge

post
poteau

goalkeeper
gardien de but

crossbar
barre transversale

bathing trunks
caleçon de bain

bottom of the pool
fond de bassin

swimming
natation

swimming competition
compétition de natation

starting block
bloc de départ

lane number
numéro du couloir

lane timekeeper
chronométreur de couloir

chief timekeeper
chronométreur principal

competitor
concurrent

placing judge
juge de classement

starter
juge de départ

side wall
mur latéral

recorder
enregistreur

false start rope
corde de faux départ

referee
arbitre

stroke judge
juge de nages

competitive course
bassin

55 yd
50 m

lane rope
corde de couloir

backstroke turn indicator
repère de virage de dos

lane
couloir

16 ft 3 in
5 m

turning judge
juge de virages

end wall
mur d'extrémité

23 yd
21 m

starting position (crawl, breaststroke, butterfly)
position de départ (crawl, brasse, papillon)

swimmer
nageur

start wall
mur de départ

starting dive
plongeon de départ

starting block
bloc de départ

2 ft 6 in
75 cm

starting grip
poignée de départ

8 ft 2 in
2,5 m

types of strokes
types de nages

front crawl stroke
crawl

crawl swimmer
nageur de crawl

kick
coup de pied

breathing in
inspiration

breathing out
expiration

flip turn
virage-culbute

end of the lap
mur de retour

backstroke
nage sur le dos

backstroke start
départ de dos

backstroke swimmer
nageur de dos

flip turn
virage-culbute

butterfly stroke
papillon

butterfly swimmer
nageur de papillon

butterfly kick
coup de pied de papillon

butterfly turn
virage

breaststroke
brasse

breaststroke swimmer
nageur de brasse

breaststroke kick
coup de pied de brasse

breaststroke turn
virage de brasse

sidestroke
nage sur le côté

diving
plongeon

diving installations
plongeoir

10 m platform
plate-forme de 10 m

7,5 m platform
plate-forme de 7,5 m

5 m platform
plate-forme de 5 m

3 m platform
plate-forme de 3 m

3 m springboard
tremplin de 3 m

springboard diver
plongeur au tremplin

fulcrum
pivot

1 m springboard
tremplin de 1 m

length
longueur

platform diver
plongeur de haut-vol

width
largeur

height
hauteur

surface of the water
surface de l'eau

diving well
bassin de plongeon

bottom of the pool
fond du bassin

starting positions
positions de départ

backward
arrière

forward
avant

armstand
en équilibre

flights
vols

straight position
position droite

pike position
position carpée

tuck position
position groupée

entries
entrées dans l'eau

head-first entry
entrée tête première

feet-first entry
entrée pieds premiers

groups of dives
groupes de plongeons

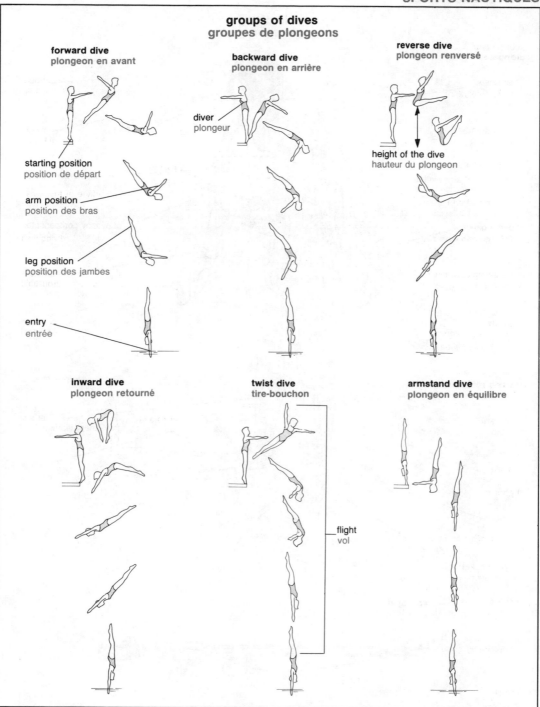

forward dive
plongeon en avant

backward dive
plongeon en arrière

diver
plongeur

reverse dive
plongeon renversé

height of the dive
hauteur du plongeon

starting position
position de départ

arm position
position des bras

leg position
position des jambes

entry
entrée

inward dive
plongeon retourné

twist dive
tire-bouchon

armstand dive
plongeon en équilibre

flight
vol

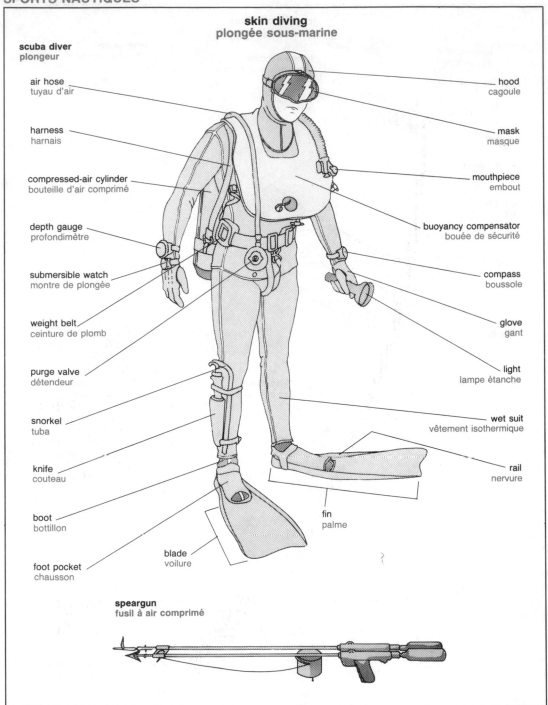

skin diving
plongée sous-marine

scuba diver
plongeur

air hose
tuyau d'air

harness
harnais

compressed-air cylinder
bouteille d'air comprimé

depth gauge
profondimètre

submersible watch
montre de plongée

weight belt
ceinture de plomb

purge valve
détendeur

snorkel
tuba

knife
couteau

boot
bottillon

foot pocket
chausson

blade
voilure

hood
cagoule

mask
masque

mouthpiece
embout

buoyancy compensator
bouée de sécurité

compass
boussole

glove
gant

light
lampe étanche

wet suit
vêtement isothermique

rail
nervure

fin
palme

speargun
fusil à air comprimé

sailboard
planche à voile

masthead
tête de mât

head of sail
têtière

leech
chute

bear away (to)
abattre

luff (to)
lofer

sail
voile

batten pocket
gousset de latte

mast sleeve
fourreau

batten
latte

luff
guindant

window
fenêtre

clew
point d'écoute

inhaul
ligne avant

clam-cleat
taquet coinceur

tack
point d'amure

outhaul
ligne arrière

board
flotteur

foot
bordure

bear away (to)
abattre

wishbone boom
wishbone

stern
poupe

uphaul
tire-veille

luff (to)
lofer

mast
mât

downhaul
ligne de pied de mât

bow
proue

daggerboard well
puits de dérive

mast foot
pied de mât

daggerboard
dérive

skeg
aileron

one-design sailboat
dériveur

main halyard
drisse de grand-voile

wind indicator
girouette

mast
mât

sail panel
laize

jib halyard
drisse de foc

batten pocket
gousset de latte

forestay
étai avant

batten
latte

jib
foc

mainsail
grand-voile

crosstree
barre de flèche

shroud
hauban

hank
mousqueton

telltale
pennon

boom vang
halebas

boom
bôme

cleat
taquet

mainsheet
écoute de grand-voile

bow
étrave

jibsheet
écoute de foc

tiller
barre

cockpit
cockpit

spinnaker boom
tangon de spinnaker

rudder
gouvernail

spinnaker sheet lead
filoir de spinnaker

centerboard; *centreboard*
dérive

points of sailing
allures

startboard tack
tribord amures

on the wind
près

full and by
près bon plein

close reach
petit largue

wind abeam
vent de travers

beam reach
largue

close hauled
près serré

wind
vent

headwind
vent debout

close hauled
près serré

port tack
bâbord amures

on the wind
près

full and by
près bon plein

close reach
petit largue

wind abeam
vent de travers

beam reach
largue

broad reach
grand largue

broad reach
grand largue

down wind
vent arrière

upperworks
accastillage

clam cleat
taquet coinceur

hank
mousqueton

fairlead
chaumard

winch
winch

cleat
taquet

block
poulie

traveler; *traveller*
barre d'écoute

snap shackle
mousqueton à ressort

shackle
manille

turnbuckle
ridoir

sheet lead
filoir d'écoute

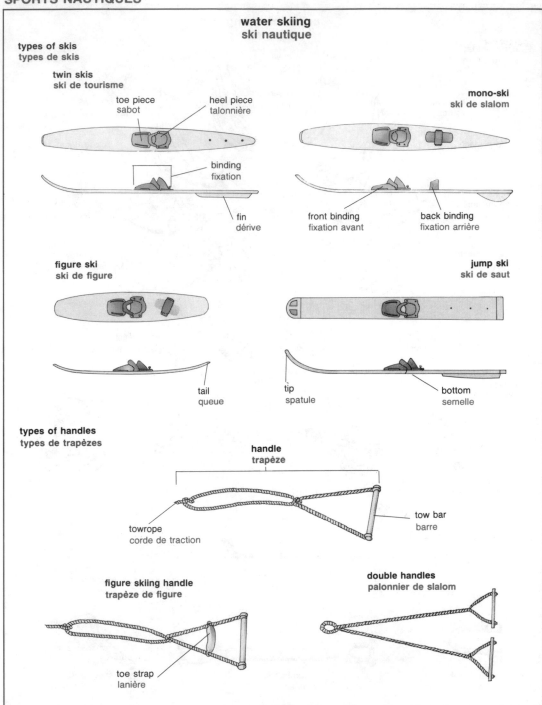

water skiing
ski nautique

types of skis
types de skis

twin skis
ski de tourisme

toe piece
sabot

heel piece
talonnière

binding
fixation

fin
dérive

mono-ski
ski de slalom

front binding
fixation avant

back binding
fixation arrière

figure ski
ski de figure

tail
queue

jump ski
ski de saut

tip
spatule

bottom
semelle

types of handles
types de trapèzes

handle
trapèze

towrope
corde de traction

tow bar
barre

figure skiing handle
trapèze de figure

toe strap
lanière

double handles
palonnier de slalom

parachuting
parachutisme

parachute
parachute

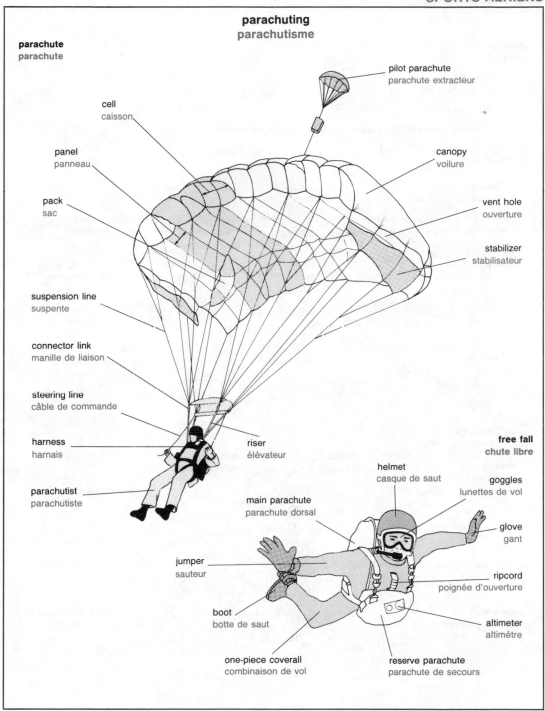

pilot parachute
parachute extracteur

cell
caisson

panel
panneau

canopy
voilure

pack
sac

vent hole
ouverture

stabilizer
stabilisateur

suspension line
suspente

connector link
manille de liaison

steering line
câble de commande

harness
harnais

riser
élévateur

free fall
chute libre

helmet
casque de saut

goggles
lunettes de vol

parachutist
parachutiste

main parachute
parachute dorsal

glove
gant

jumper
sauteur

ripcord
poignée d'ouverture

boot
botte de saut

altimeter
altimètre

one-piece coverall
combinaison de vol

reserve parachute
parachute de secours

gliding
vol à voile

glider
planeur

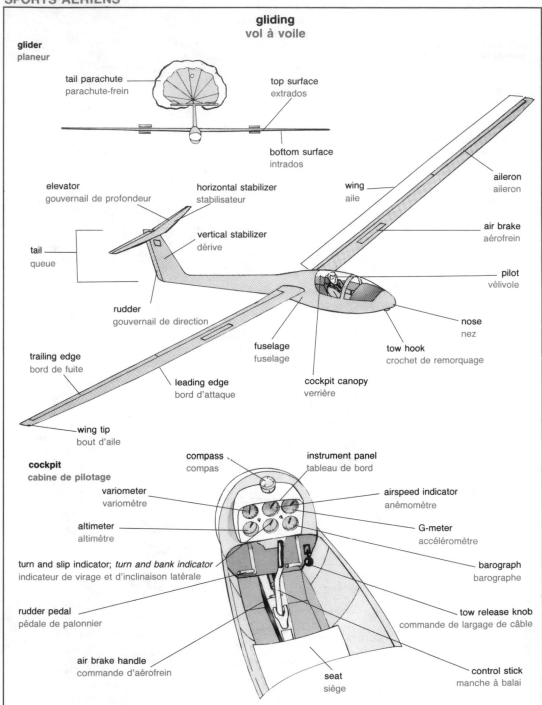

tail parachute
parachute-frein

top surface
extrados

bottom surface
intrados

elevator
gouvernail de profondeur

horizontal stabilizer
stabilisateur

wing
aile

aileron
aileron

air brake
aérofrein

vertical stabilizer
dérive

tail
queue

pilot
vélivole

rudder
gouvernail de direction

nose
nez

trailing edge
bord de fuite

fuselage
fuselage

tow hook
crochet de remorquage

leading edge
bord d'attaque

cockpit canopy
verrière

wing tip
bout d'aile

cockpit
cabine de pilotage

compass
compas

instrument panel
tableau de bord

variometer
variomètre

airspeed indicator
anémomètre

altimeter
altimètre

G-meter
accéléromètre

turn and slip indicator; *turn and bank indicator*
indicateur de virage et d'inclinaison latérale

barograph
barographe

rudder pedal
pédale de palonnier

tow release knob
commande de largage de câble

air brake handle
commande d'aérofrein

seat
siège

control stick
manche à balai

hang gliding
vol libre

hang glider
aile volante

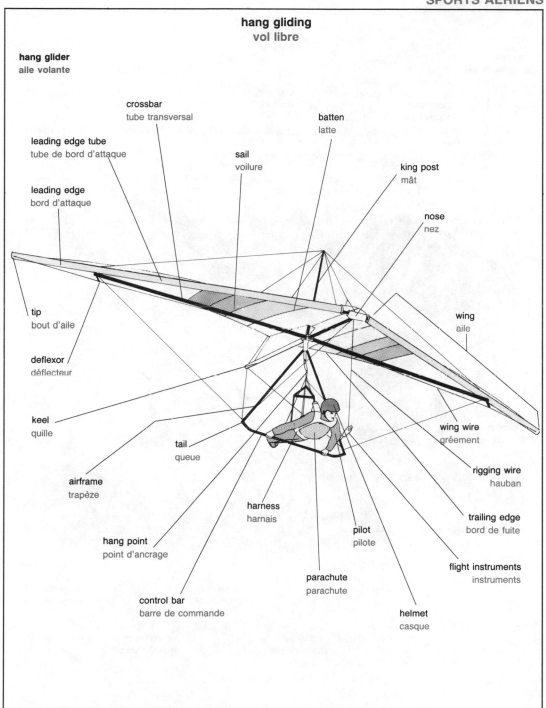

crossbar
tube transversal

batten
latte

leading edge tube
tube de bord d'attaque

sail
voilure

king post
mât

leading edge
bord d'attaque

nose
nez

tip
bout d'aile

wing
aile

deflexor
déflecteur

keel
quille

wing wire
gréement

tail
queue

rigging wire
hauban

airframe
trapèze

harness
harnais

trailing edge
bord de fuite

hang point
point d'ancrage

pilot
pilote

flight instruments
instruments

control bar
barre de commande

parachute
parachute

helmet
casque

skiing
ski

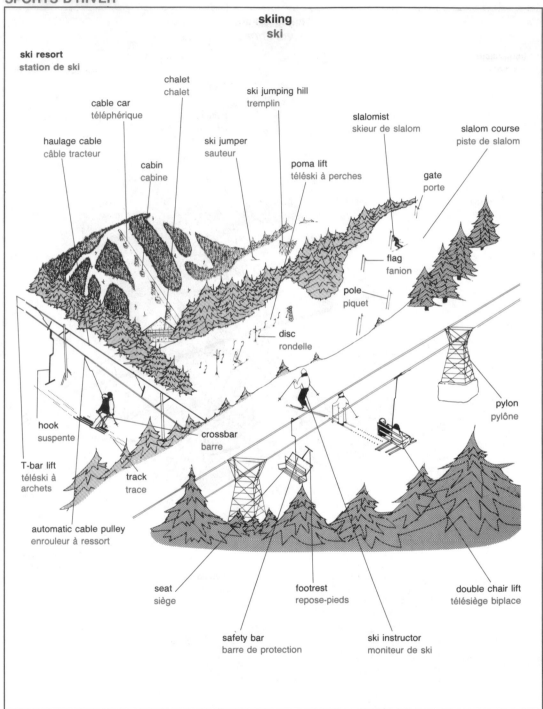

ski resort
station de ski

chalet
chalet

cable car
téléphérique

ski jumping hill
tremplin

slalomist
skieur de slalom

slalom course
piste de slalom

haulage cable
câble tracteur

ski jumper
sauteur

cabin
cabine

poma lift
téléski à perches

gate
porte

flag
fanion

pole
piquet

disc
rondelle

hook
suspente

crossbar
barre

pylon
pylône

T-bar lift
téléski à archets

track
trace

automatic cable pulley
enrouleur à ressort

seat
siège

footrest
repose-pieds

double chair lift
télésiège biplace

safety bar
barre de protection

ski instructor
moniteur de ski

alpine skiing
ski alpin

alpine skier
skieur alpin

ski suit
combinaison de ski

turtleneck
chandail à col roulé

scarf
foulard

ski goggles
lunettes de ski

fanny pack; *beltbag*
sac banane

crash helmet
casque

handle
poignée

ski pole
bâton de ski

basket
rondelle

gaiter
guêtre de ski

mitten
mitaine; *moufle*

heel piece
talonnière

ski
ski

ski boot
chaussure de ski

tail
talon

ski stop
frein

toe piece
butée

tip
pointe

safety binding
fixation de sécurité

groove
rainure

edge
carre

shovel
spatule

bottom
semelle

alpine skiing
ski alpin

ski boot
chaussure de ski

upper cuff
collier

tongue
languette

upper
tige

inner boot
chausson intérieur

upper shell
coque supérieure

hinge
charnière

wire
câble

buckle
boucle

sole
semelle

lower shell
coque inférieure

safety binding
fixation de sécurité

heel release setting indicator
indicateur de réglage de libération du talon

anti-friction pad
plaque antifriction

safety strap
lanière de sécurité

manual release
pédale de déchaussage

height adjustment screw
vis de réglage de hauteur

heel flange
pédale de chaussage

toe-piece release setting indicator
indicateur de réglage de libération

release setting screw
vis de réglage
de libération

base plate
embase

ski stop
frein

toe-piece
butée

heel-piece
talonnière

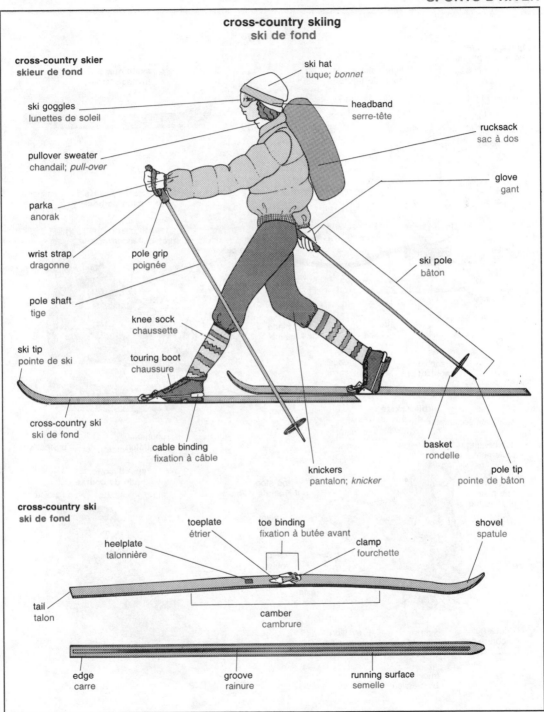

cross-country skiing
ski de fond

cross-country skier
skieur de fond

ski hat
tuque; *bonnet*

ski goggles
lunettes de soleil

headband
serre-tête

rucksack
sac à dos

pullover sweater
chandail; *pull-over*

glove
gant

parka
anorak

wrist strap
dragonne

pole grip
poignée

ski pole
bâton

pole shaft
tige

knee sock
chaussette

ski tip
pointe de ski

touring boot
chaussure

cross-country ski
ski de fond

cable binding
fixation à câble

basket
rondelle

knickers
pantalon; *knicker*

pole tip
pointe de bâton

cross-country ski
ski de fond

toeplate
étrier

toe binding
fixation à butée avant

clamp
fourchette

heelplate
talonnière

shovel
spatule

tail
talon

camber
cambrure

edge
carre

groove
rainure

running surface
semelle

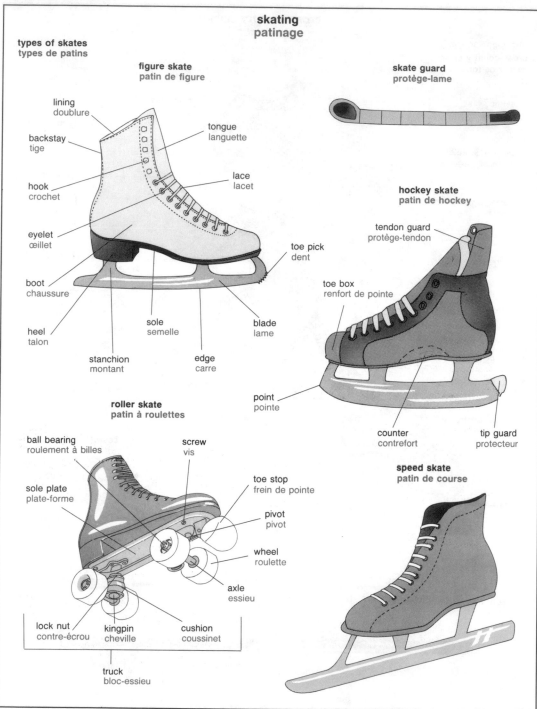

skating
patinage

types of skates
types de patins

figure skate
patin de figure

lining
doublure

backstay
tige

hook
crochet

eyelet
œillet

boot
chaussure

heel
talon

stanchion
montant

sole
semelle

edge
carre

tongue
languette

lace
lacet

toe pick
dent

blade
lame

skate guard
protège-lame

hockey skate
patin de hockey

tendon guard
protège-tendon

toe box
renfort de pointe

point
pointe

counter
contrefort

tip guard
protecteur

roller skate
patin à roulettes

ball bearing
roulement à billes

screw
vis

sole plate
plate-forme

toe stop
frein de pointe

pivot
pivot

wheel
roulette

axle
essieu

lock nut
contre-écrou

kingpin
cheville

cushion
coussinet

truck
bloc-essieu

speed skate
patin de course

snowshoes
raquettes(f)

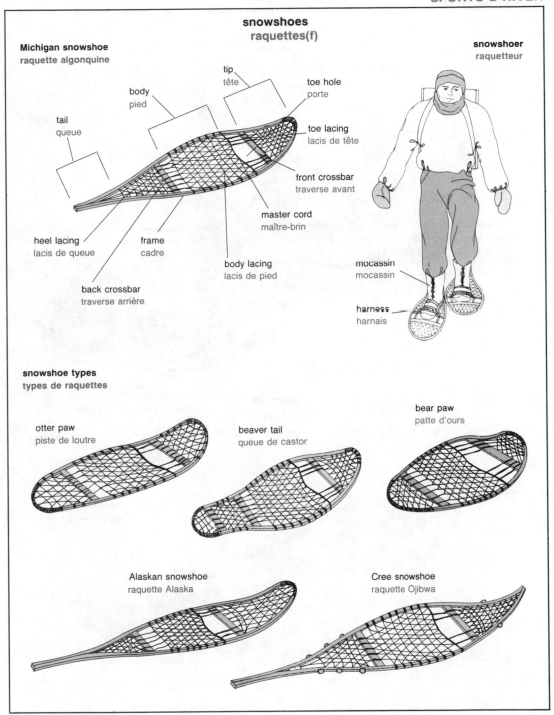

Michigan snowshoe
raquette algonquine

tip
tête

toe hole
porte

body
pied

tail
queue

toe lacing
lacis de tête

front crossbar
traverse avant

master cord
maître-brin

heel lacing
lacis de queue

frame
cadre

body lacing
lacis de pied

back crossbar
traverse arrière

snowshoer
raquetteur

mocassin
mocassin

harness
harnais

snowshoe types
types de raquettes

otter paw
piste de loutre

beaver tail
queue de castor

bear paw
patte d'ours

Alaskan snowshoe
raquette Alaska

Cree snowshoe
raquette Ojibwa

bobsleigh
bobsleigh

handle
poignée

brakeman
freineur

goggles
lunettes

captain
capitaine

rear runner
patin arrière

front runner
patin avant

toboggan
luge

crash helmet
casque protecteur

glove
gant

strap
courroie

knee pad
protège-genoux

rider
lugeur

elbow pad
protège-coudes

seat
siège

strut
support

edge
arête

runner
patin

riding
équitation

dress and equipment
vêtements et équipement

riding helmet
bombe

riding jacket
jaquette

riding glove
gant

jodhpurs
culotte

riding crop
cravache

boot
botte

spur
éperon

obstacles
obstacles

post and rail
stationata

wall
mur

gate
barrière

post and plank
palanque

wall and rails
mur barré

brush and rails
haie barrée

water jump
haie rivière

double oxer
oxer

triple bars
barres de Spa

riding
équitation

competition ring
parcours d'obstacles

start
départ

oxer
oxer

brush and rails
haie barrée

gate
barrière

wall
mur avec colonne

wall and rails
mur barré

pole over a bank
barre sur l'eau

wall
mur

gate
barrière

treble: wall, triple bars, oxer
triple: mur, barres de Spa, oxer

double: box and brush,
box and gate
double: cube avec haie,
cube avec barrière

straight: plank and pole
droit: planche et barre

water jump
haie rivière

oxer and cross poles
oxer avec croix

oxer wall
mur avec barre en oxer

finish
arrivée

riding
équitation

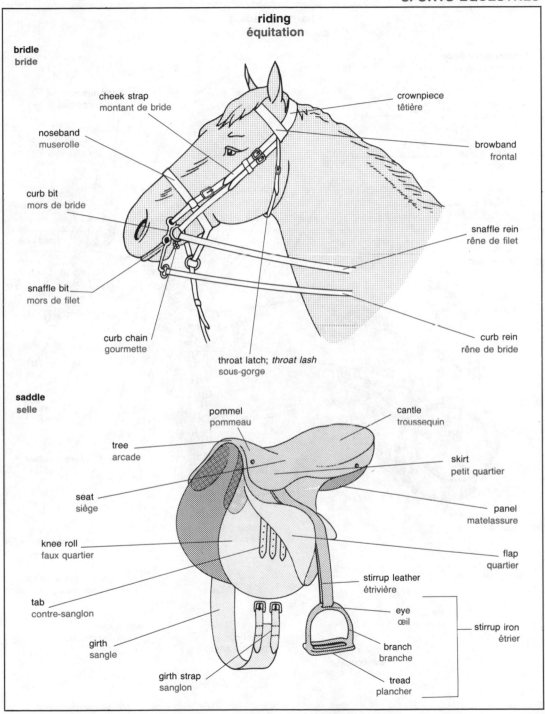

bridle
bride

cheek strap
montant de bride

crownpiece
têtière

noseband
muserolle

browband
frontal

curb bit
mors de bride

snaffle rein
rêne de filet

snaffle bit
mors de filet

curb rein
rêne de bride

curb chain
gourmette

throat latch; *throat lash*
sous-gorge

saddle
selle

pommel
pommeau

cantle
troussequin

tree
arcade

skirt
petit quartier

seat
siège

panel
matelassure

knee roll
faux quartier

flap
quartier

stirrup leather
étrivière

tab
contre-sanglon

eye
œil

stirrup iron
étrier

girth
sangle

branch
branche

girth strap
sanglon

tread
plancher

harness racing
course sous harnais

standardbred pacer
ambleur sous harnais

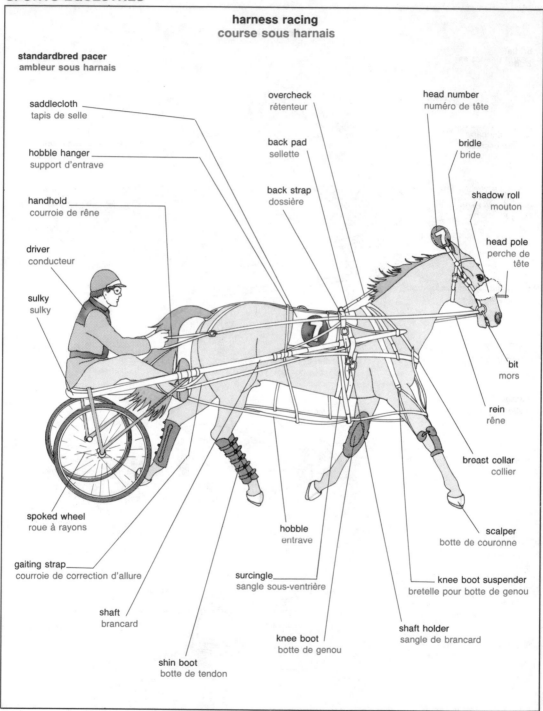

saddlecloth
tapis de selle

hobble hanger
support d'entrave

handhold
courroie de rêne

driver
conducteur

sulky
sulky

overcheck
rétenteur

back pad
sellette

back strap
dossière

head number
numéro de tête

bridle
bride

shadow roll
mouton

head pole
perche de tête

bit
mors

rein
rêne

broast collar
collier

spoked wheel
roue à rayons

gaiting strap
courroie de correction d'allure

shaft
brancard

shin boot
botte de tendon

hobble
entrave

surcingle
sangle sous-ventrière

knee boot
botte de genou

scalper
botte de couronne

knee boot suspender
bretelle pour botte de genou

shaft holder
sangle de brancard

harness racing
course sous harnais

racing programm
programme de courses

morning line
cote d'ouverture

horse's name
nom du cheval

horse's pedigree
lignée du cheval

trainer
entraîneur

horse's number
numéro du cheval

driver's colors
couleurs du conducteur

owner
propriétaire

temperature
température

driver
conducteur

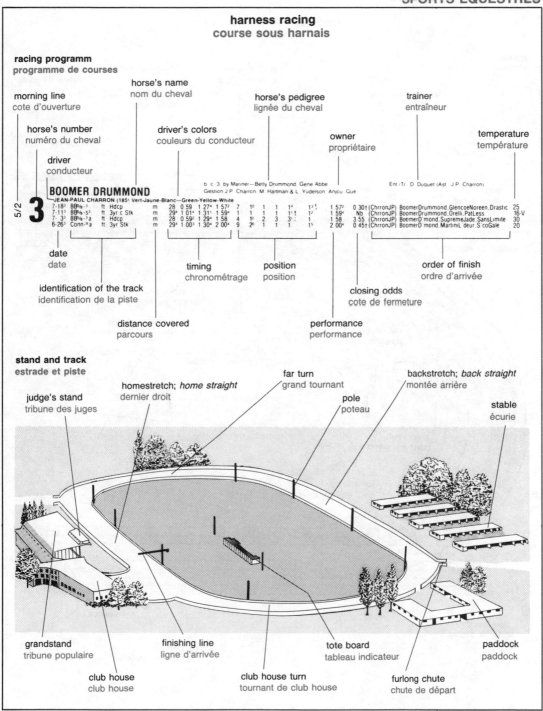

b. c. 3. by Mariner—Betty Drummond, Gene Abbe
Gestion J.P. Charron, M. Hartman & L. Yudelson, Anjou, Que.

Ent./Tr. D. Duquet (Ast. J.P. Charron)

BOOMER DRUMMOND

5/2 **3**

JEAN-PAUL CHARRON (185) Vert-Jaune-Blanc—Green-Yellow-White

7-18³	BB⅝-³	ft	Hdcp	m	28	0.59	1.27⁴	1.57²	7	1¹⁰	1	1	1⁴	1³¼	1.57²	0.30† (ChrronJP)	BoomerDrummond,GlencoeNoreen,Drastic	25
7-11³	BB⅝-s³	ft	3yr c Stk	m	29⁴	1.01⁴	1.31	1.59⁴	1	1	1	1	1¹½	1²	1.59⁴	Nb (ChrronJP)	BoomerDrummond,Orelli,PatLess	16-V
7-3³	BB⅝-³a	ft	Hdcp	m	28	0.59²	1.29⁴	1.58	4	1¹⁰	2	3	3¹¼	1	1.58	3.55 (ChrronJP)	BoomerD'mond,SupremeJade,SansLimite	30
6-26³	Conn-⁹a	ft	3yr Stk	m	29⁴	1.00³	1.30⁴	2.00⁴	9	2⁰	1	1	1	1⁵	2.00⁴	0.45† (ChrronJP)	BoomerD'mond,MartiniL'deur,S'coGale	20

date
date

identification of the track
identification de la piste

distance covered
parcours

timing
chronométrage

position
position

performance
performance

closing odds
cote de fermeture

order of finish
ordre d'arrivée

stand and track
estrade et piste

judge's stand
tribune des juges

homestretch; *home straight*
dernier droit

far turn
grand tournant

pole
poteau

backstretch; *back straight*
montée arrière

stable
écurie

grandstand
tribune populaire

finishing line
ligne d'arrivée

tote board
tableau indicateur

paddock
paddock

club house
club house

club house turn
tournant de club house

furlong chute
chute de départ

track and field athletics
athlétisme

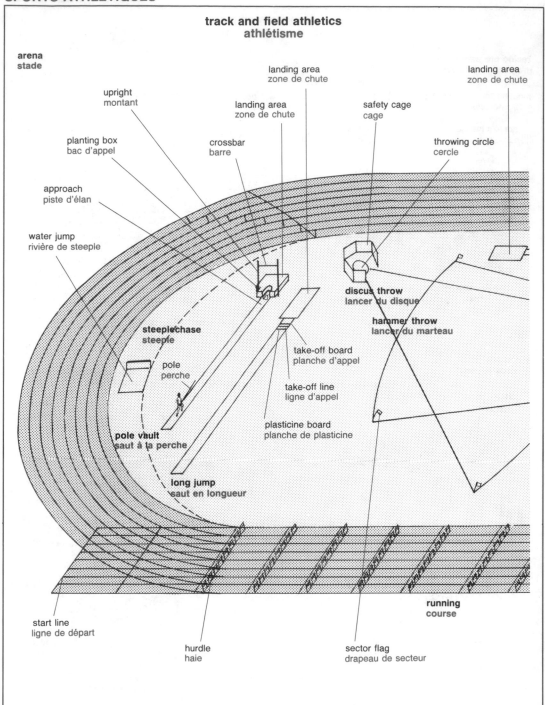

arena
stade

upright
montant

landing area
zone de chute

landing area
zone de chute

safety cage
cage

landing area
zone de chute

planting box
bac d'appel

crossbar
barre

throwing circle
cercle

approach
piste d'élan

water jump
rivière de steeple

discus throw
lancer du disque

steeplechase
steeple

hammer throw
lancer du marteau

pole
perche

take-off board
planche d'appel

take-off line
ligne d'appel

pole vault
saut à la perche

plasticine board
planche de plasticine

long jump
saut en longueur

running
course

start line
ligne de départ

hurdle
haie

sector flag
drapeau de secteur

track and field athletics
athlétisme

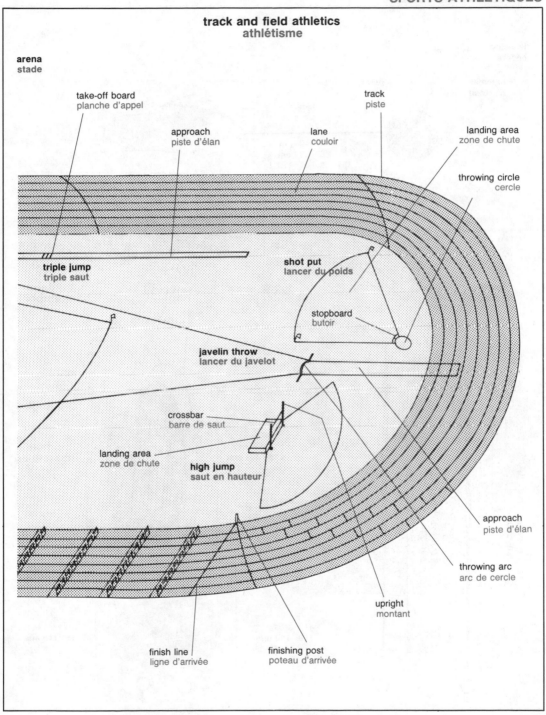

arena
stade

take-off board
planche d'appel

approach
piste d'élan

track
piste

lane
couloir

landing area
zone de chute

throwing circle
cercle

triple jump
triple saut

shot put
lancer du poids

stopboard
butoir

javelin throw
lancer du javelot

crossbar
barre de saut

landing area
zone de chute

high jump
saut en hauteur

approach
piste d'élan

throwing arc
arc de cercle

upright
montant

finish line
ligne d'arrivée

finishing post
poteau d'arrivée

track and field athletics
athlétisme

throwings
lancers

hammer
marteau

swivel
pivot

4⅛ in
10,5 cm

head
tête

4⅜ in
11 cm

wire
câble

handle
poignée

glove
gant

4 - 4¾ in
102 - 120 mm

javelins
javelots

tip
pointe

metal head
tête de métal

shaft
corps

cord grip
corde de prise

7 ft 2½ in - 7 ft 6½ in
220 - 230 cm

8 ft 6¼ in - 8 ft 10¼ in
260 - 270 cm

discus
disques

rim
jante

body
corps

weight
poids

8⅝ - 8⅜ in
219 - 221 mm

7⅛ - 7¼ in
180 - 182 mm

shots
poids

4⅜ - 5⅛ in
110 - 130 mm

3¾ - 4⅜ in
95 - 110 mm

gymnastics
gymnastique

men's apparatus
engins masculins

rings
anneaux

frame
portique

cable
câble

strap
sangle

ring
anneau

17 ft 11 in
550 cm

7⅛ in
18 cm

1 ft 8 in
50 cm

9 ft 2 in
280 cm

guy cable
câble de haubanage

pommel horse
cheval d'arçons

croup
croupe

pommel
arçon

saddle
selle

neck
cou

5 ft 4⅛ in
163 cm

3 ft 7 in
110 cm

vaulting horse
cheval-sautoir

5 ft 4⅛ in
163 cm

4 ft 5 in
135 cm

upright
montant

3 ft 11 in
120 cm

springboard
tremplin

parallel bars
barres parallèles

11 ft 5 in
350 cm

1 ft 4¾ in
42 cm

5 ft 3 in
160 cm

wooden bar
barre de bois

upright
montant

base
base

horizontal bar
barre fixe

guy cable
câble de haubanage

upright
montant

steel bar
barre d'acier

8 ft 5 in
255 cm

7 ft 10 in
240 cm

gymnastics
gymnastique

women's apparatus
engins féminins

asymmetrical bars
barres asymétriques

balance beam
poutre d'équilibre

top bar
barre supérieure

3 ft 11 in
120 cm

16 ft 3 in
5 m

4 ft 11 in
150 cm

7 ft 6 in
230 cm

1 ft 5⅛ in
43 cm

11 ft 5 in
350 cm

beam
poutre

4 in
10 cm

upright
montant

low bar
barre inférieure

vaulting horse
cheval-sautoir

flight
premier envol

second flight
second envol

gymnast
gymnaste

support
appui

body
corps

landing
réception

run
course d'élan

springboard
tremplin

upright
montant

landing mat
tapis de chute

trampoline
trampoline

bed
toile de saut

safety pad
coussin de protection

spring
ressort

leg
pied

frame
cadre

weightlifting
haltérophilie

weightlifter
haltérophile

disk; *disc*
disque

bar
barre

collar
collier de serrage

sleeve
manchon

4 ft 3 in
1,31 m

weight
haltère

1 ft 6 in
45 cm

gauze bandage
bandage de gaze

short-sleeved shirt
maillot de corps à manches courtes

knee pad
genouillère

trunks
culotte

belt
ceinture

boot
bottine

platform
plateau

13 ft 1 in
4 m

13 ft 1 in
4 m

two-hand snatch
arraché à deux bras

two-hand clean and jerk
épaulé-jeté à deux bras

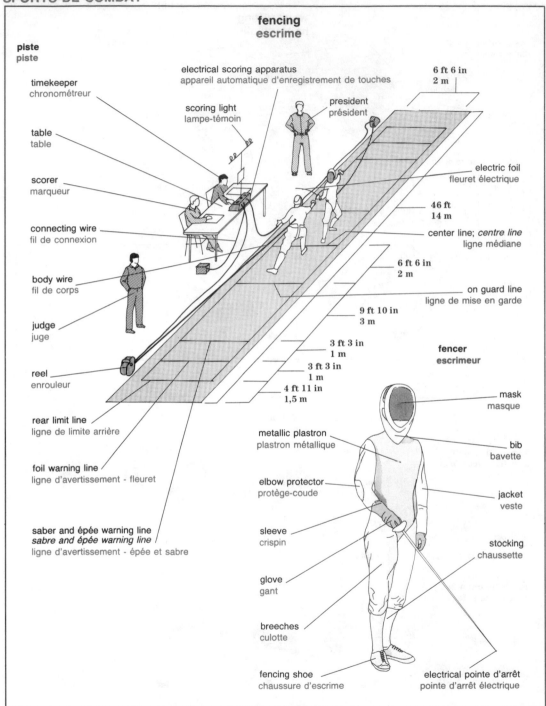

fencing
escrime

piste
piste

timekeeper
chronométreur

electrical scoring apparatus
appareil automatique d'enregistrement de touches

scoring light
lampe-témoin

president
président

table
table

6 ft 6 in
2 m

scorer
marqueur

electric foil
fleuret électrique

connecting wire
fil de connexion

46 ft
14 m

center line; *centre line*
ligne médiane

body wire
fil de corps

6 ft 6 in
2 m

on guard line
ligne de mise en garde

judge
juge

9 ft 10 in
3 m

fencer
escrimeur

3 ft 3 in
1 m

3 ft 3 in
1 m

reel
enrouleur

4 ft 11 in
1,5 m

rear limit line
ligne de limite arrière

mask
masque

metallic plastron
plastron métallique

bib
bavette

foil warning line
ligne d'avertissement - fleuret

elbow protector
protège-coude

jacket
veste

saber and épée warning line
sabre and épée warning line
ligne d'avertissement - épée et sabre

sleeve
crispin

stocking
chaussette

glove
gant

breeches
culotte

fencing shoe
chaussure d'escrime

electrical pointe d'arrêt
pointe d'arrêt électrique

fencing
escrime

parts of the weapon
parties de l'arme

mounting
monture

blade
lame

button
bouton

pommel
pommeau

forte
fort

foible
faible

handle
poignée

martingale
martingale

guard
coquille

target areas (shaded)
cibles (sombre)

fencing weapons
armes

foil
fleuret

foilist
fleurettiste

épée
épée

saber; *sabre*
sabre

épéeist
épéiste

positions
positions

high line
ligne haute

tierce
tierce

prime
prime

sixte
sixte

quarte
quarte

quinte
quinte

seconde
seconde

inside line
ligne interne

sabreur
sabreur

outside line
ligne externe

octave
octave

low line
ligne basse

septime
septime

judo
judo

mat
tapis

white flag
drapeau blanc

52 ft 6 in
16 m

judge
juge

3 ft 3 in
1 m

contestant
combattant

attacker
attaquant

29 ft 6 in
9 m

contest area
surface de combat

3 ft 3 in
1 m

danger area
zone de danger

referee
arbitre

judo suit
costume de judo

safety area
surface de sécurité

red flag
drapeau rouge

jacket
veste

belt
ceinture

holds
prises

trousers
pantalon

falling
brise-chute

one-arm shoulder throw
projection d'épaule par un côté

sweeping loin throw
hanche fauchée

spring hip throw
hanche ailée

minor inner reaping throw
petit fauchage intérieur

major outer reaping throw
grand fauchage extérieur

major inner reaping throw
projection en cercle

throwing in a circle
grand fauchage intérieur

boxing
boxe

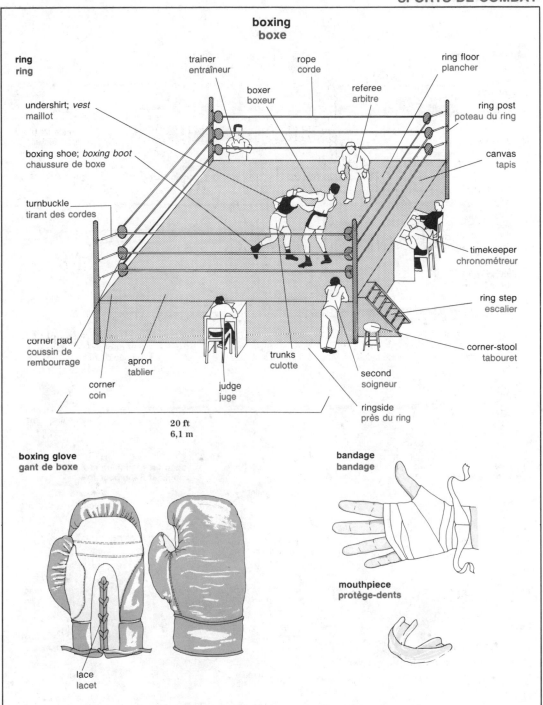

ring
ring

trainer
entraîneur

rope
corde

ring floor
plancher

undershirt; *vest*
maillot

boxer
boxeur

referee
arbitre

ring post
poteau du ring

boxing shoe; *boxing boot*
chaussure de boxe

canvas
tapis

turnbuckle
tirant des cordes

timekeeper
chronométreur

corner pad
coussin de
rembourrage

ring step
escalier

apron
tablier

trunks
culotte

corner-stool
tabouret

corner
coin

judge
juge

second
soigneur

ringside
près du ring

20 ft
6,1 m

boxing glove
gant de boxe

bandage
bandage

mouthpiece
protège-dents

lace
lacet

fishing
pêche

fly rod
canne à mouche

butt section
talon

butt cap
embout

hand grip
poignée

guide
anneau

female ferrule
virole femelle

reel seat
porte-moulinet

screw locking nut
écrou de blocage

keeper ring
accroche-mouche

male ferrule
virole mâle

tip-ring
tête de scion

tip section
scion

spinning rod
canne à lancer

butt grip
poignée arrière

reel seat
porte-moulinet

foregrip
poignée avant

butt guide
anneau de départ

tip-ring
anneau de tête

fly reel
moulinet à lancer

open-face spinning reel
moulinet à tambour fixe

foot
pied

gear housing
carter

foot
talon

handle
poignée

line guide
guide-ligne

leg
pied

drag
frein

anti-reverse lock
cliquet anti-retour

drag
frein

fly line
soie

crank
manivelle

spool
tambour

spool
tambour

handle
poignée

line
fil

bail arm
anse

fishing
pêche

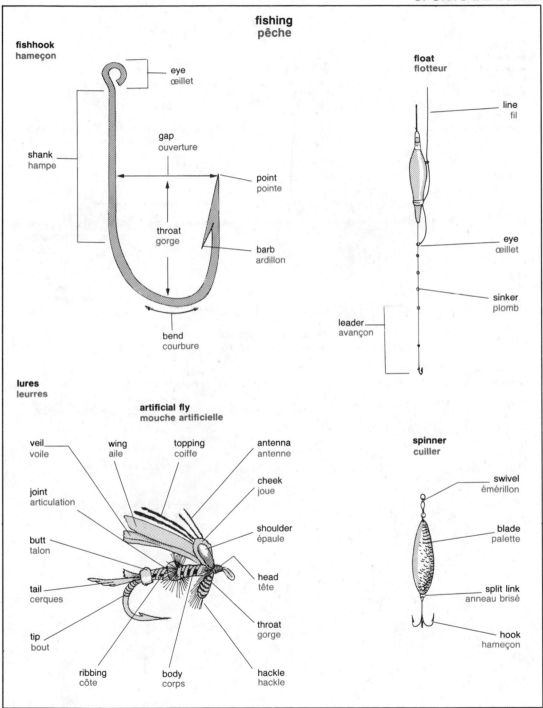

fishhook
hameçon

eye
œillet

gap
ouverture

shank
hampe

point
pointe

throat
gorge

barb
ardillon

bend
courbure

float
flotteur

line
fil

eye
œillet

sinker
plomb

leader
avançon

lures
leurres

artificial fly
mouche artificielle

veil
voile

wing
aile

topping
coiffe

antenna
antenne

cheek
joue

joint
articulation

shoulder
épaule

butt
talon

head
tête

tail
cerques

throat
gorge

tip
bout

ribbing
côte

body
corps

hackle
hackle

spinner
cuiller

swivel
émérillon

blade
palette

split link
anneau brisé

hook
hameçon

581

fishing
pêche

accessories
accessoires

fishing vest
veste de pêche

creel
panier

landing net
épuisette

fly box
boîte à mouches

waders
cuissardes

disgorger
dégorgeoir

billiards equipment
matériel de billard

billiards cue
queue de billard

tip
procédé

shaft
flèche

ferrule
virole

joint
tourillon

butt
talon

bridge
râteau

end-piece
tête

notch
dent

shaft
manche

rack
triangle

chalk
craie

pool and carom billiards
billard pool et billard français

table
table

5 ft
1,52 m

foot cushion
coussin arrière

foot string
corde arrière

10 ft
3,05 m

foot spot
mouche arrière

baize
tapis

center string; *centre string*
corde centrale

diamond
diamant

center spot; *centre spot*
mouche centrale

rail
bande

head string
corde de tête

2 ft 7 in
78,8 cm

head spot
mouche de tête

head cushion
coussin de tête

pool
billard pool

carom billiards
billard français

foot of table
bas de table

object balls
billes numérotées

red ball
bille rouge

pocket
poche

cue ball
bille de choc

cue ball
bille de choc

white spot ball
bille de visée blanche

head of table
haut de table

English billiards and snooker
billard anglais et snooker

table
table

baize
tapis

cushion
coussin

12 ft
3,66 m

rail
bande

2 ft 5 in
73,7 cm

2 ft 10 ½ in
87,7 cm

6 ft 1½ in
1,86 m

top pocket
poche supérieure

billiard spot
mouche

pyramid spot
mouche supérieure

center pocket; *centre pocket*
poche centrale

center spot; *centre spot*
mouche centrale

balk line
ligne de cadre

balk line spot
mouche de ligne de cadre

balk area
cadre

«D»
«D»

bottom pocket
poche inférieure

English billiards
billard anglais

white cue ball
bille blanche

red ball
bille rouge

spot white ball
bille blanche
mouchetée

snooker
snooker

black ball
bille noire

pink ball
bille rose

red balls
billes rouges

blue ball
bille bleue

brown ball
bille brune

yellow ball
bille jaune

green ball
bille verte

cue ball
bille de choc

golf
golf

course
parcours

practice fairway
allée d'entraînement

clubhouse
chalet

hole
trou

hole
trou

out of bounds
hors-limite

golfer
golfeur

bunker
fosse de sable

apron
tablier

flagstick
drapeau

water hazard
obstacle d'eau

putting green
vert

cup
trou

teeing ground
départ

cart path
chemin

divot
motte de gazon

fairway
allée

caddie
cadet

casual water
eau fortuite

rough
rough

585

golf
golf

types of golf clubs
types de bâtons de golf

wood **iron** **putter**
bois **fer** **fer droit**

cap
embout

grip
poignée

shaft
manche

head
tête

face
face

neck
col

whipping
bandage

groove
rainure

ferrule
bague

toe
pointe

heel
talon

sole
semelle

golf clubs
bâtons de golf

driver; no. 1 wood
bois n° 1

brassie; no. 2 wood
bois n° 2

spoon; no. 3 wood
bois n° 3

no. 4 wood
bois n° 4

driving iron; no. 1 iron
fer n° 1

midiron; no. 2 iron
fer n° 2

midmashie; no. 3 iron
fer n° 3

mashie iron; no. 4 iron
fer n° 4

mashie; no. 5 iron
fer n° 5

spade mashie; no. 6 iron
fer n° 6

mashie niblick; no. 7 iron
fer n° 7

pitching niblick; no. 8 iron
fer n° 8

niblick; no. 9 iron
fer n° 9

putter
fer droit

pitching wedge
cocheur d'allée

sand wedge
cocheur de sable

golf
golf

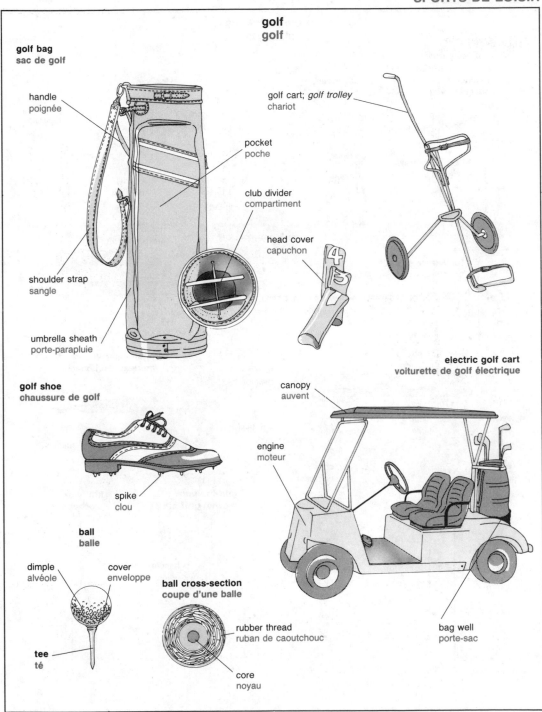

golf bag
sac de golf

handle
poignée

golf cart; *golf trolley*
chariot

pocket
poche

club divider
compartiment

head cover
capuchon

shoulder strap
sangle

umbrella sheath
porte-parapluie

electric golf cart
voiturette de golf électrique

golf shoe
chaussure de golf

canopy
auvent

engine
moteur

spike
clou

ball
balle

dimple
alvéole

cover
enveloppe

ball cross-section
coupe d'une balle

rubber thread
ruban de caoutchouc

bag well
porte-sac

tee
té

core
noyau

mountaineering
alpinisme

equipment
matériel et équipement

carabiner
mousqueton

latch
bec

screwsleeve
bague filetée

gate
doigt

descendeur
descendeur

ice axe
piolet

head
tête

pick
pointe

wrist sling
dragonne

adze
panne

shaft
manche

spike
pique

hammer axe
marteau-piolet

pick
pointe

tubular ice screw
broche à vis

ring
anneau

hammer head
tête de marteau

pitons
pitons

eye
œil

blade
lame

ring
anneau

piton hammer
marteau dépitonneur

hole
œilleton

flat spike
lame

teeth
cran

handle
poignée

étrier
étrier

rung
planchette

cord
cordelette

wire sling
câble d'acier

chock
coinceur

griff-fiffi hook
crochet griff-fiffi

handle
poignée

fiffi hook
crochet fiffi

mountaineering
alpinisme

mountaineer
alpiniste

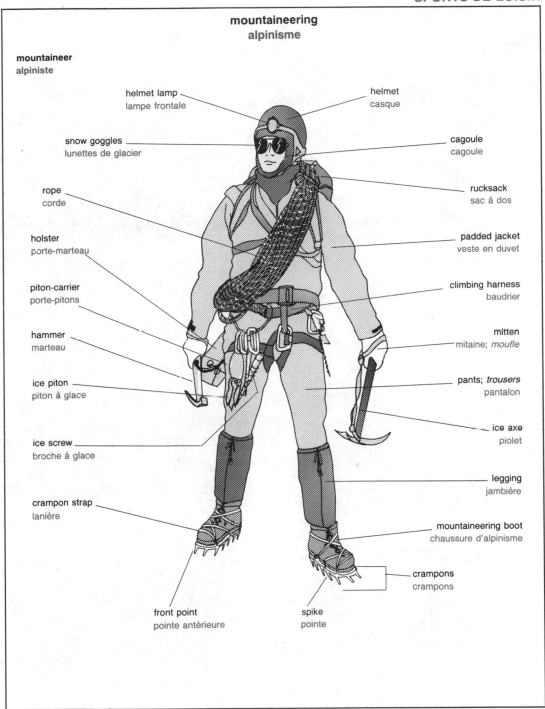

helmet lamp
lampe frontale

helmet
casque

snow goggles
lunettes de glacier

cagoule
cagoule

rope
corde

rucksack
sac à dos

holster
porte-marteau

padded jacket
veste en duvet

piton-carrier
porte-pitons

climbing harness
baudrier

hammer
marteau

mitten
mitaine; *moufle*

ice piton
piton à glace

pants; *trousers*
pantalon

ice screw
broche à glace

ice axe
piolet

legging
jambière

crampon strap
lanière

mountaineering boot
chaussure d'alpinisme

crampons
crampons

front point
pointe antérieure

spike
pointe

bowling
jeu de quilles

lane
piste

bowler
quilleur

bowling shoe
soulier de quilles

ball return track
rail de renvoi

gutter
dalot

pit
fosse de réception

cushion
mur amortisseur

approach
piste d'élan

marker
point repère

foul line
ligne de jeu

60 ft
18,3 m

scoring table
table de marquage

scorer
marqueur

ball rack
boulier

score sheet
feuille de marquage

bowling ball
boule

finger hole
trou

setup; *set-up*
quillier

7   8   9   10

4   5   6

2   3

pin
quille

1

pocket
poche

headpin
quille-reine

chess
échecs

men
pièces

pieces
figures

pawn
pion

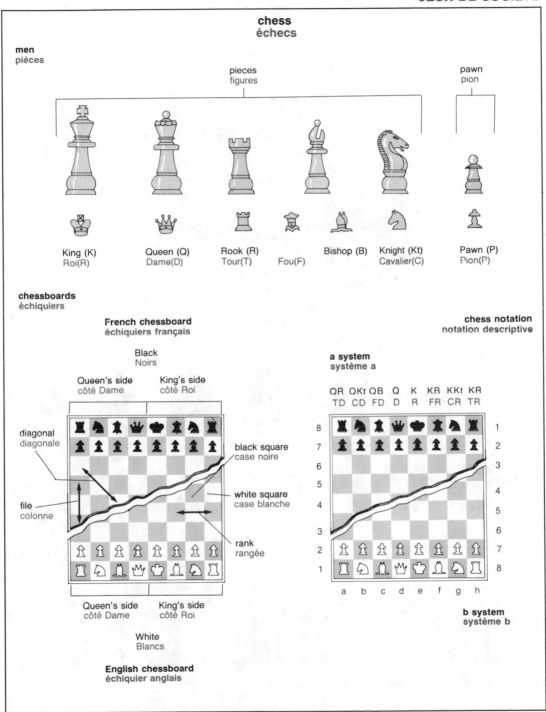

King (K)	Queen (Q)	Rook (R)		Bishop (B)	Knight (Kt)	Pawn (P)
Roi(R)	Dame(D)	Tour(T)	Fou(F)		Cavalier(C)	Pion(P)

chessboards
échiquiers

French chessboard
échiquiers français

Black
Noirs

Queen's side
côté Dame

King's side
côté Roi

diagonal
diagonale

black square
case noire

file
colonne

white square
case blanche

rank
rangée

Queen's side
côté Dame

King's side
côté Roi

White
Blancs

English chessboard
échiquier anglais

chess notation
notation descriptive

a system
système a

QR	QKt	QB	Q	K	KB	KKt	KR
TD	CD	FD	D	R	FR	CR	TR

8 7 6 5 4 3 2 1

1 2 3 4 5 6 7 8

a b c d e f g h

b system
système b

backgammon
jacquet

dice
dés

dice cup
cornet à dés

compartment
compartiment

men
dames

Black
noir

White
blanc

runner
postillon

inner table
jan intérieur

point
flèche

bar
cloison

outer table
jan extérieur

doubling cube
dé doubleur

card games
cartes

symbols
symboles

heart
cœur

diamond
carreau

club
trèfle

spade
pique

Ace
As

King
Roi

Queen
Dame

Jack
Valet

Joker
joker

standard poker hands
combinaisons au poker

royal flush
quinte royale

straight flush

four of a kind
carré

full house
main pleine

flush
couleur

straight
séquence

three of a kind
brelan

two pairs
double paire

one pair
paire

high card
carte isolée

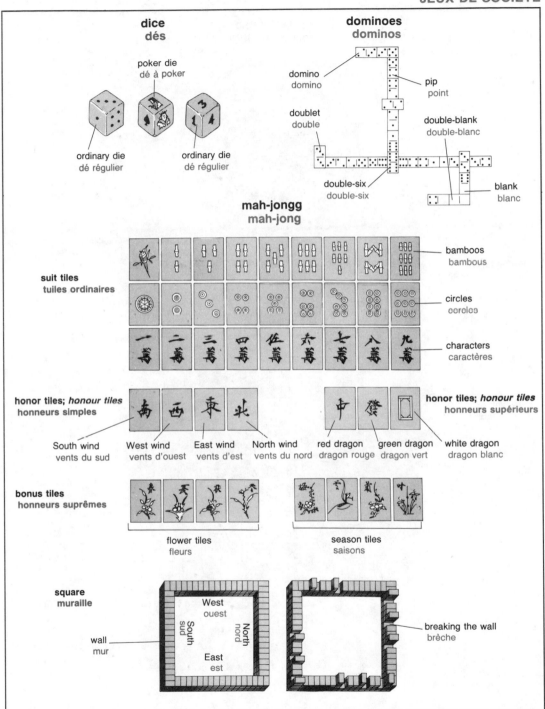

dice
dés

poker die
dé à poker

ordinary die
dé régulier

ordinary die
dé régulier

dominoes
dominos

domino
domino

pip
point

doublet
double

double-blank
double-blanc

double-six
double-six

blank
blanc

mah-jongg
mah-jong

suit tiles
tuiles ordinaires

bamboos
bambous

circles
cercles

characters
caractères

honor tiles; *honour tiles*
honneurs simples

honor tiles; *honour tiles*
honneurs supérieurs

South wind
vents du sud

West wind
vents d'ouest

East wind
vents d'est

North wind
vents du nord

red dragon
dragon rouge

green dragon
dragon vert

white dragon
dragon blanc

bonus tiles
honneurs suprêmes

flower tiles
fleurs

season tiles
saisons

square
muraille

West
ouest

South
sud

North
nord

East
est

wall
mur

breaking the wall
brèche

roulette table
table de roulette

roulette wheel
roulette

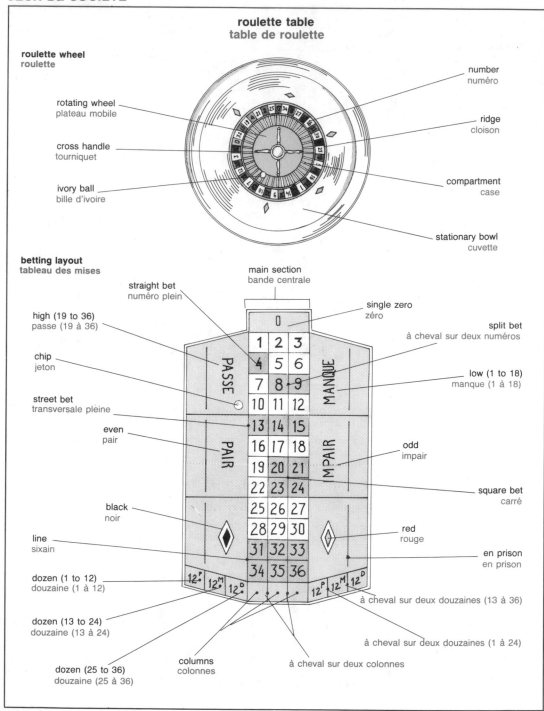

number
numéro

rotating wheel
plateau mobile

ridge
cloison

cross handle
tourniquet

ivory ball
bille d'ivoire

compartment
case

stationary bowl
cuvette

betting layout
tableau des mises

straight bet
numéro plein

main section
bande centrale

single zero
zéro

high (19 to 36)
passe (19 à 36)

split bet
à cheval sur deux numéros

chip
jeton

low (1 to 18)
manque (1 à 18)

street bet
transversale pleine

even
pair

odd
impair

square bet
carré

black
noir

red
rouge

line
sixain

en prison
en prison

dozen (1 to 12)
douzaine (1 à 12)

à cheval sur deux douzaines (13 à 36)

dozen (13 to 24)
douzaine (13 à 24)

à cheval sur deux douzaines (1 à 24)

dozen (25 to 36)
douzaine (25 à 36)

columns
colonnes

à cheval sur deux colonnes

roulette table
table de roulette

betting layout
tableau des mises

single zero
zéro

main section
bande centrale

low (1 to 18)
manque (1 à 18)

double zero
double zéro

square bet
carré

dozen (1 to 12)
douzaine (1 à 12)

even
pair

split bet
à cheval sur deux numéros

chip
jeton

line
sixain

red
rouge

five-number bet

dozen (13 to 24)
douzaine (13 à 24)

black
noir

straight bet
numéro plein

en prison
en prison

odd
impair

columns
colonnes

dozen (25 to 36)
douzaine (25 à 36)

street bet
transversale pleine

high (19 to 36)
passe (19 à 36)

à cheval sur deux colonnes

slot machine
machine à sous

reel plate
plaque de rouleau

winning line
combinaison gagnante

coin slot
fente à monnaie

lever
bras

symbol
symbole

payout trigger
déclencheur de paiement

coin reject slot
réceptacle pour
les pièces refusées

spring linkage
levier à ressort

reel
rouleau

frame
châssis

jackpot feed
alimentation jackpot

coin chute
conduite des pièces

jackpot box
boîte jackpot

electrical payout linkage
commande électrique de paiement

jackpot payout chute
conduit de paiement jackpot

payout tray
plateau réceptacle de paiement

strong-box
caisse blindée

tents
tentes

family tents
tentes familiales

sleeve
passant

roof
toit

zippered screen door; *zipped screen door*
porte moustiquaire à glissière

canopy
auvent

guy rope
hauban

ridge pole
faîtière

pole loop
ganse

wall
mur

canopy pole
mât d'auvent

strainer
tendeur

screen window
fenêtre moustiquaire

pole
mât

sewn-in floor
tapis de sol cousu

peg
piquet

tie flap
rabat à attaches

canopy
auvent

canvas divider
cloison

window
baie

wardrobe
penderie

living room
séjour

mud wall
toile à pourrir

room
chambre

tents
tentes

pup tent; *ridge tent*
tente canadienne

rainfly; *flysheet*
double toit

grommet
œillet

zipper
fermeture à glissière

peg
piquet

inner tent
tente intérieure

peg loop
boucle de piquet

guy line adapter
sandow

major types of tents
principaux types de tentes

Baker tent
tente Baker

dome tent
tente dôme

pyramid tent
tente touriste

wall tent
tente rectangulaire

pop-up tent
tente igloo

wagon tent
tente grange

camping equipment
matériel de camping

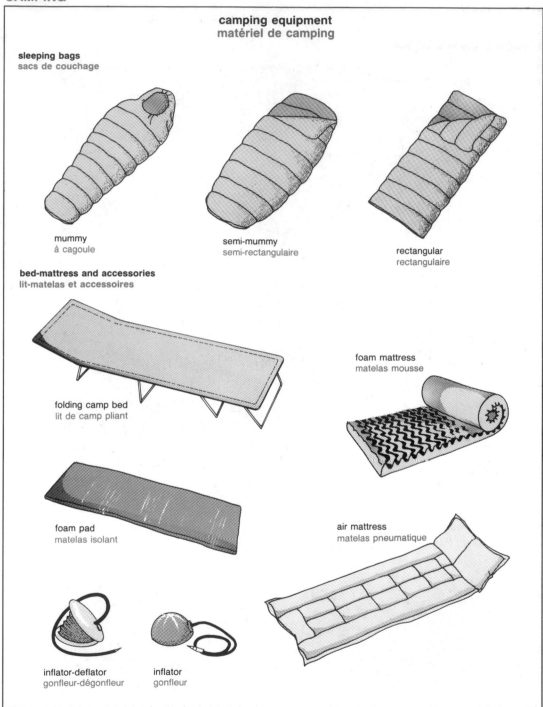

sleeping bags
sacs de couchage

mummy
à cagoule

semi-mummy
semi-rectangulaire

rectangular
rectangulaire

bed-mattress and accessories
lit-matelas et accessoires

folding camp bed
lit de camp pliant

foam mattress
matelas mousse

foam pad
matelas isolant

air mattress
matelas pneumatique

inflator-deflator
gonfleur-dégonfleur

inflator
gonfleur

camping equipment
matériel de camping

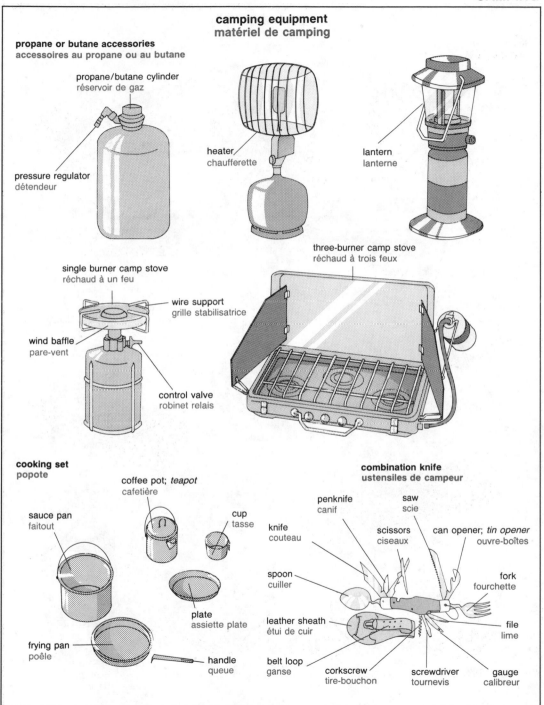

propane or butane accessories
accessoires au propane ou au butane

propane/butane cylinder
réservoir de gaz

pressure regulator
détendeur

heater
chaufferette

lantern
lanterne

single burner camp stove
réchaud à un feu

wind baffle
pare-vent

wire support
grille stabilisatrice

control valve
robinet relais

three-burner camp stove
réchaud à trois feux

cooking set
popote

coffee pot; *teapot*
cafetière

sauce pan
faitout

cup
tasse

plate
assiette plate

frying pan
poêle

handle
queue

combination knife
ustensiles de campeur

penknife
canif

saw
scie

knife
couteau

scissors
ciseaux

can opener; *tin opener*
ouvre-boîtes

spoon
cuiller

fork
fourchette

leather sheath
étui de cuir

file
lime

belt loop
ganse

corkscrew
tire-bouchon

screwdriver
tournevis

gauge
calibreur

camping equipment
matériel de camping

tools
outils

hatchet
hachette

bow saw
scie de camping

knife
couteau

folding shovel
pelle-pioche pliante

sheath
gaine

cooking
cuisine

water carrier
cruche

folding grill
gril pliant

water bottle
gourde

lighting
éclairage

cooler
glacière

vacuum bottle; *vacuum flask*
bouteille isolante

hurricane lamp
lampe-tempête

knots
nœuds

overhand knot
nœud simple

reef knot
nœud plat

granny knot
nœud de vache

figure-eight knot
nœud d'arrêt

heaving line knot
nœud de Franciscain

sheet bend
nœud d'écoute simple

double sheet bend
nœud d'écoute double

clove hitch
nœud de cabestan

running bowline
nœud coulant

bowline
nœud de chaise simple

bowline on a bight
nœud de chaise double

cow hitch
demi-clé renversée

fisherman's knot
nœud de pêcheur

sheepshank
nœud de jambe de chien

common whipping
surliure

shot splice
épissure courte

forming
début

completion
fin

cable
câble

twisted rope
cordage commis

braided rope
cordage tressé

cable
câble

rope
cordage

strand
toron

yarn
fil de caret

fibre
fibre

sheath
gaine

core
âme

MEASURING DEVICES

APPAREILS DE MESURE

measure of time
mesure du temps

mechanical watch
montre mécanique

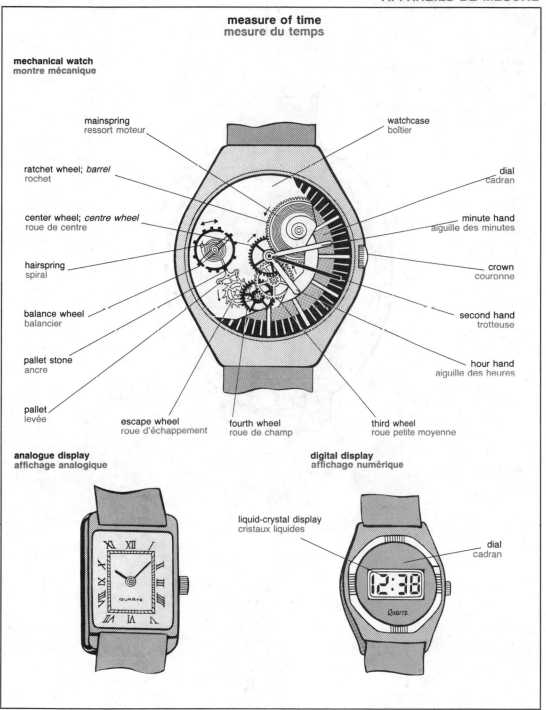

mainspring
ressort moteur

watchcase
boîtier

ratchet wheel; *barrel*
rochet

dial
cadran

center wheel; *centre wheel*
roue de centre

minute hand
aiguille des minutes

hairspring
spiral

crown
couronne

balance wheel
balancier

second hand
trotteuse

pallet stone
ancre

hour hand
aiguille des heures

pallet
levée

escape wheel
roue d'échappement

fourth wheel
roue de champ

third wheel
roue petite moyenne

analogue display
affichage analogique

digital display
affichage numérique

liquid-crystal display
cristaux liquides

dial
cadran

QUARTZ

12:38

Quartz

605

measure of time
mesure du temps

tuning fork watch
montre à diapason

drive coil and phase-sensing coil
bobine motrice et bobine captrice

drive coil
bobine motrice

conical magnet
aimant conique

electronic circuit
circuit électronique

magnetic cup
pot magnétique

tine
branche

lead
conducteur

transistor
transistor

pillar plate
platine

tuning fork
diapason

hourglass
sablier

sundial
cadran solaire

glass bulb
ampoule de verre

gnomon
style

dial
cadran

neck
étranglement

sand
sable

shadow
ombre

measure of time
mesure du temps

weight-driven clock mechanism
mécanisme de l'horloge à poids

pallet
ancre

fork
fourchette

suspension spring
lame de suspension

escape wheel
roue d'échappement

third wheel
roue petite moyenne

minute hand
aiguille des minutes

pinion
pignon

center wheel; *centre wheel*
roue de centre

hour hand
aiguille des heures

winding mechanism
remontoir

spindle
arbre

pendulum rod
tige

drum
tambour

bob
lentille

grandfather clock
horloge de parquet

pediment
corniche

moon dial
cadran des phases
de la Lune

main wheel
roue motrice

dial
cadran

minute hand
aiguille des minutes

ratchet wheel
rochet

chain
chaîne

hour hand
aiguille des heures

weight
poids

click
cliquet

pendulum
pendule

weight
poids

body
caisse

plinth
socle

measure of weight
mesure de la masse

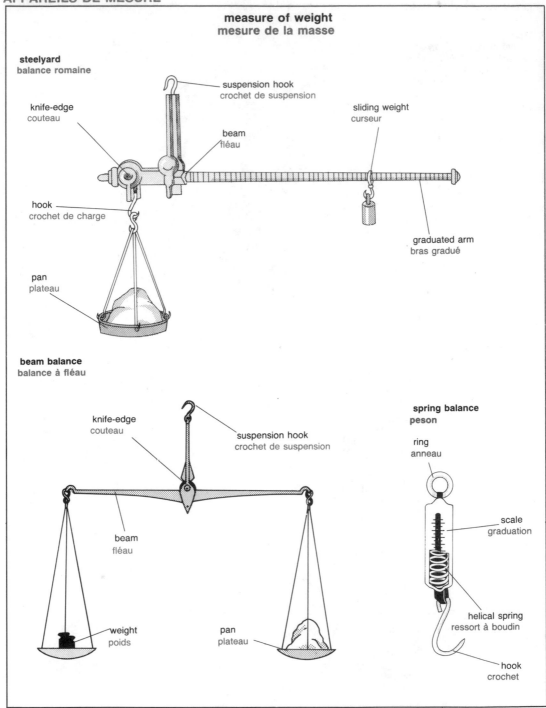

steelyard
balance romaine

suspension hook
crochet de suspension

knife-edge
couteau

beam
fléau

sliding weight
curseur

hook
crochet de charge

graduated arm
bras gradué

pan
plateau

beam balance
balance à fléau

knife-edge
couteau

suspension hook
crochet de suspension

spring balance
peson

ring
anneau

scale
graduation

beam
fléau

helical spring
ressort à boudin

weight
poids

pan
plateau

hook
crochet

measure of weight
mesure de la masse

Roberval's balance
balance de Roberval

dial
cadran

pointer
aiguille

center knife-edge; *centre knife-edge*
couteau central

pan
plateau

terminal knife-edge
couteau latéral

leg
tige verticale

base
socle

beam
fléau

analytical balance
balance de précision

knife-edge
couteau

rider scale
réglette

beam
fléau

beam arrest
fourchette

rider handle
tige de manœuvre
du cavalier

stirrup hook
étrier

column
support

pan
plateau

pointer
aiguille

leveling screw; *levelling screw*
vis calante

glass case
cage vitrée

base
socle

pan arrest
arrêt de plateau

pointer scale
graduation

measure of weight
mesure de la masse

self-indicating scales
balance automatique

scale
graduation

pointer
aiguille

steel band
ruban d'acier

counterweight
contrepoids

beam
fléau

sector-shaped chart
cadran en éventail

pulley
poulie

counterweight
contrepoids

platform
plateau

knife-edge
couteau

damper
amortisseur

stay
contre-fléau

bathroom scales
pèse-personne

dial
cadran gradué

weighing platform
plate-forme

electronic scales
balance électronique

display
afficheur

weight
poids

unit price
prix à l'unité

total
prix à payer

function keys
touches de fonctions

numeric keyboard
clavier numérique

product codes
codes des produits

platform
plateau

ticket
étiquette

measure of temperature
mesure de la température

bimetallic thermometer
thermomètre bimétallique

pointer
aiguille

dial
cadran

bearing
coussinet

case
boîtier

shaft
arbre

stem
tige

bimetallic helix
élément bimétallique hélicoïdal

clinical thermometer
thermomètre médical

expansion chamber
chambre d'expansion

stem
tige

capillary bore
tube capillaire

scale
graduation

column of mercury
colonne de mercure

constriction
étranglement

bulb
réservoir

room thermostat
thermostat d'ambiance

mounting screw
vis de montage

mounting post
patte de guidage

mercury switch
interrupteur à mercure

anticipator
résistance anticipatrice

anticipator indicator
indicateur de résistance anticipatrice

bimetal element
bilame

pointer
aiguille

temperature set point lever
curseur de réglage de la température

temperature scale
échelle de température

cover
couvercle

backplate
socle

contact
contact

bimetal element
bilame

measure of pressure
mesure de la pression

aneroid barometer
baromètre anéroïde

chain
chaîne

pointer
aiguille

lever
levier

vacuum chamber
caisse cylindrique

indicator
repère

spring
ressort

graduated scale
cadran gradué

sphygmomanometer
sphygmomanomètre

pressure gauge
manomètre

dial
cadran

tube
tube

hand
aiguille

pneumatic armlet
brassard pneumatique

adjusting screw
vis de réglage

air-pressure pump
poire

tape measure
mètre à ruban

pedometer
podomètre

case
boîtier

tape lock
bouton de blocage

step setting
réglage du pas

dial
cadran

pointer
aiguille

scale
graduation

case
boîtier

tape
ruban

hook
crochet

micrometer caliper; *micrometer*
micromètre

anvil
touche fixe

spindle
touche mobile

lock nut
dispositif de blocage

spindle screw
vis micrométrique

adjusting nut
vis de réglage

frame
corps

sleeve
douille

thimble
tambour

ratchet knob
bouton de manœuvre à friction

theodolite
théodolite

telescope objective
lentille

optical sight
viseur

vertical clamp
vis de blocage du
mouvement en site

illumination mirror for vertical circle
miroir d'éclairage du cercle vertical

optical sight
viseur

vertical tangent screw
vis de rappel du mouvement en site

alidade
alidade

horizontal clamp
blocage du pivotement

illumination mirror for horizontal circle
miroir d'éclairage du cercle horizontal

base
embase

optical plummet
plomb optique

carrying handle
poignée

base plate
plaque de fixation

circular level
nivelle sphérique

knob for reticle illumination
commande d'éclairage du réticule

micrometer screw
bouton de réglage du
micromètre optique

focusing sleeve
bague de mise au point
de la lunette

microscope eyepiece
oculaire du microscope de lecture

telescope eyepiece
oculaire de la lunette

inverter knob
commande de rotation du
prisme inverseur

plate level
nivelle d'alidade

horizontal tangent screw
vis de rappel du mouvement en azimut

horizontal circle drive knob
molette d'entraînement du
cercle horizontal

locking knob
bouton de blocage

leveling screw; *levelling screw*
vis calante

watt-hour meter
wattheuremètre

cover
couvercle

register
minuterie

full-load adjustment screw
vis de réglage de grand débit

light-load adjustment screw
vis de réglage de petit débit

kWh

MULT × 10

K 2 S

2 – 200 AMP   240 VOLTS   1 PM   3 FILS WIRE   60 Hz

Kh 7.2

name plate
plaque signalétique

terminal cover
couvre-bornes

sealing lug
plomb

spindle
arbre

magnetic suspension
palier magnétique

potential coil
bobine de tension

register
minuterie

base
socle

dial
cadran

disk; *disc*
disque

retarding magnet
aimant-frein

current coil
bobine de courant

horizontal seismograph
sismographe horizontal

pen
style

clock
horloge

pivoted bar
axe de torsion

sheet of paper
feuille de papier

recording of seismic waves
tracé des secousses

recording of time
tracé de l'heure

pillar
pilier

rotating drum
cylindre enregistreur

mass
masse

concrete base
plaque de béton

bedrock
sol

vertical seismograph
sismographe vertical

spring
ressort

pillar
pilier

concrete base
plaque de béton

recording of seismic waves
tracé des secousses

bedrock
sol

rotating drum
cylindre enregistreur

pivoted bar
axe de torsion

mass
masse

pen
style

OPTICAL INSTRUMENTS

APPAREILS DE VISION

binocular microscope
microscope binoculaire

eyepiece
oculaire

draw tube
tube porte-oculaire

revolving nosepiece
revolver porte-objectifs

objective
objectif

stage clip
valet

stage
platine

iris diaphragm
diaphragme-iris

condenser
condenseur

condenser adjustment knob
vis de réglage du condensateur

lamp
lampe

body tube
corps

limb top
porte-tube

arm
potence

mechanical stage
chariot

coarse adjustment knob
vis macrométrique

fine adjustment knob
vis micrométrique

base
pied

mechanical stage control
bouton de commande du chariot

specimen
préparation

cover slip
lamelle couvre-objet

glass slide
lame porte-objet

object
objet

electron microscope
microscope électronique

cathode
cathode

anode
anode

first condenser lens
lentille de condenseur

second condenser lens
lentille magnétique

specimen chamber
sas

intermediate lens
lentille de diffraction

projector lens
lentille de projection

shutter
obturateur

viewing window
vitre d'observation

photo chamber
chambre photographique

objective
objectif

high-voltage cable
câble haute tension

Wehnelt cylinder
électrode de Wehnelt

emission chamber
chambre d'émission

electron gun
canon à électrons

filament
filament

double-condenser pole piece
bobine déviatrice

vacuum manifold
canalisation de pompage

objective pole piece
bobine de l'objectif

projector lens pole piece
bobine de concentration

viewing chamber
chambre d'observation

photographic plate
plaque photographique

fluorescent screen
écran fluorescent

stage
platine

objective lens
lentille objectif

diffusion pump
pompe

prism binoculars
jumelles à prismes

focusing ring
bague de correction dioptrique

hinge
charnière

eyepiece
oculaire

eye lens
lentille convergente

central focusing wheel
molette de mise au point

field lens
lentille de champ

body
tube

Porro prism
prisme de Porro

objective lens
lentille objectif

bridge
pont

telescopic sight
lunette de visée

reticle
réticule

main scope tube
tube

elevation adjusting screw
vis de réglage de hausse

turret cap
capuchon de protection

eyepiece
oculaire

objective lens
objectif

field lens
diaphragme

erecting lens
lentille de redressement

dovetail
glissière de fixation

windage adjusting screw
vis de réglage latéral

reflecting telescope
télescope

finder
chercheur

support
support de fixation

eyepiece
oculaire

focusing knob
crémaillère de mise au point

cradle
bride de fixation

main tube
tube

polar axis circle
cercle de calage horaire

motor
moteur

declination circle
cercle de déclinaison

counterweight
contrepoids

column
colonne

fork
fourche

flat mirror
miroir plan

tripod
trépied

main mirror
miroir primaire parabolique

eyepiece
oculaire

refracting telescope
lunette astronomique

objective lens
lentille convergente

cradle
bride de fixation

cell
barillet

maintube
tube

dew cap
parasoleil

finder
chercheur

altitude coarse-motion clamp
vis de blocage du mouvement
approximatif de latitude

focus knob
bouton moleté

slow-motion control knob
bouton de réglage du mouvement lent

eyepiece holder
tube porte-oculaire

azimuth coarse-motion clamp
vis de blocage du réglage approximatif d'azimut

eyepiece
oculaire

objective lens
lentille convergente

star diagonal
oculaire coudé

maintube
tube

drawtube
manchon coulissant

eyepiece
oculaire

fine focus sleeve
bague porte-oculaire

altazimuth mounting
monture azimutale

tripod accessories shelf
plateau pour accessoires

tripod leg
pied

623

radar
radar

parabolic reflector
réflecteur parabolique

azimuth synchro
synchro

radiating element
dipôle

transmitter
émetteur

modulator
modulateur d'impulsion

motor drive
moteur

rotary joint
joint tournant

duplexer
cellule émission-réception

receiver
récepteur

transmitted pulse
impulsion

echo
écho

synchronizer
circuit de synchronisation

plan-position indicator
écran panoramique

lens
lentilles

converging lens
lentilles convergentes

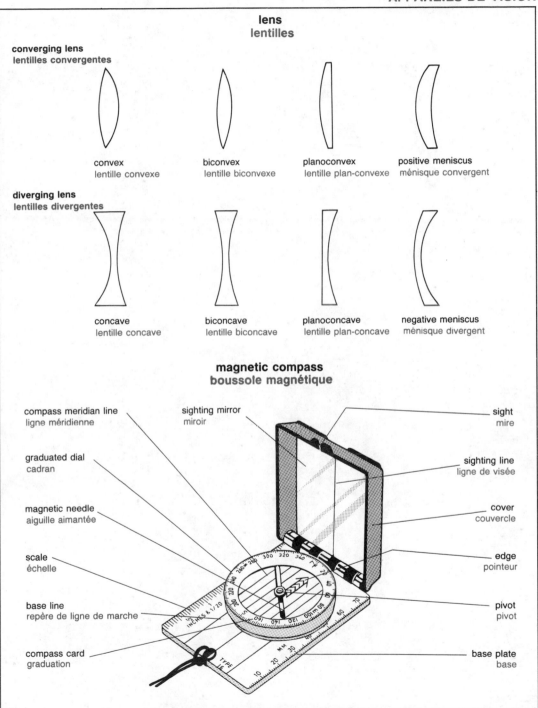

convex
lentille convexe

biconvex
lentille biconvexe

planoconvex
lentille plan-convexe

positive meniscus
ménisque convergent

diverging lens
lentilles divergentes

concave
lentille concave

biconcave
lentille biconcave

planoconcave
lentille plan-concave

negative meniscus
ménisque divergent

magnetic compass
boussole magnétique

compass meridian line
ligne méridienne

sighting mirror
miroir

sight
mire

graduated dial
cadran

sighting line
ligne de visée

magnetic needle
aiguille aimantée

cover
couvercle

scale
échelle

edge
pointeur

base line
repère de ligne de marche

pivot
pivot

compass card
graduation

base plate
base

HEALTH

SANTÉ

first aid kit
trousse d'urgence

absorbent cotton; *cotton wool ball*
coton hydrophile

elastic support bandage; *crepe support*
bande de tissu élastique

gauze roller bandage
bande de gaze

sterile pad; *sterile dressing*
compresse stérile

safety pin
épingle de sûreté

peroxide
peroxyde

needle
aiguille

aspirin
aspirine

scissors
ciseaux

tweezers
pince à échardes

adhesive tape
ruban de tissu adhésif

cotton applicators
coton-tige

adhesive bandage; *plaster dressing*
pansement adhésif

rubbing alcohol; *liquid antiseptic*
alcool à 90°

syringes
seringues

syringe for irrigation
seringue pour le lavage de cavités

Luer-Lock syringe
seringue de Luer Lock

disposable syringe
seringue à utilisation unique

insulin syringe
seringue pour l'insuline

plunger
piston

hollow barrel
corps de pompe

needle hub
pavillon

tuberculin syringe
seringue pour injection de tuberculine

needle
aiguille

walking aids
aides à la marche

crutches
béquilles

underarm crutch
béquille commune

Canadian crutch
béquille canadienne

forearm crutch
béquille d'avant-bras

arm piece
crosse

arm support
embrasse

adjuster
réglage

cuff section
béquillon

crosspiece
traverse

handgrip
poignée

handgrip
poignée

handgrip
poignée

upright
montant

adjuster
réglage

crutch tip; *crutch ferrule*
sabot

canes; *sticks*
cannes

quad cane; *quadruped stick*
canne avec quadripode

standard walker
walking frame
cadre de marche

walking stick
canne en C

ortho-cane; *ortho-stick*
canne avec poignée orthopédique

quadripod
quadripode

English cane; *English stick*
canne en T

tripod cane; *tripod stick*
canne tripode

rubber tip; *rubber ferrule*
embout de caoutchouc

wheelchair
fauteuil roulant

handle
poignée de conduite

armrest
accoudoir

back upholstery
garniture dossier

clothing guard
panneau de protection latéral

spacer
barre d'espacement

arm
bras

push rim
main courante

seat upholstery
garniture siège

hanger bracket
potence

hub
moyeu

tipping lever
dispositif anti-bascule

heel loop
butée talonnière

brake
poignée de frein

front wheel
roue pivotante

foot rest
repose-pied

large wheel
roue

cross brace
croisillon

ENERGY
ÉNERGIES

coal mine
mine de charbon

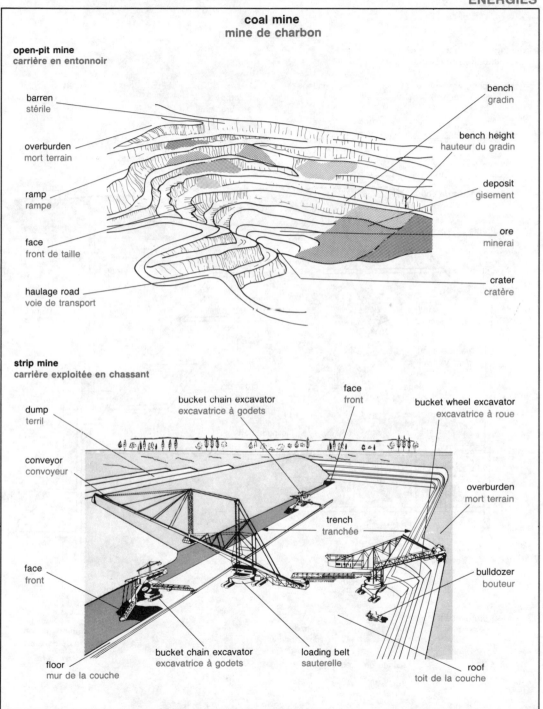

open-pit mine
carrière en entonnoir

barren
stérile

overburden
mort terrain

ramp
rampe

face
front de taille

haulage road
voie de transport

bench
gradin

bench height
hauteur du gradin

deposit
gisement

ore
minerai

crater
cratère

strip mine
carrière exploitée en chassant

dump
terril

conveyor
convoyeur

bucket chain excavator
excavatrice à godets

face
front

bucket wheel excavator
excavatrice à roue

overburden
mort terrain

trench
tranchée

face
front

bulldozer
bouteur

floor
mur de la couche

bucket chain excavator
excavatrice à godets

loading belt
sauterelle

roof
toit de la couche

coal mine
mine de charbon

mining
exploitation minière

hoist room; *winder house*
salle de la machine

dip
pendage

outcrop
affleurement

ore
minerai

fault
faille

apex
tête

open-pit mine
mine à ciel ouvert

adit
galerie à flanc de coteau

headframe
chevalement

roof
toit

floor
mur

wall
épontes

pinch
étranglement

vertical shaft
puits vertical

stope
chambre

cross cut
travers-banc

inclined shaft
puits incliné

sump
puisard

raise
montage

vein
veine

ore deposit
gisement

winze
descenderie

transfer station
station de transfert

drift
galerie en direction

coal mine
mine de charbon

underground mine
mine souterraine

overburden
mort-terrain

mine entrance
entrée de galerie

face
front de taille

shaft collar
orifice du puits

top road
voie de tête

room
chambre

landing
recette

drift
galerie en direction

pillar
pilier

colliery
siège

loading pocket
poche doseuse

ore pass
cheminée à minerai

pump
pompe

manway
galerie de circulation

chute
cheminée

deck
étage

bottom road
voie de fond

sublevel
sous-niveau

level
niveau

cross cut
travers-banc

panel
panneau

coal mine
mine de charbon

pithead
carreau de mine

dump
terril

water reservoir
réservoir d'eau

tower; *electricity pylon*
pilône

conveyor
convoyeur

gasometer
gazomètre

power station
centrale électrique

washery
lavoir

administration building
bâtiment administratif

settling basin
bassin de décantation

lamp room
lampisterie

surface
jour

underground
fond

coking plant
cokerie

rail track
voie ferrée

coal bunker
silo de charbon

winding tower
tour d'extraction

headframe
chevalement

fan
ventilateur

timber yard
parc à bois

main shaft
puits principal

hoist room; *winder house*
salle de la machine

ventilation shaft
puits d'aérage

coal mine
mine de charbon

pneumatic hammer
marteau pneumatique

control lever
levier de commande

handle
poignée

throttle valve
soupape

compressed air
air comprimé

flexible hose connection
raccordement du flexible

inlet
admission

flexible hose
tuyau flexible

exhaust port
orifice d'échappement

oil reservoir
réservoir d'huile

valve
clapet

cylinder
cylindre

piston
piston

air passage
conduit

anvil
enclume

chuck
porte-outil

retainer
système de fixation

tool
outil

retaining spring
ressort de retenue

jackleg drill
marteau perforateur à poussoir pneumatique

drill rod
fleuret

bit
taillant

air hose
flexible d'air

hammer drill
marteau perforateur

air leg
poussoir pneumatique

water hose
flexible d'eau

oiler
graisseur

oil
pétrole

drilling rig
appareil de forage

travelling block
moufle mobile

crown block
moufle fixe

kelly
tige carrée d'entraînement

hook
crochet

derrick
tour de forage

rotary table
table de rotation

swivel
tête d'injection

drawworks
treuil

engine
moteur

blowout preventer
obturateur de sécurité

vibrating mudscreen
tamis vibrant

drill pipe
tige de forage

mud pump
pompe à boue

thick-walled pipe
tubage cimenté

mud pit
bac à boue

anticline
anticlinal

gas
gaz

oil trap
piège à pétrole

oil
pétrole

salt water
eau salée

impervious rock
couche imperméable

drill collar
masse-tige

bit
trépan

oil
pétrole

beam pump
pompe à balancier

gas lift
pompage au gaz

pumping unit
système moteur et balancier

tubing head
tête de puits

tubing head
tête de puits

oil and gas foam
pétrole émulsionné

sucker rod
tiges de pompage

gas under pressure
injection de gaz

gas lift valve
valve d'admission

plunger
plongeur

strainer
crépine

Christmas tree
arbre de Noël

flow bean
buse

master gate valve
vanne maîtresse

pressure gauge
manomètre

tubing head
tête de puits

casing first string
tubage de surface

tubing
colonne de production

casing second string
tubage intermédiaire

oil
pétrole

offshore drilling
forage en mer

drilling barge
barge de forage

self-contained platform
plate-forme autonome

pier
jetée

fixed platform
plate-forme fixe

tender
tender

jack-up platform
plate-forme auto-élévatrice

floating platform
plate-forme flottante

drill ship
navire de forage

semi-submersible
plate-forme semi-submersible

submersible barge
plate-forme submersible

oil
pétrole

production platform
plate-forme de production

derrick
tour de forage

crane
grue

flare
torche

storage tank
réservoir de stockage

living quarters
quartiers d'habitation

reserve mud tank
réservoir de boue
de réserve

oil/gas separator
séparateur de gaz

helideck
hélisurface

control room
salle de contrôle

lifeboat
canot de sauvetage

gas turbine
turbine à gaz

logging unit
laboratoire des diagraphies

potable water tank
réservoir d'eau potable

jacket
treillis

pile
pile

tubular member
section tubulaire

oil
pétrole

crude oil pipeline
pipeline pour le transport du pétrole brut

pumping station
station de pompage

tank farm
parc de stockage

buried pipeline
pipeline enterré

Christmas tree
arbre de Noël

aboveground pipeline
pipeline surélevé

booster intermediate station
station de pompage intermédiaire

pipeline
pipeline

terminal
parc de stockage terminal

refinery
raffinerie

offshore well
puits marin

buffer tank
réservoir tampon

submarine pipeline
pipeline sous-marin

central pumping
station de pompage principale

aboveground pipeline support
support de pipeline surélevé

thermal insulation
isolation

autorefrigerating devices
système d'autoréfrigération

stop
pare-chocs

support
support

skid pad
patin

oil
pétrole

tanker
pétrolier

center tank ; *centre tank*
citerne centrale

transverse bulkhead
cloison transversale

crossover cargo deck line
traverse de chargement

center Keelson; *centre Keelson*
carlingue centrale

foam monitor
canon à mousse

bridge
passerelle

quarters
locaux d'habitation

bulb
bulbe d'étrave

web frame
porque

ballast tank
réservoir à lest

engine room
chambre des machines

wing tank
citerne latérale

watertight bulkhead
cloison étanche

fore and aft gangway
passavant

settling tank
citerne de décantation

canal boat
convoi poussé

towboat
pousseur

barge
barge

elastic coupling
système de liaison

hatch
panneau de citerne

methane carrier with membrane tanks
méthanier avec réservoirs à membrane

methane carrier with free-standing tanks
méthanier avec réservoirs indépendants

methane carrier with semi-membrane tanks
méthanier avec réservoirs à semi-membrane

butane carrier
butanier

oil
pétrole

tank car; *tank wagon*
wagon-citerne

top central manhole
dôme

transverse baffle
brise-lames

tank
citerne

tank trailer
semi-remorque citerne

tractor
tracteur

semitrailer
semi-remorque

manhole
trou d'homme

baffle
brise-lames

tank wall
paroi de citerne

discharge pipe
système de dépotage

tank
citerne

tank truck
camion-citerne

tank
citerne

baffle
brise-lames

tank wall
paroi

discharge pump
pompe

discharge pipe
système de dépotage

oil
pétrole

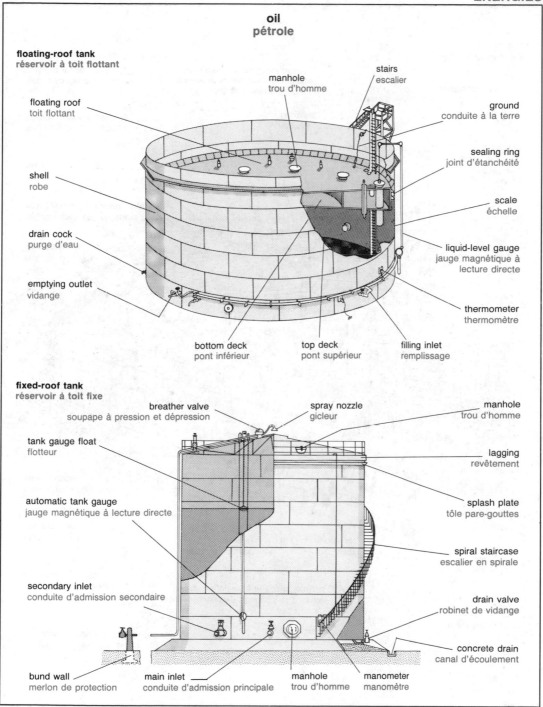

floating-roof tank
réservoir à toit flottant

floating roof
toit flottant

manhole
trou d'homme

stairs
escalier

ground
conduite à la terre

sealing ring
joint d'étanchéité

shell
robe

scale
échelle

drain cock
purge d'eau

liquid-level gauge
jauge magnétique à
lecture directe

emptying outlet
vidange

thermometer
thermomètre

bottom deck
pont inférieur

top deck
pont supérieur

filling inlet
remplissage

fixed-roof tank
réservoir à toit fixe

breather valve
soupape à pression et dépression

spray nozzle
gicleur

manhole
trou d'homme

tank gauge float
flotteur

lagging
revêtement

automatic tank gauge
jauge magnétique à lecture directe

splash plate
tôle pare-gouttes

spiral staircase
escalier en spirale

secondary inlet
conduite d'admission secondaire

drain valve
robinet de vidange

concrete drain
canal d'écoulement

bund wall
merlon de protection

main inlet
conduite d'admission principale

manhole
trou d'homme

manometer
manomètre

oil
pétrole

refinery
raffinerie

straight run gasoline treatment
straight run petroleum treatment
traitement des essences

desasphalting
désasphaltage des huiles

fire station
service de sécurité et d'incendie

dewaxing
déparaffinage des huiles

finished product storage
stockage des produits finis

settling pond
bassin de décantation
et de traitement
des eaux usées

asphalt process
unité de soufflage
des bitumes

flare
torche

rerunning
redistillation
des huiles

liquefied petroleum gas storage
stockage des gaz liquéfiés

hydrofiner
hydroraffineur

workshop/store
entrepôt et atelier

dispatch area
rampe de chargement

cooling tower
tour de refroidissement

laboratory
laboratoire

tank farm
parc de stockage

steam cracker
vapocraqueur

power plant
centrale thermique

polymerization and alkylation units
unités d'alkylation et de polymérisation

catalytic reformer
réformeur catalytique

administration office
bâtiment administratif

liquefied gas petroleum treatment
traitement des gaz liquéfiés

fluid coking plant
unité de cokéfaction fluide

oil
pétrole

refinery products
produits de la raffinerie

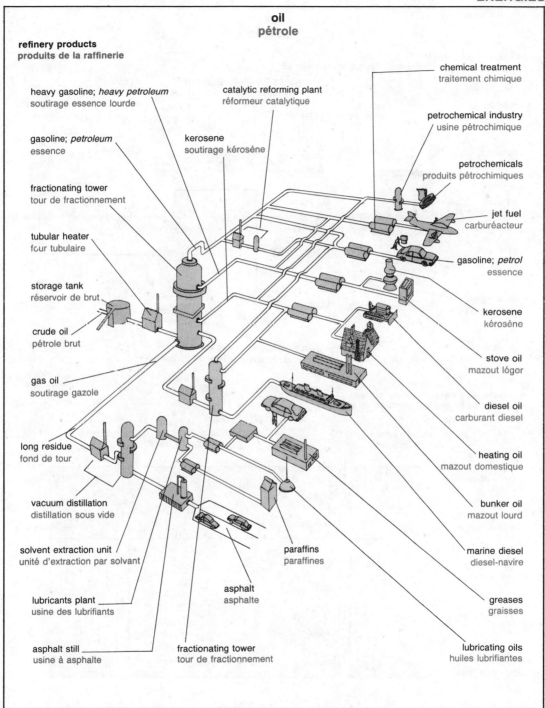

chemical treatment
traitement chimique

heavy gasoline; *heavy petroleum*
soutirage essence lourde

catalytic reforming plant
réformeur catalytique

petrochemical industry
usine pétrochimique

gasoline; *petroleum*
essence

kerosene
soutirage kérosène

petrochemicals
produits pétrochimiques

fractionating tower
tour de fractionnement

jet fuel
carburéacteur

tubular heater
four tubulaire

gasoline; *petrol*
essence

storage tank
réservoir de brut

kerosene
kérosène

crude oil
pétrole brut

stove oil
mazout léger

gas oil
soutirage gazole

diesel oil
carburant diesel

heating oil
mazout domestique

long residue
fond de tour

bunker oil
mazout lourd

vacuum distillation
distillation sous vide

solvent extraction unit
unité d'extraction par solvant

paraffins
paraffines

marine diesel
diesel-navire

lubricants plant
usine des lubrifiants

asphalt
asphalte

greases
graisses

asphalt still
usine à asphalte

fractionating tower
tour de fractionnement

lubricating oils
huiles lubrifiantes

oil
pétrole

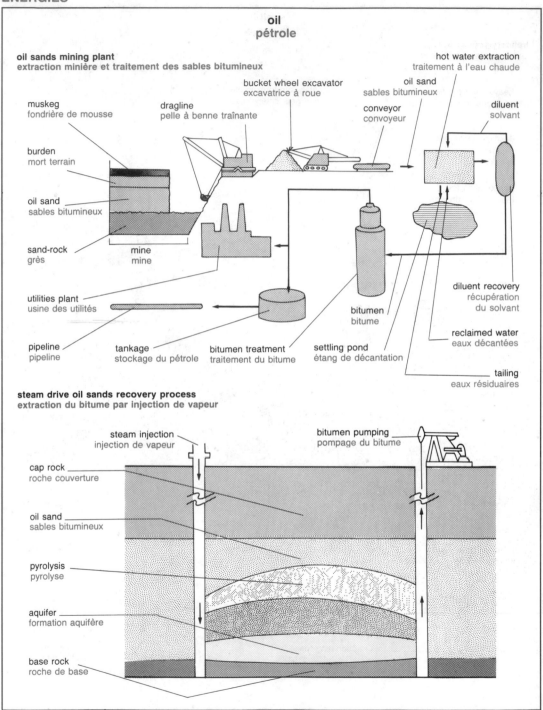

oil sands mining plant
extraction minière et traitement des sables bitumineux

hot water extraction
traitement à l'eau chaude

oil sand
sables bitumineux

diluent
solvant

bucket wheel excavator
excavatrice à roue

conveyor
convoyeur

muskeg
fondrière de mousse

dragline
pelle à benne traînante

burden
mort terrain

oil sand
sables bitumineux

sand-rock
grès

mine
mine

diluent recovery
récupération
du solvant

utilities plant
usine des utilités

bitumen
bitume

reclaimed water
eaux décantées

pipeline
pipeline

tankage
stockage du pétrole

bitumen treatment
traitement du bitume

settling pond
étang de décantation

tailing
eaux résiduaires

steam drive oil sands recovery process
extraction du bitume par injection de vapeur

steam injection
injection de vapeur

bitumen pumping
pompage du bitume

cap rock
roche couverture

oil sand
sables bitumineux

pyrolysis
pyrolyse

aquifer
formation aquifère

base rock
roche de base

electricity
électricité

hydroelectric complex
complexe hydroélectrique

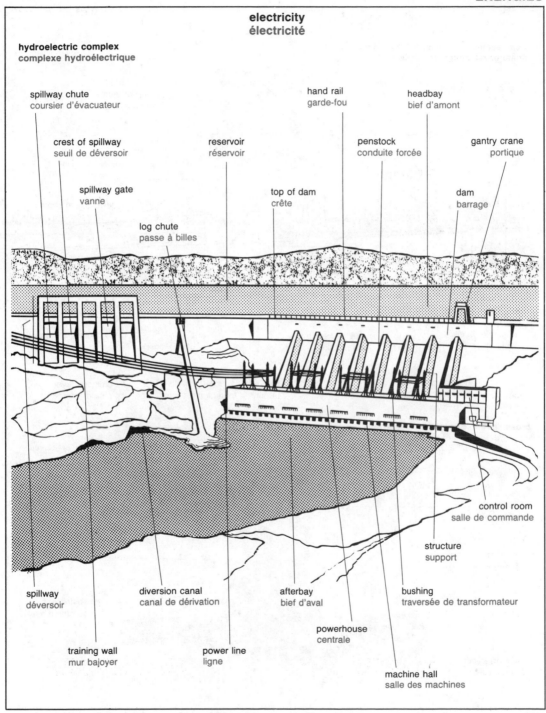

spillway chute
coursier d'évacuateur

hand rail
garde-fou

headbay
bief d'amont

crest of spillway
seuil de déversoir

reservoir
réservoir

penstock
conduite forcée

gantry crane
portique

spillway gate
vanne

top of dam
crête

dam
barrage

log chute
passe à billes

control room
salle de commande

structure
support

spillway
déversoir

diversion canal
canal de dérivation

afterbay
bief d'aval

bushing
traversée de transformateur

powerhouse
centrale

training wall
mur bajoyer

power line
ligne

machine hall
salle des machines

electricity
électricité

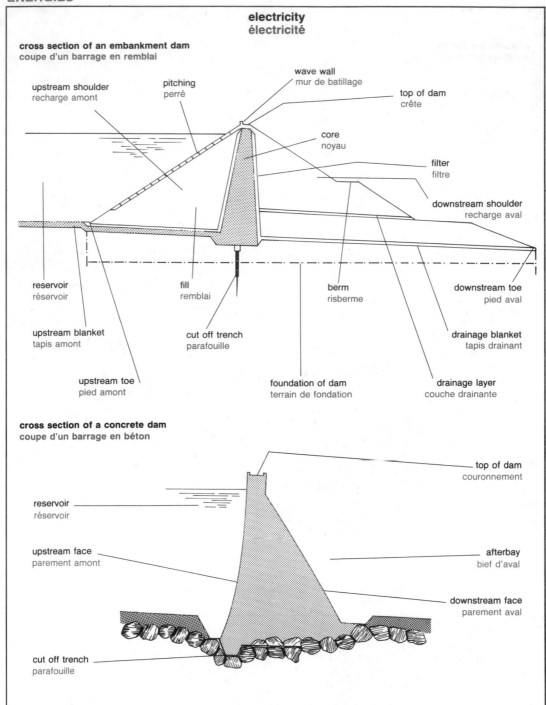

cross section of an embankment dam
coupe d'un barrage en remblai

upstream shoulder
recharge amont

pitching
perré

wave wall
mur de batillage

top of dam
crête

core
noyau

filter
filtre

downstream shoulder
recharge aval

reservoir
réservoir

fill
remblai

berm
risberme

downstream toe
pied aval

upstream blanket
tapis amont

cut off trench
parafouille

drainage blanket
tapis drainant

upstream toe
pied amont

foundation of dam
terrain de fondation

drainage layer
couche drainante

cross section of a concrete dam
coupe d'un barrage en béton

top of dam
couronnement

reservoir
réservoir

upstream face
parement amont

afterbay
bief d'aval

downstream face
parement aval

cut off trench
parafouille

electricity
électricité

major types of dams
principaux types de barrages

embankment dam
barrage en remblai

cross section of an embankment dam
coupe d'un barrage en remblai

earth
terre

rocks
roches

gravity dam
barrage-poids

cross section of a gravity dam
coupe d'un barrage-poids

arch dam
barrage-voûte

cross section of an arch dam
coupe d'un barrage-voûte

cantilever
console

peripheral joint
joint périmétral

soil
sol

pulvino
pulvino

buttress dam
barrage à contreforts

cross section of a buttress dam
coupe d'un barrage à contreforts

foundation
fondation

buttress
contrefort

electricity
électricité

steps in production of electricity
étapes de production de l'énergie électrique

rotation of the rotor in the stator
rotation du rotor dans le stator

energy transmission at the alternator voltage
transport de l'énergie à la tension de l'alternateur

voltage induction
induction de la tension

energy integration to the transmission network
intégration de l'énergie au réseau

water under pressure
eau sous pression

high-tension energy transmission to consumers
transport de l'énergie électrique à haute tension
vers les usagers

supply of water
provision d'eau

voltage increase
élévation de la tension

head of water
hauteur de chute

creation of a magnetic field
création d'un champ magnétique

force of the water on the blades
force de l'eau sur les pales

rotation of the turbine
mouvement rotatif de la turbine

transformation of mechanical work into electrical energy
conversion du travail mécanique en énergie électrique

transmission of the rotative movement to the rotor
transmission du mouvement au rotor

turbined water draining
évacuation de l'eau turbinée

electricity
électricité

cross section of hydroelectric power station
coupe d'une centrale hydroélectrique

gantry crane
portique

transformer
transformateur

circuit breaker
disjoncteur

traveling crane; *travelling crane*
pont roulant

lightning arrester
parafoudre

transformer station
poste de transformation

top of dam
crête

powerhouse
centrale

busbar
barre blindée

machine hall
salle des machines

gate
vanne

generator
alternateur

rotor
rotor

stator
stator

gantry crane
portique

shaft
arbre

reservoir
réservoir

penstock
conduite forcée

turbine
turbine

tailrace
canal de fuite

gate
vanne

screen
grille

water intake
prise d'eau

draft tube
aspirateur

access gallery
galerie de visite

afterbay
bief d'aval

scroll case
bâche spirale

electricity
électricité

generator
turbo-alternateur

generator
alternateur

salient pole
pôle saillant

collector
collecteur

rotor
rotor

stator
stator

stay ring
avant-distributeur

guide bearing
palier guide

spiral case
bâche spirale

stay vane
avant-directrice

shaft
arbre

blade
aube

runner
roue

electricity
électricité

cross section of hydraulic turbine
coupe d'une turbine hydraulique

shaft
arbre

gate operating ring
cercle de vannage

blade
aube

wicket gate
directrice

bottom ring
flasque inférieur

runner
roue

discharge liner
blindage d'aspirateur

spiral case
bâche spirale

draft tube
aspirateur

stay vane
avant-directrice

tailrace
canal de fuite

stay ring
avant-distributeur

major types of turbines
principaux types de turbines

Kaplan turbine
turbine Kaplan

Pelton turbine
turbine Pelton

Francis turbine
turbine Francis

runner blade
pale

fitted coupling bolt
boulon ajusté
d'accouplement

bucket
auget

blade
aube

hub cover
ogive

hub
moyeu

bucket ring
couronne d'aubage

electricity
électricité

tower
pylône

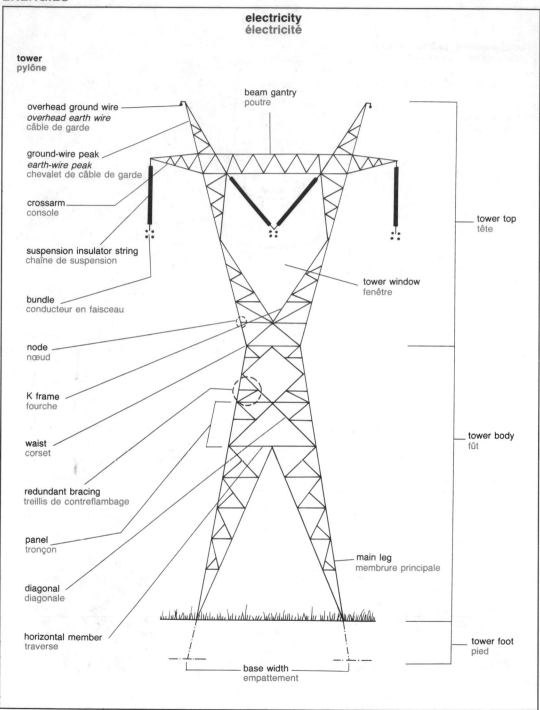

overhead ground wire
overhead earth wire
câble de garde

beam gantry
poutre

ground-wire peak
earth-wire peak
chevalet de câble de garde

crossarm
console

tower top
tête

suspension insulator string
chaîne de suspension

bundle
conducteur en faisceau

tower window
fenêtre

node
nœud

K frame
fourche

waist
corset

tower body
fût

redundant bracing
treillis de contreflambage

panel
tronçon

diagonal
diagonale

main leg
membrure principale

horizontal member
traverse

tower foot
pied

base width
empattement

electricity
électricité

overhead connection
branchement aérien

medium tension distribution line
ligne de distribution à moyenne tension

lightning arrester
parafoudre

distributor service loop
branchement du distributeur

hot line connector
connecteur à serrage mécanique

fuse holder
porte-fusible

customer's service entrance
branchement de l'abonné

insulator
isolateur

fuse
fusible

phase conductor
conducteur de phase

crossarm
traverse

fuse cutout
coupe-circuit

brace
contrefiche

terminal
borne

bushing
traversée

supply point
point d'alimentation

transformer
transformateur

neutral conductor
conducteur neutre

insulator
isolateur

ground wire; *earth wire*
conducteur de terre

connection point
point de raccordement

distribution board
tableau de distribution

ground-wire clamp; *earth-wire clamp*
raccord pour conducteur de terre

electricity meter
compteur d'électricité

fuse
fusible

low-tension distribution line
ligne de distribution à basse tension

service box
coffret de branchement

main switch
interrupteur principal

electricity
électricité

tidal power plant
usine marémotrice

equipment access shaft
puits d'accès du matériel

access gallery
galerie d'accès

sea
mer

bank
rive

power station
usine

operating dam
barrage mobile

bank
rive

control room
salle de commande

gate
vanne

lock
écluse

basin
bassin

substation
poste

administrative building
bâtiment administratif

inactive dyke
digue morte

cross section of power plant
coupe de l'usine

dam
barrage

operating floor
étage d'exploitation

basin side
côté bassin

sea side
côté mer

penstock
conduite forcée

access shaft
puits d'accès

bulb unit
groupe bulbe

strut
support

runner blade
pale

turbine runner
roue de turbine

nuclear energy
énergie nucléaire

CANDU nuclear generating station
centrale nucléaire CANDU

dousing tank
réservoir d'eau d'aspersion

electrical room
salle de l'appareillage électrique

reactor building
bâtiment du réacteur

steam pipe
tuyauterie de vapeur

low pressure steam piping
tuyauterie de vapeur basse pression

steam generator
générateur de vapeur

pressurizer
pressuriseur

condenser
condenseur

overhead crane
pont roulant

deaerator
dégazeur

generator
alternateur

deaerator storage tank
bâche du dégazeur

reactor
réacteur

turbine building
salle des machines

catenary
caténaire

airlock
sas

water treatment plant
bâtiment de traitement de l'eau

fuelling machine
machine de manutention

end shield
bouclier axial

control room
salle de commande

header
collecteur

poison tank
réservoir de poison

decontamination room
salle de décontamination

nuclear energy
énergie nucléaire

CANDU reactor
réacteur CANDU

calandria vault
enceinte de confinement

reactivity control device
barre de contrôle de la réactivité

rupture disk; *rupture disc*
disque de rupture

pressure relief pipe
tube de détente

calandria
calandre

annular shielding slab
écran annulaire

calandria tube
tube de calandre

feeder
tube de liaison

ion chamber
chambre d'ionisation

end fitting
prolongement de canal

horizontal flux detector
détecteur de flux horizontaux

steel ball shielding
blindage à billes d'acier

poison injection nozzle
tubulure d'injection de poison

tube sheet
plaque tubulaire

moderator inlet
entrée du modérateur

lattice tube
tube de réseau

end shield cooling pipe
tuyauterie de refroidissement du bouclier axial

moderator outlet
sortie du modérateur

nuclear energy
énergie nucléaire

nuclear reactor
réacteur nucléaire

reactor vessel
calandre

reactor building
bâtiment du réacteur

pressure tube
tube de force

fuel pellet
pastille de combustible

spent fuel storage bay
piscine de stockage du combustible irradié

fuel bundle
grappe de combustible

containment building
enceinte de confinement

fuel bundle
grappe de combustible

pressure tube
tube de force

spacer
patin d'espacement

end cap
bouchon

pencil
crayon

fuel pellet
pastille de combustible

sheath
gaine

end plate
grille d'extrémité

bearing pad
patin d'appui

nuclear energy
énergie nucléaire

generating station flow diagram
schéma de fonctionnement d'une centrale nucléaire

steam pipe
tuyauterie de vapeur

high pressure turbine
turbine haute pression

(to) suppression tank
(vers le) réservoir de suppression

steam generator
générateur de vapeur

feedwater
eau d'alimentation

steam separator
séparateur de vapeur

safety valve
soupape de sûreté

primary pump
pompe primaire

low pressure turbine
turbine basse pression

pressurizer
pressuriseur

generator
alternateur

header
collecteur

calandria
calandre

heavy water
eau lourde

reactor
réacteur

heater
réchauffeur

storage tank
réservoir de stockage

deaerator
dégazeur

fuelling machine
machine de manutention

fuel
combustible

moderator pump
pompe du modérateur

moderator
modérateur

coolant
caloporteur

steam
vapeur

condensate
condensat

moderator heat exchanger
échangeur de chaleur du modérateur

cooling water
eau de refroidissement

nuclear energy
énergie nucléaire

fuel handling sequence
séquence de manipulation du combustible

reactor building
bâtiment du réacteur

charge machine
machine de chargement

equipment lock
sas pour équipement

reactor
réacteur

service building
bâtiment des services

new fuel storage room
salle de stockage du
combustible neuf

new fuel port
hublot de chargement du combustible neuf

new fuel loading area
zone de chargement
du combustible neuf

elevator
élévateur

accept machine
machine de
déchargement

spent fuel port
hublot de déchargement
du combustible irradié

spent fuel discharge room
salle de déchargement du
combustible irradié

failed fuel canning
gainage du combustible défectueux

failed fuel bay
piscine du combustible
défectueux

reception bay
piscine de réception

canned failed fuel
combustible défectueux
sous gaine

transfer canal
canal de transfert

storage tray
plateau de stockage

spent fuel storage bay
piscine de stockage du combustible irradié

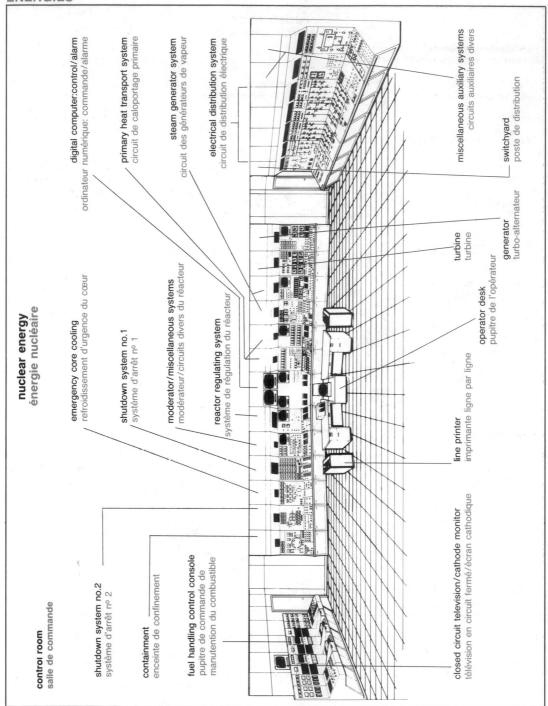

nuclear energy
énergie nucléaire

control room
salle de commande

shutdown system no.2
système d'arrêt nº 2

containment
enceinte de confinement

fuel handling control console
pupitre de commande de
manutention du combustible

emergency core cooling
refroidissement d'urgence du cœur

shutdown system no.1
système d'arrêt nº 1

moderator/miscellaneous systems
modérateur/circuits divers du réacteur

reactor regulating system
système de régulation du réacteur

digital computer:control/alarm
ordinateur numérique: commande/alarme

primary heat transport system
circuit de caloportage primaire

steam generator system
circuit des générateurs de vapeur

electrical distribution system
circuit de distribution électrique

miscellaneous auxiliary systems
circuits auxiliaires divers

switchyard
poste de distribution

generator
turbo-alternateur

turbine
turbine

operator desk
pupitre de l'opérateur

line printer
imprimante ligne par ligne

closed circuit television/cathode monitor
télévision en circuit fermé/écran cathodique

nuclear energy
énergie nucléaire

production of electricity from nuclear energy
production d'électricité par énergie nucléaire

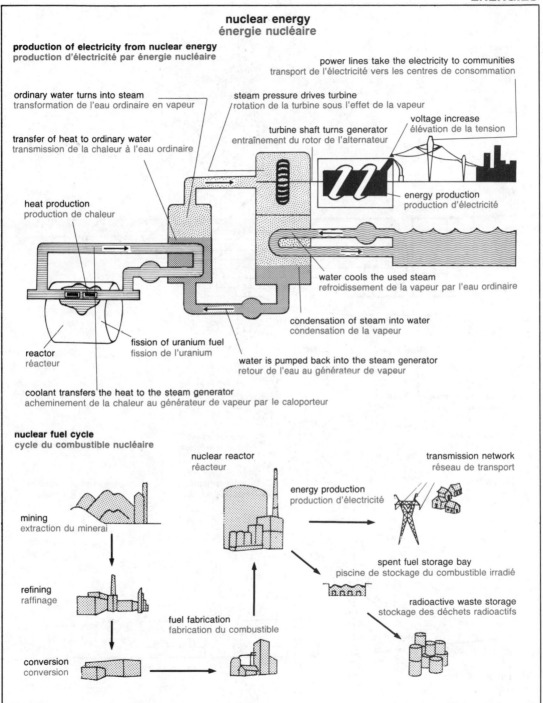

power lines take the electricity to communities
transport de l'électricité vers les centres de consommation

ordinary water turns into steam
transformation de l'eau ordinaire en vapeur

steam pressure drives turbine
rotation de la turbine sous l'effet de la vapeur

voltage increase
élévation de la tension

transfer of heat to ordinary water
transmission de la chaleur à l'eau ordinaire

turbine shaft turns generator
entraînement du rotor de l'alternateur

heat production
production de chaleur

energy production
production d'électricité

water cools the used steam
refroidissement de la vapeur par l'eau ordinaire

fission of uranium fuel
fission de l'uranium

condensation of steam into water
condensation de la vapeur

reactor
réacteur

water is pumped back into the steam generator
retour de l'eau au générateur de vapeur

coolant transfers the heat to the steam generator
acheminement de la chaleur au générateur de vapeur par le caloporteur

nuclear fuel cycle
cycle du combustible nucléaire

nuclear reactor
réacteur

transmission network
réseau de transport

mining
extraction du minerai

energy production
production d'électricité

refining
raffinage

spent fuel storage bay
piscine de stockage du combustible irradié

fuel fabrication
fabrication du combustible

radioactive waste storage
stockage des déchets radioactifs

conversion
conversion

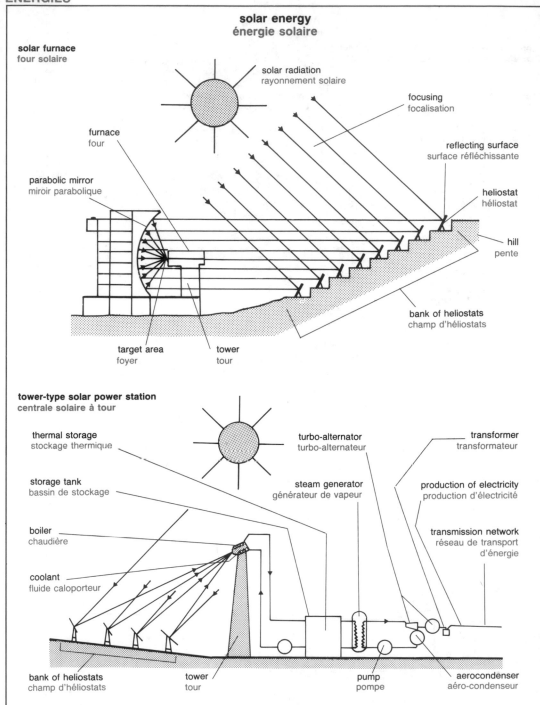

solar energy
énergie solaire

solar furnace
four solaire

solar radiation
rayonnement solaire

focusing
focalisation

reflecting surface
surface réfléchissante

furnace
four

heliostat
héliostat

parabolic mirror
miroir parabolique

hill
pente

bank of heliostats
champ d'héliostats

target area
foyer

tower
tour

tower-type solar power station
centrale solaire à tour

thermal storage
stockage thermique

turbo-alternator
turbo-alternateur

transformer
transformateur

storage tank
bassin de stockage

steam generator
générateur de vapeur

production of electricity
production d'électricité

boiler
chaudière

transmission network
réseau de transport
d'énergie

coolant
fluide caloporteur

bank of heliostats
champ d'héliostats

tower
tour

pump
pompe

aerocondenser
aéro-condenseur

solar energy
énergie solaire

solar house
maison solaire

solar collector
capteur solaire

Trombe wall
mur Trombe

solar radiation
rayonnement solaire

greenhouse
serre

pool
piscine

mains water
eau de ville

heat exchanger
échangeur thermique

filter
filtre

storage tank
réservoir de stockage

circulating pump
pompe de circulation

Trombe wall
mur Trombe

warm air
air chaud

shutter
volet

insulation
isolant

absorbing surface
surface absorbante

radiation
rayonnement

air gap
intervalle d'air

double glazing
double vitrage

concrete wall
mur en béton

cold air
air frais

shutter
volet

solar energy
énergie solaire

solar cell
photopile

metallic contact grid
grille métallique conductrice

encapsulant
enrobage

light
lumière

solar radiation
rayonnement solaire

negative contact
contact négatif

negative region
région négative

positive region
région positive

P-N junction
jonction PN

positive contact
contact positif

antireflection coating
couche antireflet

conductive material
plaque collectrice

flat plate solar collector
capteur solaire plan

absorbing plate
absorbeur

coolant
fluide caloporteur

seal
joint

frame
coffre

fluid outlet
sortie du fluide

fluid inlet
entrée du fluide

insulation
isolant

cover plate
couverture

collecting tube
tube métallique

spherical parabolic reflector
capteur à concentration parabolique

reflector
réflecteur

absorber
absorbeur

stand
support

cylindrical parabolic reflector
capteur à concentration cylindro-parabolique

fluid inlet
entrée du fluide

absorber pipe
tube absorbeur

reflector
réflecteur

stand
support

fluid outlet
sortie du fluide

windmill
moulin à vent

tower mill
moulin tour

sail cloth
voile

windshaft
arbre

frame
cadre

stock
bras

sail
aile

fantail
gouvernail

cap
calotte

hemlath
cotret

sailbar
latte

tower
tour

floor
étage

gallery
galerie

post mill
moulin pivot

rotor
rotor

post
pivot

tail pole
queue

ladder
escalier

wind turbine
éolienne

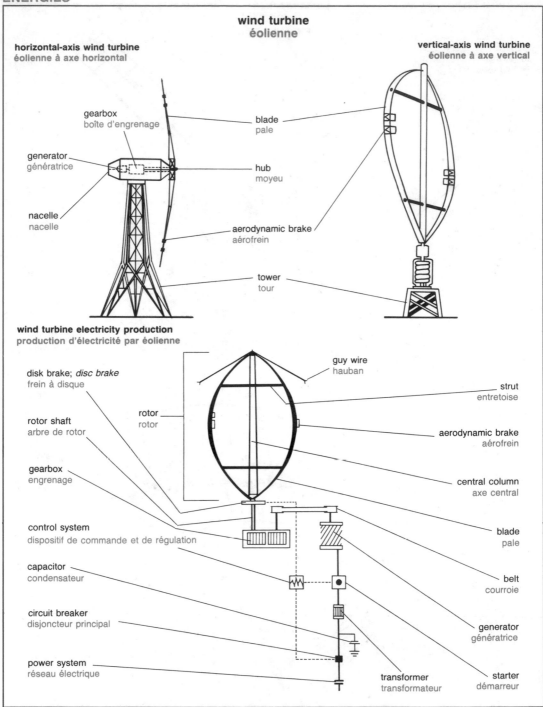

horizontal-axis wind turbine
éolienne à axe horizontal

gearbox
boîte d'engrenage

generator
génératrice

nacelle
nacelle

blade
pale

hub
moyeu

aerodynamic brake
aérofrein

tower
tour

vertical-axis wind turbine
éolienne à axe vertical

wind turbine electricity production
production d'électricité par éolienne

disk brake; *disc brake*
frein à disque

rotor shaft
arbre de rotor

gearbox
engrenage

control system
dispositif de commande et de régulation

capacitor
condensateur

circuit breaker
disjoncteur principal

power system
réseau électrique

rotor
rotor

guy wire
hauban

strut
entretoise

aerodynamic brake
aérofrein

central column
axe central

blade
pale

belt
courroie

generator
génératrice

transformer
transformateur

starter
démarreur

HEAVY MACHINERY

MACHINERIE LOURDE

dragline
pelle à benne traînante

boom point sheave
poulie de tête de flèche

hoisting rope
câble de levage

mast
mât

suspension cable
hauban

A-frame
chevalet

boom
flèche

filter
filtre

motor
moteur

walkway
passerelle

bucket
godet

hoisting chain
chaîne de levage

walking cam
mécanisme marcheur
à came coulissante

dump rope
câble de basculement

drag drum
tambour de traction

winch
treuil

walking shoe
patin

drag chain
chaîne de traction

hoisting drum
tambour de levage

revolving frame
châssis orientable

drag rope
câble de traction

base
base

operator's cab
cabine de l'opérateur

roller circle
couronne d'orientation

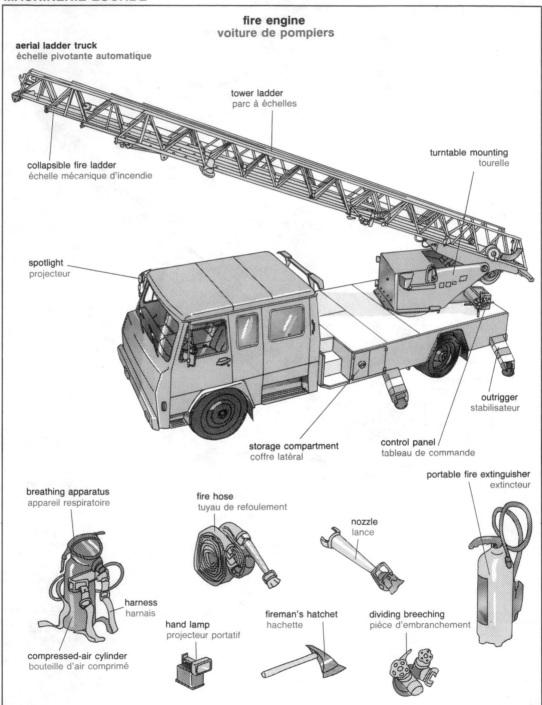

fire engine
voiture de pompiers

aerial ladder truck
échelle pivotante automatique

tower ladder
parc à échelles

collapsible fire ladder
échelle mécanique d'incendie

turntable mounting
tourelle

spotlight
projecteur

outrigger
stabilisateur

storage compartment
coffre latéral

control panel
tableau de commande

breathing apparatus
appareil respiratoire

fire hose
tuyau de refoulement

nozzle
lance

portable fire extinguisher
extincteur

harness
harnais

hand lamp
projecteur portatif

fireman's hatchet
hachette

dividing breeching
pièce d'embranchement

compressed-air cylinder
bouteille d'air comprimé

676

fire engine
voiture de pompiers

pumper
fourgon-pompe

horn
corne de feu

deluge gun
lance-canon

spotlight
projecteur orientable

mars light
gyrophare

control wheel
volant de manœuvre

suction hose
tuyau d'aspiration

spotlight
projecteur

nozzle
lance

fitting
pièce de jonction

hydrant intake
orifice d'alimentation

backstep
marchepied

loudspeaker
haut-parleur

water pressure gauge
manomètre

storage compartment
coffre latéral

hydrant intake
orifice d'alimentation

hook ladder
échelle à crochets

hose truck
dévidoir

pike pole
gaffe

bulldozer
bouteur

air-cleaner filter
filtre à air

exhaust pipe
tuyau d'échappement

hydraulic cylinder
vérin hydraulique

track idler
roue folle

blade
lame

cutting edge
bord tranchant

frame push
bras du longeron

track carrier roller
galet de support

cab
cabine

motor; *engine*
moteur

ripper cylinder
vérin de défonceuse

shank protector
sabot de protection

ripper
défonceuse

ripper tooth
dent de défonceuse

ripper tip
pointe de dent de défonceuse

drawbar
barre de traction

track
chenille

sprocket wheel
barbotin

track roller
galet de répartition

track roller frame
longeron de chenille

crawler tractor
tracteur à chenilles

track shoe
patin

track link
maillon de chenille

track grouser
arête d'ancrage

track shoe
patin

wheel loader
chargeuse-pelleteuse

bucket cylinder
vérin de manœuvre du godet

diesel engine
moteur diesel

lever bucket
levier coudé

boom
flèche

bucket tooth
dent de godet

lift arm
bras de levage

hydraulic cylinder
vérin hydraulique

cab
cabine

bucket
godet

lift cylinder
vérin de levage

arm
bras

bucket hinge pin
axe d'articulation du godet

articulating hinge point
point d'articulation

bucket
godet rétro

wheel tractor
tracteur à pneus

front-end loader
chargeuse frontale

679

grader
niveleuse

cab
cabine

box-beam Y frame
châssis-poutre

blade rotation mechanism
mécanisme d'orientation de la lame

engine
moteur

ball stud of circle drawbar
rotule de traction du porte-lame

drive wheel
roue motrice

overhead frame
poutre-châssis

front wheel
roue avant

cylinder
vérin

tandem drive housing
balancier

blade arm
console

circle
cercle porte-lame

front axle
essieu avant

drive wheel
roue motrice

blade
lame

drawbar
flèche de cercle

attachments
accessoires

scarifier
scarificateur

ripper
défonceuse

tooth
dent

tooth
dent

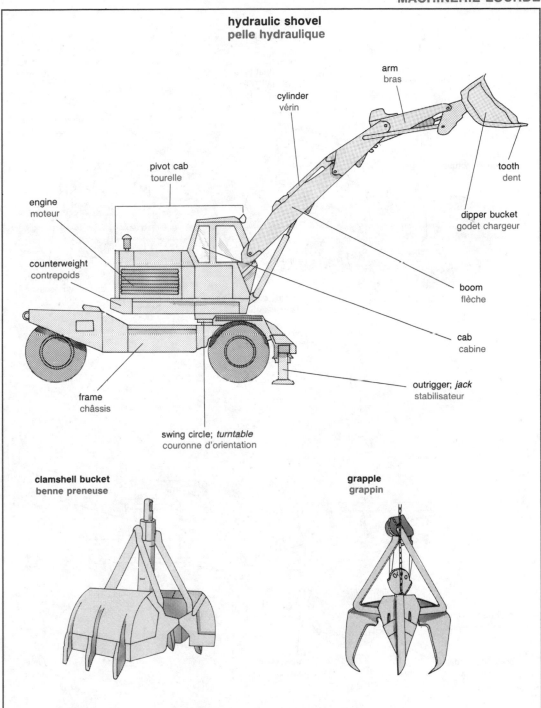

hydraulic shovel
pelle hydraulique

arm
bras

cylinder
vérin

pivot cab
tourelle

engine
moteur

counterweight
contrepoids

tooth
dent

dipper bucket
godet chargeur

boom
flèche

cab
cabine

outrigger; *jack*
stabilisateur

frame
châssis

swing circle; *turntable*
couronne d'orientation

clamshell bucket
benne preneuse

grapple
grappin

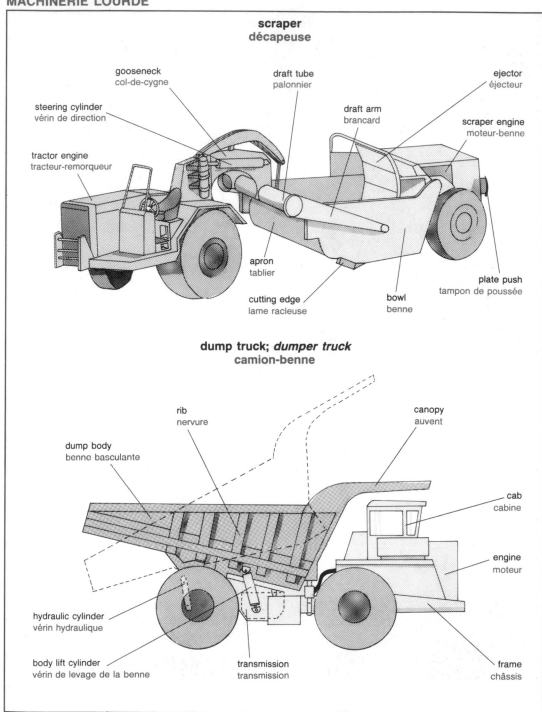

scraper
décapeuse

gooseneck
col-de-cygne

draft tube
palonnier

ejector
éjecteur

steering cylinder
vérin de direction

draft arm
brancard

scraper engine
moteur-benne

tractor engine
tracteur-remorqueur

apron
tablier

plate push
tampon de poussée

cutting edge
lame racleuse

bowl
benne

dump truck; *dumper truck*
camion-benne

rib
nervure

canopy
auvent

dump body
benne basculante

cab
cabine

engine
moteur

hydraulic cylinder
vérin hydraulique

body lift cylinder
vérin de levage de la benne

transmission
transmission

frame
châssis

crane
grue

tower crane
grue à tour

jib tie
tirant

jib
flèche

trolley pulley
poulie de chariot

counterjib ballast
contrepoids

trolley
chariot

hoisting rope
câble de levage

counterjib
contre-flèche

crane runway
chemin de roulement

hook
crochet

operator's cab
cabine de commande

gantry crane
grue sur portique

tower mast
tour

counterweight
lest

platform
plate-forme

live roller
galet de translation

truck crane
grue sur porteur

crawler crane
grue automotrice sur chenilles

telescopic boom
flèche télescopique

jib
flèche

counterweight
contrepoids

hoisting rope
câble de levage

power lift truck
chariot motorisé

forklift truck
chariot élévateur à fourche

load backrest
dosseret

steering wheel
volant

forks
fourche

drive axle
essieu moteur

solid rubber tire; *solid rubber tyre*
bandage de roue caoutchoutée

frame
châssis

steering axle
essieu directeur

forklift reach truck
chariot élévateur à mât rétractable

crosshead
tête du vérin de levage

mast
mât

lifting chain
chaîne de levage

overhead guard
toit de protection

lift cylinder
vérin de levage

operator's seat
siège du conducteur

carriage
tablier

cab
cabine

fork
bras de fourche

forks
fourche

fork extender
rallonge de bras de fourche

frame
châssis

handling engines
engins de manutention

hand truck; *barrow*
diable

platform truck; *platform trolley*
chariot à plateau

pallet truck
chariot élévateur à bras

hydraulic pallet truck
transpalette à bras

pallets
palettes

double-decked pallet
palette à double face

single-decked pallet
palette à simple face

top deckboard
plancher supérieur

stringer
entretoise

entry
entrée

top deckboard
plancher supérieur

bottom deckboard
plancher inférieur

block
support

stringer board
plancher

wing pallet
palette à ailes

box pallet
palette-caisse

side
paroi

WEAPONS
ARMES

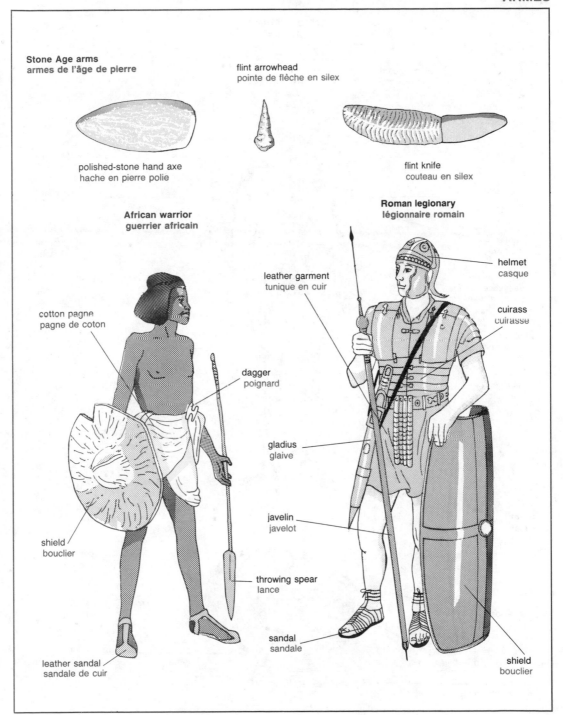

Stone Age arms
armes de l'âge de pierre

flint arrowhead
pointe de flèche en silex

polished-stone hand axe
hache en pierre polie

flint knife
couteau en silex

African warrior
guerrier africain

Roman legionary
légionnaire romain

leather garment
tunique en cuir

helmet
casque

cotton pagne
pagne de coton

cuirass
cuirasse

dagger
poignard

gladius
glaive

javelin
javelot

shield
bouclier

throwing spear
lance

leather sandal
sandale de cuir

sandal
sandale

shield
bouclier

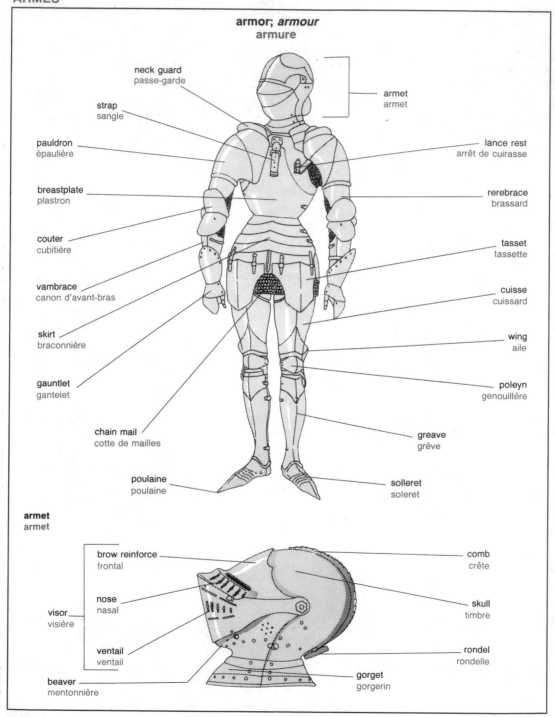

armor; *armour*
armure

neck guard
passe-garde

strap
sangle

pauldron
épaulière

breastplate
plastron

couter
cubitière

vambrace
canon d'avant-bras

skirt
braconnière

gauntlet
gantelet

chain mail
cotte de mailles

poulaine
poulaine

armet
armet

lance rest
arrêt de cuirasse

rerebrace
brassard

tasset
tassette

cuisse
cuissard

wing
aile

poleyn
genouillère

greave
grève

solleret
soleret

armet
armet

brow reinforce
frontal

nose
nasal

visor
visière

ventail
ventail

beaver
mentonnière

comb
crête

skull
timbre

rondel
rondelle

gorget
gorgerin

bows and crossbow
arcs et arbalète

bow
arc

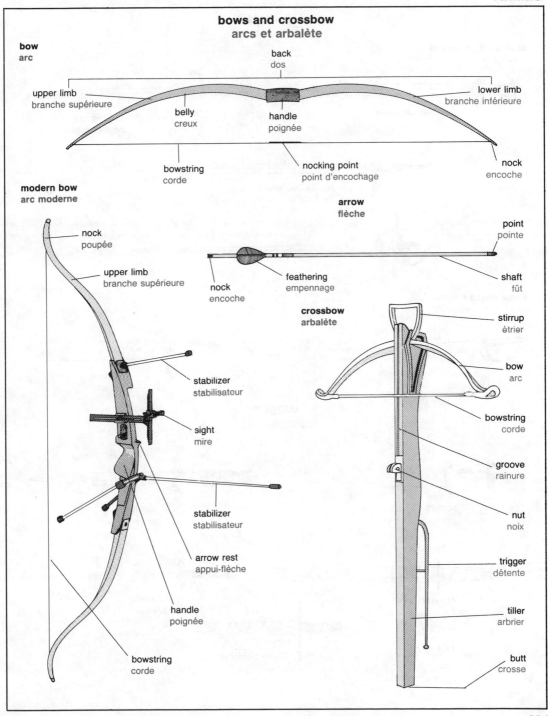

back
dos

upper limb
branche supérieure

lower limb
branche inférieure

belly
creux

handle
poignée

nock
encoche

bowstring
corde

nocking point
point d'encochage

modern bow
arc moderne

arrow
flèche

point
pointe

nock
poupée

upper limb
branche supérieure

nock
encoche

feathering
empennage

shaft
fût

crossbow
arbalète

stabilizer
stabilisateur

sight
mire

stirrup
étrier

bow
arc

bowstring
corde

groove
rainure

stabilizer
stabilisateur

nut
noix

arrow rest
appui-flèche

trigger
détente

handle
poignée

tiller
arbrier

bowstring
corde

butt
crosse

swords
épées

double-edged swords
épées à deux tranchants

one-handed sword
épée à une main

hand-and-a-half sword
épée à une main et demie

two-handed sword
épée à deux mains

rapier
rapière

single-edged swords
épées à un tranchant

saber; *sabre*
sabre

machete
machette

daggers
poignards

poniard
poignard

dagger
dague

commando knife
couteau de combat

stiletto
stylet

sword-breaker
brise-lame

bayonets
baïonnettes

major types of bayonets
principaux types de baïonnettes

plug bayonet
baïonnette à manche

socket bayonet
baïonnette à douille

integral bayonet
baïonnette incorporée

hilted bayonet
baïonnette à poignée

parts of a hilted bayonet
monture d'une baïonnette à poignée

quillon
quillon

blade
lame

cross-guard
garde

muzzle ring
bague

catch spring
verrou à ressort

pommel
pommeau

grip
plaquette

catch
bouton de verrou

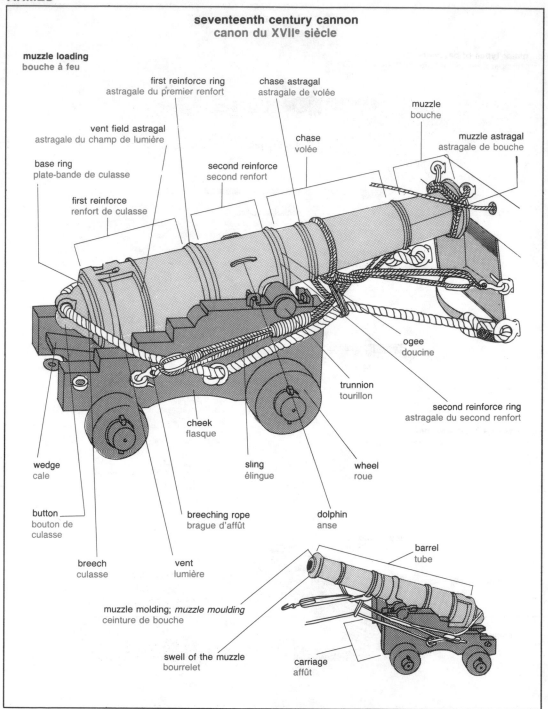

seventeenth century cannon
canon du XVIIᵉ siècle

muzzle loading
bouche à feu

first reinforce ring
astragale du premier renfort

chase astragal
astragale de volée

muzzle
bouche

vent field astragal
astragale du champ de lumière

chase
volée

muzzle astragal
astragale de bouche

base ring
plate-bande de culasse

second reinforce
second renfort

first reinforce
renfort de culasse

ogee
doucine

trunnion
tourillon

second reinforce ring
astragale du second renfort

cheek
flasque

wedge
cale

sling
élingue

wheel
roue

button
bouton de
culasse

breeching rope
brague d'affût

dolphin
anse

barrel
tube

breech
culasse

vent
lumière

muzzle molding; *muzzle moulding*
ceinture de bouche

swell of the muzzle
bourrelet

carriage
affût

seventeenth century cannon
canon du XVIIe siècle

muzzle loading
bouche à feu

barrel
tube

vent
lumière

powder chamber
chambre à poudre

shot
boulet

wad
bourre

bore
âme

projectiles
projectiles

chain shot
boulets enchaînés

elongating bar shot
boulets ramés

grapeshot
grappe de raisin

canister shot
mitraille

accessories for firing
accessoires de mise à feu

sponge
écouvillon

rammer
refouloir

worm
tire-bourre

linstock
boutefeu

ladle
lanterne

arquebus
arquebuse

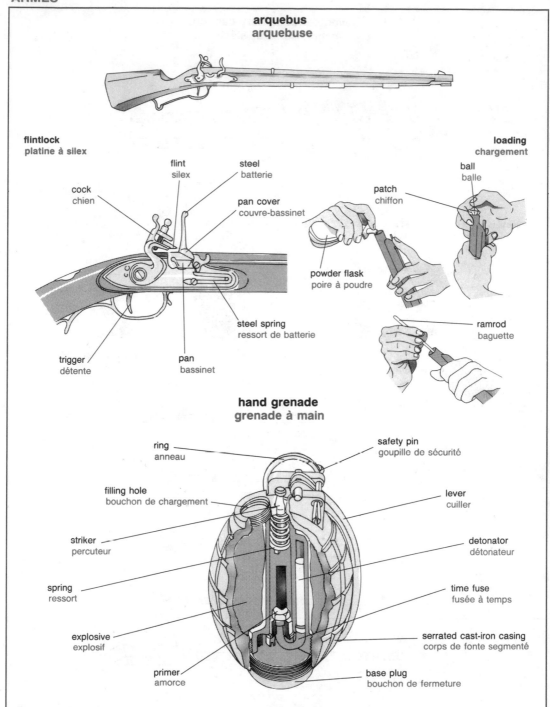

flintlock
platine à silex

flint
silex

steel
batterie

pan cover
couvre-bassinet

cock
chien

trigger
détente

pan
bassinet

steel spring
ressort de batterie

loading
chargement

ball
balle

patch
chiffon

powder flask
poire à poudre

ramrod
baguette

hand grenade
grenade à main

ring
anneau

safety pin
goupille de sécurité

filling hole
bouchon de chargement

lever
cuiller

striker
percuteur

detonator
détonateur

spring
ressort

time fuse
fusée à temps

explosive
explosif

serrated cast-iron casing
corps de fonte segmenté

primer
amorce

base plug
bouchon de fermeture

mortar
mortier

modern
contemporain

XVIIth century
XVIIe siècle

sight
appareil de pointage

muzzle
bouche

traversing handle
manivelle de pointage
en direction

elevating handle
manivelle de pointage
en hauteur

tube
tube

bipod
bipied

baseplate
plaque de base

pivot
pivot

submachine gun
pistolet-mitrailleur

rear sight
hausse

ejection port
fenêtre d'éjection

front sight
guidon

receiver
boîte de culasse

barrel
canon

safety
verrou de sûreté

barrel jacket
manchon de refroidissement

trigger guard
pontet

magazine catch
verrou de chargeur

butt plate
crosse

pistol grip
poignée-pistolet

trigger
détente

magazine
chargeur

modern howitzer
obusier moderne

right elevating arc
crémaillère de pointage de droite

recuperator cylinder front head
tête avant du cylindre récupérateur

breechblock operating lever assembly
levier de manœuvre de la culasse

recoil sleigh
glissoire de recul

recuperator cylinder
cylindre récupérateur

breechblock
culasse

sliding breech
manchon de culasse

drawbar lock
verrou de barre d'attelage

firing shaft
arbre de mise à feu

drawbar
barre d'attelage

cradle
berceau

barrel
canon

towing eye
lunette

float
flotteur

firing lanyard
cordon tire-feu

locking ring
cercle de verrouillage

spade
bêche

equilibrator
équilibreur

main shield bracket
support du bouclier principal

lifting handle
poignée de soulèvement

guide rods
tringle-guide

right elevating handwheel
manivelle de pointage en hauteur

right trail
crosse droite

automatic rifle
fusil automatique

receiver
boîte de culasse

carrying handle
poignée de transport

ejection port
fenêtre d'éjection

flash hider
cache-flammes

charging handle
levier d'armement

slip ring
anneau de canon

barrel nut
écrou de canon

rear sight
hausse

handguard
garde-main

butt
crosse

barrel
canon

front sight housing
protège-guidon

sling swivel
anneau-grenadière

sling
bretelle

safety
verrou de sûreté

magazine release
arrêtoir de chargeur

pistol grip
poignée-pistolet

trigger
détente

magazine
chargeur

forward bolt assist mechanism
mécanisme d'assistance avant de la culasse

takedown pin
goupille de démontage

charging handle catch
verrou du levier d'armement

bolt carrier
culasse mobile

bolt catch
verrou de culasse

fire control selector
sélecteur de tir

magazine catch
verrou de chargeur

bazooka
bazooka

circuit test light
voyant indicateur

tube
tube

front sight
guidon

rear sight
hausse

blast screen
pare-souffle

sling
bretelle

trigger
détente

left-hand grip
poignée de la main gauche

shoulder rest
épaulière

right-hand grip
poignée de la main droite

recoilless rifle
canon sans recul

firing rod
tige de mise à feu

distance tube
tube de distance

exploder
amorce

venturi fastening lever
levier de fixation de venturi

telescopic sight
lunette de visée

shell
obus

venturi
venturi

barrel
tube

firing mechanism
mécanisme de tir

front grip
poignée avant

trigger
détente

sling
bretelle

spring
ressort

cocking lever
levier d'armement

shoulder pad
épaulière

heavy machine gun
mitrailleuse

feed cover
couvercle du plateau d'alimentation

forearm
manchon de refroidissement

receiver
boîte de culasse

ejection port
fenêtre d'éjection

tripod
trépied

cocking handle
levier d'armement

traversing and elevating mechanism
mécanisme de pointage en hauteur

light machine gun
fusil-mitrailleur

front sight housing
protège-guidon

forearm
manchon de refroidissement

rear sight
hausse

feed tray
plateau d'alimentation

barrel
canon

carrying handle
poignée de transport

cover
couvre-culasse

flash hider
cache-flammes

bolt
culasse

bipod
bipied

butt
crosse

sling
bretelle

sear
gâchette

buffer
butée

gas piston
piston des gaz

trigger
détente

operating rod
tige de manœuvre

gas cylinder
cylindre des gaz

pistol grip
poignée pistolet

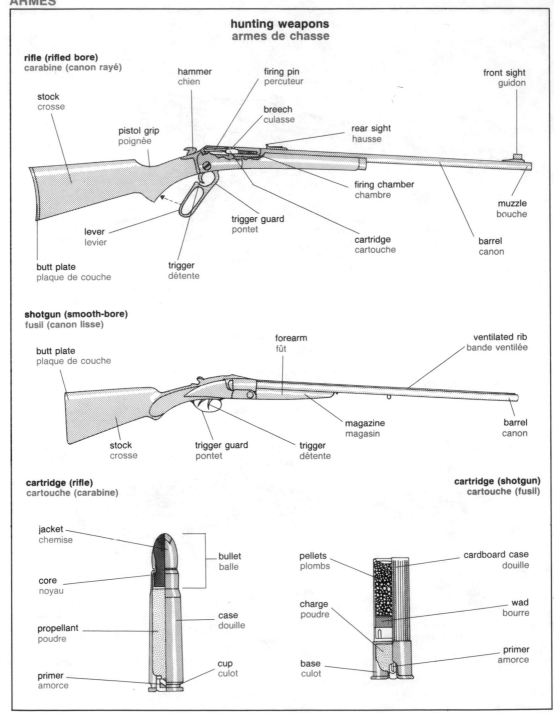

hunting weapons
armes de chasse

rifle (rifled bore)
carabine (canon rayé)

hammer
chien

firing pin
percuteur

front sight
guidon

stock
crosse

breech
culasse

rear sight
hausse

pistol grip
poignée

firing chamber
chambre

muzzle
bouche

lever
levier

trigger guard
pontet

cartridge
cartouche

barrel
canon

butt plate
plaque de couche

trigger
détente

shotgun (smooth-bore)
fusil (canon lisse)

forearm
fût

ventilated rib
bande ventilée

butt plate
plaque de couche

magazine
magasin

barrel
canon

stock
crosse

trigger guard
pontet

trigger
détente

cartridge (rifle)
cartouche (carabine)

cartridge (shotgun)
cartouche (fusil)

jacket
chemise

bullet
balle

pellets
plombs

cardboard case
douille

core
noyau

charge
poudre

wad
bourre

propellant
poudre

case
douille

primer
amorce

cup
culot

base
culot

primer
amorce

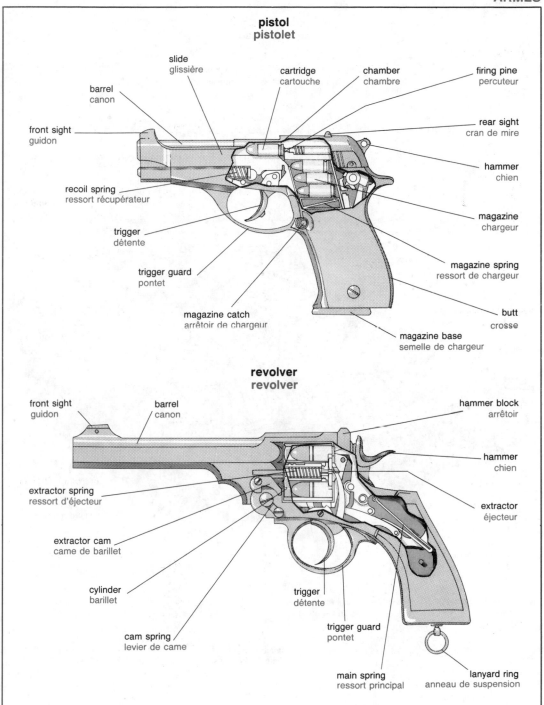

pistol
pistolet

slide
glissière

cartridge
cartouche

chamber
chambre

firing pine
percuteur

barrel
canon

front sight
guidon

rear sight
cran de mire

hammer
chien

recoil spring
ressort récupérateur

magazine
chargeur

trigger
détente

magazine spring
ressort de chargeur

trigger guard
pontet

butt
crosse

magazine catch
arrêtoir de chargeur

magazine base
semelle de chargeur

revolver
revolver

front sight
guidon

barrel
canon

hammer block
arrêtoir

extractor spring
ressort d'éjecteur

hammer
chien

extractor cam
came de barillet

extractor
éjecteur

cylinder
barillet

trigger
détente

cam spring
levier de came

trigger guard
pontet

main spring
ressort principal

lanyard ring
anneau de suspension

tank
char d'assaut

cupola
tourelleau

machine gun
mitrailleuse

periscope
périscope

commander's seat
siège du chef de char

smoke bomb discharger
lance pot fumigène

turret
tourelle mobile

gunner's sight
épiscope du tireur

hatch
écoutille

shell
obus

sprocket wheel
barbotin

telescopic sight
viseur télescopique

winch
treuil

cannon; *gun*
canon

fume extractor
dégageur de fumée

headlight
phare

air cleaner
filtre à air

rearview mirror
rétroviseur

track
chenille

wheel
roue

steering lever
levier de direction

co-axial machine gun
mitrailleuse coaxiale

loader's seat
siège du chargeur

track link
patin de chenille

driver's seat
siège du pilote

ammunition stowage
soute à munitions

exhaust pipe
pot d'échappement

combat aircraft
avion de combat

missile launch rail
rail de lancement de missile

aileron
aileron

fin wing tip
saumon de dérive

position light
feu de position

air-to-air missile
missile air-air

stroboscopic light
feu stroboscopique

air brake
aérofrein

ejection seat
siège éjectable

jet engine
réacteur

exhaust nozzle
tuyère

windshield; *windscreen*
pare-brise

stabilizer
stabilisateur

air brake hydraulic jack
vérin hydraulique d'aérofrein

flap
volet de courbure

radome
radôme

canopy
verrière

arrester hook
crosse d'appontage

UHF-IFF aerial
antenne UHF-IFF

Pitot tube
tube de Pitot

main undercarriage wheel
roue de l'atterrisseur principal

flap hydraulic jack
vérin de commande de volet

retractable boarding ladder
échelle escamotable

wing box
caisson de voilure

tanker
ravitailleur

in-flight refuelling probe
perche de ravitaillement

missiles
missiles

structure of a missile
structure d'un missile

warhead
charge explosive

guidance system
émetteur et télécommande

fuel tank
réservoir d'alcool

oxidizer tank
réservoir d'oxygène liquide

vane
volet mobile

turbopump
turbopompe

combustion chamber
chambre de combustion

nozzle
tuyère

fin
empennage

command system
système de commande

long-range radar system
radar de détection

missile tracking radar
radar de localisation du missile

command transmission
transmission d'ordres

target
cible

missile
missile

target tracking radar
radar de localisation du but

command station
ordinateur

major types of missiles
principaux types de missiles

anti-tank missile
missile antichar

air-to-air missile
missile air-air

surface-to-subsurface missile
missile anti-sous-marin

air-to-surface missile
missile air-sol

surface-to-air missile
missile sol-air

surface-to-surface missile
missile sol-sol

SYMBOLS
SYMBOLES

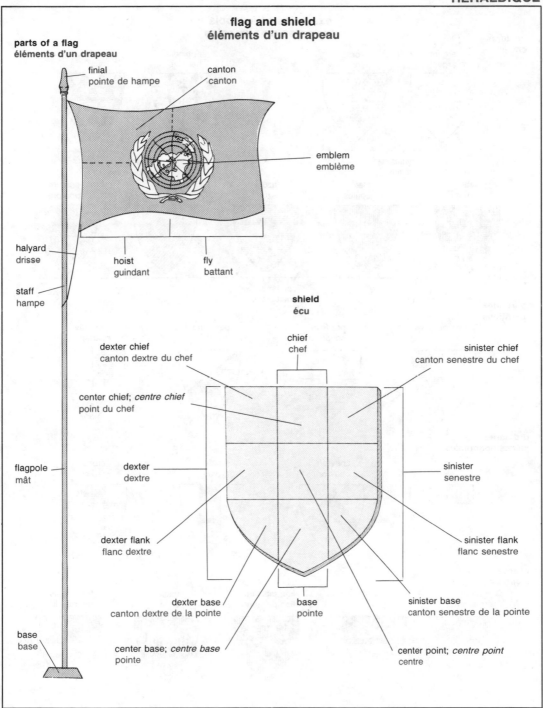

flag and shield
éléments d'un drapeau

parts of a flag
éléments d'un drapeau

finial
pointe de hampe

canton
canton

emblem
emblème

halyard
drisse

hoist
guindant

fly
battant

staff
hampe

shield
écu

flagpole
mât

chief
chef

dexter chief
canton dextre du chef

sinister chief
canton senestre du chef

center chief; *centre chief*
point du chef

dexter
dextre

sinister
senestre

dexter flank
flanc dextre

sinister flank
flanc senestre

dexter base
canton dextre de la pointe

base
pointe

sinister base
canton senestre de la pointe

base
base

center base; *centre base*
pointe

center point; *centre point*
centre

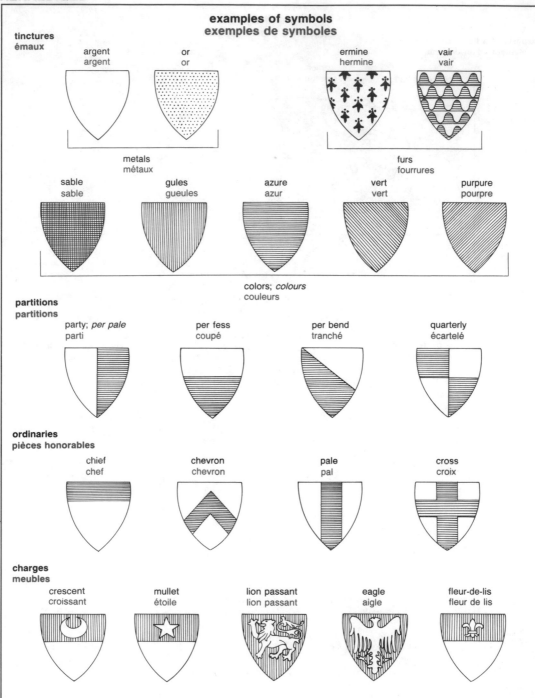

examples of symbols
exemples de symboles

tinctures
émaux

argent
argent

or
or

ermine
hermine

vair
vair

metals
métaux

furs
fourrures

sable
sable

gules
gueules

azure
azur

vert
vert

purpure
pourpre

colors; *colours*
couleurs

partitions
partitions

party; *per pale*
parti

per fess
coupé

per bend
tranché

quarterly
écartelé

ordinaries
pièces honorables

chief
chef

chevron
chevron

pale
pal

cross
croix

charges
meubles

crescent
croissant

mullet
étoile

lion passant
lion passant

eagle
aigle

fleur-de-lis
fleur de lis

flag shapes
formes de drapeau

rectangular
rectangulaire

square
carré

fanion
fanion

swallowtail and tongue
pavillon à deux pointes et langue

swallowtail
pavillon à deux pointes

swallowtail pennant
guidon

double pennant
fanion double

gonfalon
bannière

oriflamme
oriflamme

Schwenkel
drapeau à Schwenkel

windcone
manche à air

streamer
banderole

pennant
pennon

flammule
flamme

SIGNS OF THE ZODIAC
SIGNES DU ZODIAQUE

constellations
constellations

ancient and modern signs
signes anciens et modernes

Aries, the Ram (March 21)
Bélier (21 mars)

Taurus, the Bull (April 20)
Taureau (20 avril)

Gemini, the Twins (May 21)
Gémeaux (21 mai)

Cancer, the Crab (June 22)
Cancer (22 juin)

Leo, the Lion (July 23)
Lion (23 juillet)

Virgo, the Virgin (August 23)
Vierge (23 août)

Libra, the Balance (September 23)
Balance (23 septembre)

Scorpio, the Scorpion (October 24)
Scorpion (24 octobre)

Sagittarius, the Archer (November 22)
Sagittaire (22 novembre)

Capricorn, the Goat (December 22)
Capricorne (22 décembre)

Aquarius, the Water Bearer (January 20)
Verseau (20 janvier)

Pisces, the Fishes (February 19)
Poissons (19 février)

NO REPRODUCTION PERMITTED – REPRODUCTION INTERDITE

graphic elements for symbols
éléments visuels des symboles

colors; *colours*
couleurs

red = danger, no... or do not...
rouge = danger, interdiction

examples
exemples

blue = regulation, indication
bleu = obligation, indication

examples
exemples

do not wash
ne pas laver

no entry
accès interdit

hospital
hôpital

direction to be followed
direction obligatoire

yellow = be careful
jaune = prudence

examples
exemples

green = permission, indication
vert = permission, indication

example
exemple

hand wash in lukewarm water
laver à la main à l'eau tiède

priority road
route à priorité

machine wash in warm water at a normal setting
laver à la machine à l'eau chaude

graphic elements
formes

  or
ou

  = do not... no...
= interdiction

  = danger, be careful
= danger, attention

examples
exemples

examples
exemples

do not dry clean
ne pas nettoyer à sec

no entry for power-driven vehicles
accès interdit aux véhicules à moteur

flammable
matières inflammables

pedestrian crossing
passage pour piétons

INFORMATION SYMBOLS
SYMBOLES D'AFFICHAGE

international road signs
signaux routiers internationaux

danger warning signs
signaux d'avertissement de danger

right bend
virage à droite

double bend
double virage

dangerous bend
virage dangereux

dangerous descent
descente dangereuse

steep hill
pente raide

roadway narrows
chaussée rétrécie

bumps
chaussée cahoteuse

ridge
dos d'âne

slippery road
chaussée glissante

loose gravel
projection de gravillons

falling rocks
chutes de pierres

school zone
zone scolaire

pedestrian crossing
passage pour piétons

international road signs
signaux routiers internationaux

danger warning signs (cont.)
signaux d'avertissement de danger (suite)

cyclists entering or crossing
débouché de cyclistes

cattle crossing
passage de bétail

wild animals crossing
passage d'animaux sauvages

road works
travaux

light signals
signalisation lumineuse

two-way traffic
circulation dans les deux sens

other dangers
autres dangers

traffic circle
intersection à sens giratoire

priority intersection
intersection avec priorité

grade crossing
passage à niveau

signs regulating priority at intersections
signaux réglementant la priorité aux intersections

«give way» sign
cédez le passage

stop at intersection
arrêt à l'intersection

«priority road» sign
signal «route à priorité»

«end of priority» sign
signal «fin de priorité»

international road signs
signaux routiers internationaux

prohibitory or regulatory signs
signaux d'interdiction ou de réglementation

no entry
accès interdit

no entry for mopeds
accès interdit aux cyclomoteurs

no entry for bicycles
accès interdit aux bicyclettes

no entry for motorcycles
accès interdit aux motocycles

no entry for goods vehicles
accès interdit aux camions

no entry for pedestrians
accès interdit aux piétons

no entry for power-driven vehicles
accès interdit aux véhicules à moteur

width clearance
limitation de largeur

overhead clearance
limitation de hauteur

weight limitation
limitation de poids

no left turn
interdiction de tourner à gauche

no U-turn
interdiction de faire demi-tour

passing prohibited
interdiction de dépasser

end of prohibition of passing
fin de l'interdiction de dépasser

maximum speed limit
vitesse maximale limitée

use of audible warning
devices prohibited
interdiction de faire usage
d'avertisseurs sonores

international road signs
signaux routiers internationaux

mandatory signs
signaux d'obligation

direction to be followed
direction obligatoire

direction to be followed
direction obligatoire

direction to be followed
direction obligatoire

direction to be followed
direction obligatoire

compulsory roundabout
intersection à sens giratoire obligatoire

informative signs
signaux d'indication

one-way traffic
voie à sens unique

superhighway
motorway
autoroute

end of superhighway
end of motorway
fin d'autoroute

standing and parking signs
signaux relatifs à l'arrêt et au stationnement

parking prohibited or restricted
stationnement interdit ou limité

standing and parking prohibited or restricted
arrêt et stationnement interdit ou limités

parking
parking

common symbols
symboles d'usage courant

information
renseignements

first aid
premiers soins

hospital
hôpital

police
police

telephone
téléphone

do not enter
entrée interdite

no dogs
interdit aux chiens

fire hose
tuyau d'incendie

fire extinguisher
extincteur d'incendie

caution, pedestrian crossing
attention, passage pour piétons

caution, slippery floor
attention, plancher glissant

caution
attention

danger, electrical hazard
danger, ligne sous tension

danger, poison
danger, poison

danger, flammable
danger, matières inflammables

common symbols
symboles d'usage courant

access for physically handicapped
accès pour handicapés physiques

do not use for wheelchairs
ne pas utiliser avec une
chaise roulante

smoking permitted
permission de fumer

smoking prohibited
défense de fumer

toilet for men
toilettes pour hommes

toilet for women
toilettes pour dames

toilet for men and women
toilettes pour hommes et dames

elevator for people; *passenger lift*
ascenseur

freight elevator; *goods lift*
monte-charge

escalator, up
escalier mécanique montant

escalator, down
escalier mécanique descendant

stairs
escalier

restaurant
restaurant

coffee shop; *buffet*
casse-croûte

INFORMATION SYMBOLS
SYMBOLES D'AFFICHAGE

common symbols
symboles d'usage courant

lost and found articles
articles perdus et retrouvés

bar
bar

duty-free
boutique hors taxe

post office
bureau de poste

currency exchange
change

telegrams
télégramme

drug store
pharmacie

hairdresser
coiffeur

baggage carts; *luggage trolleys*
chariots à bagages

do not use baggage carts
do not use luggage trolleys
ne pas utiliser avec
un chariot à bagages

lockers
casiers à bagages

baggage claim; *luggage claim*
livraison des bagages

check-in; *luggage registration*
enregistrement

inspection services
services d'inspection

common symbols
symboles d'usage courant

hotel information
réservation d'hôtel

car rental
location de voitures

taxi transportation
transport par taxi

bus transportation
transport par autobus

ground transportation
transport par autobus
et par taxi

air transportation
transport par avion

helicopter transportation
transport par hélicoptère

rail transportation
transport ferroviaire

breakdown service
poste de dépannage

service station
poste d'essence

camping and caravan site
terrain de camping et
de caravaning

picnic area
terrain de pique-nique

picnics prohibited
pique-nique interdit

camping area
terrain de camping

camping prohibited
camping interdit

INFORMATION SYMBOLS
SYMBOLES D'AFFICHAGE

fabric care
entretien des tissus

washing
lavage

machine wash in warm water
at a gentle setting-reduced agitation
laver à la machine à l'eau chaude
avec agitation réduite

do not wash
ne pas laver

hand wash in lukewarm water
laver à la main à l'eau tiède

machine wash in lukewarm water
at a gentle setting-reduced agitation
laver à la machine à l'eau tiède
avec agitation réduite

chlorine bleaching
blanchiment au chlorure

machine wash in warm water
at a normal setting
laver à la machine à l'eau
chaude avec agitation normale

machine wash in hot water
at a normal setting
laver à la machine à l'eau très
chaude avec agitation normale

do not use chlorine bleach
ne pas utiliser de
chlorure décolorant

use chlorine bleach as directed
utiliser un chlorure décolorant
suivant les indications

drying
séchage

dry flat
sécher à plat

tumble dry
at low temperature
sécher par culbutage
à basse température

tumble dry at medium
to high temperature
sécher par culbutage à
moyenne ou haute
température

hang to dry
suspendre pour sécher

drip dry
suspendre pour sécher
sans essorer

ironing
repassage

do not iron
ne pas repasser

iron at low setting
repasser à basse température

iron at medium setting
repasser à moyenne
température

iron at high setting
repasser à haute température

dry cleaning
nettoyage à sec

do not dry clean
ne pas nettoyer à sec

dry clean
nettoyer à sec

biology
biologie

♂ male
mâle

♀ female
femelle

† death
mort

✱ birth
naissance

mathematics
mathématiques

+ addition
addition

− subtraction
soustraction

× multiplication
multiplication

÷ division
division

± plus or minus
plus ou moins

= is equal to
égale

≠ is not equal to
n'égale pas

≡ is identical with
est identique à

≢ is not identical with
n'est pas identique à

≋ is approximately equal to
égale à peu près

� is equivalent to
équivaut à

> is greater than
plus grand que

≥ is equal to or greater than
égal ou plus grand que

< is less than
plus petit que

≤ is equal to or less than
égal ou plus petit que

√² square root of
racine carrée de

∞ infinity
infini

% per cent
pourcentage

∪ union
réunion

∩ intersection
intersection

⊂ is contained in
inclusion

∈ is a member of
appartenance

Ø empty set
ensemble vide

miscellaneous
divers

℞ prescription
ordonnance

& ampersand
esperluette

© copyright
copyright

® registered trademark
marque déposée

$ dollar
dollar

¢ cent
cent

£ pound
livre

→ reaction direction
direction d'une réaction

⇄ reversible reaction
réaction réversible

+ positive charge
positif

− negative charge
négatif

GENERAL INDEX

The terms in **bold type** indicate the title of an illustration; those in *italic* correspond to the British terminology.

725

GENERAL INDEX

The terms in **bold type** indicate the title of an illustration; those in *italic* correspond to the British terminology.

The terms in **bold type** indicate the title of an illustration; those in *italic* correspond to the British terminology.

727

The terms in **bold type** indicate the title of an illustration; those in *italic* correspond to the British terminology.

729

The terms in **bold type** indicate the title of an illustration; those in *italic* correspond to the British terminology.

The terms in **bold type** indicate the title of an illustration; those in *italic* correspond to the British terminology.

731

The terms in **bold type** indicate the title of an illustration; those in *italic* correspond to the British terminology.

The terms in **bold type** indicate the title of an illustration; those in *italic* correspond to the British terminology.

733

The terms in **bold type** indicate the title of an illustration; those in *italic* correspond to the British terminology.

energy integration to the transmission network. 654.
energy production. 667.
energy transmission at the alternator voltage. 654.
engagement ring. 325.
engine. 405.
engine. 165.
engine. 587, 640, 678, 680, 681, 682.
engine air intake. 435.
engine block. 405.
engine housing. 253.
engine instruments. 451.
engine mounting pylon. 449.
engine room. 438, 439, 645.
engines. 404.
engines. 457.
English. 355.
English billiards. 584.
English billiards and snooker. 584.
English cane. 630.
English chessboard. 591.
English horn. 483.
English horn; cor anglais. 493.
English loaf. 146.
English sitck. 630.
enlarger. 376.
enlarger. 375.
enlarger timer. 375.
enlarging lens. 376.
entablature. 170, 198.
entame de romsteck. 149.
enter key. 470.
entire. 70.
entrance. 107.
entrance slide. 107.
entrance turnstile. 428.
entrecôtes couvertes. 149.
entrecôtes découvertes. 149.
entries. 548.
entry. 549, 685.
envelope shaper. 495.
EP adaptor. 380.
épaule. 147, 151.
epaulet. 291, 321.
epaulet sleeve. 306.
épée. 577.
épéeist. 577.
epicalyx. 74.
epicenter. 53.
epicentre. 53.
epicondyle. 121.
epidermicula. 137.
epidermis. 135, 136, 137.
epiglottis. 126, 134.
epitrochlea. 121.
eponychium. 137.
equalizer. 378.
equalizing buckle. 219.
equator. 35.
equilateral. 172.
equilibrator. 698.
equipment. 515, 516, 517, 588.
equipment access shaft. 660.
equipment lock. 665.
erase button. 388.
eraser. 461.
erecting lenses. 621.
ermine. 710.
escalator. 182.
escalator. 428.
escalator, down. 719.
escalator, up. 719.
escape key. 470.
escape wheel. 605, 607.
escapement mechanism. 492.
escutcheon. 101, 266, 270.
esophagus. 99, 102, 127.
espadrille. 319.
espresso coffee maker. 234.
estate car. 398.
etching press. 516.
Eton jacket. 317.
Eton suit. 317.

étrier. 588.
Eurasia. 49.
Europa. 36.
Europe. 49.
European plug. 285.
Eustachian tube. 132, 133.
euthynteria. 171.
evaporation. 58.
evaporator. 206.
evaporator coil. 239.
evaporator coils. 206.
even. 594, 595.
evening glove. 299.
examples of branching. 272.
examples of instrumental groups. 490, 491.
examples of satellites. 393.
examples of symbols. 710.
exclamation mark. 357.
exclamation point. 357.
excretory pore. 104.
executive desk. 465.
executive length. 297.
exhaust cone. 450.
exhaust duct. 241, 450.
exhaust gas admission. 404.
exhaust gas outflow. 404.
exhaust hose. 241.
exhaust manifold. 404, 405, 406.
exhaust nozzle. 450, 705.
exhaust pipe. 404, 406, 409, 450, 455, 678, 704.
exhaust port. 639.
exhaust stack. 403.
exhaust system. 406.
exhaust tube. 284.
exhaust valve. 404.
exit turnstile. 428.
exocarp. 74, 75, 76.
exosphere. 47.
expandable file pouch. 350.
expanding file. 463.
expansion bolt. 264.
expansion chamber. 443, 611.
expansion space. 422.
expansion tank. 203.
exploder. 700.
explosive. 696.
exposure control. 371.
exposure meter. 372.
exposure-time scale. 372.
exposure value. 372.
exposure value scale. 372.
extendable solar array. 393.
extended character. 470.
extended claw. 94.
extension ladder. 278.
extension pipe. 244.
extension table. 209.
exterior dome shell. 42.
exterior door. 198.
exterior of a house. 187.
exterior pocket. 347, 350.
exterior sign. 428.
external acoustic meatus. 132.
external auditory meatus. 122.
external conductive coating. 392.
external ear. 132.
external ear. 132.
external gills. 105.
external iliac artery. 125.
external nose. 133.
external oblique. 118, 119.
external tank. 457.
external tooth lock washer. 264.
extractor. 703.
extractor cam. 703.
extractor fan. 375.
extractor spring. 703.
extrados. 172.
eye. 131.
eye. 104, 109, 114, 257, 500, 501, 509, 567, 581, 588.
eye lens. 621.
eye ring. 95.
eye shield protector. 521.

eye-socket. 91.
eyeball. 131.
eyeball. 105.
eyebrow. 131.
eyebrow pencil. 333.
eyebrow stripe. 95.
eyebrow tweezers. 342.
eyecup. 383, 384.
eyecups. 370.
eyeglasses. 328, 329.
eyelash. 131.
eyelash curler. 333.
eyelashes. 94.
eyelet. 318, 505, 562.
eyelet tab. 318.
eyelid. 109.
eyeliner. 332.
eyepiece. 371, 372, 619, 621, 622, 623.
eyepiece holder. 623.
eyepiece magnifier. 370.
eyeshadow. 332.
eyestalk. 104.

F

f. 475.
F-1 engine. 456.
f clef. 475.
fabric care. 722.
fabric guide. 243.
fabric structure. 502.
façade. 175.
face. 114, 176, 257, 351, 514, 521, 543, 586, 635, 637.
face mask. 530, 534.
face-off circle. 533.
face-off spot. 533.
face pipes. 481.
face ply. 265.
face shield. 283.
face side. 265.
faceplate. 266, 392.
facial nerve. 132.
facing. 293.
faculae. 37.
failed fuel bay. 665.
failed fuel canning. 665.
fairlead. 553.
fairway. 585.
fall. 308.
falling. 578.
falling rocks. 714.
fallopian tube. 117.
fallow. 161.
false rib (3). 121.
false start rope. 546.
false tuck. 315.
family relationships. 138, 139.
family tents. 596.
fan. 204, 205, 206, 239, 241, 429, 450, 638.
fan belt. 405, 406.
fan blade. 450.
fan brush. 333.
fan cable stays. 416.
fan control. 206.
fan housing. 340.
fan motor. 206.
fan trellis. 247.
fang. 109.
fanion. 711.
fanny pack. 559.
fantail. 671.
far side. 38.
far turn. 569.
farmhouse. 161.
farming. 159.
farmyard. 161.
fascia. 170.
fast forward. 382.
fast-forward button. 381, 388.
fastener binder. 463.
fasteners. 502.
fastening screw. 372.

father. 138, 139.
father-in-law. 139.
faucet body. 271.
fault. 48, 53, 636.
feather crown. 542.
feather stitch. 507.
feathering. 691.
fedelini. 144.
feed cover. 701.
feed dog. 500.
feed lever. 261.
feed pin. 471.
feed tray. 701.
feed tube. 236, 367.
feeder. 662.
feeding dial. 505.
feedwater. 664.
feet. 478, 514.
feet-first entry. 548.
felt. 516, 518.
felt hat. 298.
felt hat. 314.
female. 723.
female ferrule. 580.
female genital organs. 117.
femoral artery. 125.
femoral nerve. 129.
femoral vein. 125.
femur. 92, 100, 105, 106, 108, 120.
fencer. 576.
fencing. 576, 577.
fencing shoe. 576.
fencing weapons. 577.
fender. 397, 403, 411.
fennel. 85.
ferrule. 224, 280, 338, 346, 582, 586.
ferry. 434.
ferryboat. 441
fertilizer distributor. 164.
fetlock. 91.
fetlock joint. 91.
fettling knife. 519.
fibre. 601.
fibula. 120.
field. 525, 531.
field heap spreader. 164.
field lens. 621.
field lenses. 621.
fiffi hook. 588.
fifth. 476.
fifth wheel. 403.
figure-eight knot. 601.
figure skate. 562.
figure ski. 554.
figure skiing handle. 554.
filament. 37, 72, 284, 620.
file. 591, 599.
file guides. 463.
filet. 150, 151.
filing box. 462.
fill. 652.
fill opening. 243.
filler. 344.
filler hole. 403, 405.
filler neck. 403.
filler plug. 443.
filler rod. 282.
filler tube. 268.
fillet. 152, 170, 187.
filleting knife. 227.
filling hole. 696.
filling inlet. 647.
film advance lever. 368.
film drying cabinet. 375.
film footage counter. 383.
film leader. 371.
film-pack. 371.
film path. 383.
film speed indicator. 368.
film transport sprocket. 368.
filming trigger. 384.
films. 371.
filter. 204, 205, 233, 345, 652, 669, 675.

The terms in **bold type** indicate the title of an illustration; those in *italic* correspond to the British terminology.

The terms in **bold type** indicate the title of an illustration; those in *italic* correspond to the British terminology.

The terms in **bold type** indicate the title of an illustration; those in *italic* correspond to the British terminology.

737

The terms in **bold type** indicate the title of an illustration; those in *italic* correspond to the British terminology.

The terms in **bold type** indicate the title of an illustration; those in *italic* correspond to the British terminology.

The terms in **bold type** indicate the title of an illustration; those in *italic* correspond to the British terminology.

The terms in **bold type** indicate the title of an illustration; those in *italic* correspond to the British terminology.

741

The terms in **bold type** indicate the title of an illustration; those in *italic* correspond to the British terminology.

maintenance hangar. 452.
maintube. 623.
major inner reaping throw. 578.
major outer reaping throw. 578.
major types of bayonets. 693.
major types of berries. 74.
major types of citrus fruits. 77.
major types of dams. 653.
major types of forks. 225.
major types of knives. 224.
major types of missiles. 706.
major types of nuts. 78.
major types of spoons. 226.
major types of stone fruits. 75.
major types of tables. 209.
major types of tents. 597.
major types of tropical fruits. 80.
major types of turbines. 657.
make-up. 332, 333.
make-up kit. 332.
make-up products. 332.
make-up sponges. 333.
makeup. 332, 333.
makeup kit. 332.
makeup products. 332.
makeup sponges. 333.
malar bone. 120.
malar region. 95.
male. 723.
male ferrule. 580.
male genital organs. 116.
male urethra. 116.
mallet. 257.
mallet. 486, 516.
mallets. 485.
Malpighi's pyramid. 128.
mammary gland. 117.
mandarin. 77.
mandarin collar. 308.
mandatory signs. 717.
mandible. 92, 98, 100, 103, 106, 120, 122, 123.
mandolin. 487.
mane. 91.
maneuvering engine. 457.
mange-tout peas. 85.
mango. 75.
manhole. 413, 646, 647.
manicotti. 145.
manicure set. 342.
manicure stick. 342.
manicuring instruments. 343.
manoeuvring engine. 457.
manometer. 204, 647.
mansard roof. 191.
mantel. 200.
mantel shelf. 200.
mantle. 104.
mantle edge. 102.
manual. 482.
manual aperture control. 383.
manual release. 560.
manual zoom ring. 383, 384.
manually-operated points. 422.
manually-operated switch. 422.
manuals. 481.
manure spreader. 163.
manure spreader box. 163.
manway. 637.
Marconi cutter. 432.
margin. 70.
margin stop. 467.
marginal shield. 109.
marine diesel. 649.
maritime signals. 444, 445, 446.
marjoram. 143.
marker. 367, 590.
marker light. 403.
marking dot. 503.
marrow. 81.
Mars. 36.
mars light. 677.
martingale. 577.
mascara. 332.
mascara brush. 333.
mashie; no. 5 iron. 586.

mashie iron; no. 4 iron. 586.
mashie niblick; no. 7 iron. 586.
mask. 322, 526, 550, 576.
mass. 616.
masseter. 118.
mast. 423, 424, 455, 551, 552, 675, 684.
mast foot. 551.
mast sleeve. 551.
master bedroom. 189.
master carrier. 218.
master cord. 563.
master gate valve. 641.
master retarders. 425.
masthead. 430, 551.
masthead light. 434.
masting and rigging. 430.
mastoid process. 122.
mat. 578.
matchbook. 345.
matchbox. 345.
matchstick. 345.
maternal aunt. 138.
maternal uncle. 138.
maternity dress. 302.
mathematical symbols. 356.
mathematics. 723.
matinee length necklace (22 in.). 326.
matrix. 495.
mattress. 214.
mattress cover. 214.
maxilla. 98, 103, 120, 122, 123, 133.
maxilliped. 103.
maximum and minimum thermometers. 63.
maximum speed limit. 716.
measure of pressure. 612.
measure of temperature. 611.
measure of time. 605, 606, 607.
measure of weight. 608, 609, 610.
measuring cap. 235.
measuring cup. 341.
measuring cups. 229.
measuring devices. 603.
measuring spoons. 229.
measuring tube. 64.
meat grinder. 228.
meat keeper. 239.
meat thermometer. 229.
mechanical connectors. 274.
mechanical pencil. 367.
mechanical stage. 619.
mechanical stage control. 619.
mechanical watch. 605.
mechanism of the organ. 482.
medial condyle of femur. 121.
medial great. 118.
medial moraine. 56.
median groove. 93.
median lingual sulcus. 134.
median nerve. 129.
median vein of forearm. 125.
medical injection disc. 458.
medical injection disk. 458.
Mediterranean Sea. 49.
Mediterranean subtropical. 59.
medium format SLR (6 x 6). 369.
medium tension distribution line. 659.
medulla. 128, 137.
medulla oblongata. 130.
medullar axis of lumbar vertebra. 130.
Meissner's corpuscle. 136.
melanocyte. 136.
melody string. 487.
melting snow. 57.
meltwater. 56.
memo pad. 464.
memory button. 379.
men. 591.
men. 592.
men's apparatus. 573.

men's bag. 349.
men's clothing. 291, 292, 293, 294, 295, 296, 297, 298.
men's pompadour. 331.
mental foramen. 122.
Mercury. 36, 284.
mercury bath. 446.
Mercury capsule (USA). 47.
mercury switch. 611.
mercury-vapor lamp. 284.
mercury-vapour lamp. 284.
meridian. 35.
méridienne. 211.
meringue. 156.
meringue gateau. 156.
merlon. 177.
mesa. 55.
mesh. 543.
mesocarp. 74, 75, 76, 77.
mesosphere. 47.
mesothorax. 100.
metacarpus. 92, 94, 120.
metal A. 282.
metal B. 282.
metal counterhoop. 486.
metal frame. 479.
metal head. 572.
metal heat reflector. 200.
metal plate. 328, 518.
metal rod. 485.
metal washer. 270.
metal water pipe. 288.
metallic contact grid. 670.
metallic plastron. 576.
metals. 710.
metamorphic rocks. 48.
metatarsus. 92, 105, 120.
metathorax. 100.
meteorological ground. 63.
meteorological measuring instruments. 64.
meteorology. 62, 63.
meteors. 60.
methane carrier with free-standing tanks. 645.
methane carrier with membrane tanks. 645.
methane carrier with semi-membrane tanks. 645.
metope. 170.
metopic suture. 122.
metronome. 492.
mezzani. 144.
mezzanine. 179, 428.
Michigan snowshoe. 563.
micrometer caliper. 613.
micrometer screw. 443, 614.
microphone. 378, 388, 471.
microphone boom. 390.
microphone jack. 381.
microprocessor. 469.
microscope eyepiece. 614.
microwave oven. 237.
mid-calf length. 297.
mid range pick-up. 494.
middle clouds. 52.
middle covert. 96.
middle ear. 132.
middle jib. 431.
middle leg. 100, 106.
middle linebacker. 528, 529.
middle lobe. 126.
middle nasal concha. 133.
middle neck. 153.
middle panel. 198.
middle phalanx. 94, 120, 121.
middle piece. 116.
middle primary covert. 96.
middle rail. 215.
middle rib. 152.
middle sole. 318.
middle toe. 95.
middy. 305.
midfield. 532.
midiron; no. 2 iron. 586.
midmashie; no. 3 iron. 586.

midrange. 378.
midrib. 70, 79.
midriff band. 313.
milieu de poitrine. 149.
milieu de sous-noix. 147.
milk bread. 146.
Milky Way. 40.
Milky Way projector. 43.
Mimolette. 155.
minaudiere. 349.
mincer. 228.
mine. 650.
mine entrance. 637.
mini shirtdress. 305.
minim. 475.
minim rest. 475.
mining. 636.
mining. 636.
minor inner reaping throw. 578.
mint. 143.
minute hand. 605, 607.
mirror. 332, 347, 368, 409.
miscellaneous. 326, 723.
miscellaneous auxiliary systems. 666.
miscellaneous utensils. 231.
missile. 438, 706.
missile director. 439.
missile launch rail. 705.
missile launcher. 439.
missile tracking radar. 706.
missile tube. 438.
missiles. 706.
mist. 60.
miter gate. 440.
miter gauge. 262.
miter gauge slot. 262.
mitochondrion. 113.
mitral valve. 124.
mitre gauge. 262.
mitre gauge slot. 262.
mitt. 595.
mitten. 283, 299, 317, 559, 589.
mixing bowl. 235.
mixing bowls. 230.
mixing chamber. 282.
mizzen sail. 431.
mizzenmast. 430.
moat. 176, 177.
mob-cap. 314.
mobile passenger stairs. 453.
mobile septum of nose. 133.
mocassin. 563.
moccasin. 319.
mock pocket. 301.
moderator. 664.
moderator heat exchanger. 664.
moderator inlet. 662.
moderator/miscellaneous systems. 666.
moderator outlet. 662.
moderator pump. 664.
modern. 367, 697.
modern bow. 691.
modern howitzer. 698.
modesty. 308.
modillion. 170.
modulator. 624.
mogul base. 284.
Mohorovicic discontinuity. 47, 48.
moistener. 462.
molar. 90.
moldboard. 163.
mollusk. 102.
money clip. 351.
monitor. 391.
monitor bank. 391.
monitor indicator. 379.
monitor pusher. 390.
monitor roof. 191.
monitor speaker. 391.
monkey wrench. 276.
mono-ski. 554.
monocle. 329.
mons pubis. 117.
monster. 529.

The terms in **bold type** indicate the title of an illustration; those in *italic* correspond to the British terminology.

The terms in **bold type** indicate the title of an illustration; those in *italic* correspond to the British terminology.

The terms in **bold type** indicate the title of an illustration; those in *italic* correspond to the British terminology.

The terms in **bold type** indicate the title of an illustration; those in *italic* correspond to the British terminology.

The terms in **bold type** indicate the title of an illustration; those in *italic* correspond to the British terminology.

The terms in **bold type** indicate the title of an illustration; those in *italic* correspond to the British terminology.

749

The terms in **bold type** indicate the title of an illustration; those in *italic* correspond to the British terminology.

The terms in **bold type** indicate the title of an illustration; those in *italic* correspond to the British terminology.

751

The terms in **bold type** indicate the title of an illustration; those in *italic* correspond to the British terminology.

The terms in **bold type** indicate the title of an illustration; those in *italic* correspond to the British terminology.

753

The terms in **bold type** indicate the title of an illustration; those in *italic* correspond to the British terminology.

tank. 646.
tank ball. 268.
tank car. 646.
tank car. 420.
tank farm. 644, 648.
tank gauge float. 647.
tank lid. 269.
tank sprayer. 250.
tank trailer. 646.
tank truck. 646.
tank wagon. 646.
tank wall. 646.
tankage. 650.
tanker. 645, 705.
tanks. 457.
tap body. 271.
tape. 219, 461, 502, 507, 526, 536, 613.
tape counter. 381, 382.
tape deck. 381.
tape deck. 378.
tape dispenser. 461.
tape load lever. 466.
tape lock. 613.
tape measure. 501, 613.
tape monitor switch. 379.
tape selector. 381.
tape speed selector. 382.
tape-type indicator. 381.
taper. 515.
tapered wing. 449.
tapestry bobbin. 509.
taproot. 71.
target. 706.
target area. 668.
target areas (dark). 577.
target tracking radar. 706.
tarlatan. 515.
tarpaulin covered gondola. 420.
tarpaulin covered open wagon. 420.
tarragon. 143.
tarsus. 92, 95, 100, 105, 106, 120.
tart. 156.
tassel. 217, 321.
tasset. 690.
Taurus, the Bull. 712.
taxi rank. 178.
taxi stand. 178.
taxi telephone. 178.
taxi transportation. 721.
taxiway. 452.
tea ball. 231.
tea infuser. 231.
team. 531.
team bench. 545.
team shirt. 526.
teapot. 599.
teapot. 223.
tear-off calendar. 464.
tear tape. 344.
teaser comb. 338.
teaspoon. 226.
technical director. 391.
technical terms. 74, 75, 76, 77, 78.
tee. 587.
tee. 272, 275, 544.
teeing ground. 585.
teeth. 123.
teeth. 262, 502, 588.
tele-converter. 370.
Telecom 1 satellite. 394.
telecommunication satellites. 393, 394.
telecommunications network. 394.
telecomputer. 394.
teleconference. 394.
telecopy. 394.
telegrams. 720.
telegraph. 385, 386.
Teleme. 154.
telemetry antenna. 393.
telephone. 718.
telephone answering machine. 388.

telephone booth. 178.
telephone box. 178.
telephone cable. 413.
telephone cord. 388.
telephone index. 464.
telephone line. 322.
telephone set. 387.
telephoto lens. 370.
teleprompter. 390.
Telescope. 41, 443.
telescope base. 42.
telescope control room. 42.
telescope eyepiece. 614.
telescope objective. 614.
telescopic antenna. 392.
telescopic boom. 683.
telescopic corridor. 452.
telescopic front fork. 409.
telescopic sight. 621.
telescopic sight. 700, 704.
telescopic umbrella. 346.
telescoping leg. 374.
telescoping uncoupling rod. 419.
teletex. 394.
television. 389, 390, 391, 392.
television set. 392.
telex: teleprinter. 386.
telltale. 540, 552.
telson. 103.
temperate climates. 59.
temperate marine. 59.
temperature. 569.
temperature control. 237, 341.
temperature dial. 243.
temperature indicator. 399.
temperature of dew point. 62.
temperature of the soil surface. 63.
temperature scale. 611.
temperature selector. 240, 241.
temperature sensing bulb. 238.
temperature set point lever. 611.
template. 471.
temple. 328, 510.
temple. 114, 513.
temporal. 120.
temporal bone. 122.
temporal fossa. 122.
tenaille. 176.
tender. 642.
tenderloin. 148, 152.
tenderloin portion. 150.
tendon. 94.
tendon guard. 562.
tendron. 147, 149.
tennis. 537, 538.
tennis ball. 538.
tennis players. 538.
tennis racket. 538.
tennis racquet. 538.
tennis shoe. 319, 538.
tenon saw. 513.
tenor drum. 486.
tenor drum. 491.
tension block. 500, 505.
tension block. 499.
tension controller. 505.
tension dial. 500, 505, 506.
tension disc. 505.
tension disc. 500.
tension disk. 505.
tension guide. 505.
tension pulley set. 218.
tension pulley wheel. 218.
tension rod. 486.
tension roller. 412.
tension screw. 486.
tension spring. 398, 500, 505.
tensor of fascia lata. 118.
tentacle. 104.
tents. 596, 597.
tepee. 169.
teres major. 119.
teres minor. 119.
terminal. 238, 285, 472, 644, 659.
terminal arborization. 135.
terminal bronchiole. 126.

terminal bud. 69.
terminal connections. 204.
terminal cover. 615.
terminal filament. 130.
terminal knife-edge. 609.
terminal moraine. 56.
terminal stopping switch. 181.
terminal stopping switch cam. 181.
terrace. 178, 187.
terreplein. 176.
terrestrial sphere. 35.
tertial. 96.
test-lamp. 286.
test pattern. 391.
tester probe. 286.
testicle. 116.
theater. 179, 180.
theater. 178, 433.
theatre. 179, 180, 433.
theodolite. 614.
theodolite. 63.
thermal control shutter. 65.
thermal insulation. 644.
thermal storage. 668.
thermometer. 647.
thermosphere. 47.
thermostat. 204, 205, 206.
thermostat control. 239.
thick flank. 152.
thick-walled pipe. 640.
thigh. 91, 95, 115.
thigh-high stocking. 311.
thigh pad. 530.
thimble. 501.
thimble. 613.
thin flank. 152.
thin macaroni. 144.
thin spaghetti. 144.
thin spring-metal insulation. 195.
thinning razor. 338.
third. 476.
third base. 525.
third baseman. 525.
third molar. 123.
third stage. 456.
third wheel. 605, 607.
thirty-second note. 475.
thirty-second rest. 475.
thong. 319.
thoracic leg. 100.
thoracic vertebra (12). 121.
thoracic vertebrae. 92.
thorax. 100, 106, 114.
thread. 264, 271.
thread guide. 499, 500, 510.
thread take-up lever. 499.
thread trimmer. 500.
threaded cap. 275.
threaded rod. 264.
three-branched air tube. 322.
three-burner camp stove. 599.
three-four time. 476.
three-hinged arch. 415.
three of a kind. 592.
three-quarter coat. 292.
three-quarter sleeve. 306.
threequarter backs. 531.
threshold. 187, 198.
throat. 95, 200, 259, 447, 538, 581.
throat lash. 567.
throat latch. 567.
throat protector. 526, 534.
throttle valve. 639.
through arch bridge. 415.
throwing arc. 571.
throwing circle. 570, 571.
throwing in a circle. 578.
throwing spear. 689.
throwings. 572.
thrust. 415.
thrust device. 367.
thrust tube. 367.
thumb. 108, 299, 526.
thumb hook. 484.
thumb piston. 481.

thumb rest. 243, 483.
thumb string. 487.
thumb string peg. 487.
thumbscrew. 258.
thunderstorm. 60.
thyme. 143.
tibia. 92, 100, 106, 108, 120.
tibial nerve. 129.
tibiofibula. 105.
ticket. 610.
ticket collector's booth. 428.
ticket counter. 426, 454.
ticket office. 426.
ticket pocket. 351.
tidal basin. 441.
tidal power plant. 660.
tie. 321, 346, 422, 476.
tie bar. 326.
tie beam. 190.
tie closure. 346.
tie flap. 596.
tie plate. 422.
tie tack. 326.
tieback. 217.
tieback hook. 217.
tierce. 577.
tight end. 528, 529.
tightening band. 64.
tights. 311.
tights. 321.
tile. 171, 195.
tiller. 251, 552, 691.
tilt-back head. 235.
tilt cord. 219.
tilt tube. 219.
timber. 171.
timber yard. 638.
time fuse. 696.
time signatures. 476.
timed outlet. 238.
timekeeper. 535, 539, 545, 576, 579.
timer. 375.
timer on switch. 382.
timetables. 426.
timing. 569.
timpani. 493.
tin opener. 229, 243, 599.
tinctures. 710.
tine. 606.
tip. 70, 85, 224, 226, 258, 263, 264, 281, 282, 294, 343, 346, 521, 554, 557, 559, 563, 572, 581, 582.
tip cleaner. 521.
tip cleaners. 283.
tip guard. 562.
tip of nose. 133.
tip-ring. 580.
tip section. 580.
tipping lever. 631.
tipping valve faucet. 271.
tipping valve tap. 271.
tire. 403, 411.
tire dolly. 401.
tire inflator. 401.
tire pump. 411.
tire valve. 412.
tires. 407.
tissue holder. 269.
Titan. 36.
title. 359.
(to) suppression tank. 664.
toaster. 237.
tobacco. 344.
tobacco hole. 345.
tobacco pouch. 345.
toboggan. 564.
toe. 93, 97, 114, 257, 262, 297, 321, 586.
toe binding. 561.
toe box. 562.
toe clip. 93, 411.
toe hole. 563.
toe lacing. 563.
toe pick. 562.

The terms in **bold type** indicate the title of an illustration; those in *italic* correspond to the British terminology.

755

The terms in **bold type** indicate the title of an illustration; those in *italic* correspond to the British terminology.

The terms in **bold type** indicate the title of an illustration; those in *italic* correspond to the British terminology.

757

The terms in **bold type** indicate the title of an illustration; those in *italic* correspond to the British terminology.

The terms in **bold type** indicate the title of an illustration; those in *italic* correspond to the British terminology.

THEMATIC INDEXES

The terms in **bold type** indicate the title of an illustration; those in *italic* correspond to the British terminology.

The terms in **bold type** indicate the title of an illustration; those in *italic* correspond to the British terminology.

The terms in **bold type** indicate the title of an illustration; those in *italic* correspond to the British terminology.

COMMUNICATIONS

The terms in **bold type** indicate the title of an illustration; those in *italic* correspond to the British terminology.

THEMATIC INDEXES

The terms in **bold type** indicate the title of an illustration; those in *italic* correspond to the British terminology.

The terms in **bold type** indicate the title of an illustration; those in *italic* correspond to the British terminology.

CREATIVE LEISURE ACTIVITIES

The terms in **bold type** indicate the title of an illustration; those in *italic* correspond to the British terminology.

DO-IT-YOURSELF

The terms in **bold type** indicate the title of an illustration; those in *italic* correspond to the British terminology.

769

The terms in **bold type** indicate the title of an illustration; those in *italic* correspond to the British terminology.

ENERGY

The terms in **bold type** indicate the title of an illustration; those in *italic* correspond to the British terminology.

771

THEMATIC INDEXES

The terms in **bold type** indicate the title of an illustration; those in *italic* correspond to the British terminology.

FARMING

The terms in **bold type** indicate the title of an illustration; those in *italic* correspond to the British terminology.

773

The terms in **bold type** indicate the title of an illustration; those in *italic* correspond to the British terminology.

spinach noodles. 144.
stars. 145.
strip loin. 148, 152.
surlonge. 149.
sweet bay. 143.
Swiss roll. 157.
T-bone. 148.
tarragon. 143.
tart. 156.
Teleme. 154.
tenderloin. 148, 152.
tenderloin portion. 150.
tendron. 147, 149.
thick flank. 152.
thin flank. 152.
thin macaroni. 144.
thin spaghetti. 144.
thyme. 143.
Tomme aux raisins. 154.
topside. 152.
tortellini. 145.
tranche grasse. 149.
trotter. 153.
turrets. 145.
twisted macaroni. 144.
unleavened bread. 146.
vacherin. 156.
Valençay. 154.
veal. 147, 153.
vermicelli. 144.
very large elbows. 145.
Vienna bread. 146.
waffle. 157.
wheels. 145.
whole loin. 147, 151.
whole wheat bread. 146.
wholemeal bread. 146.
wing. 148.
wing rib. 152.
ziti. 144.

GARDENING

accelerator control. 253.
air filter. 253.
antivibration handle. 253.
arbor. 247.
bar nose. 253.
billhook. 252.
blade. 252.
bulb dibber. 249.
bulb dibble. 249.
bush. 247.
chain brake. 253.
chainsaw. 253.
chainsaw chain. 253.
climbing plant. 247.
clump of flowers. 247.
cutter link. 253.
cutting cylinder. 252.
dibber. 249.
dibble. 249.
digging fork. 248.
draw hoe. 248.
edger. 252.
edging. 247.
engine housing. 253.
fan trellis. 247.
flagstone. 247.
flower bed. 247.
fuel tank. 253.
garden hose. 250.
garden line. 249.
gardening. 245.
grafting knife. 252.
grass catcher. 252.
guide bar. 253.
hand fork. 249.
hand mower. 252.
handle. 253.
hanging basket. 247.
hedge. 247.
hedge shears. 249.
hedge trimmer. 252.
hoe. 248.

hoe-fork. 248.
hook. 248.
hose nozzle. 250.
hose reel. 250.
jet deflector. 252.
lantern. 247.
lawn. 247.
lawn aerator. 251.
lawn edger. 248.
lawn mowers. 252.
lawn rake. 248.
lopping shears. 249.
motor mower. 252.
muffler. 253.
oil pan. 253.
oscillating sprinkler. 250.
paling fence. 247.
path. 247.
patio. 247.
pergola. 247.
pick. 248.
pistol nozzle. 250.
pleasure garden. 247.
pool. 247.
post-hole digger. 248.
pruning hook. 249.
pruning knife. 252.
pruning saw. 252.
pruning shears. 249.
rake. 248.
revolving sprinkler. 250.
rock garden. 247.
roller. 251.
rose. 250.
scuffle hoe. 248.
scythe. 252.
secateurs. 249.
seeder. 249, 251.
shed. 247.
shovel. 248.
sickle. 252.
silencer. 253.
small hand cultivator. 249.
spade. 248.
spading fork. 248.
spark plug. 253.
sprayer. 250.
spreader. 251.
sprinkler hose. 250.
stake. 247.
starter handle. 253.
stop button. 253.
sump. 253.
tank sprayer. 250.
tiller. 251.
tools and equipment. 248, 249,
250, 251, 252.
tree pruner. 249.
trigger. 253.
trowel. 249.
tub. 247.
watering can. 250.
weeder. 249.
weeding hoe. 248.
wheelbarrow. 251.

GEOGRAPHY

1-2 knots. 61.
10 knots. 61.
5 knots. 61.
50 knots. 61.
abyssal hill. 50.
abyssal plain. 50.
action of wind. 58.
Africa. 49.
air temperature. 62, 63.
altitude control system. 65.
altitude scales. 47.
altocumulus. 52.
altostratus. 52.
anemometer. 63.
Antarctic Ocean. 49.
Antarctica. 49.
Arctic. 49.

arctic continental. 62.
arctic maritime. 62.
Arctic Ocean. 49.
artificial satellite. 47.
ash layer. 53.
Asia. 49.
asthenosphere. 47.
Atlantic Ocean. 49.
atmosphere. 47.
Australia. 49.
barb. 61.
barograph. 63.
barometric pressure. 62.
barometric tendency. 62.
basaltic layer. 48.
base plate. 64.
battery. 65.
beach. 48, 51.
Beacon antenna. 65.
bergschrund. 56.
Bering Sea. 49.
Black Sea. 49.
blowing snow. 60.
breaker. 51.
butte. 55.
cactus. 55.
calm. 61.
capped column. 57.
card support. 64.
Caribbean Sea. 49.
Caspian Sea. 49.
cave. 54.
cave. 51.
Central America. 49.
chain of dunes. 55.
check nut. 64.
China Sea. 49.
cirrocumulus. 52.
cirrostratus. 52.
cirrus. 52.
classification of snow crystals.
57.
clear sky. 61.
cleared ground. 63.
cliff. 48, 51.
climates of the world. 59.
cloud amount. 61, 62.
cloud of volcanic ash. 53.
clouds and meteorological
symbols. 52.
clouds of vertical development.
52.
cloudy sky. 61.
coast. 48.
collecting funnel. 64.
column. 54, 57.
command antenna. 65.
common coastal features. 51.
complex dune. 55.
Concorde. 47.
condensation. 58.
cone. 53.
configuration of the continents.
49.
container. 64.
continental climates. 59.
continental margin. 50.
continental mass. 50.
continental rise. 50.
continental shelf. 48, 50.
continental slope. 48, 50.
continuous drizzle. 60.
continuous rain. 60.
continuous snow. 60.
crater. 53.
crescentic dune. 55.
crest. 51, 54.
crevasse. 56.
cumulonimbus. 52.
cumulus. 52.
deep-sea floor. 48.
denominations. 57.
depth of focus. 53.
desert. 55.
desert. 59.
dike. 53.

direct-reading rain gauge. 64.
direction in orbit. 65.
dormant volcano. 53.
drifting snow. 60.
dry continental - arid. 59.
dry continental - semiarid. 59.
dry gallery. 54.
dry snow. 57.
dry subtropical. 59.
dune. 51.
Earth's crust. 47, 53.
earthquake. 53.
epicenter. 53.
epicentre. 53.
Eurasia. 49.
Europe. 49.
evaporation. 58.
exosphere. 47.
fault. 48, 53.
firn. 56.
foam. 51.
focus. 53.
fog. 60.
forms. 57.
freezing rain. 60.
fronts. 61.
fumarole. 53.
geography. 45.
geyser. 53.
glacial cirque. 56.
glacier. 56.
glacier tongue. 56.
glass sphere. 64.
glaze. 57.
glazed frost. 57.
gorge. 54.
gour. 54.
granitic layer. 48.
graphic symbols. 57.
Greenland Sea. 49.
ground moraine. 56.
Gutenberg discontinuity. 47.
guyot. 50.
hail. 57.
hail shower. 60.
half barb. 61.
hanging glacier. 56.
headland. 51.
heavy thunderstorm. 60.
high clouds. 52.
high pressure center. 62.
high pressure centre. 62.
highland climates. 59.
hill. 54.
horizon scanner. 65.
humid subtropical. 59.
humid temperate - long summer.
59.
humid temperate - short summer.
59.
humidity. 63.
hurricane. 60.
hydrologic cycle. 58.
hygrograph. 63.
ice. 58.
igneous rocks. 48.
image dissector camera. 65.
in km. 47.
in thousands of feet. 47.
Indian Ocean. 49.
infiltration. 58.
infrared spectrometer. 65.
inner core. 47.
instrument shelter. 63.
interconnecting truss. 65.
intermittent drizzle. 60.
intermittent rain. 60.
intermittent snow. 60.
international weather symbols.
60, 61.
interplanetary space. 47.
interrogation recording and
location system antenna. 65.
intrusive rocks. 48.
ionosphere. 47.
irregular crystal. 57.

HEALTH

HEAVY MACHINERY

The terms in **bold type** indicate the title of an illustration; those in *italic* correspond to the British terminology.

The terms in **bold type** indicate the title of an illustration; those in *italic* correspond to the British terminology.

777

The terms in **bold type** indicate the title of an illustration; those in *italic* correspond to the British terminology.

The terms in **bold type** indicate the title of an illustration; those in *italic* correspond to the British terminology.

779

HUMAN BEING

The terms in **bold type** indicate the title of an illustration; those in *italic* correspond to the British terminology.

The terms in **bold type** indicate the title of an illustration; those in *italic* correspond to the British terminology.

781

MEASURING DEVICES

The terms in **bold type** indicate the title of an illustration; those in *italic* correspond to the British terminology.

current coil. 615.
damper. 610.
dial. 605, 606, 607, 609, 610, 611, 612, 613, 615.
digital display. 605.
disc. 615.
disk. 615.
display. 610.
drive coil. 606.
drive coil and phase-sensing coil. 606.
drum. 607.
electronic circuit. 606.
electronic scales. 610.
escape wheel. 605, 607.
expansion chamber. 611.
focusing sleeve. 614.
fork. 607.
fourth wheel. 605.
frame. 613.
full-load adjustment screw. 615.
function keys. 610.
glass bulb. 606.
glass case. 609.
gnomon. 606.
graduated arm. 608.
graduated scale. 612.
graduation. 613.
grandfather clock. 607.
hairspring. 605.
hand. 612.
helical spring. 608.
hook. 608, 613.
horizontal circle drive knob. 614.
horizontal clamp. 614.
horizontal seismograph. 616.
horizontal tangent screw. 614.
hour hand. 605, 607.
hourglass. 606.
illumination mirror for horizontal circle. 614.
illumination mirror for vertical circle. 614.
indicator. 612.
inverter knob. 614.
knife-edge. 608, 609, 610.
knob for reticle illumination. 614.
lead. 606.
leg. 609.
leveling screw. 609, 614.
levelling screw. 609, 614.
lever. 612.
light-load adjustment screw. 615.
liquid-crystal display. 605.
lock nut. 613.
locking knob. 614.
magnetic cup. 606.
magnetic suspension. 615.
main wheel. 607.
mainspring. 605.
mass. 616.
measure of pressure. 612.
measure of temperature. 611.
measure of time. 605, 606, 607.
measure of weight. 608, 609, 610.
measuring devices. 603.
mechanical watch. 605.
mercury switch. 611.
micrometer caliper. 613.
micrometer screw. 614.
microscope eyepiece. 614.
minute hand. 605, 607.
moon dial. 606.
mounting post. 611.
mounting screw. 611.
name plate. 615.
neck. 606.
numeric keyboard. 610.
optical plummet. 614.
optical sight. 614.
pallet. 605, 607.
pallet stone. 605.
pan. 608, 609.
pan arrest. 609.
pediment. 607.

pedometer. 613.
pen. 616.
pendulum. 607.
pendulum rod. 607.
pillar. 616.
pillar plate. 606.
pinion. 607.
pivoted bar. 616.
plate level. 614.
platform. 610.
plinth. 607.
pneumatic armlet. 612.
pointer. 609, 610, 611, 612, 613.
pointer scale. 609.
potential coil. 615.
pressure gauge. 612.
product codes. 610.
pulley. 610.
ratchet knob. 613.
ratchet wheel. 605, 607.
recording of seismic waves. 616.
recording of time. 616.
register. 615.
retarding magnet. 615.
rider handle. 609.
rider scale. 609.
ring. 608.
Roberval's balance. 609.
room thermostat. 611.
rotating drum. 616.
sand. 606.
scale. 608, 610, 611.
sealing lug. 615.
second hand. 605.
sector-shaped chart. 610.
self-indicating scale. 610.
shadow. 606.
shaft. 611.
sheet of paper. 616.
sleeve. 613.
sliding weight. 608.
sphygmomanometer. 612.
spindle. 607, 613, 615.
spindle screw. 613.
spring. 612, 616.
spring balance. 608.
stay. 610.
steel band. 610.
steelyard. 608.
stem. 611.
step setting. 613.
stirrup hook. 609.
sundial. 606.
suspension hook. 608.
suspension spring. 607.
tape. 613.
tape lock. 613.
tape measure. 613.
telescope eyepiece. 614.
telescope objective. 614.
temperature scale. 611.
temperature set point lever. 611.
terminal cover. 615.
terminal knife-edge. 609.
theodolite. 614.
thimble. 613.
third wheel. 605, 607.
ticket. 610.
tine. 606.
total. 610.
transistor. 606.
tube. 612.
tuning fork. 606.
tuning fork watch. 606.
unit price. 610.
vacuum chamber. 612.
vertical clamp. 614.
vertical seismograph. 616.
vertical tangent screw. 614.
watchcase. 605.
watt-hour meter. 615.
weighing platform. 610.
weight. 607, 608, 610.
weight-driven clock mechanism. 607.
winding mechanism. 607.

MUSIC

1st valve slide. 484.
2nd valve slide. 484.
3rd valve slide. 484.
a. 475.
accent mark. 476.
accidentals. 476.
accordion. 489.
action. 479.
adjusting lever. 492.
air sealing gland. 482.
appoggiatura. 476.
arm. 487.
arpeggio. 476.
attack knob. 495.
b. 475.
back. 477.
back stop. 480.
bag. 488.
bagpipes. 488.
balalaika. 487.
balance rail. 480.
banjo. 487.
bar. 485, 492.
bar line. 476.
barrel. 489.
barrel organ. 489.
bass bridge. 479.
bass drum. 486.
bass drum. 491, 493.
bass keyboard. 489.
bass pick-up. 494.
bass register. 489.
bassoon. 483, 490, 491.
bassoons. 493.
batter head. 486.
bearer. 482.
bell. 483, 484.
bell brace. 483.
bellows. 489.
bellows strap. 489.
block. 482.
blow pipe. 488.
blower. 481.
body. 482, 483.
boot. 482.
bottomboard. 482.
bow. 478.
brass family. 484.
bridge. 477, 489.
bridge unit. 494.
bridle tape. 480.
bugle. 484.
button. 489.
c. 475.
c clef. 475.
case. 479, 489, 492.
castanets. 485.
caster. 486.
celesta. 493.
chanter. 488.
check. 480.
choir organ manual. 481.
chord. 476.
clarinet. 483, 490, 491.
clarinets. 493.
clefs. 475.
conductor's podium. 493.
console. 481.
contrabassoon. 493.
cor anglais. 483.
cornet. 484, 491.
cornets. 493.
corssbar. 487.
crook. 483, 488.
crotchet. 475.
crotchet rest. 475.
cymbals. 485.
cymbals. 491.
cymbals, triangle, castanets. 493.
d. 475.
damper. 480.
damper lever. 480.
damper rail. 480.
demi-semi-quaver. 475.

demi-semi-quaver rest. 475.
double bass. 477, 491.
double basses. 493.
double flat. 476.
double reed. 483, 488.
double sharp. 476.
drone. 488.
drum kit. 491.
duo. 490.
e. 475.
ear. 482.
eighth note. 475.
eighth rest. 475.
electric and electronic instruments. 494, 495.
electric guitar. 494.
end button. 477.
English horn. 483.
English horn; cor anglais. 493.
envelope shaper. 495.
escapement mechanism. 492.
examples of instrumental groups. 490, 491.
f. 475.
f clef. 475.
face pipes. 481.
feet. 478.
fifth. 476.
filter-oscillator. 495.
finger button. 484.
fingerboard. 477, 487, 494.
first violins. 493.
fixed weight. 492.
flat. 476.
flue. 482.
flue pipe. 482.
flute. 483, 490.
flutes. 493.
foot. 482.
foot hole. 482.
four-four time. 476.
fourth. 476.
frame. 485, 488.
French horn. 484, 490, 491.
French horns. 493.
fret. 487, 494.
frog. 478.
front view. 482.
g. 475.
g clef. 475.
gong. 485.
gong. 493.
great organ manual. 481.
grille. 489.
hair. 478.
half note. 475.
half rest. 475.
hammer. 479, 480.
hammer butt. 480.
hammer head. 480.
hammer rail. 480.
hammer shank. 480.
handle. 478, 489.
harmonica. 488.
harp. 478.
harp. 493.
harpsichord. 490.
head. 478, 486, 487, 494.
heel. 478.
hemi-demi-semi-quaver. 475.
hemi-demi-semi-quaver rest. 475.
hitch pin. 479.
input level control. 495.
interface. 495.
intervals. 476.
jack. 480.
jack spring. 480.
jazz band. 491.
Jew's harp. 488.
jingle. 486.
joystick. 495.
kettledrum. 486.
key. 479, 480, 483, 489, 492.
key finger button. 483.
key signature. 476.
keybed. 479.

The terms in **bold type** indicate the title of an illustration; those in *italic* correspond to the British terminology.

783

The terms in **bold type** indicate the title of an illustration; those in *italic* correspond to the British terminology.

The terms in **bold type** indicate the title of an illustration; those in *italic* correspond to the British terminology.

785

The terms in **bold type** indicate the title of an illustration; those in *italic* correspond to the British terminology.

SPORTS

The terms in **bold type** indicate the title of an illustration; those in *italic* correspond to the British terminology.

789

The terms in **bold type** indicate the title of an illustration; those in *italic* correspond to the British terminology.

The terms in **bold type** indicate the title of an illustration; those in *italic* correspond to the British terminology.

The terms in **bold type** indicate the title of an illustration; those in *italic* correspond to the British terminology.

The terms in **bold type** indicate the title of an illustration; those in *italic* correspond to the British terminology.

793

The terms in **bold type** indicate the title of an illustration; those in *italic* correspond to the British terminology.

The terms in **bold type** indicate the title of an illustration; those in *italic* correspond to the British terminology.

795

The terms in **bold type** indicate the title of an illustration; those in *italic* correspond to the British terminology.

The terms in **bold type** indicate the title of an illustration; those in *italic* correspond to the British terminology.

The terms in **bold type** indicate the title of an illustration; those in *italic* correspond to the British terminology.

The terms in **bold type** indicate the title of an illustration; those in *italic* correspond to the British terminology.

799

SPECIALIZED INDEXES

The terms in **bold type** indicate the title of an illustration; those in *italic* correspond to the British terminology.

The terms in **bold type** indicate the title of an illustration; those in *italic* correspond to the British terminology.

The terms in **bold type** indicate the title of an illustration; those in *italic* correspond to the British terminology.

The terms in **bold type** indicate the title of an illustration; those in *italic* correspond to the British terminology.

The terms in **bold type** indicate the title of an illustration; those in *italic* correspond to the British terminology.

The terms in **bold type** indicate the title of an illustration; those in *italic* correspond to the British terminology.

The terms in **bold type** indicate the title of an illustration; those in *italic* correspond to the British terminology.

The terms in **bold type** indicate the title of an illustration; those in *italic* correspond to the British terminology.

809

The terms in **bold type** indicate the title of an illustration; those in *italic* correspond to the British terminology.

The terms in **bold type** indicate the title of an illustration; those in *italic* correspond to the British terminology.

The terms in **bold type** indicate the title of an illustration; those in *italic* correspond to the British terminology.

The terms in **bold type** indicate the title of an illustration; those in *italic* correspond to the British terminology.

SPECIALIZED INDEXES

The terms in **bold type** indicate the title of an illustration; those in *italic* correspond to the British terminology.

INDEX GÉNÉRAL

Les termes en **caractères gras** renvoient à une illustration; les termes en *italique* indiquent l'usage français.

815

Les termes en **caractères gras** renvoient à une illustration; les termes en *italique* indiquent l'usage français.

Les termes en **caractères gras** renvoient à une illustration; les termes en *italique* indiquent l'usage français.

817

Les termes en **caractères gras** renvoient à une illustration; les termes en *italique* indiquent l'usage français.

Les termes en **caractères gras** renvoient à une illustration; les termes en *italique* indiquent l'usage français.

819

Les termes en **caractères gras** renvoient à une illustration; les termes en *italique* indiquent l'usage français.

Les termes en **caractères gras** renvoient à une illustration; les termes en *italique* indiquent l'usage français.

821

Les termes en **caractères gras** renvoient à une illustration; les termes en *italique* indiquent l'usage français.

Les termes en **caractères gras** renvoient à une illustration; les termes en *italique* indiquent l'usage français.

823

Les termes en **caractères gras** renvoient à une illustration; les termes en *italique* indiquent l'usage français.

Les termes en **caractères gras** renvoient à une illustration; les termes en *italique* indiquent l'usage français.

825

Les termes en **caractères gras** renvoient à une illustration; les termes en *italique* indiquent l'usage français.

Les termes en **caractères gras** renvoient à une illustration; les termes en *italique* indiquent l'usage français.

827

Les termes en **caractères gras** renvoient à une illustration; les termes en *italique* indiquent l'usage français.

Les termes en **caractères gras** renvoient à une illustration; les termes en *italique* indiquent l'usage français.

829

Les termes en **caractères gras** renvoient à une illustration; les termes en *italique* indiquent l'usage français.

831

Les termes en **caractères gras** renvoient à une illustration; les termes en *italique* indiquent l'usage français.

Les termes en **caractères gras** renvoient à une illustration; les termes en *italique* indiquent l'usage français.

833

Les termes en **caractères gras** renvoient à une illustration; les termes en *italique* indiquent l'usage français.

Les termes en **caractères gras** renvoient à une illustration; les termes en *italique* indiquent l'usage français.

835

Les termes en **caractères gras** renvoient à une illustration; les termes en *italique* indiquent l'usage français.

Les termes en **caractères gras** renvoient à une illustration; les termes en *italique* indiquent l'usage français.

837

Les termes en **caractères gras** renvoient à une illustration; les termes en *italique* indiquent l'usage français.

Les termes en **caractères gras** renvoient à une illustration; les termes en *italique* indiquent l'usage français.

839

Les termes en **caractères gras** renvoient à une illustration; les termes en *italique* indiquent l'usage français.

Les termes en **caractères gras** renvoient à une illustration; les termes en *italique* indiquent l'usage français.

841

Les termes en **caractères gras** renvoient à une illustration; les termes en *italique* indiquent l'usage français.

Les termes en **caractères gras** renvoient à une illustration; les termes en *italique* indiquent l'usage français.

843

Les termes en **caractères gras** renvoient à une illustration; les termes en *italique* indiquent l'usage français.

Les termes en **caractères gras** renvoient à une illustration; les termes en *italique* indiquent l'usage français.

845

Les termes en **caractères gras** renvoient à une illustration; les termes en *italique* indiquent l'usage français.

Les termes en **caractères gras** renvoient à une illustration; les termes en *italique* indiquent l'usage français.

Les termes en **caractères gras** renvoient à une illustration; les termes en *italique* indiquent l'usage français.

INDEX THÉMATIQUES

Les termes en **caractères gras** renvoient à une illustration; les termes en *italique* indiquent l'usage français.

INDEX THÉMATIQUES

Les termes en **caractères gras** renvoient à une illustration; les termes en *italique* indiquent l'usage français.

Les termes en **caractères gras** renvoient à une illustration; les termes en *italique* indiquent l'usage français.

851

Les termes en **caractères gras** renvoient à une illustration; les termes en *italique* indiquent l'usage français.

Les termes en **caractères gras** renvoient à une illustration; les termes en *italique* indiquent l'usage français.

ASTRONOMIE

Les termes en **caractères gras** renvoient à une illustration; les termes en *italique* indiquent l'usage français.

Les termes en **caractères gras** renvoient à une illustration; les termes en *italique* indiquent l'usage français.

855

Les termes en **caractères gras** renvoient à une illustration; les termes en *italique* indiquent l'usage français.

Les termes en **caractères gras** renvoient à une illustration; les termes en *italique* indiquent l'usage français.

INDEX THÉMATIQUES

Les termes en **caractères gras** renvoient à une illustration; les termes en *italique* indiquent l'usage français.

859

Les termes en **caractères gras** renvoient à une illustration; les termes en *italique* indiquent l'usage français.

Les termes en **caractères gras** renvoient à une illustration; les termes en *italique* indiquent l'usage français.

861

Les termes en **caractères gras** renvoient à une illustration; les termes en *italique* indiquent l'usage français.

Les termes en **caractères gras** renvoient à une illustration; les termes en *italique* indiquent l'usage français.

FOURNITURES DE BUREAU

GÉOGRAPHIE

Les termes en **caractères gras** renvoient à une illustration; les termes en *italique* indiquent l'usage français.

Les termes en **caractères gras** renvoient à une illustration; les termes en *italique* indiquent l'usage français.

Les termes en **caractères gras** renvoient à une illustration; les termes en *italique* indiquent l'usage français.

Les termes en **caractères gras** renvoient à une illustration; les termes en *italique* indiquent l'usage français.

867

Les termes en **caractères gras** renvoient à une illustration; les termes en *italique* indiquent l'usage français.

Les termes en **caractères gras** renvoient à une illustration; les termes en *italique* indiquent l'usage français.

869

Les termes en **caractères gras** renvoient à une illustration; les termes en *italique* indiquent l'usage français.

---

*Les termes en **caractères gras** renvoient à une illustration; les termes en *italique* indiquent l'usage français.*

Les termes en **caractères gras** renvoient à une illustration; les termes en *italique* indiquent l'usage français.

Les termes en **caractères gras** renvoient à une illustration; les termes en *italique* indiquent l'usage français.

Les termes en **caractères gras** renvoient à une illustration; les termes en *italique* indiquent l'usage français.

Les termes en **caractères gras** renvoient à une illustration; les termes en *italique* indiquent l'usage français.

875

Les termes en **caractères gras** renvoient à une illustration; les termes en *italique* indiquent l'usage français.

Les termes en **caractères gras** renvoient à une illustration; les termes en *italique* indiquent l'usage français.

Les termes en **caractères gras** renvoient à une illustration; les termes en *italique* indiquent l'usage français.

879

Les termes en **caractères gras** renvoient à une illustration; les termes en *italique* indiquent l'usage français.

Les termes en **caractères gras** renvoient à une illustration; les termes en *italique* indiquent l'usage français.

881

Les termes en **caractères gras** renvoient à une illustration; les termes en *italique* indiquent l'usage français.

Les termes en **caractères gras** renvoient à une illustration; les termes en *italique* indiquent l'usage français.

Les termes en **caractères gras** renvoient à une illustration; les termes en *italique* indiquent l'usage français.

Les termes en **caractères gras** renvoient à une illustration; les termes en *italique* indiquent l'usage français.

INDEX SPÉCIALISÉS

Les termes en **caractères gras** renvoient à une illustration; les termes en *italique* indiquent l'usage français.

887

Les termes en **caractères gras** renvoient à une illustration; les termes en *italique* indiquent l'usage français.

Les termes en **caractères gras** renvoient à une illustration; les termes en *italique* indiquent l'usage français.

889

Les termes en **caractères gras** renvoient à une illustration; les termes en *italique* indiquent l'usage français.

Les termes en **caractères gras** renvoient à une illustration; les termes en *italique* indiquent l'usage français.

891

Les termes en **caractères gras** renvoient à une illustration; les termes en *italique* indiquent l'usage français.

Les termes en **caractères gras** renvoient à une illustration; les termes en *italique* indiquent l'usage français.

Les termes en **caractères gras** renvoient à une illustration; les termes en *italique* indiquent l'usage français.

Les termes en **caractères gras** renvoient à une illustration; les termes en *italique* indiquent l'usage français.

895

Les termes en **caractères gras** renvoient à une illustration; les termes en *italique* indiquent l'usage français.

Les termes en **caractères gras** renvoient à une illustration; les termes en *italique* indiquent l'usage français.

Les termes en **caractères gras** renvoient à une illustration; les termes en *italique* indiquent l'usage français.

Les termes en **caractères gras** renvoient à une illustration; les termes en *italique* indiquent l'usage français.

BIBLIOGRAPHY
BIBLIOGRAPHIE

SELECTIVE BIBLIOGRAPHY

Dictionaries:

Gage Canadian Dictionary, Toronto, Gage Publishing Limited, 1983, 1313 p.

Larousse Illustrated International, Paris, Larousse, McGraw-Hill, 1972.

The New Britannica/Webster Dictionary and Reference guide, Encyclopedia Britannica, 1981.

The Oxford Illustrated Dictionary, Oxford, Clarendon Press, 1967.

The Random House Dictionary of the English Language, the unabridged Edition, 1983, 2059 p.

Webster's New Collegiate Dictionary, Springfield, G. @ C. Merriam Company, 1980, 1532 p.

Webster's New Twentieth Century Dictionary of the Language, unabridged, Cleveland, Collins World, 1975.

Webster's new world dictionary of the American language, New York, The World Pub., 1953.

French and English Dictionaries:

Belles-Isle, J.-Gerald. *Dictionnaire thématique général anglais-français*, Paris, Dunod, Montréal, Beauchemin, 2e édition, 1977, 553 p.

Collins-Robert. *French-English, English-French Dictionary*, London, Glasgow, Cleveland, Toronto, 1978, 781 p.

Dubois, Marguerite-Marie. *Dictionnaire moderne français-anglais*, Paris, Larousse, 1960.

Harrap's *New Standard French and English Dictionary*, part one, French-English, London, 1977, 2 vol., part two, English-French, London, 1983, 2 vol.

Harrap's *Shorter French and English Dictionary*, London, Toronto, Willington, Sydney, George G. Harrap and Company, 1953, 940 p.

Encyclopedias:

Academic American Encyclopedia, Princeton, Arete Publishing Company, Inc., 1980, 21 vol.

Chamber's Encyclopedia, New rev. edition, London, International Learning Systems, 1969.

Collier's Encyclopedia, New York, Macmillan Educational Company, 1984, 24 vol.

Compton's Encyclopedia, F.E. Compton Company, Division of Encyclopedia Britannica Inc., The University of Chicago, 1982, 26 vol.

Encyclopedia Americana, Danbury, International ed., Conn.: Grolier, 1981, 30 vol.

Encyclopedia Britannica, E. Britannica, Inc., USA, 1970.

How it works — The illustrated science and invention encyclopedia, New York, H.S. Stuttman, Co., Inc. publishers, 1974.

McGraw-Hill Encyclopedia of Science @ Technology, New York, McGraw-Hill Book Company, 1982, 5th edition.

Merit Students Encyclopedia, New York, Macmillan Educational Company, 1984, 20 vol.

New Encyclopedia Britannica, Chicago, Toronto, Encyclopedia Britannica, 1985.

The Joy of Knowledge Encyclopedia, London, Mitchell Beazleg Encyclopedias, 1976, 7 vol.

The Random House Encyclopedia, New York, Random House, 1977, 2 vol.

The World Book Encyclopedia, Chicago, Field enterprises educational Corporation, 1973.

Illustrations:

In addition to the above sources, we also consulted many specialized works recognized both nationally and internationally such as **Diagram Group, Maloine, Reader's Digest, Time-Life, Bornemann, Rand McNally, Elsevier, Eyrolles, McMillan**, etc.

BIBLIOGRAPHIE SÉLECTIVE

Dictionnaires :

Dictionnaire CEC jeunesse, Montréal, Centre Éducatif et Culturel, 1982, 1115 p.

Dictionnaire du français contemporain, Paris, Larousse, 1966.

Grand Larousse de la langue française, sous la direction de Louis Guilbert, et al., Paris, Larousse, 1971–1978, 7 vol.

Le Grand Robert de la langue française, Paris, Dictionnaires Le Robert, 1985, 9 vol.

Le Petit Robert, dictionnaire alphabétique et analogique de la langue française. Paris, Dictionnaires Le Robert, 1985, 2172 p.

Lexis, dictionnaire de la langue française, Paris, Larousse, 1975, 1946 p.

Petit Larousse en couleurs, dictionnaire encyclopédique pour tous, Paris, Larousse, éd. 1985, 1665 p.

Petit Larousse illustré, Paris, Larousse, 1983.

Encyclopédies :

Caratini, Roger. *Bordas Encyclopédie*, Paris, Bordas, 1974, 22 vol.

Comment ça marche — Encyclopédie pratique des inventions et des techniques, Paris, Atlas, 1980.

Dictionnaire des techniques, Focus international, Paris, Bordas, 1971.

Encyclopædia Universalis, Paris, Encyclopædia Universalis, France, 1968–1975, 20 vol.

Encyclopédie Alpha, Paris, Grange-Batelière S.A., 1968, 17 vol.

Encyclopédie AZ, Paris, Atlas, 1978–1983, 15 vol.

Encyclopédie de la jeunesse, Montréal, Grolier, 1979, 20 vol.

Encyclopédie des sciences industrielles Quillet, — Électricité, Électronique —, Paris, Quillet, 1973, vol. 1 et 2.

Encyclopédie des techniques de pointe, Paris, Alpha, 1982–1984, 8 vol.

Encyclopédie générale Hachette, Paris, Hachette, © 1975.

Encyclopédie générale Larousse en 3 volumes, Paris, Larousse, 1968.

Encyclopédie Grolier (L'), Montréal, Grolier, 1976, 10 vol.

Encyclopédie internationale des sciences et des techniques, Paris, Presses de la cité, 1975.

Encyclopédie scientifique et technique, Paris, Lidès, 1973–1975, 5 vol.

Encyclopédie thématique Weber, sous la direction de Serge Mahé et José Gallach, Paris, Weber, 1968–1975, 18 vol.

Encyclopédie universelle illustrée, Paris, Bordas, Ottawa, Éd. Maisonneuve, 1968, 12 vol.

La Grande Encyclopédie, Paris, Larousse, 1971 à 1976, 60 vol.

L'univers en couleurs, Paris, Larousse, 1977.

Dictionnaires encyclopédiques :

Dictionnaire encyclopédique Alpha, Paris, Alpha éditions, 1983, 6 vol.

Dictionnaire encyclopédique Larousse, Paris, Larousse, 1979.

Dictionnaire encyclopédique Quillet, Paris, Quillet, 1979.

Grand dictionnaire encyclopédique Larousse, Paris, Larousse, 1982, 12 tomes.

Grand Larousse encyclopédique, Paris, Larousse, 1960–1968, 1 vol. et un supplément.

Grand quid illustré, Paris, Robert Laffont, 1979, 19 vol.

Le livre des connaissances, Montréal, Grolier, 1973–1974, 15 vol.

Dictionnaires français/anglais :

Belles-Isle, J.-Gérald. *Dictionnaire technique général anglais-français*, Paris, Dunod, Montréal, Beauchemin, 2e édition, 1977, 553 p.

Robert-Collins. *Dictionnaire français-anglais, anglais-français*, Paris, Société du Nouveau Littré, 1978, 781 p.

Dubois, Marguerite-Marie. *Dictionnaire moderne français-anglais*, Paris, Larousse, 1960.

Harrap's *New Standard French and English Dictionary*, part one, French-English, London, 1977, 2 vol., part two, English-French, London, 1983, 2 vol.

Harrap's *Shorter French and English Dictionary*, London, Toronto, Willington, Sydney, George G. Harrap and Company, 1953, 940 p.

Illustrations :

À part les sources précédentes où nous avons trouvé inspiration, nous avons également consulté de nombreuses sources spécialisées, comme les normes nationales et internationales ou les publications d'éditeurs qui font autorité dans leurs domaines, par exemple **Diagram Group, Maloine, Reader's Digest, Time-Life, Bornemann, Rand McNally, Elsevier, Eyrolles, McMillan**, etc.

TABLE OF CONTENTS

CONTENTS

Table of Contents

Table of Contents

Table of Contents

Table of Contents

TABLE DES MATIÈRES

Table des matières

Table des matières

Table des matières

Table des matières

Printed and Bound in Canada by

INTERGLOBE